Volker Mauersberger

# Henning Scherf

## Zwischen Macht und Moral – eine politische Biografie

Mit 83 Abbildungen

EDITION TEMMEN

Die Deutsche Bibliothek verzeichnet diese Publikation in der
Deutschen Nationalbibliografie; detaillierte bibliografische Daten sind
im Internet unter http://dnb.ddb.de abrufbar.

Titelabbildung: Jörg Sarbach, Bremen

1. Auflage 2007

© Edition Temmen
Hohenlohestr. 21
28209 Bremen
Tel. 0421-34843-0
Fax 0421-348094
info@edition-temmen.de
www.edition-temmen.de

Gesamtherstellung: Edition Temmen
ISBN 978-3-86108-369-6

# Inhalt

9     Vorwort

15    Im Schatten des Krieges – Familie und Jugend
Das Ende in Bremen • Eine fromme Familie • Das Ungeheuer
Krieg • Das Vorbild des Vaters • Protestantischer Schmalhans •
Die Fuchtel des Pastors • Ein ernster junger Mann

47    Etwas mehr als Karriere – der Geist von Villigst
Christen und Arbeiter • Glaube, Kirche und die SPD • Politik
als Beruf?

85    Der sanfte Rote – ein Juso wird Parteichef
Putsch gegen die Alten • Was ist links in Bremen? • Tanz der
Enkel • Übervater Koschnick • Der Fall Klischies • Das Vorbild
Gustav Heinemann • Zwischen Streit und Harmonie • Wir sind
kein Kanzlerwahlverein! • Zum ersten Mal Senator

121   Gelöbnis für die Bundeswehr – ein Senator zwischen den
Fronten
Eine umstrittene Entscheidung • Zwischen Angst und Wider-
stand • Kein Zurück? • Krawalle am Weser-Stadion • Ein heikler
Grenzgang • Senator und Partisan • Nachdenken über die
Bundeswehr

143   Zwischen Bremen und Nicaragua – Henning, der
Bürgerschreck
Angstgegner Grün • Attacken gegen Helmut Schmidt • Sehn-
sucht nach der Opposition • Ein folgenreiches Interview •
Riskante Doppelrolle • Ausflug nach Nicaragua • Briefwechsel
mit Neumann • Die Sache mit Reagan

**187** **Das Erbe des großen Manitou – Kampf um die Nachfolge Koschnicks**
Ein amtsmüder Bürgermeister • Dampf im Kessel • Genosse Unruhestifter • Der Beifall der Basis • Scherf und Wedemeier • Ringen um die Führung

**205** **Zwischen Fußball, Finanzen und PISA-Schock – der Senator und sein »gallisches Dorf«**
Erst Bremen, dann die SPD • Hundert Prozent Werder • Fußball als Vorbild • Meister der leeren Taschen • Die Nöte einer stolzen Stadt • Ein Senator und sein Stil

**243** **Ein Bremer Patriot – der Gang in die Große Koalition**
Nach dem Wahldesaster • Ungeliebte Ampel • Bündnis Arbeit für Bremen • Der Hoffnungsträger Scherf • Erste Umarmungen • Himpelchen und Pimpelchen • Patriotische Wallungen • Streit um den Lauschangriff • Ich bin das neue Bremen! • Das Ganze noch einmal • Nachdenken über den Abschied • Der vertrackte Kanzler-Brief • Ein Segeltörn nach Spitzbergen • Der Herbst des Patriarchen • Bruch mit Hans Eichel • Beschimpft, bedroht und ausgepfiffen • Der Abschied

**309** **Leben unter einem Dach – Luise, Henning und die Bremer Freunde**
Kindheit wie in Büllerbü • Eine bürgerliche Preußin • Ehe und Familie • Musik machen in Nicaragua • Korrektur-Erfahrungen • Dialog mit Sohn und Töchtern • Grau ist bunt • Hausgemeinschaft Rembertistraße • Leben heißt zu altern

**333** **Die Jahre danach – ein Gespräch mit Henning und Luise Scherf über Abschied und Altern in der Politik**

**343** **Dank**

**345** **Quellen und Literatur**

**354** **Abbildungsnachweis**

**355** **Personenregister**

**362** **Der Autor**

»Wenn geschichtliche Fortschritte darin bestehen, Leiden einer versehrbaren Kreatur zu mildern, abzuschaffen oder zu verhindern, und wenn die historische Erfahrung lehrt, daß den endlich erzielten Fortschritten ein neues Unheil auf dem Fuße folgt – dann liegt die Vermutung nahe, daß die Balance des Erträglichen einzig dann erhalten bleibt, wenn wir um der möglichen Fortschritte willen unsere äußersten Kräfte aufbieten …«

Jürgen Habermas
»Vom öffentlichen Gebrauch der Historie«


»Eure Festreigen hasse und verschmähe ich, eure Spenden schätze ich nicht, eure Festmähler blicke ich nicht an. Tut mir weg das Geplärre eurer Lieder, euer Lautenspiel will ich nicht hören. Rauschte doch nur wie Wasser Gerechtigkeit auf.«

Amos 5, 21–24

# Vorwort

Die Idee zu diesem Buch ist vor fast zehn Jahren, am 6. Februar 1998 auf der Pressetribüne des Bundesrates in Bonn entstanden. In der kleinen Stadt am Rhein, wo damals den Bundestagswahlen im Herbst und dem Umzug nach Berlin entgegengefiebert wurde, hat es an diesem Tag einen denkwürdigen Auftritt gegeben: Auf der Rednertribüne der Länderkammer erschien ein Mann, den man bisher eher vom Hörensagen kannte, dessen Name aber jetzt in aller Munde war, weil er die politische Auseinandersetzung in der Bundesrepublik seit Wochen beschäftigte.

Henning Scherf war an jenem Februartag des Jahres 1998 schon seit drei Jahren Bürgermeister und Chef einer Großen Koalition in Bremen; doch die große Zahl von Journalisten, Fotografen und Kameraleuten war nicht nur gekommen, um dem fast sechzigjährigen, immer noch sportlich wirkenden Scherf bei seinem Auftritt als Chef des kleinsten Bundeslandes zuzusehen. An jenem Morgen ging es um die Haltung eines Politikers, hinter dem eine monatelange publizistische Auseinandersetzung lag, bei der er als der letzte Verteidiger von Bürgerrechten gelobt und als gewiefter Taktiker gescholten worden war. Wieder einmal hatte sich Scherf, der 1995 zur Verblüffung seiner rot-grünen Anhänger ein Bündnis mit der CDU geschmiedet hatte, stur, dickköpfig und in fast unerschütterlicher Siegesgewissheit für eine Sache engagiert, die der eigenen politischen Moral, aber auch dem Geist seiner bremischen Zivilgesellschaft entsprach. *»Wir Bremer streiten und sind streitbar, aber uns leitet keine Rücksicht als die auf das gemeine Beste.«* Dieser Satz stammte von einem seiner Vorgänger im Amt, von Theodor Spitta, ein engagierter Liberaler, der von 1920 bis 1933 und von 1946 bis 1955 Bürgermeister und Senator für Justiz in Bremen gewesen war. Nun zitierte ihn Henning Scherf in die gespannte Stille des Bundesrates und umklammerte dabei das Rednerpult, als müsse er es umarmen. *»Lauschangriff – nicht mit mir!«* So lautete das kategorische Veto, mit dem er in diese Sitzung gezogen war. Mit seinem Nein war Bremen im Bundesrat, der einer Verfassungsänderung zustimmen musste, zum Zünglein an der Waage geworden. Für Scherf war der Lauschangriff in seiner, vom Bundestag bereits ratifizierten Form ein spektakulärer Eingriff in die Unverletzlichkeit der Wohnung, die als eines der wichtigsten Güter der demokratischen Verfassung unbedingt geschützt werden müsse. Deshalb blieb er hart und sorgte dafür, dass der Gesetzentwurf in den entscheidenden Passagen korrigiert wurde.

Uns Journalisten hat die Haltung des Bremers damals gefallen. In der Bonner Bundespressekonferenz sympathisierte eine überwältigende Mehrheit der hier akkreditierten Kollegen mit dem Vorstoß des langen Bürgermeisters und hoffte, dass der Große Lauschangriff gekippt oder über den Vermittlungsausschuss konkrete Verbesserungen erreicht werden könnten. Wir wollten, dass die von Scherf ersehnte »republikanische Mobilisierung« am Ende erfolgreich sein würde. Noch auf der Pressetribüne nahm ich mir vor, mehr über diesen Politiker zu erfahren, der immer wieder als Fahrrad fahrender, heißes Wasser trinkender und notorisch Umarmender porträtiert worden war. Wir kannten uns aus den Achtzigerjahren, als ich drei Jahre als Chefredakteur von Radio Bremen gearbeitet hatte. Damals wollte ich nicht glauben, dass ein amtierender Sozialsenator mit Hausbesetzern gemeinsame Sache machte und samt Zelt und Isomatte bei ihnen übernachtete. Im Weser-Stadion hatte ich ihn häufig auf den zugigen Stehplätzen in der Ostkurve gesehen, weit weg von den »Luxussuiten der Bonzen«, wie man im Stadion bewundernd kolportierte. Später erkannte ich ihn zu meiner Überraschung im Kreise von jungen Demonstranten, die auf dem Bremer Marktplatz gegen die Stationierung von Atomraketen protestierten. Friedlich saß er bei strömendem Regen mit den jungen Leuten auf dem Pflaster. Als ich ihn fragte, ob dies mit der Rolle eines Senators vereinbar sei, antwortete er: *»Die jungen Leute hatten Angst. Ich musste bei ihnen sein.«*

Bei der Bonner Debatte über den Lauschangriff hatte mir die unkonventionelle Art gefallen, mit der das Oberhaupt des auf finanzielle Zuschüsse dringend angewiesenen Stadtstaates die vermachteten Bonner Verhältnisse provozierte. Vorsorglich hatte Bremens CDU-Chef Bernd Neumann mit einer schweren Belastungsprobe für die Große Koalition an der Weser gedroht. Selbst Kanzler Helmut Kohl hatte sich eingeschaltet und für den vorliegenden Entwurf plädiert, der von den Sozialdemokraten bereits abgesegnet worden war. Einige Tage vor seinem Auftritt im Bundesrat war ich zufällig Zeuge geworden, wie Scherf in seinem Amtszimmer der Landesvertretung mit dem damaligen SPD-Vorsitzenden Oskar Lafontaine telefonierte. Der wendige Saarländer war in den zurückliegenden Monaten nicht gerade als Hüter der Pressefreiheit aufgefallen, weil er das Presserecht im Saarland erheblich verschärft hatte. Nun wollte er den renitenten Bremer mit einem schnaubenden Anruf auf Kurs bringen, weil sich die SPD beim bevorstehenden Bundestagswahlkampf als Partei von law and order präsentieren wollte. Scherf feixte, stellte das Telefon lauter und ich durfte mithören, wie Lafontaine seinen widerspenstigen Genossen bedrängte. Natürlich hat der Saarländer den damals noch mit ihm befreundeten Scherf nicht umstimmen können: Denn der handelte so, wie ihn Bernd Neumann, auch heute noch Vorsitzender der Bremer CDU, zudem Beauftragter für Kultur und Medien der Bundesregierung, beschrieben hatte. »Dieser Mann ist ein emotionaler Überzeugungstäter. Er sagt, was er denkt, glaubt fest an das, was er sagt, und macht dann auch, was er glaubt und was er sagt.«

Ich gebe zu, dass Scherf mit seinem damaligen Auftritt bei mir einige Sehnsüchte beflügelt hat. Nach langer journalistischer Praxis hatte ich das Innenleben der politischen Klasse zur Genüge kennengelernt. Vor allem in Bonn hatte ich die Selbstgenügsamkeit eines politischen Betriebes gespürt, die in Wolfgang Koeppens »Treibhaus«-Roman und später im Buch »Höhenrausch« von Jürgen Leinemann glänzend beschrieben worden ist: Jene wirklichkeitsleere Welt, in der Politiker im Lauf der Jahre immer farbloser geworden waren und mit glatt gekämmtem Karrierismus nur noch den Anweisungen der Parteizentralen gehorchten. Noch in Bonn, später in Berlin, schien man sich einem medialen Interesse zu opfern, das mit der Realität nur noch wenig zu tun hatte. Die »Orgien von Feigheit«, die später auf dem Boulevard von Politik und Medien ausgemacht wurden, tobten schon täglich vor der Tür.

War auch ich nach spannenden journalistischen Jahren Opfer einer Verdrossenheit geworden, das alten Idealen hinterherzutrauern begann? Ich sehnte mich nach Politikern wie Scherf, der den Kontakt zur Wirklichkeit offenbar noch nicht verloren hatte und der in seiner überschaubaren Zivilgesellschaft noch wusste, wie es dort zuging und wo die Leute der Schuh drückte. Gerade weil Politik immer undurchschaubarer und die Verantwortung so schwer festzumachen war, hielt ich nach Politikern Ausschau, die Politik noch glaubwürdig verkörpern konnten. Ich wollte wissen, wie man nach Jahrzehnten in der Führungsetage der SPD, nach harten innerparteilichen Kämpfen und der Plackerei als Sozial-, Justiz- oder Finanzsenator überhaupt noch Spaß an der Politik entwickeln konnte. Mir gefiel, dass sich dieser Politiker aus der Provinz offenbar vorgenommen hatte, von Lob und Beifall nicht abhängig zu sein, sondern authentisch zu bleiben, um nicht Opfer eines grassierenden Populismus zu werden.

Natürlich war mir vor Beginn der Arbeit klar, dass ich mich auf ein Abenteuer einlassen würde. Henning Scherf, damals noch Präsident des Bremer Senats, erwies sich als auskunftsfreudiger Gesprächspartner, und das auch zu heiklen Punkten der eigenen Vita. Als ich meine Arbeit abgeschlossen hatte, bat ich den Verlag, Henning und Luise Scherf das Manuskript vor Drucklegung zukommen zu lassen. Vieles gefiel ihnen, manches nicht, aber der Titel meines Buches fand sofort Zustimmung – zwischen Macht und Moral: Die Frage der Macht und zugleich die Angst, vom politischen Betrieb verändert und vereinnahmt zu werden, ist zu einem Lebensthema Scherfs geworden.

Schon als Schulsprecher und später als Jurastudent in Villigst denkt er darüber nach, welchen persönlichen Preis die politische Karriere kosten könnte.

Politik als Beruf bleibt für ihn zwar das Faszinierendste, auf das sich Menschen einlassen können, aber fast neurotisch geht er daran, die persönlichen Regeln im Umgang mit der Macht zu definieren. Wie sein großes Vorbild Gustav Heinemann, in den Traditionslinien von Karl Barth, Dietrich Bonhoeffer, Mahatma Gandhi oder Nelson Mandela will er vom Getriebe der Politik nicht vereinnahmt werden. »Stallgeruch« war zum Beispiel für den überzeugten Sozialdemokraten und Gewerkschafter etwas anderes als jene angepasste, bierselige Leutseligkeit, mit der Politik gemacht und Karrieren gebastelt worden waren. *Das ist ein Gefühl von Loyalität, Eingehen auf den Anderen, keine hochtrabenden Reden, Zuneigung zu kleinbürgerlichen Milieus. Nahe an die Leute rangehen, solidarisch sein, Kumpel bleiben. Zu wissen, den kennen wir, der gehört zu uns, auf den kann man sich verlassen. Der haut dich nicht in die Pfanne, der verlässt dich nicht, der redet nicht hinter dem Rücken das Gegenteil von dem, was vorher gesagt worden ist.«*

Ohnehin war er seit frühester Jugend der Meinung gewesen, dass der Mensch nicht nur für sein eigenes Wohlergehen und das seiner engsten Familie verantwortlich ist, sondern dass er auch einen Beitrag für das Gemeinwesen zu leisten hat. Dafür war seine Vaterstadt Bremen eine fast ideale Bühne. In den folgenden Kapiteln wird beschrieben, wie im Schatten des Krieges ein junger Mann heranwuchs, der im Kreise der protestantischen Familie, besonders unter der Autorität des tiefgläubigen Vaters lernt, was Mut, Zivilcourage und aktives Christ-Sein in einer bedrohten Welt bedeuten können. Es ist dieses, an der Evangelischen Akademie Villigst philosophisch verfestigte *»innere Geländer«*, das den jungen, hoch begabten Staatsanwalt früh in die Politik treibt. Wenn ihn etwas aus der christlichen Verkündigung interessiert, dann ist es tätige Nächstenliebe.

Natürlich ist ihm Macht nie gleichgültig gewesen. Auch er wurde zum Vollblutpolitiker, der sich nicht unterkriegen ließ und der hart zurückschlagen konnte: Bei seinem unbeirrten Weg nach oben zeigte er oft den Instinkt, im richtigen Moment das Richtige zu tun; aber selten hat er nur etwas um der reinen Macht willen getan. Oft genug war er ein Grenzgänger und Regelverletzer, der überaus stur nach eigenen Lösungen suchte: Die frühe Berufung zum Justizsenator schlägt er aus, weil er den irrtümlich als RAF-Sympathisanten verdächtigten Freund Waldemar Klischies nicht im Stich lassen will; Finanzsenator wird er später erst nach gutem Zureden, weil er viel lieber an der Spitze seiner Partei bleiben wollte. Die innerparteilichen Attacken gegen den Führungsstil von Helmut Schmidt, die öffentlichen Angriffe gegen Karl Carstens und Franz Josef Strauß, der waghalsige Alleingang beim umstrittenen Bundeswehr-Gelöbnis im Bremer Weser-Stadion, die abenteuerlich anmutenden Ausflüge nach Nicaragua und die selbst inszenierte Kandidatur beim Kampf um das Bremer Bürgermeister-Amt, die er am Ende gegen Klaus Wedemeier verlor – solche Vorstöße waren oft geeignet, die eigene Karriere aufs Spiel zu setzen.

Wer genau weiß, was er politisch will, und wer bereit ist, für seine Überzeugung einzustehen, der ist immer eine beliebte Adresse und manchmal auch eine politische Kraft. In den zentralen Kapiteln dieses Buches wird beschrieben, mit welchen Schwierigkeiten solcher Anspruch verbunden war. Irgendwie war Henning Scherf im Verlauf seiner vierzig politischen Jahre immer Teamspieler und Außenseiter zugleich, ein Intellektueller in der Politik, auf jeden Fall ein Mann voller Widersprüche, der nur schwer einzuordnen war, der »Sponti« blieb und oft darauf aus war, Neues kennenzulernen. Und der 1995 den Auftrag sah, auf der »Höhe der Zeit« zu sein und Bürgermeister einer Großen Koalition in Bremen zu werden. Wer ihn später als »technokratische Charaktermaske« schalt, der sollte die bedrückende und keineswegs ermutigende Ausgangslage nicht verschweigen, unter der dieser rot-schwarze Anlauf begann. Alle waren plötzlich froh, dass es diesen unverdrossenen Brückenbauer und Menschenfischer gab, der seine Genossen und Weggefährten auf einen neuen Realismus verpflichtete und die Losung ausgab, endlich aus den alten Schützengräben herauszukommen.

Alt-Bundespräsident Richard von Weizsäcker rühmt »das geistliche und geistige Fundament, das den Bremer Politiker bestimme«, Loki Schmidt nennt ihn einen »bremischen Patrioten«. Günter Wallraf zählt Scherf zu den »politischen Typen, die leider allmählich aussterben«, und der langjährige Ministerpräsident Bernhard Vogel beschreibt ihn als »einen ungewöhnlichen Politiker, der die landläufige Meinung widerlegt habe, Politik sei ein schmutziges Geschäft«.

Ich widme dieses Buch meinen Kindern in der Hoffnung, dass sie den Glauben an die Politik nicht verlieren und sich wie ihre Eltern für die öffentlichen Belange interessieren. Aber ich denke auch an jenen jungen Theologen, der mir vor drei Jahren in Tübingen begegnete: Ein sympathischer, hoch aufgeschossener Mann, der gerade sein Studium beendet und in seiner Landespartei FDP ein wichtiges Amt übernommen hatte. Nach meinem skeptischen Referat über das Innenleben der in Berlin agierenden politischen Klasse fragte er mich, ob er sich für die Theologie oder für die Politik entscheiden solle. Ich riet zur Politik, trotzdem. Diese Biografie über einen Mann zwischen Macht und Moral sagt, warum.

Bonn, im September 2007

# Im Schatten des Krieges – Familie und Jugend

## Das Ende in Bremen

Als der Krieg vorbei war, lag halb Bremen in Schutt und Asche. Bis auf das Rathaus und den Dom waren viele historische Bauten der alten Hansestadt fast völlig vernichtet. Schwarz und brandig ragten die Mauern der alten Kaufmannshäuser in den Himmel, die jahrhundertealten Türme der Kirchen standen da wie steinerne Klagen von Hilflosigkeit. Über die Hälfte aller Wohnungen lag in Trümmern, die traurigen Reste der Häfen waren durch Wracks und Minen unbenutzbar geworden. Obwohl die Alliierten Truppen längst auf beiden Weserseiten standen, waren die letzten beiden intakten Brücken in letzter Minute und blinder Zerstörungswut von Angehörigen der Wehrmacht gesprengt worden. Über 17.000 Tote, unzählige Verletzte und Vermisste: In dieser norddeutschen Stadt hatte sich in den letzten Kriegsmonaten ereignet, was man später in Anspielung auf Schillers Ballade »Der Graf von Habsburg« die »kaiserlose, die schreckliche Zeit« nennen sollte. Das Hitlerregime hatte in der Bevölkerung längst keinen Halt mehr gehabt – dort, wo alliierte Truppen einmarschierten, brach es schlagartig zusammen. Dennoch war in sinnlosem Widerstand in vielen Teilen der Stadt gekämpft worden. In Bremen war der Krieg am 27. April 1945 um 18.00 Uhr zu Ende. Im Morgengrauen dieses Tages war auch der Hochbunker des Kampfkommandanten im Bürgerpark von allen Seiten umstellt. Seine Besatzung kapitulierte. Über fünfhundert Zivilisten, mehr als zweihundert deutsche und viele britische und kanadische Soldaten haben in der letzten Kriegswoche die sinnlose Verteidigung der Hansestadt mit ihrem Leben bezahlt.

»Die Klage Bremens« heißt ein Bild von Franz Radziwill. Das Gemälde hängt im Treppenhaus des Neuen Rathauses und erinnert an den August 1944, als Bremen einen nächtlichen Großangriff erlebte, in dem besonders der Westen der Stadt in ein kilometerweites Trümmerfeld verwandelt wurde: Von fahlem Feuerrot überstrahlt, sieht man Türme und brennende Häuser; am dunklen Himmel ein bleicher Mond und mit Maschinengewehren bewaffnete Tieffliger. Der einzig erhaltene Bau ist der Bunker des nationalsozialistischen Befehlshabers. Dieser Hitlergetreue hatte als einer der Letzten an den Endsieg geglaubt und kämpfte bis zum letzten Mann, um sich der alliierten Umzingelung zu erwehren. *So ein Bild habe ich tief in mir«*, sagt Henning Scherf genau sechzig

Jahre später, als er im Gespräch vor dem Bild steht. »*Ich habe Angst gehabt und mich versteckt. Ich bin mit meiner Mutter über die Landstraßen gegangen und in Panik in die Gräben gesprungen, sobald die Tiefflieger kamen.*«

Damals war Henning Scherf sechs Jahre alt, lebte mit seiner Familie außerhalb Bremens in Osterholz-Scharmbeck und hatte vom Krieg noch nicht viel erlebt. Im Vergleich mit anderen Altersgenossen war der hochgewachsene Schlacks glimpflich davongekommen. Gewiss, auch die Familie Scherf war von den verhängnisvollen 173 Luftangriffen auf Bremen nicht verschont geblieben, wurde zweimal hintereinander ausgebombt und flüchtete mit ihren letzten Habseligkeiten in das Haus der Großmutter vor den Toren der Stadt. Aber das Schicksal einer tiefen Entwurzelung durch den Krieg blieb ihm und seiner Familie erspart, weil sie das Kriegsende aus sicherer Distanz abwarten konnten. Was Krieg bedeutet, wie viele Städte, Menschen und individuelle Lebensträume er vernichten kann – die persönlichen Folgen solcher brutal harten Einschnitte erlebte der Heranwachsende nicht, der keiner jener »entorteten Menschen« wurde, wie die klassische Figur des deutschen Kriegsendes hieß: Millionen in endlosen Trecks nach Westen auf der Flucht – entweder zu Schiff über die Ostsee oder mit dem großen Zug über Land durch Eis und Schnee. »*Ich bin ja kein Kriegsteilnehmer, sondern ein Kind gewesen, das 1938 geboren ist und das den Krieg irgendwie überstanden hat, nicht einmal als Flüchtlingskind, sondern in einer geschützten Familie. Meine beiden Mütter, also Mutter und Großmutter, haben uns unglaublich beschützt. Wenn man heute die Fotos betrachtet, dann merkt man, dass wir Kinder immer ganz wohlgenährt aussehen. Wir haben Bäuche und richtige Wohlstandsgesichter. Das haben die damals hingekriegt, mit nichts …*«

Als im April 1945 der Krieg aus war, blühten im Familiengarten der Scherfs die Apfelbäume, und eine couragierte Großmutter rief ihre Enkelinnen und Enkel zusammen, um ihnen zu sagen, dass sie vor den heranrollenden Panzern der Engländer keine Angst haben sollten. Der Krieg sei Gott sei Dank vorbei, und die Nazis seien endlich fort. Auch daran kann sich Scherf noch gut erinnern. »*Als dann die Engländer endlich kamen, hatte alle Welt Angst, doch ich habe gewunken und irgend so ein Soldat winkte aus der Luke zurück.*« Dieses Bild vom Ende des Krieges vergaß er ebenso wenig wie das Trümmerfeld Bremens. Und die Gnade des noch einmal Davongekommenen will er keineswegs verschweigen: Noch als 65-Jähriger erinnert er sich bei einem Besuch in Bremens Neustadt, wo sein Vater eine Drogerie besaß, an die kaputte Stadt Bremen, die alle Kinder wie einen Riesenspielplatz erlebten – Trümmerfelder, die ihnen für fantasievolle Entdeckungsreisen dienten. »*Wir suchten Blindgänger und spielten damit. Manchmal explodierte die Munition.*« Die Lebensgefahr durch Bomben hat das Kind Henning Scherf eines Tages hautnah gespürt, als aus einem Erdbunker die Leichen von erstickten Menschen geborgen wurden, die vor dem Bombenhagel geflüchtet waren. *»Da habe ich gedacht, das hätte auch ich sein können.«*

Die Abneigung gegen den Krieg sitzt tief, *»und das ist der Hauptgrund dafür, dass ich mir nie, nie in meinem Leben vorstellen konnte und kann, ein Gewehr in die Hand zu nehmen und zu schießen«*. Die Eltern werden ihn in dieser Haltung bestärken – besonders der Vater, den man in den letzten Monaten noch eingezogen hatte und der unverletzt, aber tief deprimiert aus Krieg und Gefangenschaft zurückkehrt: Im schmutzigen Armeemantel stand er Weihnachten 1945 da und packte die Kekse und die Schokolade aus, die man ihm als Marschproviant mitgegeben hatte. Und weinte. Auch das wird der Sohn niemals vergessen. Schon für einen im Jahre 1938 Geborenen tat sich 1945 ein riesiger historischer Krater auf, den die Nazis aufgerissen hatten – »eine Vergangenheit, die nie vergeht«, wie der Philosoph Jürgen Habermas dies nannte, und die eine ganze Generation bis heute prägte. Der Soziologe Helmut Schelsky sollte jene, nach 1945 aufgewachsene Jugend später als »skeptische Generation« beschreiben; auch der heranwachsende Scherf hat diese Jahrgänge als eine demoralisierte Generation aktiver Kriegsteilnehmer erlebt, die als junge Leute von der Schulbank weggezogen und in einen schrecklichen Krieg geschickt worden waren. *»Ich war zwar erst sechs Jahre alt beim Kriegsende, aber Eltern und Geschwister und bei uns besonders der Pastor haben mir diesen Albtraum als politische Katastrophe der Nationalsozialisten vermittelt. Unsere Antwort war die vieler Überlebender: Nie wieder Krieg, nie wieder Faschismus! Und damit verbunden: Nie wieder Kriegsdienst, nie wieder Dienst mit der Waffe.«* Mit Hans-Jürgen Wischnewski sollte er sich später mehrfach über diese Männer der »Helmut-Schmidt-Generation« unterhalten, die nach dem Krieg aus den Gefangenenlagern gekommen waren, um sich meist nur noch dem Privatleben zu widmen. Dafür wollte er immer Verständnis aufbringen. Aber er bewunderte die anderen, die sich nicht abdrängen ließen und mit praktischem Sinn in die Politik einstiegen, um das zertrümmerte Land wieder aufzubauen.

Gehört es zur Paradoxie dieses Lebens, dass gerade die Abwesenheit von Krieg schon beim jungen Henning Scherf die Fragen nach den Ursachen dieses Krieges beflügelte? Konnte er unbefangener als andere Altersgenossen den Blick nach hinten richten? Der am Reformationstag des Jahres 1938 geborene Henning Scherf, der nach dem Willen des Vaters Pastor werden sollte, hat das Privileg seiner behüteten Kindheit nie verschwiegen; als müsse er sich dafür entschuldigen, dass es ihm besser als manchen der damaligen Kriegskinder gegangen war. *»Während der Kriegszeit gelang es meinen Eltern in wunderbarer Weise«*, so schreibt der Abiturient im Jahre 1957, *»meinen drei Brüdern, meinen zwei Schwestern und mir eine glückliche Jugendzeit zu schenken.«* Das klingt anders als bei den klassischen Vertretern jener »vergessenen Generation«, wie die Journalistin Sabine Bode die Kriegskinder von damals bezeichnet: Dreijährige sehnten sich nach ihren Vätern und erschraken, als diese plötzlich mit Knobelbechern und Uniform auf Fronturlaub im Wohnzimmer standen. Zurück blieb das Foto eines fremd gebliebenen Mannes, das auf dem Küchenbord stand. Die Väter dieser Kriegskinder rückten ein, kamen auf Urlaub und fuhren zur Truppe zurück. Das war das Schicksal einer ganzen Generation; zur schleichenden Militarisierung solcher Kindheit gehörten Abschiede, Tränen, das Warten der Mütter, Briefe mit fremdartigen Stempeln, Marken und Siegeln, die hastig aufgerissen wurden – und Kinder, die ihre Väter sehnlichst vermissten. Was diese im Osten oder im besetzten Frankreich auf den Schlachtfeldern taten, interessierte sie nicht; danach fragte man nicht, mit zehn oder zwölf Jahren, schon gar nicht mit vier.

Wenn es zutrifft, dass die Generation der Kriegskinder besonders zurückgenommen, emotional gebremst und an der Sache orientiert war, dann wird man Kindheit und Jugend des jungen Henning Scherf mit dem Schicksal anderer vergleichen müssen. »Krieg, das bedeutete 1941 weg aus der von Bomben bedrohten Stadt, Kinderlandverschickung [...] es war eine Zeit, in der ein Miteinander in der Familie mehr Gastspiel als wirkliche Gemeinsamkeit bedeutete«, so erinnert sich Hans Koschnick, neun Jahre älter als Henning Scherf, dessen Eltern ihren Widerstand gegen Hitler mit Gefängnis, später mit Zuchthaus und Konzentrationslager bezahlten. Seinem späteren Nachfolger, dem im Jahre 1944 geborenen Klaus Wedemeier, schenkt Koschnick zu dessen sechzigstem Geburtstag ein Buch über die Generation der Kriegskinder. Dies sei ein Versuch, so schreibt er dem Jubilar, die Schicksale »unserer Generation darzustellen«, insbesondere derer, die durch Bombenkrieg, Flucht und Vertreibung nach 1945 zwangsläufig »durch den Scheuersack gegangen sind«, was also jeder für sich bewältigen musste. Koschnick fragte sich später immer wieder, warum die Erwachsenen von sich aus gar nicht oder nur selten über ihre Kriegszeit sprachen. »War es bei den damals für die Familien Verantwortlichen nur der Wunsch, ihre eingekapselten Traumata der Zeiten von Not, Vertreibung und Schrecken nicht aufbrechen zu lassen, oder wollte man den Kindern Belastungen, Kenntnisse oder Erfahrungen ersparen, die das eigene Leben so bitter beeinflußt hatten?«

Es waren ja oft erst die Kinder, die das Schweigen der Eltern durchbrachen und lange Jahre später danach fragten, wie es damals in der Familie wirklich war. Verglichen mit der einen oder der anderen Biografie dieser Zeitgenossen, sind Kindheit und Jugend des Henning Scherf eine Zeit ungewöhnlicher Geborgenheit gewesen. Wenn Henning, seine Schwester oder einer seiner Brüder heute von damals erzählen, dann sitzt im Geiste sofort die ganze Familie mit am Tisch: Hier der Vater, den seine Freunde »Heiner« nannten, daneben Mutter

Franziska oder auch »Fränzi« genannt, Großmutter »Oma Gerke« und die Geschwister: Traute, Renate und Harald, Kinder aus der ersten Ehe des Vaters, die in der Zeit von 1931 bis 1933 zur Welt kamen; Henning, Michael und Reinhard, drei Söhne aus der zweiten Ehe, zwischen 1938 und 1941 geboren.

Aber nicht der beruflich und kirchenpolitisch aktive Vater oder die kränkelnde Mutter wurden zum Halt der Familie, sondern jene kleine Frau mit dem Haarknoten und dem stets schwarzen Kleid, die für die Kinder einfach »Oma Gerke« war. Die stille, resolute Frau war im Alter von 27 Jahren zum zweiten Mal Witwe geworden und wirkte schon im Alter von kaum dreißig Jahren wie eine alte Frau, die ihre dunklen Kleider nie ablegen wollte. Sie war in das Haus gekommen, weil Mutter Franziska kurz nach der Hochzeit schwer erkrankte und ins Krankenhaus kam. Der Vater stand plötzlich mit seinen drei Kindern aus erster Ehe allein und duldete anfangs nur widerwillig, dass die Mutter seiner jungen Frau allmählich das Regiment im Hause übernahm, behutsam, sensibel, zuweilen fast unsichtbar, stets in einer liebevollen Solidarität mit den heranwachsenden Kindern, mit denen sie sogar ihre winzige Rente von 54 Mark teilte. *»Sie war frühmorgens immer die Erste und abends die Letzte, die wach war. Ich habe sie nie krank erlebt, sie war immer da, immer fleißig, immer praktisch, hat gekocht, gewaschen, genäht, gebügelt. Sie war absolut bedürfnislos und war oft die Einzige, die noch Geld für uns übrig hatte.«* Diese fürsorgliche Frau sollte das Haus in der Bremer Neustadt nie wieder verlassen: Sie erlebte an der Seite ihrer Tochter die Geburt der drei Söhne, wurde mit der Familie zwei Mal ausgebombt und war dabei, als sich der Vater in den Krieg verabschieden musste. *»Meine Mutter wäre wohl mit den sechs Kindern, dem zerstörten Geschäft und dem Mann in Kriegsgefangenschaft verzweifelt, wenn es die Großmutter nicht gegeben hätte. Die beiden Frauen wurden zu einer Notgemeinschaft, und wir Kinder haben davon außerordentlich profitiert.«* Das Leben und Sterben der achtzigjährigen Frau, deren Hilfsbereitschaft die Kindheit des heranwachsenden Henning überstrahlte, sollte später sein Bild vom eigenen Altern prägen: Beim Tod der geliebten Großmutter, die im Kreis ihrer Familie starb, ist er 17 Jahre alt, frisch in die Frau verliebt, die er später heiraten sollte, und keineswegs auf die Begleitung einer Sterbenden vorbereitet. Aber den Abschied von der Großmutter vergisst er nie. Der Enkel hält seine Großmutter im Arm, hört ihre Wachfantasien und versucht, ihr Leiden zu lindern. Das Bild der Sterbenden hat er künftig vor dem geistigen Auge, sobald er an sein eigenes Altersleben denkt. Dass er vom Tod der Mutter fern von ihrem Sterbebett überrascht wird, kann er sich lange nicht verzeihen. *»Ich war auf einem Juso-Kongress und machte Politik, statt bei ihr zu sein und ihre Hand zu halten.«*

## Eine fromme Familie

Die stille Tragödie dieser nach außen so ernsthaft wirkenden Familie bleibt auf allen Fotos unsichtbar und wird Dritten gegenüber nur selten erwähnt. Kurz nach der Geburt eines Zwillingspaares im Jahre 1933 stirbt die Mutter; eines ihrer beiden Neugeborenen, ein Mädchen, stirbt ebenfalls. Der überlebende Harald ist sehr schwach; doch der Vater kämpft mit den Ärzten darum, den Säugling am Leben zu erhalten. Auch die zweite Ehe des Vaters ist zunächst vom Tod überschattet: Im Jahre 1937 stirbt der Erstgeborene mit dem Namen Dieter, die Todesursache konnte nicht festgestellt werden. Die dramatischen Begleitumstände von Haralds Geburt werden viele Jahre verdrängt und in Anwesenheit der Kinder nicht erwähnt. Aber hat Henning Scherf dies als sein persönliches Unglück erlebt? *»Ich kann mehr über mein Entsetzen darüber sagen, als über das Entsetzen meiner älteren Geschwister. Ich kam mir vor, als ob ich das unglücklichste Kind auf dem Globus sei, ja, dass ausgerechnet wir die einzige Familie waren, bei der alles nicht so glatt gegangen war. Ich empfand das als Unglück. Meine älteren Geschwister haben darüber überhaupt nicht geredet. Das war ein Tabu. Wir haben sonst über alles geredet, nur darüber nicht. Wenn ich das aus meiner heutigen Sicht beurteile, dann meine ich, dass die Geschwister dies alles natürlich schon früher wussten und entsetzlich darunter gelitten haben. Auch meine Mutter, die das kompensieren wollte, hat natürlich darunter gelitten. Sie fühlte sich extrem von dem Vorwurf getroffen, dass sie Mutter und zugleich Stiefmutter war; sie wollte eine Mutter für alle sechs Kinder sein, so gut sie das konnte. Nur meine Großmutter, die das alles ganz genau wusste, war zu klug, um sich einzumischen.«*

Wie zum Dank für die beherzte Entscheidung des Vaters entwickelt sich der Sohn Harald rasch zum Hochbegabten, der schon im Alter von vier Jahren glänzend Schach spielt und der alle schulischen Erwartungen mit Bravour erfüllt. Und der nicht nur Bewunderung erntet. Weil er ständig als Vorbild hingestellt wurde, war er für seine Schwestern und Brüder sehr anstrengend: *»Dem haben seine Mitschüler die Brille kaputt geschlagen, weil sie sich so über seine Leistungen geärgert haben«*, räsoniert Henning über seinen Bruder, der fast immer mit einer »Eins« nach Hause kam, alles gut und schlau machte, stets der beste unter allen Schülern war und der schneller als alle anderen die Schule absolvierte. Harald Scherf, geboren 1933, studierte Mathematik (Promotion 1961) und Volkswirtschaftslehre (Promotion 1964). Er habilitierte sich 1967 für Volkswirtschaftslehre und lehrte seitdem als ordentlicher Professor für Statistik und Volkswirtschaftslehre an der Universität Hamburg, wo er zahlreiche Bücher und Aufsätze, insbesondere auf dem Gebiet der Inflations- und Konjunkturtheorie publizierte. *»Wir wurden immer mit ihm getriezt. Er selbst hat uns das manchmal auch wissen lassen und demonstriert, dass wir nicht annähernd so intelligent waren wie er.*

*Da gab es eine große Rivalität, eine anstrengende Konkurrenz, von der die Schwestern ausgenommen waren. Weil sie schon älter waren, wachten sie über die Nachhilfestunden oder passten auf die Schularbeiten auf. Dabei wurde natürlich auch viel Quatsch gemacht; wir sechs waren auch eine sehr witzige Geschwisterschar.«*

Der kurze Harald und der lange Henning – die tiefe brüderliche Rivalität war innerhalb der streitbaren Familie immer präsent, weil beide auf ihre Art Hochbegabte waren, die um die Gunst der Eltern konkurrierten. Harald blieb das Vorzugskind des Vaters, und Henning war der Sohn der Mutter – auch dies wird im Rückblick nicht bestritten, obwohl Henning dem Vater im Lauf der Jahre immer ähnlicher wurde. Dass der Vater damals ein stadtbekannter Mann war, der sich überall engagierte – daran erinnert sich der in Bremerhaven lebende Michael Scherf, ein nachdenklich-kritischer Alt-Achtundsechziger, der schon von seinem siebenjährigen Bruder und späteren Bürgermeister gehört haben will: *»Ich werde größer als die Domtürme und eines Tages Landesfürst.«* Man mag dies im Rückblick für das arglose Gerede eines sehr selbstbewussten Schülers halten; aber Bruder Michael verbürgt sich für diesen Satz und erinnert sich, dass der ältere Bruder von einem merkwürdigen Sendungsbewusstsein erfüllt war, einer Art Charisma, das weit über Ehrgeiz und Zielstrebigkeit hinausging. Der Vater hat solche Neigung nach Kräften gefördert. »Einer von uns sollte Bürgermeister von Bremen werden«, bilanziert Michael und verweist auf die starke Rolle des Vaters, der nicht nur eine unbestrittene Integrationsfigur war, sondern höchst autoritär über das Leben der Kinder wachte und bestimmte. *»Mein Vater hatte schon Angst, wenn er uns ein Buch lesen sah; er fürchtete, dass wir uns körperlich nicht genug strapazierten. Er meinte, dass so große Kerle wie wir sich körperlich ausarbeiten mussten, wenn sie nicht auf komische Gedanken kommen sollten. Der hat uns Holz besorgt, das wir dann stundenlang klein hacken mussten, und schickte uns auf dem Fahrrad ganz weite Wege, damit wir körperlich ordentlich in Schwung waren. Dass wir Jungs, meine Brüder und ich, gerne viel lasen, das hat er überhaupt nicht verstanden.«* Die Söhne machten sich über ihren Vater zuweilen lustig, der sich in die angeblich heile Erbauungsliteratur der deutschen Nachkriegszeit vertiefte. Als Schüler Henning seinem Lehrer erzählte, der Vater sei ein Anhänger von Bertelsmann-Büchern, zog ihn der Lehrer freundlich durch den Kakao und machte sich über die Heile-Welt-Romane lustig. Für den Pädagogen waren das »Schnulzenbücher«, die man besser nicht in die Hand nehmen sollte. *»Nein, mein Vater war kein Intellektueller. Mein Vater war ein frommer Mann, der seinen Lebensmittelpunkt eben nicht in der Familie, sondern draußen in seinem Geschäft hatte. Daneben hatte er die evangelische Kirche und seinen Drogistenverband, wo er mit Begeisterung den Nachwuchs ausbildete. Das haben wir alle verstanden. Zu Hause – da waren Mutter und Großmutter, die viel wichtiger als mein Vater waren, weil sie den Alltag organisierten und uns stützten, wenn wir mal nicht mehr weiterwuss-*

ten. *Die haben sich im Gegensatz zu meinem Vater nicht von uns abgesetzt, waren nie ein Gegenüber oder strafende Erziehungsperson, sondern oft warmherzige und mitleidende Verbündete. Vater hatte es schwer, weil der ja nicht oft zu Hause war und nach einem langen Arbeitstag müde und erschöpft zurückkehrte. Und er hatte den schwereren Stand, weil er für uns der Fremdere neben Mutter und Großmutter war.«*

»Wir waren alles Schubladenkinder«, meint die zweitälteste Schwester Traute. Damit ist gemeint, dass der Vater selbstbewusst und hartnäckig darüber entschied, welchen beruflichen Weg seine Söhne und Töchter einmal einschlagen sollten. Mag sein, dass in jenen unruhigen Zeiten des Krieges das Sicherheitsbedürfnis des Vaters für die Familie ganz besonders ausgeprägt war; unter den kontrollierenden Blicken dieses zielstrebigen Mannes erwachsen zu werden – das war für alle Kinder nicht leicht, am wenigsten für die Töchter Renate und Traute, deren Biografien vom Vater rasch und kompromisslos eingeordnet wurden. Weil die älteste Tochter früh, erst recht nach dem Tod der Mutter, für den jüngeren Bruder Harald und die jüngere Schwester Traute sorgen musste, schien sie in den Augen des Vaters für den Beruf der Pädagogin prädestiniert: Renate ist eine begeisterte und überall respektierte Lehrerin geworden. Auch bei Traute war die Sache klar: Die praktisch veranlagte Tochter kam mit in das Geschäft des Vaters, wurde bald seine »rechte Hand«, führte die Bücher und erwarb sich den Ruf einer tüchtigen Drogistin – sehr zum Stolz des Vaters, der diesen Lebensweg richtig vorausgeahnt hatte. Der hochbegabte Harald wurde geschont, weil sich da ohnehin eine glänzende Karriere anbahnte. Auch Henning hat unter der strengen Fuchtel des Vaters gelitten, weil dieser sich nie davon abbringen ließ, aus seinem Sohn einen ordentlichen Pastor machen zu wollen. *»Meine Prägung aus dem Elternhaus war durch die unterschiedlichen Eltern bestimmt. Mein Vater war sehr fromm und kirchlich. Ich sollte Pastor werden, weil ich am 31. Oktober, am Reformationstag geboren bin. Er hat gedacht, das sei ein Zeichen. Das hat er in mich hineinprojiziert, und das hat mich auch eine lange Zeit bestimmt.«*

Auch dieses Kind musste sich einfügen und sollte möglichst funktionieren. Der leistungsbezogene Vater setzte die Bedingungen, nach denen sich der Sohn auszurichten hatte: Klavierspiel, Bibelstunde, sonntäglicher Gottesdienst, Morgengebet mit Studium der Tageslosung, Evangelischer Jugendkreis in der Stephani-Gemeinde – so lautete das Pflichtpensum, an dessen Ende ein tüchtiger Pastor stehen sollte. Als Schüler wurde er deswegen bald als der »Fromme vom Dienst« gehänselt. Er selbst hat die dogmatische Enge seines Elternhauses beklagt und kritisierte eine »Binnenkirchlichkeit«, in der man sich gemeinsam mit wenigen Frommen in einen stillen Winkel zurückzog – eine Welt, die ihm sein Vater vorgelebt hatte. *»Ich wurde so richtig reingeboren in ein gläubiges Leben. Die wollten aus mir einen Theologen machen, einen Pastor, und haben versucht, dies in meinen Kopf hineinzubringen. Viele Jahre lang habe ich auf diese Versuche auch positiv*

*reagiert. Ich wollte das ja auch! Ich habe mich aus dieser Umklammerung erst herausge-
wunden, als ich plötzlich Schulsprecher wurde und spürte, dass ich einen ganz anderen
Resonanzboden hatte. Vorher habe ich brav an der beruflichen Orientierung meines
Vaters gearbeitet. Wenn ich heute gute Pastoren und gute Theologen höre, dann kommt
das Interesse für alttestamentarische Texte wieder hervor, und ich denke darüber nach,
was ich mir damals so alles zusammengereimt habe.«* Der enttäuschte Vater gibt
den Wunsch, sein Sohn solle Pastor werden, niemals auf; wenige Wochen vor
seinem Tod im August des Jahres 1965 bittet er den 27-jährigen Sohn, endlich
seinen Lebenstraum zu erfüllen und Theologie zu studieren; doch Henning
hatte sich längst für eine Erfolg versprechende Karriere als Jurist entschieden.
*»Ich glaube, dass mein Vater uns sehr geliebt hat, und ich bin sicher, dass er aus uns
etwas machen wollte. Seine Fehler wollte er mit uns nicht wiederholen. Deshalb war
er so scharf darauf, dass wir alle einen ordentlichen Schulabschluss machten. Er wollte
keinen Schulabbrecher in der Familie haben, solch einen, wie er selbst einer gewesen
war. Da hat er immer dagegengehalten: Ihr müsst, ihr müsst, ihr müsst! Obwohl die
finanziellen Verhältnisse dies eigentlich nicht zugelassen hätten, wurde für uns eine
akademische Ausbildung finanziert. Für meine Schwester Traute leider nicht, was
besonders herb ist, weil sie diese Ausbildung locker geschafft hätte. Aber sie wollte er ja
an seiner Seite in der Firma haben und hat sie deshalb aus der Schule herausgeholt und
Drogistin werden lassen. Auch mein jüngster Bruder Reinhard hat nach der Schule, wo
er wie alle anderen Brüder Schulsprecher war und eine Schülerzeitung herausgegeben
hatte, Drogist gelernt. Er hat sich später mit großer Energie eine Unternehmer-Karriere
aufgebaut und ist – auch ohne Studium – für viele Menschen verantwortlich. Aber die
anderen – die sollten bitte, bitte, bitte, alle studieren! Das tat ihm gut, dass er in der
Gemeinde und in der Stadt auf seine studierenden Kinder stolz sein konnte.«*

Die Strenge des Vaters und die umfassende Liebe der Mutter – bei aller Enge
und Bedrängnis waren dies doch Werte, die heranwachsenden Kindern Sicherheit und Geborgenheit gaben. Wo Mutter und Großmutter sichere Zuflucht
garantierten, wurde der streng gottesfürchtige Vater oft auch zur Zielscheibe
jugendlicher Kritik. *»Wenn wir ihn nach seinem Glauben fragten, sobald er laut
betete, und wissen wollten, wie der liebe Gott denn antworte, wo er doch kein Hebräisch
könne. Wie sieht der liebe Gott eigentlich aus, bist du ganz sicher, dass der da oben richtig Deutsch versteht?«* Das waren familiäre Scharmützel, die oft in Kraftproben
zwischen dem bedrängten Vater und seinen Söhnen eskalierten; der Vater war
zwar ein sensibler, gefühlvoller Mensch; doch dieser Mann war auch empfindlich, leicht reizbar und in der Lage, die Familie mit seinen Gewaltausbrüchen in
Angst und Schrecken zu halten. Wie in vielen Nachkriegsfamilien wurde nach
Kräften geprügelt. Umso mehr war nicht der Vater, sondern die lernbegierige
und weit weniger religiöse Mutter Franziska der geliebte Fluchtpunkt der Familie. Ihr Großvater und ihr Bruder waren Lehrer gewesen, und aus der mütter-

lichen Seite stammte auch der Bildungsehrgeiz der Kinder, die ihre Mutter als ernsthafte, kritische und politisch wachsame Frau beschreiben, die selbstbewusst und eigenständig war. »*Meine Mutter hatte den Anspruch, Orientierung zu geben, den Kindern und den Enkelkindern zu sagen, wo es langgeht. Sie verstand ihre Rolle, anders als meine Großmutter, als die der zentralen Autorität.*« Sie las mit großer Begeisterung Dostojewski, Thomas Mann oder Heinrich Heine, vertiefte sich in Franz Kafka und Rainer Maria Rilke, animierte die Kinder zum Hören von klassischer Musik und zum Klavierspiel. Ihr Vater war Kunstmaler gewesen, der in Paris gearbeitet und in Kontakt zur Malerkolonie in Worpswede gestanden hatte. Die Söhne Reinhard und Henning erbten von der Mutter das zeichnerische Talent: Schon als 16-Jähriger brachte Reinhard seine erste Kunstausstellung zustande; mit 14 Jahren hatte er in der Schülerzeitung eigene Texte mit Grafiken veröffentlicht. Henning zeichnet sicher und gut. Sein Tagebuch einer Schiffsreise an das Nordkap ergänzte er mit zahlreichen Illustrationen, die auch kritischem Urteil standhalten können. »*Meine Mutter war sensibel, kritisch und politisch; eigentlich war sie der liberalere Teil in der Familie; denn sie wollte wirklich verstehen, was wir zum Beispiel lasen. Sie war nicht annähernd so religiös und fromm wie mein Vater. An diesen beiden Eltern konnten wir früh lernen, dass es nicht nur eine einzige Interpretation der Welt gibt, sondern dass daneben möglicherweise noch eine andere existiert. Meine Mutter hat uns sechs Kinder mit großer Liebe erzogen und wollte, dass wir eine bessere Ausbildung bekamen, als es für sie möglich gewesen war. Sie hat uns die Augen für die Natur und Sprache geöffnet. Meine Mutter freute sich immer, wenn wir auch lasen.*«

Der Vater verdiente mit dem kleinen Laden nicht viel; die materielle Not schaute besonders in den Kriegsjahren durch alle Tür- und Fensterritzen herein. Nach der Rückkehr in die ausgebombte und dann wieder aufgebaute Osterstraße in der Bremer Neustadt im Jahre 1948 wurde die finanzielle Lage der Familie nur allmählich besser. Das erzog alle zu einem einfachen, bescheidenen Lebensstil, der auch dann nicht aufgegeben wurde, als alle Kinder zu einem bescheidenen Wohlstand gekommen waren. »*Von unseren Eltern haben wir Bescheidenheit gelernt. Ich war in meiner Schülerzeit ganz stolz, als ich meinem Vater sagte: Ich will dein Taschengeld nicht mehr haben, ich gehe selber Geld verdienen, gebe Nachhilfestunden und schiebe Schichten im Hafen. Da war ich 14 Jahre alt.*« Noch wichtiger war freilich das »innere Geländer«, das beide Eltern ihren Kindern vermitteln konnten, Werte und Haltungen, die unter der NS-Herrschaft nicht korrumpiert wurden, in tiefer Not der schlichte Glaube an Gott. Wenn der Sohn später seine Eltern dafür rühmt, dass sie ihm sehr früh beigebracht haben »gegen die Nazis, Uniformen, und Militär zu sein«, dann schwingt Dankbarkeit in solchen Sätzen mit. Und fast stolz fügt er hinzu: »*Ja, ich bin in eine Familie ohne Nazis und Militaristen hineingeboren.*«

Weil Bremen mit Bremerhaven einen hohen strategischen Wert für die deutsche Kriegswirtschaft besaß, wurde die Stadt Ziel von alliierten Luftangriffen, Brandbomben zerschlugen Haus und Geschäft des Vaters. »Gebrüder H. Frundt. Nachf. Inhaber Heinrich Scherf« in der Bremer Neustadt. Die Familie überlebte, weil die Großmutter allen die Flucht in den Nachbarkeller befohlen hatte. Ein Jahr später verloren die Scherfs auch ihre neue Bleibe an der Friedrich-Ebert-Straße durch zwei Luftminen. Wer ausgebombt wird, der hat buchstäblich alles verloren. Pastor Gustav Greiffenhagen, enger Freund der Familie Scherf und Gründungsmitglied der Bekennenden Kirche und Pastor der Stephani-Gemeinde, berichtet in seinen Erinnerungen von einer Frau, die ihm wenige Tage nach ihrer Ausbombung in Bremen sagte: »Erst dankte ich Gott, daß er mir allen Ballast genommen hatte, aber nun merke ich von Tag zu Tag mehr, daß zum Leben mehr gehört als Essen und Trinken. Wenn man sich morgens in Ordnung bringen will, dann vermißt man seine Zahnbürste, die Stiefel kann man nicht säubern, weil die Bürste und Schuhcreme fehlen. Zum Essen muß man sich Topf und Kelle, Messer und Gabel und Löffel, Teller und Tasse leihen.« Welch chaotisches Elend muss in einer Familie geherrscht haben, deren sechs kleine Kinder auf tägliche Fürsorge angewiesen waren! So entschlossen sich Franziska und Heinrich Scherf, Bremen mit der Familie zu verlassen. Sie zogen in das Haus der Großmutter nach Osterholz-Scharmbeck, das kein Paradies am Rande des Krieges werden sollte. Das Haus und der Garten der Großmutter waren an zwei Familien vermietet, sodass sich die neunköpfige Familie Scherf räumlich sehr einschränken musste. Die Schwestern kamen bei Nachbarn unter. Der Zutritt zum Garten war nicht gestattet, und auch das Pflücken von Obst war streng verboten. Auch hier trieb der Bombenalarm die Familien in den Keller. In der Angst vor den herannahenden Flugzeugen betete Vater Heinrich zuweilen laut und rief, dass Gott sie beschützen oder alle auf einmal zu sich holen solle. Das waren Sätze, die von den verängstigten Kindern nicht nur als Trost und Beruhigung empfunden wurden. Unter den Überforderungen dieser fast alltäglichen Not erkrankte die Mutter an Typhus und musste fast ein halbes Jahr im Krankenhaus verbringen. Alle bangten darum, ob die geliebte »Fränzi« am Leben bleiben würde. Dann erkrankten auch die Kinder Henning und Reinhard und kamen mit Diphterie in ein Bremer Krankenhaus. Henning drohte zu ersticken. Nur ein Luftröhrenschnitt hat ihn buchstäblich in letzter Minute gerettet. Sein lebensbedrohender Zustand war erst festgestellt worden, als er bei einer Evakuierung des Krankenhauses als einer der letzten Patienten gefunden und in Sicherheit gebracht werden sollte. Wenige Stunden später wurde der Teil des Krankenhauses, in dem er vorher untergebracht war, von Fliegerbomben getroffen.

# Das Ungeheuer Krieg

Schon die Geburt des Sohnes Henning am 31. Oktober 1938 war von Ereignissen überschattet worden, die für die Zukunft Schlimmes ahnen ließen. Die Ermordung des deutschen Gesandtschaftsrats vom Rath in Paris durch einen jungen jüdischen Emigranten provoziert die SA in der Nacht vom 9. auf den 10. November 1938 zu Pogromen gegen Juden. Noch wohnt der Drogist Heinrich Scherf mit seiner Familie in der Bremer Neustadt, leitet mit einer Handvoll Angestellten das Geschäft und wird Zeuge der Ausschreitungen, die in den Hauptstraßen der Stadt Bremen beginnen. In der Obern- und Sögestraße, in der Hutfilter- und Faulenstraße werden die Schaufenster jüdischer Geschäftsleute zerschlagen und das Innere verwüstet. Die jüdischen Mitbürger werden aus ihren Wohnungen gezerrt und in »Schutzhaft« genommen, nicht nur in Bremen, sondern überall im Reich. Heinrich Rosenblum aus der Thedinghauser Straße, Selma Zwienicki aus der Hohentorstraße, Leopold Sinasohn und das Ehepaar Goldberg werden ermordet: Die ersten fünf Opfer von 1438 Juden, die 1933 in Bremen lebten und von denen mehr als die Hälfte umgekommen ist. Niemand kann sich später im Ernst damit herausreden, er habe von den Ausschreitungen dieser Pogromnacht in Bremen nichts gewusst. Zwei Stunden nach Mitternacht wird die Synagoge in der Gartenstraße, die im Jahre 1876 eingeweiht worden war, von grölenden SA-Trupps eingeäschert. Die städtische Feuerwehr schaut zu und sorgt nur für den Schutz der angrenzenden Häuser. Das »Rosenakhaus« der israelischen Gemeinde wird vom Keller bis zum Dachboden geplündert.

Doch die Randale der aufgeputschten SA-Trupps geht weiter. Am Morgen des 10. November werden jüdische Männer durch die Straßen der Stadt gezerrt und am darauffolgenden Tag werden sie vom damaligen Lloydbahnhof aus in das Konzentrationslager Sachsenhausen/Oranienburg deportiert. »Die Kemleins nach wie vor freundlich zu Grete, nehmen die Judenhetze als etwas Gegebenes, lassen sich dadurch nicht stören, sind ganz unpolitisch und dabei offenbar beglückt von den deutschen Zuständen: Glanz, Ordnung, Frieden. Der Alte, Frontsoldat, ist ganz überzeugt, daß Deutschland im Ernstfall gegen alle Welt siegreich geblieben wäre.« Der Satz des jüdischen Gelehrten Viktor Klemperer, aufgeschrieben im fernen Dresden, trifft die Gemütslage eines deutschen Bürgertums, dessen Mehrheit in Adolf Hitler längst den Vollstrecker deutschen Sendungsbewusstseins akzeptiert.

Auch in Bremen, dieser einst so stolzen Hansestadt, wird eifrig Beifall geklatscht: Eine Woche vor den Judenpogromen war Hitlers berüchtigter Innenminister Wilhelm Frick umjubelter Gastredner der Verwaltungsakademie in Bremen gewesen. In seinem Vortrag über die »Stellung und Aufgaben der Beamten im Dritten Reich« hatte der später in Nürnberg zum Tode verurteilte

Frick wie immer dafür plädiert, das Überhandnehmen eines »verheerenden Judentums in der Rechtspflege, in der Kunst, in der Literatur und in der Wirtschaft« einzudämmen. Eine überwältigende Mehrzahl seiner Zuhörer hatte ihm dafür begeistert applaudiert. Und sie klatschten auch, als Bremens Regierender Bürgermeister, SA-Gruppenführer Böhmcker, bei einer SA-Kundgebung im Bremer Casino am 11. November 1938 unter dem Eindruck der Judenpogrome erklärte: »Irgendwelche Jammertanten haben gemeint, wir wären zu rauh gewesen. Ich sage nur, es hätte noch viel schlimmer kommen können und es kann noch viel schlimmer kommen …!«

Die Betroffenheit darüber, dass diese Ausschreitungen vor den Augen einer Bevölkerung geschahen, die sich später damit entlasten wollte, man habe davon nichts gewusst – eine derartige Beschwichtigungsmentalität hat den heranwachsenden Henning Scherf immer wieder geärgert. *Ich habe hier in Bremen die Bombennächte erlebt. Ich sehe noch die Leichen, die aus den Kellern herausgeholt wurden. Ich habe sogar KZler in Erinnerung, die in der Stadt aufgeräumt haben. Wenn ich als kleiner Pöks das noch weiß, dann wundere ich mich immer, dass die Erwachsenen sagen: ›Wir wussten das nicht.‹* Und er, der doch im herkömmlichen Sinne nie Kriegskind war, weil er in der Fürsorge der Eltern heranwachsen durfte, erlebt Nationalsozialismus und Krieg als *»Ungeheuer, das mich persönlich umbringen will«.*

Das Bild Adolf Eichmanns während seines Prozesses in Jerusalem, »der Mann im Glaskasten«, das wird auch zu seinen besonderen Erinnerungen gehören. Er schaut genauer hin als viele seiner Altersgenossen, will nicht begreifen, dass die Erschütterung im Nachkriegsdeutschland rasch einem Verdrängen weichen soll. War der Mord an den Juden nicht weit weg, begangen von den Nazis, vor denen man privat doch immer gewarnt hatte? Es gab viele, die damals so dachten und die sich über den jungen Mann gewundert haben, der sich für die »Aktion Sühnezeichen« und freiwillige Arbeit im israelischen Kibbuz engagierte. In den 1950er Jahren habe die deutsche Bundesrepublik den »großen Frieden mit den Tätern« geschlossen, schrieb damals der Publizist Ralph Giordano: Der Artikel 131 des Grundgesetzes ermöglichte eine kalte Amnestie auch für belastete Beamte. Mediziner, Juristen, Lehrer und Professoren kamen aus ihren Maulwurfshöhlen zurück, in denen sie sich vergraben hatten. Nun setzten sie ihre Karrieren fort, als sei nichts gewesen, strickten an den Maschen einer historiografischen Beruhigung, schwankten zwischen Rechtfertigung und Anklage und redeten von Hitler wie vom Unerklärbaren, der als ein Mysterium des Teufels vom Himmel gefallen war. Die verdrängte Schuld, so analysierten später Alexander und Margarete Mitscherlich, wurde von den Deutschen auf die »Inkarnation des Bösen« abgeschoben – auch dies eine These, die im politisch-aufgeklärten Hause Scherf entschieden bestritten wurde. Hatte man nicht mit eigenen Augen gesehen, wie ab 1933 die deutsche Bevölkerung auf Hitler und die Nationalsozialisten reagierte? Hatten sich Kirchen und intellektuelle Eliten nicht sträflich verhalten? Warum waren die menschlichen Bindungen zwischen Deutschen und Juden schon ganz früh, ab 1933, zerbrochen? Warum war plötzlich der langjährige Nachbar kein guter Nachbar mehr gewesen? Dieser junge Mann, der sich früh für Gandhis Philosophie der Gewaltlosigkeit begeistert, will die gängige These vom angeblichen »Dämon Hitler« nicht glauben; in den 1960er Jahren wird er zu den jungen SPD-Politikern gehören, die eine Mitverantwortung verschiedener gesellschaftlicher Gruppen für den Judenmord nicht bestreiten. Und die lautstark gegen Franz Josef Strauß protestieren, der in Bayern tönt, die »Deutschen hätten ein Recht darauf, von Auschwitz nichts mehr hören zu wollen«. Politik und Justiz verzichteten auf eine Strafverfolgung der Täter, ein Skandal ohnegleichen, über den sich mancher empörte.

»Die Reaktionären, wie wir sie nannten, wollten nicht über die Konzentrationslager reden, nicht über die Nazi-Richter, nicht über die Nazi-Beamten, nicht über die Nazi-Unternehmer, die wieder in ihre alten Positionen zurückkehrten. Aber meine Eltern, unsere Freunde und ich, wir wollten laut darüber reden.« Weil er im Umkreis von kritischen Christen in der »Bekennenden Kirche« aufgewachsen war, schärfte sich seine Kritik an einer vermeintlichen Restauration, die er bekämpfen wollte. »Alles, was mit Konrad Adenauer verbunden war, lief auf das Restaurieren hinaus, auf das Verdrängen von kritischen Tönen und auf das Anknüpfen an fast alles, was vorher gewesen war. Das war keine Aufarbeitung. Als dann Heinemann die Deutschlandfrage groß herausstellte, plädierten wir natürlich für eine friedliche Koexistenz mit der DDR und nicht für die Wiederaufrüstung der Bundesrepublik, was ja tatsächlich die Spaltung bedeutete. Wir glaubten sogar, eine ewige Spaltung. Wir dachten, das kommt nie wieder zusammen, wenn jetzt auch beide Teile noch gegenseitig aufrüsten. Deshalb stürzten wir uns in die deutsche Frage, wo wir Adenauer eigentlich stets als unseren Gegner erlebten. Bei Heinemann jedenfalls hatte ich zum ersten Mal das Gefühl: Jetzt sind die befreiten Deutschen verantwortlich für das Land. Bis dahin war das polarisiert, hier die große Masse derjenigen, die sich besiegt fühlten, die dachten, Hitler war ein Verrückter, aber mit den richtigen Leuten hätten wir es geschafft. Anders hingegen Leute wie wir Scherfs, die sich vom ersten Augenblick an als Befreite gefühlt haben.«

Wie viele der damals Engagierten geht er auf die Straße, marschiert als Abiturient beim ersten Ostermarsch 1958 von Bremen ins ehemalige Konzentrationslager Bergen-Belsen, eine Woche lang und in ständiger Angst, von der Polizei geschnappt zu werden, die eine Durchquerung großer Ortschaften verboten hatte. Dabei lernt er, dass man sich das Recht auf eine Demonstration zuweilen auch erstreiten muss. Ein Jahr später fährt er mit engagierten Christen, linken SPD-Genossen und Pazifisten nach Bonn, um gemeinsam mit vielen Demonstranten gegen die Wiederbewaffnung zu protestieren. Seine

Generation hatte den Wiederaufbau eines von Nationalsozialisten innerlich und äußerlich verwüsteten Landes erlebt; doch nun pochte er wie viele seiner kritisch gestimmten Altersgenossen darauf, dass man künftig anders miteinander umgehen möge, innerhalb, aber auch außerhalb der Bundesrepublik. »*Wir wollten nicht wieder in der nationalen Sackgasse landen, wir wollten nach Europa, wir wollten eine offene, tolerante Gesellschaft.*« So fährt der 15-Jährige gemeinsam mit seinem ein Jahr jüngeren Bruder Michael per Anhalter nach Paris, wo beide eine französische Familie kennenlernen, die später in das Elternhaus nach Bremen eingeladen wird. Durch die Kinder sollten die Eltern auf beiden Seiten entdecken, dass Frankreich nicht der verhasste Erbfeind und auch Deutschland nicht mehr eine Kopie von Nazi-Deutschland war. »*Durch unsere internationale Orientierung, durch unsere Neugier auf das Leben außerhalb der deutschen Grenzen haben wir mit dazu beigetragen, dass diese Bundesrepublik eine wundersame Erfolgsgeschichte erlebt hat. Wir waren die neue deutsche Bevölkerung.*«

Erst viele Jahre später löst sich bei ihm ein Widerspruch auf, den er lange nicht erkannt hatte. Nach der Lektüre des Buches »Der lange Weg nach Westen« von Heinrich August Winkler lernt er, dass nach 1945 nur der westliche Teil Deutschlands die echte Chance erhielt, eine Demokratie zu werden. Er begreift, dass der konservative Adenauer eigentlich der politische Internationalist und die deutsche Linke Nationalisten gewesen waren. »*Wo ich doch immer in meinem Kopf hatte, dass die Linken die Internationalisten sind und die Rechten die Nationalisten. Das habe ich erst mit Winkler so richtig kapiert, dass da was über Kreuz gegangen ist. Bei Adenauer müsste ich mich entschuldigen. Den habe ich immer als einen angegriffen, der die Teilung Deutschlands zynisch akzeptiert hatte. Dabei hat seine West-Integration die Wiedervereinigung möglich gemacht. Er, der Konservative, war der Internationalist, Schumacher hingegen, der Linke, war der Nationalist. Adenauer hat die Großtat vollbracht, dieses durch die Nazis verwüstete Land mit diesen verwüsteten Köpfen darauf einzustimmen, dass wir nur eine Chance mit der westeuropäischen Integration haben.*«

Auch Henning Scherf hat sich wie später sein Vorbild Willy Brandt über die Deutschen gewundert, die nach dem Krieg wortlos in die Gräber blickten, für die sie verantwortlich waren. Die protestantische Ethik eines Gustav Heinemann, von dem er schon als kleiner Junge in Bremen gehört hatte, wurde ihm Richtschnur und Programm. In seinem Bremer Arbeitszimmer hängt ein großes Porträt von Gustav Heinemann, den er seinen »intellektuellen und politischen Vater« nennt: Politik und Moral sind kein Gegensatz, sondern kategorischer Imperativ für politisches Handeln. Mit Blick auf diese sittlichen Grundlagen wird der rigorose Antimilitarismus eines Schülers und Studenten erklärbar, der für sich selbst früh und eindeutig eine innere Grenze zieht: Krieg bleibt für ihn das größte Unglück, das ihm je zustoßen könnte. Mahatma Gandhi wird zur historischen Lieblingsgestalt. Nelson Mandela zur Leitfigur, die er ein Leben lang bewundern wird. »*Wir haben über Nelson Mandela geredet, als ich als Schüler zum ersten Mal von ihm gehört habe, damals als Vorbild gewaltlosen Widerstandes, als Mandela sich für illegalen bewaffneten Kampf entschieden hatte, habe ich mich gewundert und gefreut, dass der Weltkirchenrat ihn trotzdem nicht fallen gelassen hat. Der Friedens- und Versöhnungsprozess in Südafrika ist weltweit vorbildlich!*« Später wird er Mandela bei dessen Staatsbesuch in Deutschland und mehrfach in Afrika begegnen.

Auf die Frage, welche militärischen Leistungen er am meisten bewundert, wird er keinem, auch nicht dem neugierigsten Journalisten, eine Antwort geben. Bei der Stationierung amerikanischer Raketen im schwäbischen Mutlangen steht er Anfang der 1980er Jahre in der ersten Reihe der Gegendemonstranten. Das war keine politische Pose, sondern Konsequenz einer tief sitzenden pazifistischen Ethik, die ihm die Eltern mit auf den Lebensweg gegeben hatten. Schon als 17-Jähriger publiziert er in der Schülerzeitung des Gymnasiums an der Bremer Dechanatstraße Artikel über die Kriegsdienstverweigerung. Als der Vertrauenslehrer auf den Plan tritt und den Schülerredakteuren vorwirft, sie würden zur Politisierung der Schülerschaft beitragen, sucht er nach einem Autor, der ein Plädoyer für die Bundeswehr schreiben möchte. Aber er findet keinen in der Klasse, der sich für den Wehrdienst stark machen will. »*Alle waren meiner Meinung. Ich habe natürlich den Artikel für die Kriegsdienstverweigerung geschrieben, aber ich wollte auch, dass auf der anderen Seite der Zeitung eine Gegenmeinung gedruckt wurde. Da bin ich einfach zum Jugendoffizier der Bundeswehr gegangen: Sie müssen mir helfen! Wir wollen die Diskussion über die Bundeswehr in der Schülerzeitung abdrucken. In der Schule gab es ein paar alte Lehrer, die Soldat gewesen waren. Aber die waren total vernagelt, wenn sie von ihren Militärgeschichten erzählten. Die hatten schon aufgehört zu denken. Die erzählten vom Zweiten Weltkrieg, als sei der niemals mit einem Zusammenbruch beendet worden.*«

Solche Kontroversen waren nach seinem Geschmack. Er wollte es »*rasseln hören*«, wie er im Rückblick auf seine letzten drei Schuljahre sagt, wo er gern in der Kontroverse mit Andersdenkenden politisierte. Er liebte den Disput um Argumente, die sich im Widerstreit schärfen oder auflösen konnten; das Wegducken und Anpassen war seine Sache nicht. »*Da klickt es bei mir besser. Da höre ich gerne zu. Das habe ich in der Schule gelernt, das geht bis heute. Wir basteln gerade daran, mit den Armeniern über die Frage des Holocaust mit den Türken eine Diskussion zu organisieren. Das ist anstrengend. Ich will nicht recht haben, aber ich möchte denen zumuten, dass sie wenigstens gegenseitig aushalten, dass es eine andere fundamentale Auffassung über den Völkermord an den Armeniern vor über neunzig Jahren gibt.*« Die Neigung, kontroverse Themen aufzugreifen und sie möglichst im scharfen Disput diskutieren zu lassen, zieht sich seit der Schülerzeit durch sein politisches

Leben. Als auftrumpfende Jungsozialisten in den 1970er Jahren beschließen, zur konkurrierenden Jungen Union der CDU keine Kontakte mehr zu pflegen, marschiert Scherf auf Einladung des damaligen Junge-Union-Vorsitzenden und heutigen Staatsministers für Kultur, Bernd Neumann, auf das Rednerpodium, um mit den jungen Unionschristen zu diskutieren. Von den eigenen Junggenossen wird er dafür gescholten. Sein späterer Koalitionspartner Neumann vergisst ihm die damalige Zivilcourage nie. Die umstrittene Wehrmachtsausstellung im Jahre 2001, die er gegen den Willen der CDU ins Rathaus holt, macht er zum politischen Thema, »weil wir eine Form finden müssen, so korrekt und fair und respektvoll miteinander umzugehen, dass es ein gutes Kapitel bremischer Politik wird«. Er lässt über ein halbes Jahr über die geplante Ausstellung diskutieren, rät, beschwichtigt und feuert an. Das Ergebnis gibt ihm recht: In Bremen sollte es während der Ausstellung keine Gewaltaktion geben, kein Hakenkreuz, keine rechtsradikale Attacke, obwohl der Streit über die Rolle der Wehrmacht die lokale Öffentlichkeit viele Wochen in Atem gehalten hat. Als der jüdische Historiker Wolffsohn im Verlaufe der Diskussion über die damalige Rolle der Wehrmacht ungewöhnlich polemisch die Frage aufwirft, warum die eigenen Väter und Großväter nicht zur Rolle der Wehrmacht im Nationalsozialismus befragt worden seien, kontert Scherf öffentlich. »Dass es wehtut, das merken alle. Das ist keine Inszenierung hier, das ist eine richtig schmerzliche Auseinandersetzung. Ich möchte gerne Herrn Wolffsohn beweisen, dass wir hier in Bremen mit unseren unterschiedlichen Auffassungen und Biografien die Kraft haben, uns dieser schmerzlichen und bitteren Aufarbeitung zu stellen und auch auf uns zeigen. Ich möchte, dass wir einen Verständigungs- und Aufarbeitungsprozess finden, der diese Ausstellung im Rathaus möglich macht. Das ist keine Machtprobe, sondern eine Anfrage an die Zivilgesellschaft, ob wir die Verletzungen im Mittelpunkt unserer Stadtbürgerschaft austragen wollen. Und dieser Mittelpunkt ist für mich das Rathaus.«

Mit sanfter Provokation etwas real zu verändern – so lautete das politische Lebensmotto von Scherf, der dieses »symbolische Grenzgängertum«, wie es die grüne Politikerin Antje Vollmer bezeichnete, bereits seit seiner Schülerzeit erfolgreich praktizierte. Ein glatter und angepasster Streber würde dieser junge Mann, der schon früh seine Lehrer herausforderte, gewiss nicht werden. Schon der gottesfürchtige Vater hatte bald zu spüren bekommen, dass dieser Sohn nicht immer nach seiner Pfeife tanzen würde. »Warum darf ich nicht einmal fragen? Ich weiß noch, wie ich mich in meinen Aufsätzen befreit habe und sagte, jetzt schreibe ich, was ich denke! Plötzlich merkte ich, dass ich damit gut hinkam, und so habe ich immer weiter geschrieben und mich am Schluss herausgeschrieben aus dieser väterlichen Dominanz.«

Wenn er später freimütig zugibt, »unter Leuten zu sein« gehöre zu seiner Lieblingsbeschäftigung, dann wurde solche Neigung schon in seinen letzten

Jahren am Gymnasium geweckt: Er interessiert sich für die SPD und wird im Alter von 17 Jahren Mitglied bei den Jungsozialisten. Gewiss würde er stets ein eigenwilliger, auch unkonventioneller Mensch bleiben, der sich nicht rasch und übersichtlich einordnen ließ. Aber sein Traum von Glück war früh und eindeutig eine demokratisch aufgeklärte Zivilgesellschaft, in die er sich mit kritischer Anteilnahme und hohem Verantwortungsgefühl einbringen wollte. Schon die damalige Wahl zum Schulsprecher tat ihm gut, weil er plötzlich spürte, dass sein unkonventionelles Engagement anerkannt wurde. »*Das ist doch toll, wenn die Klassenkameraden in der Schule dich wählen und du das Gefühl hast: Ich bin doch nicht ein armes Schwein oder eine armselige Minderheitsfigur, sondern die halten alle was von mir.*« Schon früh nimmt er sich vor, von Lob und Beifall nicht abhängig zu werden. Er will authentisch bleiben und nicht den Versuchungen des Populismus erliegen. »*Ich habe lange gedacht, ich würde Theologe, Pfarrer oder Missionar werden. Ich glaubte, ich wüsste genau, was meine Aufgabe, mein Lebenssinn sei, zu predigen und nahe bei den Menschen zu sein. Aber als ich in der Schulzeit plötzlich merkte, dass die meisten gar nicht in der Kirche waren und ganz andere Prioritäten hatten, habe ich ganz neu darüber nachgedacht, wo ich meinen Platz finden könnte. Mit jeder neuen Erfahrung, im Studium und in meinen unterschiedlichen Berufen, hat sich die Antwort etwas verändert, aber es gibt einen roten Faden: Ich bin immer interessiert und lebendig geblieben, wenn ich mit Menschen zu tun hatte. Ich bin das Gegenstück von einem meditierenden Einsiedler, ich lebe von anderen, mit ihnen zusammen, ich brauche Zustimmung, auch Kritik und Widerspruch. Ich bin neugierig auf Leute, die anders denken und mit anderen Religionen leben.*« Diesem Grundsatz bleibt er treu, ja lebt ihn oft als handelnder Politiker vor. Nach dem New Yorker Attentat vom 11. September 2001 in New York konfrontiert er die aufkeimende Sicherheitshysterie mit einem »Tag der offenen Moschee«, um den 40.000 Bremer Muslimen ein Signal von Toleranz und Versöhnung zu geben, obwohl über 1000 von ihnen als radikal und extremistisch eingestuft werden. Wie oft in seinem Leben wird er zum politischen Grenzgänger, besucht neun islamische Gebetshäuser, darunter auch die Fatih Moschee, die vom Verfassungsschutz als extremistisch eingestuft wird. Zur Islam-Woche, von Bremens Bürgermeister zum ersten Mal in Deutschland ausgerichtet, kommen allein zum Auftakt 6000 muslimische Gläubige; die Kirchen beider Konfessionen, Arbeitgeber und zahlreiche Repräsentanten aus Bremens konservativem Establishment machen bei der Veranstaltung mit. Als nach der Verhaftung des kurdischen PKK-Chefs Öcalan die Kurden in Bremen gewalttätig zu werden drohten, kamen Muslime aus allen Moscheen und Vereinen, unterzeichneten einen Friedensappell und demonstrierten jene Friedfertigkeit, über die im Verlauf der Islam-Woche öffentlich diskutiert worden war. Gegen das publizistische Trommelfeuer einer konservativen Öffentlichkeit, die dem Bremer Bürgermeister politische Naivität vorwirft, hat er die Muslime ermutigt und das Vertrauen erhalten, einen ehrlichen Diskurs mit anderen Religionen zu pflegen. Sein Versuch, das gesamte Spektrum islamischer Gruppierungen, auch die des latenten Extremismus Verdächtigen, in die Gesellschaft einzubinden, wird als »alternativlos« gerühmt. Nach seiner Rundreise durch die Moscheen dankte ihm die türkische Zeitung »Milli Gazete« mit der Schlagzeile: »Danke, Herr Scherf«.

Als Schüler und Student nur den Wehrdienst zu verweigern, das reicht ihm nicht. Zu einer Zeit, da Siebzehnjährige für Rock'n'Roll schwärmen, schlägt sich Schüler Henning auf die Seite der Quäker, die südlich der damaligen Bundeshauptstadt Bonn »work camps« unterhalten. Man renoviert mit Gleichaltrigen Waisenhäuser und im Vorort der Stadt Worms städtische Siedlungshäuser, in denen Flüchtlingen, Spätheimkehrern und Kriegsbeschädigten geholfen wird. Später ist er Mitglied einer »Nothelfergemeinschaft der Freunde e.V.«, die seit den Wiederaufbaujahren mit anderen Organisationen zusammenarbeitet, und reist in den Schulferien nach Polen, um sich am Aufbau von Jugendzentren zu beteiligen. Mag sein, dass sich der hochgewachsene junge Mann, der gerne Baskenmütze, Dufflecoat und altmodische Knickerbocker-Hosen trägt, für den musikalischen Wertewandel der hereinbrechenden Rock'n'Roll-Ära interessiert. Aber Bill Haley und Elvis Presley, der 1958 als GI über Bremerhaven nach Deutschland kommt und eine Generation in Röhrenjeans und Petticoats in Schwingung bringt, spielen eine Musik für jugendliche Massen, nicht für musikalisch Ausgebildete. Das ist Musik für Teens und Twens, die eine neue Welt entdecken wollen: amerikanische Filme, frisierte Mopeds und schwarze Lederjacken. Im Rock'n'Roll sehen viele eine authentische Musik von unten, gegen Konventionen und starr tradierte Moralvorstellungen, dynamisch, sinnlich, erotisch. Offen und rebellisch kanalisiert diese Musik die Gefühle einer Generation, die im Krieg geboren worden war und in der Konfrontation mit der alten Ordnung neue Orientierung sucht. Aber zu dieser Generation, die mit Idolen wie Marlon Brando, James Dean und Elvis Presley nach einem neuen Lebensgefühl sucht, gehört der ernste junge Mann aus Bremen nicht. In einer seltenen, aus protestantischer Ethik genährten Rückwärtsgewandtheit setzt er sich nicht mit jener amerikanisierten Gesellschaft auseinander, sondern kümmert sich um das Vergangene, um Krieg und Frieden, um die Trümmer der deutschen Geschichte. »Wir hatten keine Feindbilder mehr im Kopf, wir wollten friedliche Nachbarschaft, wir wollten interkulturelle Nähe und Austausch. Wir begeisterten uns für französische und britische Intellektuelle, wollten raus aus dem Schisma von Ost und West, reisten nach Prag, nach Warschau, fanden Freunde hinter dem Eisernen Vorhang.« Als Henning Scherf wieder einmal um eine freiwillige Tätigkeit in einem »work-camp« gebeten worden ist, schreibt er dem väterlichen Mentor Hellmut Keusen, Leiter des Evangelischen Studienwerks Villigst: »Bisher verstand *ich alle zukünftige Tätigkeit und die Ausbildung dazu als ein ›Für die Welt verantwortlich sein‹, heute ist daneben getreten die Aufgabe der Gemeinde als wichtiger Ort der Bewährung.«* Das Leben als Prüfung und Probe oder Verantwortung in der Solidargemeinschaft: Auch dies wird zu einem Leitmotiv, das nicht nur er, sondern auch die beiden Brüder und später seine drei Kinder übernehmen, die sich immer wieder und an verschiedenen Orten in »work-camps« engagieren.

Als er nach dem Abitur vom örtlichen Bremer Wehrdienstbüro aufgefordert wird, seine Abneigung gegen den Dienst in der Bundeswehr zu begründen, schreibt er Hellmut Keusen: *»Ein Wehrdienst kommt für mich nicht in Frage, weil ich Kriegsdienstverweigerer bin. Ich bin der festen Überzeugung, daß ich anerkannt werden muß. Die Frage ist nur, in welcher Instanz.«* Als sich der Prüfungsausschuss bei Keusen am 26. Oktober 1959 danach erkundigt, welche Gründe für die Verweigerung des Wehrdienstes genannt werden könnten, kommt die lapidare Antwort zurück: »Herr Scherf ist aus religiösen und politischen Gründen zum Wehrdienstverweigerer geworden. Es mag die Ernsthaftigkeit seiner Überzeugung beweisen, daß er zur Ableistung eines Ersatzdienstes nicht nur ein volles Ja gab, sondern dieser Ersatzdienst geradezu von ihm als notwendig angesehen wird.« Und Keusen setzt hinzu: »Ich bin überzeugt, daß er sich seine Entscheidung nicht leicht gemacht hat, sondern daß ihn seine Überzeugung zum Kriegsdienstverweigerer hat werden lassen.« Über diese tiefe Abneigung gegenüber Krieg und dem »Dienst an der Waffe« hat er niemals mit sich reden lassen. Da duldete er schon als Schüler keine Kompromisse. Bis heute ist er anerkannter Kriegsdienstverweigerer geblieben; als Student versucht er, am deutschen Wehrersatzdienstgesetz mitzuarbeiten und als Mitglied der »Internationale der Kriegsdienstverweigerer« wirksame Lobby zu sein. Als er später nach dem Referendarexamen zum zivilen Ersatzdienst antreten will, wird er mit einer undurchsichtigen Begründung abgewiesen. Man forderte ihn auf, seine juristische Referendarszeit erst einmal zu Ende zu machen. *»Ich habe das als eine Ablehnung empfunden. Die wollten mich nicht im Ersatzdienst haben, weil ich für die einfach zu gefährlich war. Natürlich wollte ich den Ersatzdienst auch dazu benutzen, um eine gewaltlose Widerstandsarbeit zu organisieren. Aber die hatten kein Interesse daran, einen jungen Mann aufzunehmen, der die Leute politisch auch noch hochschaukeln wollte. Die haben sich einfach gesagt: Lass den mal erst seine Ausbildung zu Ende machen, die ja damals bis zum Assessor-Examen vier Jahre dauerte. Danach habe ich mich bei denen danach erkundigt, was denn mit mir eigentlich los sei. Und sie meinten, das sei jetzt endgültig gelaufen. Sie könnten mich auch nicht mehr bezahlen, weil ich schon Assessor sei. Also habe ich nicht gedient. Aber wenn ich danach gefragt worden bin, habe ich stets auf meine zahlreichen work camps verwiesen. Die Arbeit dort habe ich als einen Wehrersatzdienst betrachtet.«*

Mit seiner Überzeugung bleibt er konsequent: Kaum im Kreise seiner damaligen Kommilitonen im Evangelischen Studienwerk Villigst angekommen, organisiert Scherf Gespräche über das Pro und Contra des Wehrdienstes, lädt Soldaten und Wehrdienstverweigerer samt zuständigem Militärdekan ein, sitzt auf dem Podium und diskutiert »lebhaft, aber doch tolerant« über diese Frage, die ihm auf den Nägeln brennt. Im Streit mit anderen artikuliert er sein »linkes Gewissen«, plädiert für allgemeine Abrüstung und appelliert für die Mitarbeit bei der »Aktion Sühnezeichen«. Seine Lehrer, Kommilitonen und Tutoren sind begeistert: »Das war gewinnend und immer interessant«, lobt Wolfgang Piepenstock, damals mit Scherf im Werksemester, »man wurde niemals kleingeredet.« Und Prof. Dr. Heinz-Eduard Tödt, einer seiner Tutoren, schreibt in sein Gutachten: »Es ist mir nicht zweifelhaft, daß Gewissensentscheidungen die Haltung von Henning Scherf bestimmen.«

Elterliche Wertvorstellungen können wichtige Akzente für die Kindheit und die weitere persönliche Entwicklung setzen. *»Seit ich denken und nachdenken konnte, hatte ich eine direkte politische Umgebung«,* wird der Bürgermeister Bremens später in einem Interview mit Peter Merseburger sagen. *»Wenn Sie aus einer politischen Familie kommen, sind Sie einfach dabei.«* Der Satz verweist auf den Einfluss des Vaters, dem der Sohn wohl Entscheidendes für sein späteres Leben verdankt – allem voran die tiefe Verankerung in Kirche und Theologie. »Links das Parteibuch, rechts die Bibel«, auch dieses Klischee wird einen Mann ein Leben lang begleiten, der sich nach dem Abitur in ein aufregendes Studium stürzt und fast aus Zufall zum Berufspolitiker wird. Das Wichtigste, das er vom christlichen Glauben lernt, sind nicht irgendwelche Bekenntnisse. *»Man muss immer nachfragen und Glaube wie Theologie zu seiner eigenen Sache machen«* – dies wird das Credo eines jungen Mannes. Als er über die Losung der Benediktinermönche »Bete und arbeite« meditiert, greift er die Geschichte mit dem Mann aus den Weinbergen aus dem Matthäus-Evangelium, Kapitel 20, Vers 1-16, auf: Dieser Mann habe den ganzen Tag hindurch Männer zum Ernten angeheuert. Am Abend bekamen alle ihren gleichen Lohn, egal, ob sie eine Stunde gearbeitet hatten oder schon den ganzen Tag dabei waren. Ist der Weinbergbesitzer fair oder unfair zu den Arbeitern gewesen? Die Geschichte dahinter findet er kostbar, weil sie als Grundlage unseres Zusammenlebens dienen könne: Arbeit müsse fair verteilt werden. Alle müssten sich um die Menschen kümmern, die keine Arbeit haben oder nicht mehr arbeiten können – jeder müsse sein Auskommen haben. Das Gleichnis will er auf die heutige Arbeitswelt übertragen. *»Wir brauchen gerade heute Menschen, die anders organisiert sind als von oben nach unten, die an das große Ganze denken und dafür auch handeln wollen.«*

Schon als junger Mann will er Anstöße organisieren und Aufbrüche möglich machen. Dabei bleibt dem Bremer Kleinbürgersohn stets bewusst, dass es

Traditionslinien waren, die den heranwachsenden Menschen prägten. Literaten wie Theodor Fontane oder Heinrich Böll, Theologen wie Karl Barth oder Dietrich Bonhoeffer, Politiker wie Mahatma Gandhi oder Nelson Mandela sollten sein Denken ein Leben lang beeinflussen. »*Ich hatte nie das Gefühl, bei null anzufangen, sondern sah mich immer als Erbe einer bestimmten Kultur, als Erbe von Glaubens- und politischen Überzeugungen.*« Wenn ihn etwas aus der christlichen Verkündigung interessiert, dann ist es jene »tätige Nächstenliebe«, wie er 1977 in einem Kondolenzbrief an die Witwe des plötzlich verstorbenen SPD-Schatzmeisters Wilhelm Dröscher schreibt. »*So sich kümmern, wie er es getan hat [...] das soll ein Maßstab sein!*« Schon dieses Bild verrät einiges vom christlichen Hirten, das später mit dem Parteipolitiker und SPD-Senator assoziiert wird. Der »gute Mensch von Kirn«, wie der verstorbene Dröscher genannt wurde, wird von ihm neben Gustav Heinemann zum »denkwürdigen Vorbild« geadelt. »*Seit dem Tode meines Vaters bin ich nie wieder so hilflos gewesen*« – auch dieser Satz verrät eine innige Zuneigung zu einem Mann, der Politik als tätige Nächstenliebe im Weinberg des Herrn begriff. »Wer den Boden nicht beackert, braucht sich nicht zu wundern, wenn darauf nichts wächst. Ohne den Kontakt mit den Menschen kann ich keine erfolgreiche Politik machen«, mahnte Dröscher immer wieder. Feste Verwurzelung mit der Heimat und den Problemen der Menschen – das war es, was den guten Volksvertreter ausmachte. »Er selbst ist gefordert und muß denen Rede und Antwort stehen, die ihm ihren Auftrag gegeben haben.«

## Das Vorbild des Vaters

Es war der Vater, der ihm dieses Ideal vorgelebt hat. Von ihm lernt er, was Mut, Zivilcourage und aktives Christ-Sein in einer bedrohten Welt bedeuten können. Der Vater lebt ihm eine fast naive Unbeirrbarkeit des Glaubens vor, die unter dem NS-Regime bald zu gefährlichen Konflikten führt, weil es einzig und allein darum ging, »*ob ich zu der Gemeinde halte oder nicht*«, wie dies der Sohn später formuliert. Die Biografie des Vaters: Kein antifaschistischer Held, aber eine Geschichte des Standhaltens, Durchhaltens, des Aufmuckens und des Sich-nicht-unterkriegen-Lassens – der Lebenslauf eines Christenmenschen, der mit Gottvertrauen an seiner Kirche festhielt und sich von pöbelnden Nazis nicht einschüchtern ließ. »*Vor unserem kleinen Laden stand ein SA-Mann, der die Leute davon abhalten sollte, bei uns zu kaufen. Und mein Vater hat versucht, diesen Außendruck durch engagiertes Mitarbeiten in der Bekennenden Kirche auszuhalten.*«

Heinrich Scherf war als junger Drogist von Hannover nach Bremen gekommen, Spross einer traditionsreichen Bäckerdynastie, die das welfische Königshaus beliefern durfte – das Signum, »königlicher Hoflieferant« gewesen zu sein, schmückte zur Freude von Heinrich Scherf das Familienwappen, auf das er ein Leben lang stolz blieb. War dies schon Reminiszenz an das Alte und Bewährte, dem der Jüngere in kühner Risikomentalität entlaufen war? Der Vater war früh gestorben, und der eigenwillige Sohn machte sich auf eine riskante Reise in die Unabhängigkeit: Er brach ohne Abschluss der Mittleren Reife die Schule ab und wählte einen Beruf, der damals viel mit Modernität und Fortschritt zu tun hatte, mit Chemie, Pharmazeutik und Tinkturen; denn immer häufiger hatten sich die Drogerien neben den klassischen Apotheken als neue Konkurrenz etabliert. Heinrich ging nach Bremen – auch dies ein wagemutiger Schritt, weil er den Verlust des gewohnten familiären Umfelds bedeutete. Er war völlig auf sich allein gestellt: Ein junger Mann, der nur die Volksschule und einige Jahre das Gymnasium besucht hatte. In seiner kleinen Drogerie, so urteilten seine Kinder später, erinnerte der Vater an einen intelligenten, seiner Zeit weit vorauseilenden Volksheilkundigen, der allen Problemen offen gegenüberstand, überall Anteil nehmend und freundliche Ratschläge gebend. *»Ich glaube, die Drogisterei war damals so etwas wie heute das Reformhaus, also ein Vorläufer für eine gesundheitsorientierte Reformbewegung. Das war aber auch der Zugang zu einer anderen Lebensweise und zu einer anderen Umgebung. Mein Vater ist ein frommer Jugendbewegter gewesen. Es gibt Bilder von ihm, da tanzt er barfuß in Walla-Walla-Kleidern. Die Mädchen tragen alle weiße Hemden und tanzen einen Reigen im Wald, und alle sind furchtbar glücklich. Er war ein großer und schöner Mann, mit einer großen, dunklen Lockenpracht. Und alle haben ihn offenbar gemocht und sehr sympathisch gefunden.«* Tatkräftig, fromm, ermutigend, anregend, vielen Dingen des Lebens zugewandt und besonders an der alternativen Medizinheilkunde interessiert – so beschreiben seine Kinder und Zeitgenossen einen Mann, der in Bremens »Alter Neustadt« Wurzeln schlägt und nach dem Kauf eines kleinen Drogeriegeschäfts rasch zum geachteten Nachbarn avanciert. Das Geld habe zwar selten für alle gereicht, erinnert sich die Tochter Traute Meier, doch Heinrich hatte sich bald im kleinbürgerlichen Milieu der Neustadt als aktiver Mitbürger etabliert: Eloquent, freundlich und weltoffen rät und berät er, kümmert und sorgt sich, lebt Nächstenliebe vor, weil er einfach eine Art »ländlichen Gottesglauben« hat, wie dies die Tochter formuliert: Sie hat viele Jahre mit dem Vater an der Ladentheke gestanden, Arzneien und Heilmittel ausgefahren und sich um fast alle geschäftlichen Dinge gekümmert. Sie erlebte einen Vater, der wie ein »Seelsorger für alle« war, aber auch Ängste vor Distanzierung und Ablehnung hatte. Bei Konflikten zeigte er sich manchmal schwach; Harmonie ging ihm über alles. »Ihm war die Gabe des natürlichen Kontakts mit den Mitmenschen geschenkt. Niemand konnte sich so in der Gemeinschaft freuen und überall Fröhlichkeit verbreiten«, rühmt die langjährige Freundin Maria Schröder, die ihn oft in der Gemeindearbeit von Stephani erlebte: Die couragierte Lehrerin wurde im März 1942 zusammen mit drei Kolleginnen vom Dienst suspendiert, weil sie jüdischen Familien vor ihrem Abtransport ins Konzentrationslager Minsk Trost zugesprochen hatte. Mit Heinrich Scherf hatte sie sich immer wieder dafür eingesetzt, dass auch getaufte Juden nach ihrer diffamierenden Kennzeichnung durch den Davidstern weiter an allen kirchlichen Veranstaltungen teilnehmen konnten.

»Wir haben einen Gott, der da hilft, und einen Herrn, der vom Tode errettet.« Die Losung seines Trauspruchs wird zum Lebensmotto eines Mannes, den auch andere als immerzu rüstigen Christenmenschen beschreiben: »Wie müde er nach einem langen Tag auch sein mochte, es zog und trieb ihn zu unseren Bibelstunden, in denen er Stärkung und Erkenntnis suchte.« Der aktive Geschäftsmann, der später in der Bremer Handelskammer die Prüfungen für den Drogistennachwuchs abnimmt; das rührige Vorstandsmitglied der Stephani-Gemeinde, die nicht nur sonntags zur religiösen Fluchtburg wird; der sorgende Vater, der wohl selber gern Pfarrer geworden wäre – wie seine geistigtheologischen Mitstreiter Wiard Rosenboom und Gustav Greiffenhagen. »Jesus Christus […] ist das eine Wort Gottes, das wir zu hören, dem wir im Leben und im Sterben zu vertrauen und zu gehorchen haben«, dieser Satz aus dem Barmer Bekenntnis von 1934 wird zur religiösen Maxime eines Mannes, der von seiner Umgebung ein gottgefälliges Leben verlangt. In dieser Familie ereignete sich, ähnlich wie es häufig in strengen protestantischen Pfarrhäusern der Fall sein kann, eine Verdoppelung von väterlicher und religiöser Autorität: Verfehlungen wurden nicht selten zweimal eingestanden – einmal den Eltern und danach im stillen Gebet Gott gegenüber. Was für die Pfarrerskinder aus der befreundeten Familie Greiffenhagen galt, galt auch im Hause Scherf: »Die Vorbildrolle des Pfarrerkindes wird von beiden Seiten erwartet – von der Außenwelt und von den Eltern […], neben der Ehe muß vor allem die Kindererziehung die innere Stimmigkeit seiner Lehre und die Fruchtbarkeit seines Glaubens beweisen.« Was der Sohn Martin Greiffenhagen über die eigene Familie schrieb, war auch im Hause Scherf gültig – eine nach heutigen Maßstäben rigide Erziehungspraxis, bei der die rasche Bestrafung an der Tagesordnung war. Die kleine Ohrfeige wegen einer frechen Bemerkung, verordnetes Stillsitzen oder Eckenstehen, härtere Strafen nicht ausgeschlossen. Wenn etwas nicht nach seinem Willen ging, konnte Heinrich Scherf sehr streng werden. *»Da hinten im Büro hing die kleine Knute. Gott sei Dank hatte sie ganz breite Riemen«*, erinnerte sich im Jahre 2004 der Bremer Bürgermeister, als er das inzwischen verkaufte Elternhaus an der Bremer Osterstraße besuchte. Im Zorn des Vaters wurde Sohn Michael mit dem Teppichklopfer verhauen. »Willst du Prügel oder eine Strafarbeit?« Auch diese drakonische Alternative galt in einer Familie, deren religiös geprägte Gewissenskultur unter dem stillen Protest von Großmutter, Mutter und Geschwistern besonders vom Vater durchgefochten wurde. Als Sohn Michael, ohnehin der ungebärdigste von allen, einmal etwas ausgefressen hatte, musste er fünfzigmal den Satz aufschreiben: »Es besteht ein großer Unterschied zwischen mir und meinem Vater.« Als der listige Michael den Satz nur einmal aufschreibt und seelenruhig darunter neunundvierzig Gänsefüßchen setzt, ahnen die älteren Schwestern Schlimmes – zumindest die gewohnte Tracht Prügel für den frechen Sohn. Doch der Vater lenkt ein – und schickt Michael zur Bestrafung lediglich in die Zimmerecke. Aber auch dies war ein pädagogischer Rigorismus, der aus heutiger Sicht undenkbar wäre. Noch im Rückblick der kritischen Tochter wird solche Handlung zu einem Akt nachsichtiger Barmherzigkeit. »Unser Vater konnte lachen und verzeihen. Aber die Familie hat er wie eine kleine Mannschaft dirigiert. Jedes Kind an seinem Platz. Und selten hat einer von uns aufgemuckt.«

Wer wie der Christ Heinrich Scherf zwölf Jahre in den Streit der Evangelischen Kirche mit dem totalen Staat Adolf Hitlers verwickelt war, der musste wohl stark sein – auf jeden Fall konnte er ein festes, unverrückbares Weltbild gut gebrauchen. Vor dem Hintergrund des aufkommenden Nationalsozialismus suchten die Gläubigen in der Gemeinde der Bekennenden Kirche Vertrauen und einen Halt, an dem man sich orientieren konnte. In der Gemeinde St. Stephani sammelte sich der zaghafte Widerstand der Christen um die beiden Pfarrer Wiard Rosenboom und Gustav Greiffenhagen, beide Barth-Apologeten, denen es eine selbstverständliche Pflicht war, innerhalb der Gemeinde zusammenzuhalten, »sich eins zu wissen als Glieder der Stephani-Kirche«. Beide wussten, dass die Kirche des Jahres 1933 eine »Kirche der Versuchung« sein würde; denn für die interne Kommunikation, die stets Verrat und Denunziation ausgeliefert war, galt längst das »Dahlemer Notrecht«: In der Botschaft der Bekenntnissynode von Berlin-Dahlem vom Oktober 1934 waren die christlichen Gemeinden u.a. aufgefordert worden, keine Weisungen von der nationalsozialistisch gesteuerten Reichskirchenregierung entgegenzunehmen.

Paradoxerweise ist es ausgerechnet Heinrich Scherf gewesen, der gegen den Geist dieses Abgrenzungsbeschlusses verstieß. Als enger Vertrauter von Greiffenhagen und Rosenboom war er in alle Interna der Bekennenden Gemeinde eingeweiht; oft war der neu eingesetzte Landesbischof Weidemann Zielscheibe ihrer Kritik gewesen. Durfte man mit diesem Mann verhandeln? Der Bremer Historiker Diether Koch, mit Henning Scherf seit dessen Schulzeit bekannt, vermutet hinter dem Schritt von Heinrich Scherf im August 1938 »christliche Naivität«, einen unbedarften Glauben, dass man mit einem hochrangigen NS-Würdenträger durchaus über menschliche Probleme verhandeln könne. Der Anlass des kompromittierenden Besuchs war gewiss aus tiefer Seelennot geboren: Durch den Tod von Pastor Rosenboom bekam Weidemann die große

Chance, in der renitenten Stephani-Gemeinde eine neue Pastorenstelle zu besetzen. Es versteht sich von selbst, dass sich Weidemann für einen Repräsentanten der Deutschen Christen entschied. In das Pfarrhaus neben Greiffenhagen sollte Pastor Herbert-Werner Fischer einziehen, ein Deutscher Christ und Parteigenosse seit 1931 – ein Gedanke, der für alle unerträglich war. Neben die Familie des tapferen, von der Gestapo bespitzelten und mehrfach inhaftierten Pfarrers der bekennenden Christen also der Mann, der nicht das reine Evangelium predigte, sondern es mit nationalsozialistischem Glauben durchsetzte – das durfte nicht sein! Die Gemeinde wollte keinen Deutschen Christen, sondern einen Mann der Bekennenden Kirche, Pastor Werner Friese, der die Nachfolge des verstorbenen Rosenboom antreten sollte. Die Lage war prekär. Trotzdem entschloss sich Heinrich Scherf, im Alleingang Weidemann aufzusuchen und dem Landesbischof ins Gewissen zu reden. Dabei ließ er sich nur von seinem Bruderratsmitglied Tobe Wessels begleiten. Er mag diesen Schritt in frommer Absicht getan und im Glauben gehandelt haben, dass er den mächtigen Landesbischof von Christ zu Christ oder von gleich zu gleich umstimmen könne. Aber das Projekt war von Anfang an zum Scheitern verurteilt: Der selbstherrliche Weidemann dachte nicht daran, seine Auffassung von einem NS-konformen Christentum zu überdenken.

Der gutgläubige Scherf wurde nach seiner gescheiterten Mission stark kritisiert. Er hätte gegen den Geist des Bruderrats verstoßen, der nur nach gemeinsamer Beratung handeln sollte, und auf diese Weise den »Landesbischof« noch aufgewertet. Er habe nicht im Auftrag und auf Weisung des Bruderrats gehandelt, der nach stürmischer Sitzung beschloss, Heinrich Scherf als Mitglied im Bruderrat nicht mehr zu dulden. Er habe sich in »doppelter Weise vom Boden der Bekennenden Kirche entfernt, indem er den, von der Bekennenden Kirche nicht anerkannten Landeskirchenführer in Sachen der Pfarrschaft um Hilfe anging«, vermerkt das Protokoll, »und dadurch das Führerprinzip auch für die Bekennende Kirche als möglich hinstellte«. Beide Männer wurden abgewählt und durch neue Mitglieder im Bruderrat ersetzt. Bei der Abwahl von Tobe Wessels hatte Scherf noch Protokoll geführt und mit dem Psalm unterschrieben: »Herr, fern Dir leb ich! Herr, fern Dir sterbe ich, Herr, fern Dir bin ich ewiglich!« Nun, wenige Tage später, nach der Entscheidung der Gemeinde, konnte er selbst diese Tröstung gebrauchen. Seine Rolle als Vertreter der Bekennenden Kirche war zu Ende. Er blieb dennoch in der »Bekennenden Gemeinde« und wurde nach dem Krieg in den Vorstand gewählt, dem er bis zu seinem Tode im Jahre 1965 angehörte. Und dennoch: »Mit Freude hat er sich bis zuletzt immer wieder der Zeit einer echten Glaubensgemeinschaft in der schlimmen Notzeit des Nationalsozialismus erinnert«, rühmte Maria Schröder, die mit ihm Not und Anfechtungen in der »Bekennenden Kirche« erlitten hatte. Fröhlich und wie selbstverständlich habe dieser Mann seine große Familie ins Gemeindeleben hineingestellt und bei allen seinen Kindern ein soziales Verantwortungsgefühl geweckt, das beispielhaft sei. »Bis zuletzt trat er unnachgiebig für die politische Verantwortung eines Christen ein.«

## Protestantischer Schmalhans

Eine Kindheit und Jugend im Schatten des Krieges: Die Familie schlägt sich mühsam durchs Leben. Alle Geschwister packen im Haushalt und im Geschäft des Vaters mit an. Die Armut der Eltern führt dazu, dass die Mutter in den umliegenden Geschäften oft anschreiben lassen muss. Als Kind bekam Henning genaue Instruktionen, bei welchen Geschäften man sich besser nicht blicken lassen sollte, weil dort einmal zu viel angeschrieben worden war. Er ist nach eigenen Worten zum »protestantischen Schmalhans« geworden, der sich kaum für Konsum interessiert, der nichts wegwerfen kann und der noch als gestandener Mann mit seiner Frau Wetten abschließt, mit zwei Euro Taschengeld durch die Woche zu kommen. Dabei hat er auch als Politiker selten Geld in der Tasche und überlässt es seiner Sekretärin, über ein diskretes Konto alle Rechnungen für ihn zu begleichen. Die Armut in der Kindheit führt später zu einer paradoxen Bewertung von Geld und Finanzen. *»Unsere Finanznöte waren mir peinlich, ich habe mir damals sehr gewünscht, dass ich später nicht aufs Geld schauen müsste, und wollte damit so wenig wie möglich zu tun haben. Dass ich nie Geld bei mir trug, hat zwei Gründe. Zum einen wird man als Politiker herumgereicht und auch versorgt, man kommt kaum dazu allein unterwegs zu sein und sich selbst etwas zu kaufen.«* Erst als Polit-Pensionär lernt er, wie ein Bankautomat funktioniert, wie man Überweisungen ausfüllt und wie viel ein halbes Pfund Butter kostet.

Als er sich im Frühjahr 1958 zum Abitur meldet, liegt hinter ihm eine sehr abwechslungsreiche Schulzeit. Im Herbst 1945 war er in Osterholz-Scharmbeck eingeschult worden. Im Jahr 1947 war die Familie mit Großmutter und Kindern zurück nach Bremen gezogen, wo der Vater zum vierten Mal sein zerbombtes Geschäft eröffnete. Dort überspringt Henning ein Schuljahr und besteht 1949 die Aufnahmeprüfung zum »Alten Gymnasium«, einer renommierten humanistischen Traditionsschule, in der Latein und Griechisch gepaukt werden – noch soll der junge Mann neben dem Klavierspiel alte Sprachen lernen, um sich auf den Beruf des evangelischen Pfarrers vorzubereiten. *»Meinen allzu schnell emporgeschossenen Körper versuchte ich, in sportlicher Betätigung zu üben«*, schreibt er in seinem damals zur Abiturzulassung noch obligatorischen Lebenslauf mit entwaffnender Offenheit. Henning lebt fast asketisch, vermeidet Alkohol, trinkt am liebsten Milch und lebt schon als Schüler Konsumverzicht vor. *»Also, das mit* dem Konsum, das habe ich nie verteidigt, sondern gelebt. Das geht mir heute noch so. Wenn mich jemand mit meinem heißen Wasser aufziehen will, dann kann er mich damit nicht kränken, weil ich das Gefühl habe, der zu sein, der den besseren Teil erwischt hat. Ich fühle mich mit heißem Wasser, das ja wirklich Askese pur bedeutet, einfach wohler als all die anderen Leute, die gern Rotwein trinken. Das ist nicht arrogant. Das hat mich auch nie richtig isoliert. Wenn die mich damals in der Schule aufzogen, weil ich Milch-trinker war, dann habe ich die besoffenen Schulkameraden nach Hause gebracht oder in die Straßenbahn gesetzt. Beim Abitur, daran erinnere ich mich ganz genau, war ich der Einzige, der noch nüchtern war. Wir fanden Leute, die nur schicke Klamotten trugen, einfach lächerlich und glaubten, dass die es nötig hätten. Einer meiner Schulkameraden in der Parallelklasse hatte ein Auto. Einen englischen Sportwagen mit Faltdach. Stellen Sie sich einmal vor, als Schüler! Da haben wir gedacht, der hat es einfach nötig. Aber ich wäre damals nie auf die Idee gekommen, mir ein eigenes Auto zu wünschen.«

Tatsächlich ist er ein begeisterter Schwimmer, Handballspieler und Leicht-athlet – im Abiturzeugnis reicht es später nur für ein »befriedigend«, »weil ich niemals große Ausdauer bewies«, wie er selbstkritisch einräumt. Das Pflichtpen-sum der damaligen »Körper- und Bewegungsschule« sowie das obligatorische Leistungsturnen hat er nicht sehr gemocht. Beim Hangeln an den Kletterstan-gen oder beim Hindernisturnen am Stufenbarren ist der Zwei-Meter-Junge immer im Nachteil. Die Freude am Radfahren entdeckt er früh; der Spaß, auf dem Fahrradsattel zu sitzen und sich elegant durch das Gewühl der Autokolon-nen zu schlängeln, begleitet ihn bis in den Ruhestand. Schon als Schüler legt er das Geld, das er mit Nachhilfestunden verdient, für ein Sportrad an, mit dem er von Bremen bis Freiburg zum Studium fährt. Später geht's in die Schweiz und in die Berge nach Frankreich. Der Fahrrad fahrende Bremer Bürgermeister im wehenden Trench wird weit über die Landesgrenzen hinaus zum politischen Kult-Programm. Weil Vater Heinrich Scherf seine sechs Kinder nicht oft genug an die frische norddeutsche Luft bringen konnte, kauft er in einem kleinen Wassersportverein an der Weser einen Kanadier, mit dem die ganze Familie die Weser und Ochtum rauf- und runterfährt. Später macht der Sohn im geliebten Einer mit dem Namen »Adelante« Paddel-Exkursionen, die über den Jadebusen bis zu den ostfriesischen Inseln führen. Noch im Alter von achtundsechzig Jahren nimmt er sich vor, mit dem Rad rund um das Mittelmeer zu fahren oder von Hannoversch-Münden die ganze Weser bis nach Bremen zu paddeln.

Aber der »derbe und rohe Ton der Sportkameraden« hat ihm nie gefallen. »Ich erinnere mich noch sehr gut, dass ich überempfindlich gegen körperliche Züchti-gungen war.« Die folgende Schwäche seines jungen Lebens hätte er verschweigen können; aber er beschreibt mit großer Offenheit, was ihn in den Grundschul-jahren am meisten beschäftigt: »Leider begann ich mit 13 Jahren zu stottern [...] und zwar zuerst nur beim Vorlesen in der Klasse oder vor fremden Menschen.« Später wird er diese Jahre als »*eine schrille Zeit*« beschreiben. »*Manche springen in die Weser und bringen sich um, bei mir war es halt das Sprechen.*« Das Stottern verschlimmert sich und beeinträchtigt die schulischen Leistungen derart, dass Henning zum Entsetzen seiner Eltern und Geschwister in der zehnten Klasse des Gymnasiums sitzen bleibt. »*Unkluge und verstaubte Pädagogen*«, so analysiert er, »*haben meine Sprachhemmung zu einem ›schweren Komplex‹ gesteigert.*« Auch Therapeuten konnten ihm nicht helfen. Er verkrampfte immer mehr bei dem Versuch, richtig zu sprechen. Erst nach einem Schulwechsel an das Gymnasium an der Dechanatstraße verlor sich diese Schwäche allmählich. Als er in dieser Zeit zum Schülersprecher gewählt wird, musste er seine erste große Rede halten. Er lernte sie auswendig, bläute sie sich so lange ein, bis er sie fehlerfrei aufsagen konnte. Als er die Rede dann endlich halten sollte, wurde er vor Aufregung richtig krank. Danach probierte er etwas anderes: Er legte es fortan nicht mehr darauf an, zu brillieren, sondern suchte ganz einfach das Gespräch mit anderen Schülern, nicht als Schulsprecher, sondern als Mitschüler.

Der griechische Prozessredner Demosthenes hat der Sage nach Kieselsteine in den Mund genommen, um die Kraft seiner Rhetorik zu steigern. Scherfs Eigentherapie suchte damals die kleine Gruppe, das vertraute Gespräch und die Nähe anderer Menschen, um die Sprachschwäche zu überwinden. Seine Abiturrede bewältigt er, zur Genugtuung seiner im Auditorium bangenden Eltern, mit Bravour. Bis heute hat er eine tiefe Abneigung gegenüber vorgefertigten Manuskripten und liebt die freie, möglichst emphatische Rede, bei der er sein Auditorium im Blick haben und ständig ansprechen kann. Bei seinem Auftritt im Bonner Bundesrat im Verlauf der kontroversen Debatte über den Lauschangriff hat er sogar die Chuzpe, das vorbereitete Manuskript seines Bonn-Bevollmächtigten Erik Bettermann triumphierend in die Höhe zu halten, um es anschließend zu Protokoll zu geben. Danach hält er eine Rede, bei der atemlose Spannung im Publikum zu spüren ist: Konzentriert, emphatisch, anklagend und voller Selbstzweifel steht er am Pult und verteidigt die Rechte seines Landes Bremen gegen den Rest der deutschen Föderalismus-Welt, als hätte der vor dreiundzwanzig Jahrhunderten lebende Demosthenes ihm dabei die Hand auf die Schulter gelegt.

Bei einem seiner wichtigsten Auftritte in der bremischen Bürgerschaft am 23. Februar 2005 muss Scherf wieder einmal die prekäre Wirtschafts- und Finanzlage Bremens erklären. Dabei ereignet sich das Kuriosum, dass seine Regierungserklärung den Abgeordneten vorher übermittelt wird. Der Bürgermeister hat sich wie so oft wieder einmal ausbedungen, seine Ansprache frei zu halten. Es gilt das gesprochene Wort! Wenn er später auf einen Stotterer trifft, so hat er dem Journalisten Peter Siebenmorgen erzählt, »*dann erschrecke ich immer noch*«. Er sucht dann ganz rasch die Nähe zu Menschen. So hat er sich damals geholfen, so hilft er sich zuweilen noch heute. Damals ist er in der Bewältigung seiner persönlichen Krise nach eigener Einschätzung auch mutig gewesen. Mut hat für ihn offenbar viel mit menschlicher Nähe zu tun.

In der modernen Psychologie gibt es verschiedene Erklärungen für Störungen der Psychomotorik, die das Verhalten eines stotternden Schülers Anfang der 1950er Jahre erklären könnten; immerhin bestand die Gefahr, dass die akute Sprachschwäche chronifiziert wurde, weil sie länger als sechs Monate dauerte. Bei einer Störung dieser Relevanz sprechen Psychologen davon, dass die Bereitwilligkeit zur sprachlichen Mitteilung zwar erhalten ist, der Vollzug der Mitteilungswünsche jedoch unterdrückt wird. War das Kind hin und her gerissen zwischen dem, was gesagt werden durfte und was nicht? Wollte der Schüler Henning eigene Gedanken zurückhalten? Wurde der Impuls zur Mitteilung von einem Gegenimpuls zum Verschweigen unterbrochen? Gab es zu Hause nicht doch eine unaufrichtige Familienkonstellation mit einer vorgetäuschten Friedfertigkeit? Wurde hinter der lauteren Fassade nicht doch miteinander gestritten und gehetzt?

## Die Fuchtel des Pastors

Bei der Antwort auf diese Fragen verweist Henning Scherf auf die Dominanz von Pastor Gustav Greiffenhagen, der sich neben dem Vater als einflussreiche Autorität etabliert hatte. Er mischte sich in die familiären Verhältnisse ein, wachte über die Ausbildung der heranwachsenden Söhne, gab Rat und drohte mit Sanktionen. »Alle Bücher, die der Pastor verbot, habe ich gelesen. Das fand ich viel spannender als das fromme Zeug, das er uns empfohlen hatte. Da habe ich mich aus eigener Kraft entwickelt. Ich glaube, das war dann eine Methode, meine Pubertät und das Stottern zu überwinden. Ich konnte mich endlich von dem Leseprogramm emanzipieren, das mein Vater und der Pastor uns eingebläut hatten.« Befeuert von einem atheistischen Deutschlehrer, den er sehr verehrt, liest Schüler Henning gegen den Willen des Vaters Friedrich Nietzsche, der zum offenen Glaubensfeind erkoren worden war, schmökert in den philosophischen Texten von Arthur Schopenhauer, verschlingt Max Stirner und dessen revolutionäres Pamphlet »Der Einzige und das Eigentum«. »Das war Gift ohne Ende, das ich dennoch mit Lust gelesen habe. Das ist ja kein großes Buch, aber ich fand die Polemik toll. Und dann habe ich diese wilden Sachen aus der Weimarer Republik verschlungen. Das fängt bei Carl von Ossietzky an und hört bei Karl Kraus und Kurt Tucholsky auf. Eine zweibändige Literaturgeschichte über die Weimarer Republik habe ich förmlich gefressen. Dieser ganze literarische Expressionismus war eine riesige Entdeckung für mich, weil das überhaupt nichts mit Kirche zu tun hatte. Das hatte etwas mit dem Einreißen der

Wilhelminischen Zeit zu tun, mit dem Zerstören von Vorurteilen und mit der Befreiung aus unserem bürgerlichen Mief. Das habe ich fast wie eine Befreiung erlebt. Das fand ich großartig und spannend.«

Auch Gustav Greiffenhagen, der langjährige Freund des Vaters und der Familie, stellt ihm ein glänzendes Zeugnis aus: »Seine innere Entwicklung habe ich mit rechter Anteilnahme und Freude verfolgt«, schreibt der Vater von sechs Kindern in einem Gutachten über ihn. »Er hat es nicht leicht gehabt. Bei seinem schnellen Wachstum – er hat es inzwischen auf volle zwei Meter Größe gebracht – wird er zeitweise sehr überfordert, indem man bei seiner äußeren Größe immer vergaß, wie jung er eigentlich noch war. Inzwischen ist der innere Mensch nachgewachsen und man kann an dem ganzen Jungen nur seine helle Freude haben.« Während seine Mitschüler meist nicht wissen, welchen Berufsweg sie einschlagen sollen, ist für ihn die Sache klar: Er will Jura und Soziologie studieren, weil »ich Interesse am Zusammenleben der Menschen gefunden« habe, wie er in seinem Lebenslauf schreibt. Da konnten der Vater und sein einflüsternder Pastorenfreund so viel insistieren, wie sie wollten: Ein Pfarrer sollte aus ihm nicht werden. Diesem Ziel war ohnehin nach dem Schulwechsel ein Riegel vorgeschoben worden, weil alte Pflichtfächer wie Griechisch und Hebräisch im Lehrplan nicht mehr vorkamen – zwei Sprachen, die eine Voraussetzung für ein Theologiestudium waren.

## Ein ernster junger Mann

Als 60-jähriger Mann, längst zum erfolgreichen Bürgermeister seiner Vaterstadt avanciert, wird er auf die Frage eines kleinen Jungen, was er als Kind hatte werden wollen, die Antwort geben: »Als ganz kleiner Junge, als Fünfjähriger, wollte ich Pferd werden. Pferd, fand ich, war das Tollste. Und dann, als ich ein bisschen älter geworden bin, wollte ich Missionar werden, dann habe ich mich ganz langsam zum Pastor entschieden, danach wollte ich Mediziner werden, und dann bin ich Schulsprecher geworden, habe ganz große Lust am öffentlichen Reden und am Verhandeln entwickelt und gemerkt, wenn ich Jura studieren würde, dann würde ich das noch ein bisschen besser können. Und dann bin ich Jurist geworden.« Fast alle seine Lehrer loben den Schüler Henning Scherf. »Seine geistigen Anlagen liegen weit über dem Durchschnitt. Er verbindet klare Übersicht auch über umfassende Fragen mit lobenswerter Sorgfalt im Detail. Die Formgesetze geistiger Arbeit, die er sicher beherrscht, ordnet er der zu bewältigenden Substanz unter. Er hat eine ausgesprochene Neigung zur Beschäftigung mit den Grundlagen und zur Betrachtung von Grenzgebieten, ohne sich dabei in Spekulationen zu verlieren. Nach dem hier üblichen Zensurenschlüssel ist er der Primus seiner Klasse.«

Diese Bewertung seines Klassenlehrers Wolf Siegert wird vom Urteil seines damaligen Schuldirektors noch übertroffen. »Sein ausgeprägter Gemeinsinn ist hervorzuheben. Seine Anteilnahme am Schulleben drückt sich immer wieder am Übernehmen von Verantwortung für die im Rahmen der Schule den Schülern vorbehaltenen Aufgaben aus. In seiner Kritik hat er ständig das Ganze im Auge und wirkt förderlich im Sinne erwünschter Verbesserung der bestehenden Ordnung. In der Frage der Berufswahl geht es ihm hauptsächlich darum, herauszufinden, in welcher Weise und an welchem Ort er eine beste ihm gemäße Wirkungsmöglichkeit hat.«

In der geschraubten Sprache des Direktors Wilhelm Woltersdorf wird ein junger Mann beschrieben, der nach öffentlicher Anerkennung sucht und nach einer politisch-sozialen Verantwortlichkeit geradezu lechzt. Wenn der Student später sein Jurastudium damit begründet, dass die Beschäftigung mit den Gesetzen etwas mit »Gerechtigkeit« zu tun habe und auch zu »öffentlicher Verantwortlichkeit« hinführe, dann verstärkt auch dies den Gesamteindruck eines jungen Mannes, der von mehr als eigenen Ambitionen und Karriereträumen beflügelt wird. Ein glatter Aufsteiger würde dieser Abiturient, der sich auf den Sprung ins Leben vorbereitet, nicht werden. Er wird viel über Verantwortungsethik reden. Noch ist Politik nicht sein Beruf – aber er hat alle Voraussetzungen, die Anforderungen dieses Metiers zu meistern, ohne an ihnen gleich zu zerbrechen.

Das Abitur wird für den glänzend Vorzensierten zum Spaziergang. Unter den Auswahlthemen im Fach Deutsch wählt er einen Aufsatz aus dem Bereich des gesellschaftlichen Lebens: »Worin sehen Sie das Besondere und Beispielhafte in der Tat Albert Schweitzers für unsere Zeit?« Der in Zentralafrika wirkende Mediziner war zu einem Mythos für die Jugend der 1950er Jahre avanciert und stand als uneigennütziger Urwaldarzt von Lambarene stellvertretend für den »guten Deutschen«, mit dem sich damals viele identifizierten. Der Aufsatz ist nicht erhalten, aber er wäre interessant zu lesen, weil sich Scherf noch erinnert, 1958 Schweitzers kulturpessimistische Attitüde kritisiert zu haben: »*Ich bewunderte Schweitzer damals ungeheuer. Aber ich wollte seine Arbeit hier machen, in unserem Land, wo die Nazis endlich weg waren. Nach Afrika wollte ich nicht; denn das wäre wie weglaufen gewesen. Anpacken, das wollte ich, hier bei uns endlich anpacken.*«

Zunächst hatte er seinen Eltern, aber auch dem ambitionierten Bruder Harald, seine intellektuelle Begabung bewiesen und als Klassenbester das Abitur bestanden; die Aufnahme in die Hochbegabtenstiftung »Studienstiftung des Deutschen Volkes« wurde vom Schuldirektor erwogen. In den Kernfächern Deutsch, Mathematik und Biologie ein »Sehr gut«, der Rest »Gut«, Turnen und Sport »Befriedigend«, nur in Englisch ein »Ausreichend« – über die Unfähigkeit, eine Fremdsprache zu lernen, wird er sich ein Leben lang ärgern.

# Etwas mehr als Karriere –
# der Geist von Villigst

## Christen und Arbeiter

Die Anregung war wieder einmal aus dem Haus von Pastor Gustav Greiffenhagen gekommen. Nach dem Abitur Haralds im Jahre 1953 hatte der Vater den Pfarrer der Gemeinde Stephani einigermaßen ratlos gefragt, wie er seinem hochbegabten Filius ein Studium ermöglichen könne. Das Geld war wie immer knapp, und eine Finanzierung durch die Eltern kam nicht infrage. Greiffenhagen machte den Vater auf das Studienwerk aufmerksam, das vor einiger Zeit unter der Schirmherrschaft der Evangelischen Kirche für Hochbegabte gegründet worden war. Für je ein halbes Jahr kamen in Villigst bei Schwerte an der Ruhr in einem großen, 1819 errichteten und dort »Schloß« genannten ehemaligen Adelssitz Studenten zusammen, um in umliegenden Fabriken als Werkstudenten zu arbeiten.

Noch gehörte die Gegend um Schwerte, Hagen und Dortmund zur prosperierenden Herzkammer des Ruhrgebietes. Arbeitskräfte wurden dringend benötigt. Die Studenten machten sich diese Lage zunutze: Das verdiente Geld floss in einen gemeinsamen Topf, aus dem für jeden Studenten zwei Semester Studium bezahlt wurden. Danach gab es ein Aufnahmegespräch; wer bestand, erhielt als Stipendiat des Evangelischen Studienwerkes ein Stipendium, das zusätzlichen Verdienst weitgehend überflüssig machte. Schon der älteste Sohn Greiffenhagens hatte sich hier erfolgreich beworben und konnte auf diese Weise sein Studium finanzieren. Harald Scherf machte ihm das nach; nun sollte auch Henning, vom Vater förmlich bekniet, sich beim Studienwerk Villigst bewerben.

Der Sohn sträubte sich zunächst gegen den Willen des Vaters. Nach dem Abitur wollte er frei sein, sehnte sich weg von der Familie und träumte davon, endlich ohne die kontrollierende Instanz des Vaters zu leben. Er wollte in eine andere Stadt, wo er selbstständig leben und einen klaren Schritt aus dem Elternhaus wagen konnte. Er sei gerade erst der »*schulischen Tyrannei*« entronnen, schreibt er in einem Brief an das Sekretariat in Villigst. Darum beginnt er zunächst mit dem Studium in Freiburg, wo er in einer Studentengruppe aktiv wird, die sich mit »*gegenwärtigen Atomfragen*« beschäftigt, wie er dem späteren

Leiter des Studienwerkes, Hans-Joachim Tödt, berichtet. »*Ich will versuchen, mir ohne fremde Hilfe das Universitätsleben zu erschließen.*« Noch im Sommer 1958 war er sechs Wochen in Polen gewesen; seitdem hatte er den stillen Wunsch, einmal in Krakau oder Warschau zu studieren. Der Vater in Bremen lässt nicht locker. Er bedrängt ihn, mit einer ausdrücklich »letzten Bitte«, sich wenigstens in Villigst zu bewerben. Er tut dies widerwillig und in der klaren Absicht, beim entscheidenden Aufnahmegespräch durchzufallen. Doch diese Strategie geht schief; gerade seine entwaffnende Ehrlichkeit imponiert. »*Ich sagte im Bewerbungsgespräch, dass ich nur meinem Vater zuliebe da sei, und ehe ich mich versah, wurde ich aufgenommen. Wahrscheinlich dachten die: ›Der ist wenigstens ehrlich.‹*«

Nun macht er aus der Not eine Tugend. »*Ich glaube, in Villigst eine Gemeinschaft gebildeter und aufgeschlossener Menschen zu finden*«, schreibt er nach Villigst zurück. Als er für das Sommersemester 1959 als Werkstudent aufgenommen und gefragt wird, welche Arbeit er übernehmen möchte, kommt die Antwort: »*Dann bitte: Schwere Arbeit in der Hütte von Hörde an einem festen Arbeitsplatz, Schichtwechsel, möglichst innerhalb einer festen Gruppe von Arbeitern. Ich möchte nicht unter besseren Bedingungen arbeiten als die Arbeiter, und um Kontakte schließen zu können, möchte ich eben längere Zeit mit denselben Menschen zusammenarbeiten.*« Wenn schon Villigst, dann wenigstens etwas Neues, Unbekanntes entdecken. Der gebildete Kleinbürgersohn aus Bremen, in der Welt einer gottesfürchtigen Familie aufgewachsen, eingekapselt in die Zwänge konfessioneller Verpflichtungen und ständig unter dem Druck eines ehrgeizigen Vaters, will die Welt des Arbeiters erleben. Dafür schien ihm das von Wirtschaft und Industrie geprägte Villigst der richtige Ort. »*Auch möchte ich in Villigst unter den gleichen Bedingungen wie der Arbeiter dessen Welt und soziale Lage kennenlernen, die mir bisher beinahe völlig verschlossen gewesen ist. Vielleicht ist das die einzige Möglichkeit, die scheinbar unüberbrückbaren Unterschiede zwischen Arbeiter und Akademiker zu beseitigen.*«

Im idyllischen Villigst trifft Scherf auf eine Generation von Kriegsheimkehrern, die das Buch des Historikers Friedrich Meinecke über die »Ursachen der deutschen Katastrophe« gründlich gelesen hatten. Schon in den ersten Jahren der Weimarer Republik – so hatte der angesehene Historiker analysiert – sei der Dialog zwischen Bürgertum und Arbeiterschaft misslungen, was Meinecke als einen von zahlreichen Gründen für den Niedergang der Republik diagnostizierte. In Bonn war diese »Weimarer Generation« desillusioniert an die Arbeit gegangen: Konrad Adenauer, der ehemalige Oberbürgermeister von Köln, Carlo Schmid, der Geistesmensch aus Schwaben, der Ex-Kommunist Herbert Wehner oder der frühere SA-Mann Gerhard Schröder, der protestantische Christenmensch Gustav Heinemann und später der charismatische Willy Brandt. »Verrat, Irrtum, Scheitern, Todesangst, Schmerz und Scham waren Gefühle, die diese Männer nicht nur aus Romanen kannten. Das Wunder ihres

Lebens war nicht der Wirtschaftsaufschwung, sondern, dass es sie noch gab.« So hat der Publizist Jürgen Leinemann diese Generation beschrieben. Überall traf man damals auf solche Männer und Frauen, die noch einmal davongekommen waren. Vom Niedergang der Weimarer Republik hatten diese Deutschen viel mitgekriegt und auf höchst unterschiedliche Weise die Erfahrungen des Krieges und des Nationalsozialismus verarbeiten müssen. Nun war ihnen öffentliche Verantwortung übertragen worden. »Die hatten alle noch ein inneres Geländer«, zitiert Jürgen Leinemann in seinem Buch »Höhenrausch« den über 80-jährigen Egon Bahr. Gemeint war eine tief verwurzelte politische und gesellschaftliche Überzeugung, ein Bild von der Welt und den Menschen, das ihrem politischen Handeln Ziel und Antrieb gegeben habe. In ihrer Jugend waren sie meistens idealistisch gewesen, hatten in verschiedenen Vereinigungen gelernt zu leben und politisch zu denken und mussten später erkennen, wie verletzlich eine Demokratie ohne Demokraten gewesen war. Das veranlasste sie, die neue Bundesrepublik als eine »korrigierte Vergangenheit« zu betrachten. Solche Schmach saß tief und legte sich wie ein schwerer Schatten auf alle Pläne, die Deutschlands demokratischen Neubeginn betrafen. Tatsächlich ist das Buch »Bonn ist nicht Weimar« des Schweizer Publizisten Fritz René Allemann damals zu einem Fetisch für alle geworden, die es mit der Politik aufnehmen wollten.

Besonders unter evangelischen Christen waren die Schuldvorwürfe groß. Pastor Martin Niemöller, der von 1937 bis 1945 in verschiedenen Konzentrationslagern inhaftiert war, wurde zum stellvertretenden Vorsitzenden des »Vorläufigen Rats der Evangelischen Kirche in Deutschland« gewählt, eine Institution, die im Oktober 1945 vor Vertretern der Ökumene das »Stuttgarter Schuldbekenntnis« abgelegt hatte. »Durch uns ist unendliches Leid über viele Völker und Länder gebracht worden, was wir in unseren Gemeinden oft bezeugt haben. Das sprechen wir jetzt im Namen der ganzen Kirche aus. Wohl haben wir lange Jahre hindurch im Namen Jesu Christi gegen den Geist gekämpft, der im nationalsozialistischen Gewaltregime seinen furchtbaren Ausdruck gefunden hat, aber wir klagen uns an, daß wir nicht mutiger bekannt, treuer gebetet, nicht fröhlicher geglaubt und nicht brennender geliebt haben.« Dieses Schuldbekenntnis ist damals in Deutschland als Bestätigung des alliierten Vorwurfs von der »Kollektivschuld« kritisiert worden, fand aber im Ausland als freiwillige Erklärung evangelischer Christen positive Resonanz.

Martin Niemöller profilierte sich als unantastbare moralische Instanz. »Was ich gesagt habe, ist: Die Verbrechen Hitlers und seiner Helfer werden heute an unserem ganzen Volk heimgesucht, und in der Tat sind wir alle mitschuldig, freilich nicht in dem Sinn, daß wir alle Mörder, Räuber und Sadisten wären, wohl aber in dem Sinne, daß wir alle diese Dinge haben geschehen lassen, ohne uns so für die Opfer und gegen die Verbrecher einzusetzen, wie wir es gemußt hätten. Vor allem hat hier die Kirche eine ganz große Schuld, denn hätte sie geredet, wie sie hätte reden müssen, dann wäre es – menschlich gesprochen – vielleicht möglich gewesen, dem Unheil früher Einhalt zu gebieten.«

Wie Martin Niemöller dachten viele, die damals in der Evangelischen Kirche an die Arbeit gingen, insbesondere die Mitglieder der Bekennenden Kirche. Das Wort von der »Solidarität der Schuld«, das schmerzliche Eingeständnis »durch uns ist unendliches Leid über viele Völker und Länder gebracht worden«; die Selbstanklage, »daß wir nicht mutiger und nicht brennender geliebt haben«, und schließlich die Selbstverpflichtung: »Nun soll in unseren Kirchen ein neuer Anfang gemacht werden.« Ohne diese geistig-moralische Plattform ist die Wiederaufbauarbeit in Villigst nicht denkbar. Die persönliche Erfahrung von Krieg und Diktatur hatte ja nicht nur bei vielen Überlebenden dieser Kriegsgeneration die Kraft des eigenen Gewissens und des Glaubens mobilisiert. Man fragte sich auch mit wachsender Betroffenheit, warum es zum Versagen fast des gesamten deutschen Bürgertums vor und während der Zeit des Nationalsozialismus gekommen war. Das Pathos, mit dem sich christliche Intellektuelle, die aus dem Krieg heimgekehrt waren, nun der Arbeitswelt zuwandten, gehörte zur Aktualität jener Anfänge ebenso wie das Eingeständnis, nicht mehr abseits stehen zu dürfen, sondern in öffentlicher Verantwortung gefordert zu sein.

Eine Legende in Villigst ist bis heute Klaus von Bismarck, der zu jenen Männern des Neuanfangs gehörte, von denen die damalige Bundesrepublik geprägt worden ist. Sein Lebenslauf stand beispielhaft für eine Generation, die in der Weimarer Republik aufgewachsen war, die das Dritte Reich bewusst miterlebt hatte und nun die ersten Jahrzehnte der Bundesrepublik bestimmen sollte. »Ich erinnere mich sehr genau an eine Entscheidung in einem bestimmten Augenblick im Spätsommer 1945. Ich war aus englischer Kriegsgefangenschaft entlassen worden und hatte meine Familie in Ostwestfalen im Kreis Herford wiedergefunden. Jener Augenblick ereignete sich nach einer Predigt von Ernst Wilm in Menninghüffen, wo er nach seiner Entlassung aus dem KZ Dachau wieder Dorfpastor war. Ernst Wilm hatte an diesem Sonntag keine Predigt gehalten, die mich außerordentlich aufgewühlt hätte … Nein ich hatte nur einen dieser hellen Augenblicke im Leben, in dem ich das Wunder begriff, daß ich und meine Familie diesen Krieg leidlich heil überlebt hatten. Und es war der Augenblick, in dem es mir nicht mehr möglich schien, mein Leben als nur privat zu begreifen.«

Ernst Wilm wurde später Präses der Evangelischen Landeskirche, Klaus von Bismarck leitete das Sozialamt der westfälischen Landeskirche in Villigst.

Wer nach Villigst für ein Werksemester kam, der hatte kein einfaches Leben. Morgens um sechs begann die Arbeit in den umliegenden Fabriken, die nicht nur in Ergste, sondern auch im weiter entfernten Hagen, in Schwerte oder sogar in Dortmund lagen. Martin Greiffenhagen hatte in einer Papierfabrik in Hagen gearbeitet, Henning Scherf fuhr jeden Morgen in die nahegelegene Firma I. D. Theile, eine traditionsreiche Kettenfabrik, die damals neben dem Stahlwerk Ergste zu den größten Arbeitgebern der Region gehörte. Dort wurden Ketten in allen Größen für den Bergbau und den Schiffsbau produziert; die Arbeit war schwer und gefährlich, weil die Abbrennschweißmaschine in der Regel auf über eintausend Grad erhitzt wurde und die glühende Stahlkonstruktion mit dem Hammer bearbeitet werden musste. Gearbeitet wurde acht bis zehn Stunden, in der Regel im Akkord. Um die Maschine überhaupt bedienen zu dürfen, war die Erlangung eines »Schweißerscheins« obligatorisch. »Das würde heute kein junger Mensch mehr machen«, urteilt Karl Graewe, der damals als Kettenschmied gearbeitet hat.

Henning Scherf war Kriegsdienstverweigerer. Misstrauisch, argwöhnisch und hartnäckig kämpfte er sich mit seinen Fragen durch die gesamte Hierarchie des Betriebes, bis hinauf zum Juniorchef der Firma. Er bestand darauf, Einblick in die Auftragsbücher zu erhalten. Als man ihm die Einsicht verweigerte, drohte er mit Streik und versprach, mit Gleichgesinnten gegen den Betrieb zu hetzen. Der Juniorchef hat ihm die Bücher gezeigt. Erst als er wusste, dass die Kettennetze tatsächlich für zivile Flughäfen in den Bergen bestimmt waren und auf Landebahnen ausgelegt wurden, um im Notfall die Bremswege zu verkürzen – erst danach ging er wieder an die Arbeit zurück. Und bis heute hat er die damaligen Lagepläne der Flughäfen in Norditalien, in der Schweiz und in Österreich im Kopf.

Wer ist ein guter Villigster? Die Frage beschäftigt das Evangelische Studienwerk bis heute. Im Rahmen der deutschen Hochbegabtenstiftungen hat Villigst ein eigenes Profil, weil in keinem der anderen Studienwerke Fabrikarbeit vorgeschrieben ist. Aber war das damalige Engagement der Studenten nicht pure Augenwischerei? Spätestens in den unruhigen 1960er Jahren, die auch diese Akademie intellektuell herausgefordert haben, wurde nach der »Scheinrealität« in Villigst gefragt, gemeint waren jene Werksemester, in denen man sich sechs schwere Monate an der Seite des Arbeiters quälte, um dann in die gewohnte Studierstube zurückzukehren. Man bediente sich auch »auf Maloche« des »Sie«, um die Identität des anderen zu respektieren. Man war ja nur Gast in der Fabrik, blieb auf die Nachsicht der Kollegen angewiesen und konnte sich nicht einbilden, von heute auf morgen »Arbeiter« zu sein. Weil das alte Herrenhaus mit seinen Stallungen in Teilen noch Baustelle war, fehlten überall geeignete Räume. Die Kammern auf dem Dachboden, dem sagenumwobenen »Olymp«, wurden von je vier Leuten bewohnt. Bett und Spind für jeden, das war alles. Es gab den »Kollektivlokus« und an den Wänden Waschbecken, aus denen nur kaltes Wasser floss. *»Allein sein konnte man nur im Wald, in der angrenzenden*

*Kapelle oder im Kohlenkeller,«* erinnert sich Henning Scherf, der hier mit seinen Kommilitonen Quartier bezogen hatte. Weil sie am Tag hart arbeiten mussten, hatten die Studenten darauf zu achten, dass sie in der Nacht gut schliefen. Baronin von Reißwitz, die damals zur Besitzerfamilie des auf einhundert Jahre an die Evangelische Kirche verpachteten Hauses gehörte, galt als die »Mutter der Studenten«. Wenn diese um halb fünf aufstanden, achtete sie auf ein ordentliches Frühstück, schmierte Stullen und kochte Kaffee. »Das Ganze war eine Lebensgemeinschaft, eine Solidargemeinschaft, die aus der Armut eine Tugend machte. Man war so glücklich, in dieser Primitivität hausen zu können, dass man schlechterdings nichts entbehrte und sicherlich in mancher Beziehung zufriedener war als heute.« Wie Hans Thimme, Mitbegründer des Studienwerks und viele Jahre Mitglied im Vorstand, denken heute noch viele Alt-Villigster.

Wolfgang Piepenstock, der damals mit Scherf in der Fabrikhalle der Firma Theile gearbeitet hat, wurde nach seinem Aufenthalt im »roten Kloster« überzeugtes Mitglied der SPD, für die er in Leverkusen um ein Stadtratsmandat kandidierte. »Wir hatten damals so viel Hoffnung auf Demokratie! Wir Juristen glaubten, dass dieses Studium irgendetwas mit Gerechtigkeit zu tun hatte. Deshalb haben wir Jura studiert. Und wir haben gesehen, wie die Menschen in den Fabrikhallen stehen. Das ist mir heute noch sehr wichtig. Die Arbeiter sind nicht nur Objekte, sondern arbeiten schwer für die Gesellschaft.« Dass die gut ausgebildeten Leute politische und soziale Verantwortung übernehmen müssten – auch dies gehört zum viel beschworenen »Geist von Villigst«, wie ihn Wolfgang Piepenstock formuliert. »Das konservative Lager war uns nach dem Krieg suspekt. Damit landeten wir fast automatisch in der SPD. Und wir lernten zuzupacken!« Der Unternehmersohn, spätere Kanzlerberater und SPD-Bundestagsabgeordnete Albrecht Müller wird fast sentimental, wenn er sich an seine Zeit in Villigst und das Zusammensein mit Henning Scherf erinnert. Er ist kritischer Zeitgenosse geblieben, hat die rot-grüne Regierung unter Gerhard Schröder immer wieder scharf kritisiert und platzierte mit seinem Buch »Die Reformlüge« im Jahre 2004 einen Bestseller, der mit den deutschen Verhältnissen kritisch ins Gericht ging. »Für mich war das die entscheidende Wende meines Lebens«, bilanziert er und lobt die interdisziplinären Aktivitäten seiner damaligen Studienzeit: Man habe über die Werke von Paul Tillich, Thomas Mann, Kurt Sontheimer oder Ernst Jünger diskutiert – »quer über die Fächer und manchmal die ganze Nacht«. Auch Henning Scherf saugt sich in Villigst mit geistiger Nahrung buchstäblich voll: Das Evangelische Studienwerk mit seinen meist hochbegabten Zöglingen vermittelt ihm eine Begegnung mit dem Bildungsbürgertum der Nachkriegszeit, das er bisher nur vom Hörensagen kannte. Zum ersten Mal in seinem Leben trifft er hier auf die Kinder der Männer des »20. Juli« – auf die Nachfahren der Familien von Thadden, von Moltke, von Schlabbrendorf und von Tresckow. Man diskutiert über den 20. Juli 1944, vergleicht die Literatur eines Ernst Jünger mit den Romanen von Erich-Maria Remarque, streitet über die Theologen Barth und Bultmann, hört Schuberts »Winterreise« oder sitzt mit dem Freund Fritz Prokop in der Stiftskapelle, um an der Orgel Bachs »Johannes-Passion« zu spielen. Bis dahin hatte er nur Vorurteile und keinen Unterschied zwischen Besitz- und Bildungsbürgertum gekannt. Hier lernt er plötzlich eine zivilbürgerliche Tradition der Aufklärung kennen, die sein bisheriges Bild von Bürgern und Intellektuellen erheblich korrigiert. Neugierig schaut er sich um, organisiert Gesprächsforen, knüpft Kontakte, die ein ganzes Leben lang halten und zu dem freimütigen Bekenntnis führen: »*Das System des Studienwerks war wie auf mich zugeschnitten. Die Zeit in Villigst ist mir außerordentlich kostbar, vor allem wegen der Menschen, denen ich dort begegnet bin.*«

## Glaube, Kirche und die SPD

Der Kontakt zum Evangelischen Studienwerk vermittelt Henning Scherf ein anderes Bild von Glauben und Kirche. Plötzlich ist nicht mehr wichtig, dass man irgendwelche Bekenntnisse vorsagen muss, wie dies in seinem Elternhaus die Regel war. In Villigst begreift er, dass christlicher Glaube nicht isolierte religiöse Bedürfnisse befriedigen, sondern dass er mit der Gesellschaft und deren Gestaltung verknüpft werden muss: Evangelisch sein als aufgeklärtes und antihierarchisches Prinzip – das war etwas grundlegend anderes als jene Binnenkirchlichkeit des Vaters, vor der er geflüchtet war. Paradoxerweise hat ihm gerade Villigst das Interesse an einer Kirche erhalten, die er bis dahin aus kleinbürgerlicher Perspektive und dogmatischer Enge erlebt hatte. Plötzlich lernt er eine breite theologische Debatte kennen und begreift staunend eine Theologie ohne Gott. »*Es war wie das Schleifen eines ungeschliffenen Steines. Dennoch oder gerade deswegen bin ich in Kirchenfragen bis heute ein Grenzgänger geblieben.*«

Henning Scherfs Studentenzeit war fast exemplarisch für die Realität jener Jugend, die mit ungewöhnlicher Tüchtigkeit auf ein Brotstudium setzte und dennoch die politisch-gesellschaftliche Situation der Bundesrepublik kritisch analysierte. Die Sicherheit ging vor, auf Abenteuer ließen sich nur wenige ein. Als die APO später eine Umwälzung der bestehenden Verhältnisse forderte, standen sie zwar mit Sympathie dabei; doch der anerzogene Realitätssinn verhinderte, dass man sich in theoretischen Haarspaltereien und ideologischen Grabenkämpfen verlor. In der Biografie des Henning Scherf war es mit dieser Gefahr ohnehin seit seinem Aufenthalt in Villigst vorbei. Wenn er später bekennt, dass ihm »*Villigst die Angst nahm, kritische Fragen zu stellen – jedem und überall*« –, dann war gerade dies die zentrale Erfahrung, die ihn ein langes politisches Leben nie wieder loslassen sollte. Hier landete er als widerspenstiger Geist – und er verließ das Studentenwerk als *»diskursfähiger Zeitgenosse«*, wie er in einer emphatischen Villigster Rede zugeben wird. Und er zitiert den Satz von Hannah Arendt, der fast einem politischen Glaubensbekenntnis gleichkommt:

*»Politisches Leben ist die hohe Freude, die dem schieren Zusammenkommen mit seinesgleichen innewohnt, die Befriedigung des Zusammenhandelns und die Genugtuung, öffentlich in Erscheinung zu treten, sich sprechend und handelnd in die Welt einzuschalten und einen neuen Anfang zu stiften.«*

Bei der Auswahl des Studiums hätte sich Scherf auch anders entscheiden können. Die überdurchschnittlichen Leistungen in Mathematik, Biologie und Deutsch erlaubten manche Alternative – doch er wählte Jura mit der ausdrücklichen Verpflichtung, bloß kein *»Schmalspurjurist«* zu werden. Schon im dritten Semester kritisiert er, dass sein Jurastudium eine *»reine Auseinandersetzung mit der Fachliteratur ist«*. Viele Vorlesungen vermittelten ihm *»erstaunlich wenig«*. In Freiburg, Berlin und Hamburg bricht er immer wieder aus, vergisst das Paukstudium für BGB, Straf- und Verwaltungsrecht und stürzt sich auf interessanter erscheinende Nebendisziplinen. Das Kolleg über »Rechtsphilosophie« von Erik Wolf fasziniert ihn; Vorlesungen über Gemeindesoziologie, Seminare über Theodor Adorno und Kollegs über Kriminalistik ziehen ihn an. *»Zwei Studien nebeneinander sind schwer zu leisten«*, stöhnt er in den ersten Semestern. Aber es gibt weitere zeitraubende Aktivitäten, die ihm bald zu schaffen machen und eine ernsthafte Krise provozieren. Im zweiten Semester bereitet er in Freiburg eine mehrwöchige Polenfahrt vor und versucht Jugendliche in einem »Arbeitskreis der Kriegsdienstgegner« zu versammeln, um sie später als Zivildienstleistende in Kontakt mit Alten und Kranken zu bringen. In Berlin erwägt er die Mitarbeit im studentischen ASTA, überlegt, ob er sich nicht für die Konventswahlen aufstellen lassen soll, und bleibt aktives Mitglied im linken, kritischen Milieu.

Erst drei Jahre später, am 26. Oktober 1963, ist Scherf im SPD-Ortsverein Villigst in die SPD aufgenommen worden, wo der Sozialdemokrat Hermann Heinemann seine Parteibasis hatte. So aufregend das linke Milieu in deutschen Uni-Städten auch war, so wollte er doch Wurzeln fassen und aus der sektenhaft rechthaberischen Debattenkultur der linken Szene wieder herauskommen. Schon als Schüler hatte er Kontakt zu den Sozialdemokraten bekommen, deren Vertreter von ihm in einer Haltung abwartender Neugierde beobachtet worden waren. Sein Onkel Heinrich Kracke, der während der nationalsozialistischen Diktatur Kassierer in der verbotenen SPD gewesen war, hatte ihm von Otto Wels und dem Widerstand gegen Hitlers Ermächtigungsgesetz, von Genossen in den Konzentrationslagern und vom schwierigen Wiederaufbau nach 1945 erzählt. Auch das prägte einen jungen, politisch interessierten Schüler, der sich ohnehin durch die familiären Kontakte mit der Familie Gustav Heinemanns zur Sozialdemokratischen Partei hingezogen fühlte. Als 17-jähriger Schüler war er zum ersten Mal zu den Bremer Jungsozialisten gegangen, weil er in seinem antimilitaristischen Engagement nach Bundesgenossen suchte. *»Die saßen da alle und wollten sich sagen lassen, wo es nun eigentlich langgeht. Wer politische Chancen hat und wer in die Bremer Bürgerschaft kommt. Ich saß da als Schüler dazwischen und habe eine anstrengende Veranstaltung erlebt. Ich dachte, die würden sich über politische Inhalte austauschen. Aber plötzlich wurden da nur noch berufliche Karrieren verteilt. Dann habe ich nach dem Abitur in Freiburg beim Sozialistischen Deutschen Studentenbund mitgemacht. Da haben mir die SDS-Leute meinen Pazifismus vorgeworfen, weil die eigentlich dauernd gegen die Kapitalisten kämpfen wollten. Mit denen habe ich mich wacker gestritten. Das war schon eine neue, zaghafte Annäherung an die SPD, weil ich unbedingt Interesse daran hatte, eine politische Bewegung zu finden. Ich wollte irgendwo mitmachen.«*

In Villigst ging er zum örtlichen SPD-Hauptkassierer Karl Wiese und fragte, wie er das anstellen könne. Der sagte zu ihm: »Fang doch erst einmal an.« Im Ortsverein traf er seine Kumpel aus der Kettenfabrik, die fast alle in der IG-Metall oder im lokalen Männergesangverein waren, meist Leute, die im Ortsverein Stallwärme suchten. *»Da war ich einer von denen. Das war mir vertraut. Das war mein erster Versuch, mich mit denen zu verbünden. Ich wollte denen nicht über die Evangelische Kirche kommen, weil die dazu überhaupt keinen Zugang hatten, sondern ich suchte deren Basis und für mich eine politische Orientierung.«* Aber der Kontakt zur lokalen SPD blieb flüchtig. Roswitha Kotzbauer, seit fast dreißig Jahren Parteimitglied, nennt Haus Villigst mit seinem akademischen Flair bis heute »das heilige Dorf« und erzählt, dass die Leute oft vom »roten Kloster« munkelten, in dem stramm links diskutiert werde. Dem baumlangen Scherf seien die Arbeiter zunächst mit reservierter Skepsis begegnet, zumal rasch das merkwürdige Gerücht die Runde machte, er sei schon einmal Mitglied in der SPD gewesen. Das langjährige Vorstandsmitglied Gerd Benner kann sich an solche Spekulationen erinnern und berichtet, Henning Scherf habe dies sogar lachend allen Anwesenden erzählt. Doch die Kluft zwischen Akademikern und Arbeitern blieb tief. Der Einzelhändler Karl Graewe, der Haus Villigst mit seinem Pferdefuhrwerk ansteuerte und dort Brot und Backwaren verkaufte, erinnert sich an das evangelische Studienwerk als eine kleine Welt, die nach außen fest abgeschottet war. Er lobt die Werkstudenten, die niemals hochnäsig und eingebildet, sondern in der Regel gute Kumpel waren. Im Dorf Ergste, das viele Jahrzehnte zu einer SPD-Hochburg in Nordrhein-Westfalen gehörte, habe man Villigst als eine Art »rote Kaderschmiede« betrachtet, wo sozialdemokratischer Nachwuchs herangezogen wurde. Fast alle evangelischen Pfarrer seien Mitglied der Partei gewesen. Das habe im Dorf fast jeder gewusst.

»*Meinem alten Ortsverein*«, schreibt Henning Scherf in die Jubiläumschronik zum 40-jährigen Bestehen. Hat er sich in der kleinbürgerlichen Arbeiterpartei, die vor den Abiturienten und Akademikern immer auch ein wenig Angst hatte, eigentlich so richtig wohl gefühlt? »*Ich habe nie gespürt, dass mir meine akademische Ausbildung vorgehalten worden ist. Ich habe aber tief und nachhaltig empfunden, dass ich ihnen eigentlich zu links war. Ich bin in der SPD nie auf Feindseligkeit gestoßen, die sich etwa darauf berufen hätte, dass ich akademisch ausgebildet war. Nie! Aber ich bin bis heute dabei, herauszukriegen, ob die Leute nicht doch über mich denken, ich sei ein alter linker Besserwisser. Hat der wirklich kapiert, was wir eigentlich wollen? Dieses ›einer von uns sein‹ und ›der gehört zu uns‹, also den Kumpel mit Stallgeruch, das habe ich mir erst mühsam erarbeiten müssen.*«

Vielleicht wurde in dieser mehrfachen Annäherung an die SPD, die im westdeutschen Nachkriegs-Bürgertum ja durchaus verpönt war, das Fundament für jenen »Scherfismus« gelegt, über den sich später besonders seine linken Parteifreunde in Bremen mokieren sollten: Die Überprüfung theoretischer Positionen an der Praxis, der realistische Blick für das Machbare, ohne die eigenen Visionen aus dem Auge zu verlieren, das pragmatische Abschätzen der eigenen beruflichen Karriere. »*Das waren einfache Leute, die mit mir keine Schlachten kämpfen wollten. Die wollten wissen, ob ich den Nerv habe, mit ihnen Kommunalpolitik zu machen. Oder mit ihnen zusammen über die Lage in den Betrieben zu reden, in denen die Männer beschäftigt waren.*«

Die Aktivitäten des hoch aufgeschossenen Kommilitonen aus Bremen imponieren den Menschen, die in den »Villigster Gruppen« über ihn gutachten müssen. Diese Beurteilungen waren nötig, um die Aufnahme in das Studienwerk und die Zuteilung des Stipendiums zu ermöglichen. »Er ist das lebendigste Gruppenmitglied in Berlin«, melden Lothar Vogt, Dieter Dross und Heinrich Bosse am 31.7.1960 an die Zentrale nach Villigst, »seine ungeheure Vielseitigkeit ist allerdings eine gewisse Gefahr. Er neigt dazu, sich in den vielen Vorhaben und Aufgaben zu verlieren, die doch wohl vornehmlich im Bereich des Gesellschaftlichen liegen.« Und doch: »Dieses mannigfache Engagement ist auch eines der Dinge, die ihn auf das Nachdrücklichste empfehlen, ebenso sein intellektueller wie persönlicher Einsatz. Sein Urteilsvermögen ist scharf und beweglich […]. Wir schätzen ihn überaus und hielten ihn für eine unentbehrliche Bereicherung für Villigst, wenn er aufgenommen würde.«

Daran bestand ohnehin kein Zweifel. »Henning Scherf ist ein grundanständiger Junge, der sich aus seinem Engagement heraus bemüht, seine fachlichen Gaben zu entwickeln.« Das Urteil von seinem Mentor Hellmut Keusen bahnte ihm den Weg zur Erlangung des Stipendiums. Doch zuvor war eine Kraftprobe mit dem Berliner Professor Karl August Bettermann zu bestehen, der eines von zwei Fachgutachten über den Jurastudenten Scherf abgeben musste. »Ein besonders schwieriger Fall ist Henning Scherf«, schreibt der Berliner Professor in seinem Brief nach Villigst. Er berichtet von einer längeren Aussprache mit dem Studenten, die ihn keineswegs befriedigt habe, weil es Herrn Scherf außergewöhnlich schwergefallen sei, dem vorgegebenen »juristischen Faden« zu folgen. »Schon seine Kenntnisse waren dürftig. Juristisches Denken ist ihm fremd, ich fürchte zuwider. Ich habe den Eindruck gewonnen, daß Herrn Scherfs Neigungen bei der Soziologie und Philosophie liegen. Zweifellos ist Herr Scherf geistig äußerst beweglich, vielseitig interessiert, sehr diskussionsfreudig und diskussionsgewandt, wohl über den Durchschnitt gebildet. Auch als Persönlichkeit überragt er seine Altersgenossen, auf die er sichtlich ausstrahlt. Ich glaube schon, daß man ihn in das Studienwerk aufnehmen sollte und daß er in den Villigster Kreis besonders gut paßt. Aber daß er ein brauchbarer Jurist wird – das bezweifle ich.« Bettermann rät dringend zu einem Fakultätswechsel, weil die jetzige Kombination von Jura und Soziologie für einen Studenten vom Typ Scherf »ganz und gar nicht« förderlich sei.

So hart das Urteil aus Berlin auch war: Im Prinzip schien Bettermann mit seiner Meinung recht zu haben, wonach die Verbindung zwischen Jura und Soziologie grundsätzlich falsch war. Die Anforderung an die Jurastudenten, vor dem Examen die nötigen Übungsscheine in den einzelnen Disziplinen zu erwerben, war schon groß genug; es war fast unmöglich, daneben ein Soziologiestudium mit dem ehrgeizigen Ziel zu absolvieren, auch hier zu den Ersten im Seminar zu gehören. »Ich habe mich darin verloren«, klagt er denn auch, als ihn sein Ratgeber Hellmut Keusen um eine Erklärung bittet. Der Versuch, zwei große Übungsscheine zu machen, sei von Anfang an damit belastet gewesen, mit den vielfältigsten Verpflichtungen außerhalb der Universität zu konkurrieren. In der Strafrechtsklausur gab es zwar noch ein »befriedigend«, doch die Hausarbeit wurde nicht rechtzeitig abgeschlossen. Auch im Bürgerlichen Recht verpatzt er eine Klausur. Vor der zweiten BGB-Klausur prüft ihn ausgerechnet Bettermann und entlässt ihn als einen »Demoralisierten«. Zerknirscht gibt er anschließend seinem väterlichen Mentor Hellmut Keusen zu: »So notwendig ich ein Soziologiestudium, aber auch die Arbeit in studentischen Gruppen gerade für ein Studium der Rechtswissenschaften halte, so ist dafür heute entweder kein Raum an der Hochschule oder mir selbst ist es nicht gelungen, ein ausreichendes Maß zu finden. Ich habe die Herausforderungen der Rechtswissenschaft eines Professors Bettermann nicht genügend ernst genommen, anstatt durch dieses Verständnis von Rechtswissenschaft hindurchzugehen. Meine Versuche in Berlin mit der ›Juristerei‹ sind doch mehr ein ›Aufbegehren‹ gewesen.«

Von Aufgeben keine Spur, auch ein Wechsel der Studienfächer kam für Scherf nicht infrage; dann lieber der geordnete Rückzug aus dem Bannkreis eines Professors, dessen ausgeprägter Rechtskonservatismus später zur Zielscheibe revoltierender FU-Studenten wurde, wenn skandiert wurde: »Better no man than Bettermann!« So geht der Bremer Student von Berlin nach Hamburg zu Professor Hermann Schultze von Lasaulx, in der Hoffnung *»dort leichter einen Konsens zu finden als in Berlin«.* Auch dieser Rechtsgelehrte ist Villigster Vertrauensdozent und wird bald aufgefordert, zur Begründung des Stipendiums ein fachliches Gutachten zu erstellen.

In Hamburg will Scherf sich in seinen vielfältigen außeruniversitären Aktivitäten strikt zurücknehmen: *»Habe mir vorgenommen, mich zunächst an der Juristerei aufzufangen«,* schreibt er dem väterlichen Ratgeber Hellmut Keusen, der seinen Studienweg mit Argusaugen verfolgt. *»Das Sommersemester wäre ein verlorenes, wenn ich nicht viele erfreuliche Einzelerfahrungen in studentischen Hochschulgruppen, in der Studentengemeinde und in mehreren, außerhalb der Universität liegenden Verbindungen gehabt hätte [...]. In Hamburg werde ich sehr vorsichtig mit meinem Nebenengagement umzugehen haben. Ich werde mich ausschließlich ans Studium halten.«*

So sehr er sich jetzt auf die öde Juristerei mit ihren Repetitorien, Übungen und Seminarklausuren konzentriert – in der Reflexion seiner Kommilitonen war es der über sein Fachstudium blickende Apologet eines »Studium generale«, der allen imponierte. Natürlich war er ehrgeizig wie immer und mit großem Impetus auf das Jurastudium zugegangen, denn er wollte das Recht beherrschen. *»Jurist ist nur der, der den Mut zu Entscheidungen hat, auch wenn der eigene Skrupel die Glieder lahm werden lässt.«* Der Satz verrät, dass ein Studium der Rechtswissenschaften für ihn nur als Verbindung mit anderen Disziplinen, mit Soziologie, Politologie, Theologie und Philosophie denkbar war. *»Rechtswissenschaften habe ich an der Universität studiert«,* so wird er später diesen Zusammenhang erklären, *»aber das Studium der Sozialwissenschaften – das ist überwiegend Villigst im Kreis der vielen Hochschullehrer und älteren Studienkollegen.«* Nur diese Vermittlung verhinderte, dass er ein »Schmalspurjurist« wurde, wie er immer wieder zugibt. Weil Villigst nie ein Theorieghetto war, suchte er den Kontakt mit den Studenten anderer Disziplinen, um herauszufinden, *»wie sich diese Gesellschaft konstituiert, wie sich Konsens entwickelt und wo Verständigung und Kooperation gesucht werden kann«.* Von seinem dringenden Wunsch, wo auch immer auf die Menschen zuzugehen, mit ihnen zu diskutieren und irgendetwas auf die Beine zu stellen, wird ihn keiner so leicht abbringen.

Henning Scherf studiert weiter Jura und wird im Jahr 1960 Mitbegründer einer Wohngemeinschaft, die noch heute für die Villigster Studenten existiert. Damals war diese vor allem kostengünstige Form des Zusammenlebens eine kleine Revolution. *»Wir haben die soziale Kultur auch innerhalb des Landes verändert, wir haben mehr Offenheit und Toleranz in der Liebe, in der Erziehung unserer Kinder, im gemeinschaftlichen Wohnen gelebt. Wir versuchten, mit unseren Kindern gemeinsam einen Weg zu finden, erwachsen zu werden. Wir versuchten, Konflikte* *im Gespräch zu lösen. Wir zogen in Wohngemeinschaften, wenn wir uns die Miete nicht leisten konnten. All dies war noch Jahre zuvor undenkbar.«* Scherfs Wohngemeinschaft wird zum Zentrum der Villigster Studenten in Hamburg, die sich hier mit ihren Vertrauensdozenten und Kommilitonen anderer Semester und Disziplinen trafen. Bei Rotwein und Schmalzbrot saß man zusammen. Und im Zentrum Henning Scherf, der längst nicht mehr alleiniger Gastgeber ist: Er hat 1960 seine Schülerliebe Luise Siebert-Meyer zu Hage geheiratet und ist Vater der gemeinsamen Tochter Caroline, die im folgenden Jahr geboren wird – auch dies war Avantgarde, auf jeden Fall ungewöhnlich für eine studentische Generation, die sich allmählich im deutschen Wirtschaftswunder mit seinen kleinbürgerlichen Etiketten einzurichten begann. Bei Henning und Luise wurde natürlich die traditionelle Rollenverteilung zwischen Ehefrau und Ehemann so weit wie möglich abgelehnt. Die Hamburger Mitbewohner erinnern sich noch heute, dass für Scherf der »Geist von Villigst« kein Hobby, sondern ein fester Bezugspunkt, ja sogar eine ideelle Basis war. Sie respektierten auch, dass sich Henning und Luise mit dem Studium beeilten, um finanziell bald auf eigenen Füßen zu stehen. *»Dieses frühe Elternsein hat mich vor vielem Überflüssigen, für das Studenten Zeit und Kraft einsetzen, bewahrt. Es hat mir früh Ernst, mit Pflichten und Bodenhaftung, eingebracht. Es hat mein Leben entscheidend verändert. Die vielen guten Ratschläge, nicht zu früh zu heiraten, kommen nicht von mir.«*

Das Fachgutachten von Professor Hermann Schultze von Lasaulx unterscheidet sich nun beträchtlich von der Beurteilung des Berliner Kollegen. »Er ist ein gründlicher, in die Tiefe gehender Denker, der allen juristischen Fragestellungen gegenüber aufgeschlossen ist. Juristisches Denken hat er in den Übungen bewiesen. Deshalb gebe ich ihm vom Fachlichen her eine gute Prognose. Er ist für die Hamburger Gruppe der Villigster ein Aktivposten. Er wird seine Kraft dem Jurastudium widmen müssen, aber er wird ein ›echter Villigster‹ sein.« Auch der zweite Gutachter, Professor Hans Möller, Ordinarius für Versicherungswissenschaft, springt am 9. April 1961 mit einem positiven Zweitgutachten zur Seite. »Bei Scherf handelt es sich um einen recht eigenständigen jungen Mann, dessen Werdegang ihn vom Durchschnitt abhebt. Jede Begegnung mit Scherf läßt die sichere, auf das Wesentliche gerichtete, konzessionslose, aufrechte Art von Scherf erkennen, den dennoch zugleich ein verbindliches, heiteres Auftreten auszeichnet.« Ausdrücklich lobt dieser Professor, dass sein Student »selbständige Wege« beschreiten könne. Aber auch dieser Jurist bezweifelt, ob ihm jene »richtige Seite juristischen Arbeitens« gefällt, die im Systematisch-Dogmatischen, in der Begriffsbildung und klaren Zuordnung bestehe. Das sei sicher seine Sache nicht. Aber eine so sehr »aus dem Durchschnitt herausragende Persönlichkeit« habe zweifellos jede Förderung verdient. Natürlich wird Scherf, der die finanzielle Hilfe durch das Studienwerk Villigst als studierender Familienvater bitter nötig hat, in das Studienwerk Villigst aufgenommen. »Und wenn alles gegen ihn sprechen würde«, so Hellmut Keusen in seinem Schlussbericht, »würde ich trotzdem für eine Aufnahme sein. Diesen wertvollen Kerl müssen wir begleiten und ihm menschlich wie fachlich zur Konzentration verhelfen.«

Nach sieben Semestern besteht er sein erstes juristisches Staatsexamen. Nun liegt eine lange Referendar- und Assessorzeit vor ihm, in der noch promoviert werden soll. Die kleine Familie Scherf, die in akuten Finanznöten steckt, nimmt das Angebot des ausscheidenden Hellmut Keusen an und geht nach Villigst, wo der ehemalige Stipendiat in die Leitung des Evangelischen Studienwerks aufrückt. Hellmut Keusen und die legendäre Gründergeneration waren ausgeschieden, auch Bruder Harald war mit Heinz Kimmerle und Theo Strom gegangen, die alle drei zu den großen intellektuellen Anregern jener Jahre gehörten. Villigst erlebte eine Art »Zwischenregiment« sowie eine Zeit des Übergangs, in der sich der 23-Jährige nun als Moderator zwischen der Zentrale und den studentischen Gruppen an den Universitäten zu bewähren hatte.

Er spürte sein Talent, mit Leuten umgehen zu können. Und er wurde zum echten »work camper«, der sich gleichzeitig als Helfer und Brückenbauer präsentierte. Mit Villigst-Stipendiaten, die schon einen Beruf ausgeübt oder eben erst ihren Militär- oder Zivildienst abgeleistet hatten, suchte er als Ersatz für das obligatorische Werksemester ein Gruppenerlebnis der besonderen Art: Scherf fuhr mit ihnen in die »Communauté de Taizé«, also in jene evangelisch-ökumenische Gemeinschaft, die 1940 von Roger Schütz in Taizé in Burgund gegründet worden war. Die etwa siebzig Mönche aus mehr als zehn Ländern hatten sich zu Ehelosigkeit, zu Gütergemeinschaft und zur Anerkennung einer weltlichen Autorität verpflichtet, waren aber Mitglieder ihrer jeweiligen Konfessionen geblieben. »*Da bin ich mit denen hingefahren und habe dann vier Wochen so eine Retraite, so eine klosterähnliche Einrichtung gebaut. Ich war der Boss, obwohl ich doch erst 23 Jahre alt war. Wir haben zusammen mit den Mönchen malocht wie die Verrückten. Und wir haben auf der Baustelle von morgens bis abends miteinander diskutiert, haben das Werksemester auf einen Monat in den Semesterferien verdichtet. Das war ein richtig vitales, mit sinnstiftender Arbeit verbundenes Gruppenerlebnis, das ich da organisiert habe.*«

Die materielle Lage der Familie Scherf blieb schlecht. Vater Heinrich konnte monatlich nur 100 D-Mark für seinen Sohn abzweigen, weil die beiden jüngsten Söhne noch in der Ausbildung und auf elterliche Hilfe angewiesen waren. Die Schwiegereltern steuerten 250 Mark bei, eine Restsumme von 155 Mark kam vom Studienwerk, sodass sich das monatliche Einkommen für zwei Erwachsene und ein Kind auf genau 505 Mark belief. Davon mussten bisher 130 Mark für die Wohnung, 20 Mark für Fahrtkosten und 30 Mark Studiengebühren für

Luise aufgebracht werden, die ihr Musikstudium trotz Familie nicht vernachlässigte. Die vorübergehende Festanstellung beim Studienwerk brachte eine Aufbesserung der Familienkasse, weil die Wohnung nicht bezahlt werden musste. Und Villigst war eben auch wie eine Großfamilie, wovon die Scherfs profitierten, zumal sich Henning immer stärker mit dem Studienwerk identifizierte. Ausgerechnet er, der für dieses Stipendiat nur mühsam hatte gewonnen werden können, wird nun zum Bannerträger der hier verfochtenen Philosophie. Dass die gut ausgebildeten jungen Leute bei ihrem Marsch in die akademische Arbeitswelt zusätzlich Verantwortung übernehmen mussten – solchen Anspruch vertrat er seit Schülertagen, nicht ohne Nachdruck des Vaters, der das von seinen vier Söhnen stets verlangt hatte.

Die Suche nach festen, überschaubaren Strukturen ist bei einem jungen Mann unübersehbar, der soeben eine Familie gegründet und sein Studium beendet hat, der sich im Studienwerk stark engagiert und der sich nebenbei seiner weiteren juristischen Ausbildung widmen muss. Das Referendariat absolviert er 1963 beim Amtsgericht in Schwerte und am Hagener Landgericht; danach zieht die Familie, durch die Geburt des Sohnes Christian inzwischen zu viert, in eine kleine Neue-Heimat-Wohnung nach Bremen-Huchting in die Flämische Straße. Dort wird auch die Tochter Julia geboren. *»Hier hat Luise den Dauerstress mit drei kleinen Kindern, ohne Beruf, ohne Freizeit, in einer Neubau-Ödnis ausgehalten. Das war für sie die schwerste Zeit unserer Ehe. Sie fühlte sich isoliert und intellektuell unterfordert. Ganz anders erging es mir! Ich erinnere mich an morgendliche Radfahrten zum Kindergarten. Caroline und zwei Nachbarsjungen fuhren mit mir durch Wiesen und Biotope. Wir haben gesungen und ich habe mich für den Tag als Gerichtsreferendar, Promovierender und Juso-Aktivist eingestimmt. Diese ungleiche Belastung ging sehr auf Kosten Luises.«*

Scherf beendet die Arbeit an seiner Dissertation während seiner Wahlstation im Referendariat in Frankfurt. Nach dem Assessor-Examen am 16. März 1967 in Hamburg kommt ein Jahr später das Gutachten seines Doktorvaters Professor Sieverts über die Dissertation: »Sehr gut« In seiner Arbeit geht es um die »Zwangsweise Unterbringung Gefährdeter nach dem Bundessozialhilfegesetz« – ein passendes Thema für einen Studenten, der die Verbindung zwischen Jura und aktuellen Fragen der Gesellschaft immer wieder gefordert hatte. Nun untersucht er eine Regelung in der Sozialrechtsgeschichte, die Gefährdete auch gegen ihren Willen zum Zweck der Rehabilitation in einer geeigneten Einrichtung unterbringt. Die schmale Arbeit von 132 Seiten ist ein klassischer Beweis dafür, wie sich ein studierter Fachjurist von den Voraussetzungen einer gesetzlichen Regelung fortbewegen und in die Bereiche der Psychologie und Psychiatrie, der Sozialpolitik und Sozialpädagogik eintauchen kann. Aber sie demonstriert auch, wie engagiert sich der Autor mit Fragen einer sozialen Randgruppe, mit psychisch Labilen, Neurotikern, Psychopathen, Geistesschwachen, sexuell Gefährdeten und entlassenen Strafgefangenen beschäftigen kann.

## Politik als Beruf?

»Ein Villigster tut ein übriges« – als das Evangelische Studienwerk fünfzig Jahre alt wird, soll der Bremer Landesvater Henning Scherf eine der Festreden halten. Sein Statement aus dem Jahre 1998 wird zu einer Rechtfertigungsrede, warum er die Erfahrungen aus Villigst mit auf seinen politischen Lebensweg nahm und nachdrücklich an ihnen festgehalten hat. Dass es nicht darum gehe, in der Freiheit seiner einzelnen Entscheidung den persönlichen Frieden zu finden, sondern dass es viel wichtiger sei, den anderen verantwortlich in die eigene Arbeit einzubeziehen. War das schon jene »Eigenverantwortung für seine Sache«, die der Soziologe Max Weber in seiner Beschreibung des *homo politicus* postulierte? Webers Forderungen an einen Menschen, der befähigt sein sollte, »seine Hand in die Speichen der Geschichte legen zu dürfen«, waren bekanntlich Leidenschaft, Verantwortungsgefühl und Augenmaß. Die berühmte Geduld für »starkes, langsames Bohren von dicken Brettern« kam als weitere Tugend hinzu.

Tatsächlich ist der politisch ambitionierte Henning Scherf ohne das innere Gerüst, das ihm diese Jahre vermittelten, kaum denkbar. Die Erfahrungen in der Solidargemeinschaft, das interdisziplinäre Denken, die Begegnung mit der Arbeitswelt und schließlich der Eintritt in die SPD, der ihn »zu den einfachen, schlichten Leuten« brachte – beim Anblick der Großkopfeten aus Politik und Wirtschaft, die damals zu Vorträgen kamen, fragt der junge Mann: »Warum gehen die nicht normal miteinander und mit mir um? Warum dieses ganze Staatstheater? Warum rücken die Herren Ministerpräsidenten mit schußsicheren Autos und Polizeibeamten an?« Zum ersten Mal ist er davon überzeugt, dass solche Inszenierung von Macht überflüssig ist, weil sie die dringend benötigte Kommunikation mit den Menschen behindert. »Bis heute lehne ich Personenschutz und Dienstwagen für mich ab. Ich fühle mich wohl, wenn ich ganz allein mit dem Zug nach Bonn fahre und zu Fuß in den Bundestag gehe.«

Diesem Grundsatz bleibt er im Verlauf eines langen politischen Leben treu. Obwohl er in den 1970er Jahren nach eigenen Angaben rund 600 schriftliche Morddrohungen erhält, hat er auf Leibwächter stets verzichtet. Nach dem Brandanschlag eines psychisch kranken Mannes auf Scherfs Wohnhaus entbrennt im August des Jahres 2001 eine Debatte, ob ein hoher politischer Funktionsträger auch weiterhin auf Personenschutz verzichten dürfe. Scherf lehnt kategorisch ab und konstatiert, dass sich seine, seit einem Vierteljahrhundert gelebte Nähe zu den Bürgern insgesamt bewährt habe. Außerdem möchte er auch in Zukunft demonstrieren, dass man in Bremen ohne Angst leben könne. »*Ich erhoffe mir weiterhin einen offenen und zivilisierten Umgang mit den Bürgern. Deshalb möchte ich auch zukünftig keine Sperren oder Zäune vor meinem Haus.*« Er gibt zu, dass nachts ab und zu Unbekannte anrufen, die ihren Frust beim Bürgermeister abladen wollen, dessen Telefonnummer im Telefonbuch steht. Als er dies in der ZDF-Sendung »Wetten dass …?« bei Thomas Gottschalk erzählt, wird sein häusliches Telefon lange Zeit von neugierigen Anrufern blockiert. Aber den unumstößlichen Vorsatz, weiterhin Volksnähe zu demonstrieren und auf Personenschutz zu verzichten, ändern auch solche Zwischenfälle nicht. Weil Henning Scherf solche Personenschutzmaßnahmen – sehr zum Verdruss der lokalen Polizei – ablehnte, sah man ihn bis zum Schluss seiner Amtszeit Endes des Jahres 2005 immer noch mit dem Fahrrad zum Bremer Weser-Stadion fahren, wo er sich mitten zwischen die jugendlichen Fans in der Ostkurve stellte. Er paddelte als Senator und amtierender Präsident des Senats mit dem Kanu auf der Weser, joggte mutterseelenallein durch den Bremer Bürgerpark oder schwamm nachts splitternackt durch den Uni-See, ohne irgendwelche Ängste vor Anschlägen zu haben. Die Bürger seiner Stadt registrierten diese klare Haltung mit großer Sympathie.

Die tief sitzende Abneigung gegenüber der Inszenierung von Macht wurde früh gefördert; die Frage nach der demokratischen Legitimation politischer Macht sollte ein Leben lang sein Thema bleiben. Zum politischen Apparat in Bremen, Bonn oder Berlin blieb er immer wieder auf kritischer Distanz. Wer sich mit ihm nach langen Vorstandssitzungen verabredete, der musste früh und pünktlich erscheinen, weil Scherf auch unvorbereitet aus langweiligen Endlosdebatten verschwinden konnte. *Was mache ich hier eigentlich?* fragte er sich dann und entschied, sich draußen nach Konzert- oder Theaterkarten umzusehen, um den Rest des Arbeitstages nutzvoller zu verbringen.

Seine Mitarbeiter können über dieses Verhalten ihres Bürgermeisters viele lustige Anekdoten berichten. Die kleine Bundeshauptstadt am Rhein, die oft mit einem weit von der Realität abgekapselten Raumschiff verglichen worden ist, hat er nie gemocht. Aber auch in Berlin, wo er einst studierte, konnte er nach langen Sitzungen plötzlich ausbrechen. Er war nicht der Typ, dem Politik alles bedeutete, meinen seine Beamten. Da konnte es leicht passieren, dass ein Konzert in der Berliner Philharmonie einer Sitzung unter Spitzengenossen vorgezogen wurde. »Dann lieh er sich von irgendeinem die passende Krawatte und fuhr am Abend mit der S-Bahn nach Hause«, weiß Bremens Bevollmächtigte in Berlin, Kerstin Kießler, über ihren Ex-Bürgermeister zu berichten. Noch immer besitzt er kein Mobiltelefon, keine Armbanduhr, und lange weigerte er sich, wie »*andere Leute mit der Kreditkarte einfach Geld aus der Wand zu ziehen*«, wie er einmal spöttisch formulierte. Gegenüber der Zeitung »Financial Times«

bekannte er: »*Ich wollte immer möglichst viel von mir behalten und mich nicht vom politischen Betrieb umkrempeln lassen.*«

In seiner Generation von Politikern war Scherf gewiss einer der wenigen, der über sich und die eigene politische Rolle in kritischer Selbsteinschätzung diskutieren ließ. »*Ich habe mich nie so richtig als Chef gefühlt, ich lebe von Teamarbeit. Macht habe ich nie genossen. Ich will anderen nichts anordnen, ich genieße es nicht, wenn alle vor mir die Hände falten und ›jawohl, jawohl‹ sagen. Ich will dazwischen sein, ich will verstehen, was andere denken, und meinen Teil dazu beitragen, gemeinsam etwas Gutes zustande zu bringen.*« In Bonn mokierte er sich einmal laut über seine Kollegen Ministerpräsidenten, die für eine 200-Meter-Distanz von der Landesvertretung Baden-Württemberg zum nahegelegenen Bundeskanzleramt ihre Dienstwagen benutzten. Er ging wie so oft demonstrativ zu Fuß, kam früher als die Kollegen beim Kanzler an und belustigte sich über die Verspätung der Dienstwagennutzer. Als ihm die Manager des in Bremen produzierenden Mercedes-Konzerns das neueste Automodell präsentierten, weil der Dienstwagen nach einem Unfall zu Schrott gefahren worden war, sagte er zum Entsetzen seiner Mitarbeiter, dass er in diese »Zuhälterkarre« nicht einsteigen werde. Mag sein, dass solche Affekte übertrieben sind. Aber alle seine Mitarbeiter berichten über seine fast knorrige Vorbildlichkeit, sobald es um persönliche Vorteile oder gar Vergünstigungen ging. »*Nicht Wasser predigen und Wein trinken!*« Eine Vorzugsbehandlung lehnte er ab. »*Ich will diesen Zirkus nicht mitmachen. Ich will nicht Teil dieses Zirkus sein. Ich werde da nur instrumentalisiert, das will ich nicht.*«

Auch die forcierte Ablehnung gegenüber einer medialen Inszenierung von Politik beschäftigte ihn bis zum Ende seiner fast zwölfjährigen Amtszeit als Regierungschef, während derer er immerhin zwei überzeugende Wahlsiege erringen konnte. Einem fast allgegenwärtigen Medienzirkus hat er sich oft nur nach gutem Zureden seiner Mitarbeiter gebeugt; häufig ist er möglichen Fernsehauftritten ausgewichen. So hat sich der überzeugte Anti-Karnevalist zum Auftritt im Narrenkäfig des Aachener Karnevalsvereins, wo er im Februar 2004 den »Orden wider den tierischen Ernst« erhielt, nur nach langem Zureden des ehemaligen thüringischen Ministerpräsidenten Bernhard Vogel überreden lassen. Das sei kein klassischer Karnevalsorden, so meinte der rheinisch erprobte Vogel, sondern ein allseits geschätzter Kulturpreis. Er überwand seine Vorbehalte und ging als riesiger Ritter Roland mit markantem Outfit in den Narrenkäfig und räumte zur Verblüffung seiner engeren Umgebung lang anhaltenden Beifall ab. »Plötzlich war das angeheiterte Publikum mucksmäuschenstill, minutenlang«, schrieb später die »Berliner Zeitung« über den Auftritt des Bremers, der sich selbst als »Umarmer und Omaknutscher« titulierte. »Leise sprach der Zweimeter-Mann, bedächtig, anfangs liebenswert unbeholfen, also ganz unkarnevalistisch. Reimend nahm er seine notorische Kontaktsuche zu

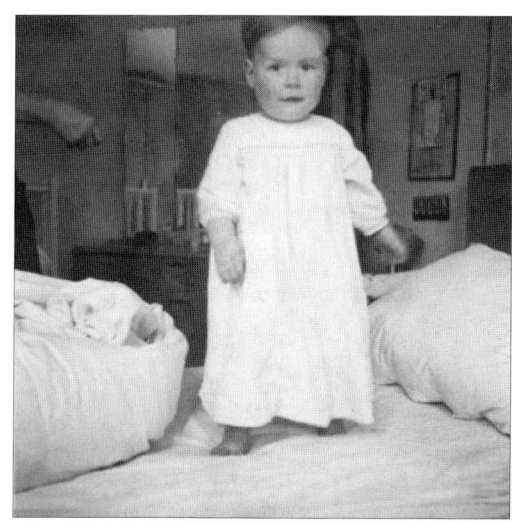

Der einjährige Henning
Scherf in der elterlichen
Wohnung in der Bremer
Neustadt

»Ich werde größer
als die Bremer
Domtürme und eines
Tages Landesfürst!«,
soll später der
siebenjährige
Henning Scherf
laut Auskunft der
Familien einmal
gesagt haben.

Familie Scherf im Jahr 1944, Henning Scherf vorn in der Mitte

Familie Scherf im Jahr 1948, links vorn die Großmutter, Henning Scherf steht hinter seiner Mutter

Henning Scherf als Schüler,
1952

Lesen in jeder freien Minute:
von der Mutter gefördert, vom
Vater mitunter beargwöhnt,
1956

Henning Scherf und Luise Siebert-Meyer zu Hage auf dem Weg zur Trauung in St. Stephani ...

... und danach im Hochzeitsauto, 1960

Mit Tochter Caroline auf
den Schultern ...

... und auf Augenhöhe,
Weihnachten 1962 bei den
Großeltern in Syke

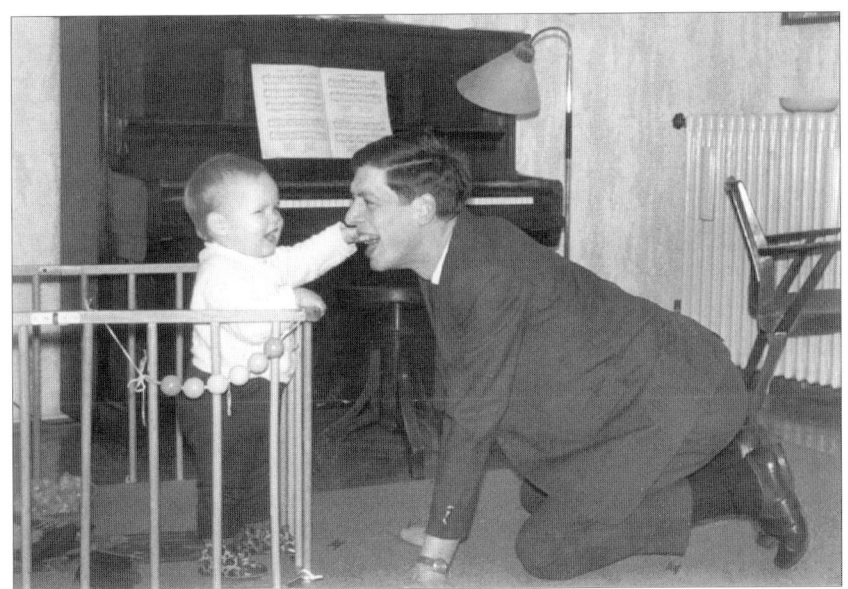

Die Studenten, Eheleute und Eltern Henning ...

... und Luise Scherf in Hamburg 1961

Haus Villigst von der Ruhrseite gesehen, unterm Dach die Studentenkammern des »Olymp«

Blick durch den Hof von Haus Villigst auf den Eingang

Henning und Luise Scherf teilten sich zunächst die Elternpflichten, damit beide ihr Studium beenden konnten.

Henning Scherf in seinem Büro im Evangelischen Studienwerk ...

... und Luise Scherf mit Caroline in Villigst, 1963

Heinrich Scherf mit seinem Enkel Christian, 1965

Die Studentenfamilie 1962
beim Pfingstspaziergang auf
dem Ohlsdorfer Friedhof

Henning und Luise Scherf zu Besuch bei den Schwiegereltern in Syke, 1966

Die drei Kinder Christian, Caroline und Julia mussten später ihren viel beschäftigten Politiker-Vater oft entbehren, Luise Scherf hatte die Familie meist allein zu organisieren.

Brahms-Walzer, vierhändig am hauseignen Flügel: Luise Scherf strahlt entspannt, ihr Mann kämpft.

Luise Scherf 1962

1971 begann die politische Karriere Henning Scherfs mit dem Einzug in die
Bremische Bürgerschaft, 1972 wurde er Landesvorsitzender der SPD, 1978
Senator.

den Mitbürgern auf den Arm. Spitzbübisch beklagte er das Jammern im Lande und sprach der eigenen Politikerklasse ins Gewissen. *»Ham so was wie ne Trepp erfunden, die um die eigene Achs gewunden, auf welcher vorwärts gehend, man, ganz ohne Umdrehn, rückwärts kann.«* Prasselnder Beifall in einem Saal, wo SPD-Politiker meist nur mit einem Pfeifkonzert empfangen werden. Aber Scherf war anders als alle anderen, zielte mit gereimten Versen auf die Nachdenklichkeit des Publikums und hatte sogar den Mut, bei seinem Vortrag den heiligen Narrenkäfig zu verlassen – eine Tabuverletzung, die es bisher in Aachen noch nie gegeben hatte.

Aufmerksame Beobachter registrierten nach Scherfs karnevalistischem Auftritt im erzkonservativen Aachen, dass er als einer der wenigen SPD-Ritter in der Bütt auf Seitenhiebe gegen die regierenden Genossen in Berlin verzichtet hatte. Das hätte seinem Gefühl für politische Fairness widersprochen. Auch hier, bei einem telegenen Auftritt vor einem Millionenpublikum, wollte er fair und anständig bleiben. *»Unter der Narrenkappe Wahlreden zu halten, ist eine Falle. Wer das macht, der wird scheitern. Die Menschen merken, wenn man sie benutzen will.«* Mag sein, dass dieser Auftritt unumgänglich war, weil auch der notorische Anti-Fernseher Scherf auf eine derartige Imageveranstaltung für sein kleines Land im Norden nicht verzichten durfte. Aber wenn schon, dann bitte nach eigener Regie und Überzeugung: Er war mit der Bahn angereist und hatte bei befreundeten Aachener Mönchen im Kloster übernachtet. Auch das sprach sich rasch im Publikum herum. »Wären alle so wie er«, zitierte die »Berliner Zeitung« einen Gast, »dann könnte die SPD selbst in Aachen die absolute Mehrheit gewinnen.«

Man hat Scherf in seiner Rolle als Bürgermeister selten in einer Fernsehtalkshow gesehen, deren Trivialitäten von ihm abgelehnt wurden. Das ändert sich erst, als er das Medium Fernsehen dafür einspannen kann, die Auflage seines im September 2006 erschienenen Buches »Grau ist bunt – Was im Alter möglich ist« zu erhöhen und für die Ideen seiner Bremer Hausgemeinschaft zu werben. Zuvor lautete seine Devise: *»Was soll ich dort, wo man mir nach dreißig Sekunden ohnehin das Wort abschneidet?«* Die ARD-Talkmasterin Sabine Christiansen hatte es nach mehreren Anläufen aufgegeben, den Bürgermeister aus Bremen zu ihrer sonntäglichen Runde einzuladen. Auch im Ruhestand erinnert er engagiert und temperamentvoll an jene Selbstverpflichtung, die wie ein kategorischer Imperativ sein gesamtes privates und politisches Leben bestimmte: Er werde sich durch diesen Betrieb nicht vereinnahmen lassen. Noch heute zitiert Scherf beim Gespräch über den Zustand der Republik das Buch »Treibhaus« von Wolfgang Koeppen, das Anfang der 1950er Jahre sein latentes Misstrauen gegen den herkömmlichen politischen Betrieb bestärkte. Die am Beispiel der kleinen Treibhausstadt Bonn beschriebene wirklichkeitsfremde Welt wirkt immer noch abschreckend auf ihn: »Sie kamen alle, Abgeordnete, Politiker, Beamte, Journalisten, Parteibüffel und Parteigründer, die Interessenvertreter im Dutzend, die Syndiken, die Werbeleiter, die Jobber, die Bestecher und die Bestochenen, Fuchs, Wolf und Schaf der Geheimdienste, Nachrichtenbringer und Nachrichtenerfinder, all die Dunkelmänner, die Zwielichtigen, die Bündlerischen, die Partisanenwahnsinnigen, alle die Geld haben wollten, die genialen Filmer zu Heidelberg am Rhein auf der Heide in der Badewanne für Deutschland am Drachenstein, die Schnorrer, Schwindler, Quengler, Stellenjäger, auch Michael Kohlhaas saß im Zug und Goldmacher Cagliostro, Fememörder Hagen witterte ins Morgenrot, Kriemhild hatte Rentenansprüche, das Geschmeiß der Lobby lugte und horchte, Generäle noch im Anzug von Lodenfrey marschierten zur Wiederverwendung auf, viele Ratten, viele gehetzte Hunde und viele gerupfte Vögel, sie hatten ihre Frauen besucht, ihre Frauen geliebt, ihre Frauen getötet, sie hatten ihre Kinder in den Eisladen geführt, sie hatten dem Fußballspiel zugesehen, sie waren im Meßgewand dem Priester zur Hand gegangen, sie hatten Diakonissendienste geleistet, sie waren von ihren Auftraggebern gescholten worden, von ihren Hintermännern angetrieben, sie hatten einen Plan entworfen, eine Marschroute aufgestellt, sie wollten ein Ding drehen, sie machten einen zweiten Plan, sie hatten am Gesetz gearbeitet, in ihrem Wahlkreis gesprochen, sie wollten oben bleiben, an der Macht bleiben, beim Geld bleiben, sie strebten der Hauptstadt zu, der Hauptstadt der Kleinstadt, über die sie witzelten, und sie begriffen nicht das Wort des Dichters, daß die innerste Hauptstadt jedes Reiches nicht hinter Erdwällen liegt und sich nicht erstürmen läßt.«

Ich schreibe diese Zeilen am 9. Juli des Jahres 2005. Wieder einmal berichten die Medien über einen Fall von Korruption, von denen es in den letzten Jahren so viele gab. »Der simple Satz ›So etwas tut man nicht‹, hat offensichtlich seine Kraft verloren«, schreibt der Publizist Heribert Prantl in der »Süddeutschen Zeitung«. »Das Gefühl dafür ist in Wirtschaft und Politik abhanden gekommen. Und auf der Suche nach Maßstäben findet man vor allem Belege für deren Verlust: Es gab in den vergangenen Jahren eine wahre Kaskade von kleinen und mittleren Unsauberkeiten, Unlauterkeiten und Schummeleien, es gab die Affären mit falschen Abrechnungen, privat genutzten Dienstwagen, es gab Dienstflüge, die nicht unbedingt welche waren, es gab die Miles-and-more-Affären, also die private Nutzung dienstlich erworbener Prämienmeilen der Fluggesellschaften. Da mag manches übertrieben skandalisiert, da mag aus der Mücke und der Maus ein Elefant gemacht worden, da mag bei den Kritikern auch Heuchelei im Spiel gewesen sein – der Satz ›So etwas tut man nicht‹ gilt auch hier. An seine Stelle ist das unbekümmerte Credo ›Erlaubt ist, was gefällt‹ getreten. Es gibt allenthalben eine fatale Neigung, nur noch danach zu fragen, ob etwas eklatant gegen Strafgesetze verstößt. Wenn nicht, dann gilt die Devise anything goes. So kam es, daß gescheiterte Wirtschaftsbosse ungerührt Abfindungen kassieren, von deren Zinsen man ein halbes Dutzend Bundeskanzler bezahlen könnte. So kam es, daß ein Unternehmensvorstand eine Jahresvergütung von elf Millionen Euro kassiert, aber zugleich seine Mitarbeiter zum Maßhalten ermahnt.«

Wo sind die inneren Maßstäbe der Betroffenen, wo ist das Gefühl für Anstand und Sauberkeit geblieben? Glaubwürdigkeit, Geradlinigkeit, Zuverlässigkeit, Ehrlichkeit und eine demonstrative Bescheidenheit – sind es diese Sekundärtugenden, die Scherfs Politik in Bremen, die ja auch harte Sanierungspolitik ist, in den Augen vieler Wähler erträglich machten? Hatte er ihren Respekt, weil er eine skandalfreie Integrität vorlebte, auf die man sich verlassen konnte? War der alte, auf sein »inneres Geländer« vertrauende Politikertypus in Zeiten einer neuen Unübersichtlichkeit, wo fast alle Maßstäbe über Bord gekippt werden, wieder in Mode gekommen? Der Göttinger Politologe Franz Walter warnt in der »Zeit« vor voreiligen Schlüssen, aber er gibt auch zu, dass sich »der Ausdruck von Charisma« verändert habe. Dazu gehört bei der nachträglichen Beurteilung des einstigen Bremer Bürgermeisters ganz sicher, dass er nach fast vierzig schwierigen Jahren in der Politik von sich sagen konnte, in keine einzige Affäre verwickelt worden zu sein. »Man predigt mit seiner eigenen Lebensführung mehr als mit Worten«, hatte der alte Sozialdemokrat Hans-Jochen Vogel immer wieder gesagt. Am Sarg des verstorbenen Alt-Bundespräsidenten Johannes Rau rühmte der inzwischen 80-jährige Vogel den Verstorbenen als einen Brückenbauer, der nur deswegen zum glaubwürdigen Ratgeber der Nation wurde, weil er nach dem Motto lebte: »Sagen, was man tut, und tun, was man sagt.« In einer seiner letzten »Berliner Reden« hatte Rau eindringlich auf die »institutionalisierte Verantwortungslosigkeit« der Politik verwiesen, also auf die sattsam bekannte Neigung, bei unangenehmen Entscheidungen die Sachzwänge zu bemühen, anstatt darauf hinzuweisen, dass jeder einzelne Politiker Verantwortung trägt, die man auch übernehmen müsse.

Johannes Rau und Henning Scherf, die beide in Gustav Heinemann ihr großes Vorbild sahen, sind ein Leben lang befreundet gewesen. Wie der überzeugte Christenmensch Rau wollte auch Scherf vorleben, dass man Verantwortung übernehmen muss, ja, dass man politische Verantwortlichkeit sogar vorleben kann. Auch Henning Scherf hat sich an diesen Grundsatz gehalten, weil er authentisch bleiben und eine Glaubwürdigkeit vorleben wollte, die das politische Handeln als Dienst am Menschen verstand. Die Parallelität in den Lebensläufen dieser beiden Männer ist frappierend. Rau war zwölf Jahre alt, als seine Geburtsstadt Wuppertal zerstört wurde. Sein Vater war im Krieg. Die Mutter packte die Koffer, um mit den Kindern nach Leipzig zu flüchten. Auch der junge Johannes Rau hat die letzten Jahre des Krieges bewusst erlebt und erlitten. Auch dieser junge Mann, der sich als kaum 20-Jähriger in die Politik stürzen sollte, hatte einen Vater, der seinen Kindern schon 1943 am elterlichen Tisch erzählte, dass er von entsetzlichen Konzentrationslagern der Nazis gehört habe. Auch Rau hat seinen Vater stets als mutigen, aufrechten Christen und humanen Menschenfreund gerühmt, der seinen Kindern nach Kriegsende die Mahnung mitgab, die Schuld der elterlichen Generation als Mitschuld und als große Aufgabe für die Zukunft eines demokratischen Deutschland zu betrachten.

Das war neben der persönlichen Zuneigung bis zuletzt das Gemeinsame, was beide Männer miteinander verband. Wo Heinemann dem jungen Rau gesagt hatte, dass der Verzicht auf politische Verantwortung einem jungen Christen einfach nicht erlaubt sei, galt solches Credo auch für den fast zehn Jahre jüngeren Henning Scherf, der einen demokratischen Sozialismus einforderte, der sich am Geist der Bergpredigt und damit in der christlichen Ethik bewähren müsse. Und der sich bis zuletzt fast neurotisch dagegen auflehnte, von der Krake des Politischen vereinnahmt zu werden. Nur solche Politiker, die diesen Kraftakt wenigstens versucht hatten, konnten zu Vorbildern werden. Angepasste Aufsteiger und glatt gekämmte Karrieristen, die er zuweilen als »Yuppie-Schnösel« bezeichnet, sind ihm zuwider. Dazu gehört bis in die letzten Wochen seiner Bremer Amtszeit eine Distanz gegenüber medialer Inszenierung von Politik, die fast schon altmodisch wirkte. *»Das ist in so einem Stadtstaat, wo alles übersichtlich ist, natürlich viel leichter, als wenn man in einem Flächenstaat oder gar in Berlin arbeiten muss. Ich glaube, es wird vieles überschätzt, was in diesen Massenmedien an politischer Information ritualisiert und produziert wird. Die Leute lernen nicht über ritualisierte Information, weil die in das eine Ohr hineingeht und zum anderen Ohr wieder hinaus. Die lernen anders, an Konflikten, die wirklich unter die Haut gehen. Die lernen an Beispielen, auch an Vorbildern, die nicht immer schön frisiert und gebräunt vor ihnen aufkreuzen, sondern die identifizierbar sind. Meine Lebenserfahrung zeigt, dass das Lernen über Identifikationen stattfindet. Natürlich muss man manches mit den Massenmedien machen. Ich kann nicht weglaufen, wenn die partout etwas von mir wollen. Es gab eine Menge von Fernsehauftritten, wo ich lustvoll mitgemacht habe.«*

Bis heute reden Scherfs Genossen vom SPD-Ortsverein Villigst über jene kleine Episode, als sie am Tag des 40-jährigen Jubiläums ihrer Partei auf den berühmten Parteifreund aus Bremen warteten, der für sie die Festrede halten sollte. Man stand in kleiner Abordnung vor der Tür, den obligatorischen Blumenstrauß in der Hand, um die Autokarawane aus Bremen gebührend zu empfangen. Plötzlich trat ein großer, schlanker Mann im blauen Anzug auf sie zu und fragte, nach wem sie so sehnsüchtig Ausschau hielten: Henning Scherf aus Bremen, der wie so oft mit der Eisenbahn angereist und zu Fuß zum Parteilokal gekommen war.

# Der sanfte Rote –
# ein Juso wird Parteichef

## Putsch gegen die Alten

Am 13. März des Jahres 1972 schrieb der alte Wilhelm Kaisen einen sorgenvollen Brief. Der 85-jährige Bremer Stadtvater hatte sich zwar längst in den verdienten Ruhestand zurückgezogen; doch von seinem Haus auf dem Rethfeldsfleet in Bremen-Borgfeld verfolgte er das politische Geschehen in der Hansestadt noch immer mit wachem Interesse. Die Meldung, die er damals in der Bremer Lokalpresse las, war nicht ohne Pikanterie: Einen Tag vorher, am 12. März, hatte der Landesparteitag der Bremer Sozialdemokraten mit 62 von 101 Stimmen den 33-jährigen Jungsozialisten Henning Scherf überraschend zum Landesvorsitzenden gewählt. Eigentlich wollte Hans Koschnick an die Bremer Parteispitze; aber fast eine Woche zuvor, am 5. März 1972, hatten die Delegierten des SPD-Unterbezirks Bremen nach einer Kampfabstimmung beschlossen, dass es eine Trennung von der Mitgliedschaft im Senat und hohen Parteiämtern geben sollte.

»Das Amt des Landesvorsitzenden und des Bürgermeisters sollten nicht in einer Hand sein«, so lautete die Formulierung eines Antrags, der zuvor eine knappe Mehrheit gefunden hatte. Koschnick erklärte daraufhin, er werde auf dem bevorstehenden Landesparteitag der SPD nicht mehr kandidieren. Stattdessen wurde der bis dahin fast unbekannte Henning Scherf nominiert und gewählt. Die gut organisierte Parteilinke hatte ihre Forderung nach einer Trennung von Amt und Mandat bekräftigt. »Wir hatten in jedem Ortsverein ein U-Boot«, freut sich heute noch Klaus Wedemeier, der als damaliger Bürgerschaftsabgeordneter den sanften Putsch aus dem Hintergrund dirigierte. Die Linke reagierte mit verhaltenem Jubel, der starke rechte Parteiflügel versank ins Grübeln.

Der baumlange Scherf mit seinen chevaleresken Umgangsformen war Bremens Stadtgespräch. Buchstäblich aus dem Nichts, so die allgemeine Meinung, war dieser Staatsanwalt emporgestiegen. Spätestens nach seiner überraschenden Wahl rätselte man in der Hansestadt über den jungen Mann, mit dem eigentlich keiner gerechnet hatte, den man nicht sonderlich gut kannte und der über sich sagte, er sei nicht zu langweiliger Uniformität, sondern zu einem leidenschaftlichen Engagement motiviert. Scherf war kein strahlender, aber auch kein hämischer Sieger. Dass er anderen die Schau gestohlen hatte, selbst das hatte er nicht so ganz begriffen. »Kein Postenjäger«, so das einhellige Urteil. Aber wo er stand, »was er wollte und wie er es wollte«, so die Journalistin Lilo Weinsheimer, das müsse er bald einmal klarmachen. Keine Frage – die Wahl zum neuen Vorsitzenden war auch für ihn überraschend gewesen. Da irrte sich der alte Wilhelm Kaisen, der diese Wahl als strategischen Coup der Progressiven gegen das alte Parteiestablishment interpretierte, mit dem Bannerträger Scherf an der Spitze. »Es muss ein stolzes Gefühl sein, mit dreiunddreißig Jahren vor die wichtige Aufgabe gestellt zu sein, eine traditionsreiche Partei zu leiten«, hatte der Alte dem Jungen geschrieben. »Dass Du ihr Gesicht und Profil geben willst, ist mir nur zu verständlich. Wer diesen Vorsatz nicht faßt, der ist wohl fehl am Platze.« Die Antwort kam prompt und war wohl auch für den alten Parteikämpen überraschend: »Du irrst, wenn Du meinst, es sei für mich ein stolzes Gefühl, in meinem Alter vor dieser wichtigen Aufgabe zu stehen. Ich bin durch die Wahl überrascht worden und ich bin immer noch erschrocken. Erschrocken darum, weil ich ganz im Gegensatz zu Deinen Befürchtungen kein festes Konzept, kein festes Programm habe, mit dem ich die Aufgabe erfüllen könnte.« Auch der damalige Bundeskanzler und SPD-Parteivorsitzende Willy Brandt, der ein freundliches Telegramm geschickt hatte, erhielt die fast flehende Bitte: »Ich wäre Dir von Herzen dankbar, wenn Du mir als dem doch weitgehend unerfahrenen jungen Mann Hilfe und Rat zu der für mich schwierigen Aufgabe, auf die ich im Übrigen nicht vorbereitet gewesen bin, vermitteln könntest.«

Ein freundlicher Juso mit guten Manieren, ein promovierter Jurist aus Bremer Familie, ein SPD-Parteichef, von kirchlicher Bindung geprägt, ein fröhlicher Familienvater, der seine emanzipierte Frau »mein linkes Gewissen« nannte und sich als Hausmann in der Küche fotografieren ließ, ein junger, aufstrebender Politiker, der am liebsten mit dem Fahrrad angeradelt kam und mit seiner Familie aus finanziellen Gründen in einer schmucklosen Wohnsiedlung lebte – der »sanfte Rote«, wie damals ein WDR-Fernsehfilm hieß, war zwar fast über Nacht an die Spitze der ältesten deutschen Partei katapultiert worden. Aber er wirkte danach so erschrocken und ängstlich, als sei ihm das Amt des Landesvorsitzenden bereits eine Last, die er kaum übernehmen wollte. Noch wirkte er wie ein Intellektueller, der Politik macht: Auf den Straßen und Plätzen Bremens war er zwar ein zurückhaltender, fast gehemmt wirkender Wahlkämpfer gewesen, der noch seine Schwierigkeiten hatte, mit den Bürgern ins Gespräch zu kommen. Zu ungelenk und differenziert, urteilten seine Helfer, die damals seine erste Kampagne organisierten. Die komplizierte Darstellung zog er dem Holzschnitt vor. Ein Nachdenklicher, kein Mann fürs Grobe, der mit einem Mal ganz oben auf der Bühne stand. Auf den ersten Blick waren seine Pläne tatsächlich durcheinandergebracht worden. Eigentlich wollte er sich in der neuen Legislaturperiode als Haushaltsexperte in die bremischen Finanzen vertiefen. Sich einarbeiten, etwas lernen, den gefuchsten Fahrensleuten im

Haushaltsausschuss den Schneid abkaufen: Das wollte er, seitdem er bei der Bürgerschaftswahl 1971 mit zwölf Genossen im Juso-Alter in das Parlament des kleinsten Bundeslandes eingezogen war – nach einem der größten absoluten Wahlsiege, den Bremens Sozialdemokraten mit 59 Abgeordneten je eingefahren hatten.

Der Einzug in das Bremer Parlament war vor kaum einem Jahr gewesen. Aber er wusste längst und sollte es jetzt deutlich spüren, wie die Politik einen Menschen verändern kann, aber auch, dass ein gewählter Volksvertreter für seine Entscheidungen verantwortlich sein muss. »Deine Arbeit verlangt viel gesunden Menschenverstand«, hatte ihm Stadtvater Wilhelm Kaisen geschrieben. Auch dies war eine der Mahnungen, die er sich offenbar zu Herzen nahm; ahnungsvoll sah er Tage nach seiner Wahl bereits einen Konflikt mit der Parteibasis, allen voran mit den Jusos, heraufziehen. Die sahen ihn als Abweichler und beäugten ihn kritisch, seitdem er öffentlich verkündet hatte, er sei kein Sozialist. »*Die sehen zu Recht in mir einen, der in die Gefahr kommt, vom Amt absorbiert zu werden, abzuschwirren – wie so oft in diesem Land.*« Aber der klassische Kumpeltyp war dieser dünne Riese nicht, vielmehr formulierte er bedächtig und verbreitete zuweilen sogar intellektuelle Distanz. Das vertraute »du« kam ihm nur schwer über die Lippen. Mit Bremens traditionellen Parteifunktionären, die ihre regierende SPD als Staatspartei und als hilfreiches Vehikel für die eigene Karriere betrachteten, tat er sich schwer. Unter diesen Genossen, die meist im konservativen Gewerkschaftsmilieu zu Hause waren, hatte er bald einige Gegner. Aber statt zu taktieren, redete er auch in diese Richtung, wie ihm der Schnabel gewachsen war. Noch war ihm sein öffentliches Image ziemlich egal: »*Ich brauche Freunde, bin auf Sympathien angewiesen. Wände von Misstrauen machen mich schrecklich unsicher, dann fange ich an zu stottern und werde rot*«, teilte er unumwunden in einem Interview mit der Hamburger »Zeit« mit. Solche Sätze freuten seine Anhänger unter den Studenten und Hochschullehrern der Bremer Universität; in konservativen Kreisen wetzte man die Messer, um dem Senkrechtstarter Eitelkeit und Karrieresucht vorzuwerfen.

Hatte er damals Angst, dass Politik zu seinem Beruf werden könnte, ohne die Chance, irgendwann noch einmal wechseln zu können? Die Zeit bei den Jungsozialisten, wo er sich früh umgesehen hatte, die Kandidatur für die Bürgerschaft, die Wahl in die Finanzdeputation, auf die schon bald der Vorsitz in diesem wichtigen Gremium folgen sollte – dies waren markante erste Schritte auf dem Weg in die Politik gewesen. Aber war das aufregend, spannend, gar elektrisierend? Konnte man im kleinsten Bundesland Bremen wirklich etwas bewirken? Wie groß war die Gefahr, zu einem routinierten Manager der Macht zu werden, zum Protagonisten jener »politischen Klasse«, die im Treibhaus Bonn am Werke war? »*Ich wollte mich nie auffressen lassen von dem Politikbetrieb, dadurch konnte ich nie so richtig tief enttäuscht werden. Ich habe gedacht: Du darfst dich nicht abhängig machen, weder materiell noch mental. Ich habe immer dafür gesorgt, dass mein engerer Kreis nicht nur aus Parteifreunden besteht. Das hat mich davor bewahrt, durch Rückschläge in tiefe persönliche Löcher zu stürzen.«* Das späte Bekenntnis, in einem Gespräch mit der Zeitschrift »Cicero« formuliert, galt schon damals. Es bedrückte ihn, dass man in einem solchen Amt unbemerkt zum Opportunisten werden konnte. *»Das müssten mir meine Freunde dann beizeiten gründlich um die Ohren schlagen.«*

Noch war er unabhängig genug, um sich diese Fragen selbstkritisch beantworten zu können. Er wusste, dass politische Positionen auf Zeit vergeben wurden, ganz besonders in Bremen, wo die politische Landschaft nach seiner Wahl verändert und von wachsenden Ressentiments zwischen Gewinnern und Verlierern erfüllt war. Aber er wollte sich bemühen, nach allen Seiten integrativ zu wirken. Vom berühmten »Stallgeruch« in der SPD wollte er sich als junger Außenseiter nicht abschrecken lassen. Für ihn kam es darauf an, dieses Gefühl von politischer Nähe neu und anders zu interpretieren. Denn »Stallgeruch« war für ihn etwas anderes als jene angepasste, bierselige Leutseligkeit, mit der Politik gemacht und Karrieren gebastelt worden waren. Darin sah der neue Landesvorsitzende vielmehr *»ein Gefühl von Loyalität, Eingehen auf den anderen, keine hochtrabenden Reden halten, auch Zuneigung zu kleinbürgerlichen Kommunikationswünschen entwickeln. Nahe an die Leute rangehen, solidarisch sein, ein Kumpel bleiben. Zu wissen, das ist einer von uns, den kennen wir, der gehört zu uns. Den haben wir schon so lange erlebt, auf den kann man sich verlassen. Der haut dich nicht in die Pfanne, der verlässt dich nicht, der redet nicht hinter dem Rücken das Gegenteil von dem, was vorne gesagt worden ist.«*

Ohnehin hatte Scherf seit frühester Jugend verinnerlicht, dass der Mensch nicht nur für sein eigenes Wohlergehen und das seiner engsten Familie verantwortlich war, sondern dass er auch einen Beitrag für das Schicksal des Gemeinwesens zu leisten hatte. Dafür bot seine Vaterstadt Bremen nahezu ideale Voraussetzungen. Macht kam für ihn von »machen, etwas tun«. Dieses Tun für ein Land von mehr als 600.000 Einwohnern in zwei Städten war überschaubar. Noch war er nicht Bürgermeister. Aber das neue Amt schien doch eine gute Voraussetzung zu sein, um sich mit den Problemen der Verwaltung einer Kommune und des Landes vertraut zu machen. Natürlich hätte er nach einem überragenden Abitur, nach zwei erfolgreichen Staatsexamina und einer sehr guten Promotion auch Anwalt, Richter, Journalist oder Gelehrter werden können. Aber diese Aussichten lockten ihn nicht. Stattdessen ging er nun daran, sich mit dem Wohnungsbau und der Wasserversorgung, mit dem Straßen- und Schienenverkehr, mit Grünanlagen, Schul- und Sportproblemen, mit dem Neubau von Turnhallen oder Stadtbibliotheken zu beschäftigen. Er begann,

Politik von unten zu lernen. Bei seinem ersten Auftritt als einfacher Abgeordneter in der Bürgerschaft hatte er über die Tätigkeit von Angehörigen radikaler Gruppen im öffentlichen Dienst der Freien Hansestadt Bremen geredet, was dem gelernten Juristen noch Spaß gemacht hatte. Aber er musste sich auch mit der Vorfinanzierung für den Ersatz des »Feuerlöschbootes II« in Bremerhaven beschäftigen, vom »Gesetz zur Übernahme von Bürgschaften« und der anschließenden Aussprache im Plenum der Bürgerschaft ganz zu schweigen. Aber eben diese komplizierte und fortdauernde Beschäftigung mit der Praxis seines krisengebeutelten Stadtstaates war die Basis für ein späteres politisches Engagement, das erfolgreich war und lange dauern sollte. *»Ich werde mir nicht den nächsten Galgen suchen, wenn man mich wieder abwählt.«* Auch dieser Satz verriet die selbstkritische Einsicht eines jungen Mannes, der in sein neues Amt mehr hineingestolpert als gesprungen war und sich beim Hineinwachsen in die Aufgabe anscheinend noch von dem Schreck darüber zu erholen hatte. »Die Rächer warten schon«, unkte mit Blick auf eine innerparteiliche Fronde von rechts die »Frankfurter Rundschau«. Henning Scherf möge sich gefälligst beeilen, um dem neuen Amt Kraft und Programmatik zu geben.

## Was ist links in Bremen?

Das war leicht gesagt. Schon der Rollenkonflikt zwischen Juso und Abgeordneten hatte allen zu schaffen gemacht, die 1971 auf der Woge eines grandiosen Wahlsiegs in das Bremer Parlament geschwemmt worden waren. Plötzlich wurde die junge Truppe um den späteren Juso-Vorsitzenden Klaus Wedemeier bundesweit diskutiert. Wollten sie eine linke Kaderpartei sein, wie die konservative »Frankfurter Allgemeine Zeitung« damals angstvoll vermutete? »Die Jungsozialisten beginnen den Partisanenkampf«, lauteten jene Schlagzeilen, die den jungen Abgeordneten einen radikalen Marsch durch die Institutionen andichteten. Oder man stempelte sie lustvoll zu Fachidioten mit Karriereambitionen, zu Managertypen mit übervollem Terminkalender, die in ein argwöhnisch beschriebenes Spezialistentum versanken. *»Gleichgültig war mir das nie. Aber ich hatte immer Angst, dass ich zu schnell von diesen Machtrollen absorbiert werde. Ich habe an vielen Beispielen beobachtet, dass man nicht mehr zu erkennen ist, sobald man die Seiten wechselt. Da habe ich gedacht, dass ich aufpassen und nahe bei den Leuten bleiben muss. Manche sagten, dass das Bodenhaftung war. Aber man darf sich nicht institutionell isolieren oder isolieren lassen. Man muss dazu beitragen, durch sein Verhalten, sein Reden und Handeln, auch durch ein selbstkritisches öffentliches Auftreten, dass das nicht so eine vorurteilsbeladene Erfahrung wird. Das gab es doch immer schon. Sobald die alle in Ämtern sind, dann kannst du sie vergessen. Dann haben* *sie ihre Reden von gestern und vorgestern abgelegt. Diese Erfahrung hat mich lange Jahre richtig bedrängt.«*

Die ständige Suche nach Authentizität und Glaubwürdigkeit, die Angst, vereinnahmt und allmählich verändert zu werden, die Sorge, den Kontakt zu den Leuten zu verlieren. Als sich im März 1972 fünfzig bremische Jungunternehmer im Konferenzsaal der historischen »Stadtwaage« versammelten, war man schon während des Treffens überaus erstaunt. Eigentlich war man gekommen, um mit den beiden führenden Jungsozialisten Konrad Kunick und Henning Scherf über »wirtschaftsbezogene Konfliktsituationen im derzeitigen Gesellschaftssystem« zu diskutieren. Viele hatten gehofft, dass es dabei hart auf hart zugehen würde. Von den beiden Spitzenpolitikern wurde geschliffene linke Dialektik erwartet. Doch die zwei Eingeladenen verhielten sich auch zur Enttäuschung der angereisten Presse außerordentlich zahm. Sie ließen wissen, dass sie auf dem Boden des Godesberger Programms der SPD stehen und die soziale Marktwirtschaft bejahten, »obwohl diese einem Aushöhlungsprozess« unterworfen sei. Kein Wort über »systemüberwindende Reformen«, eine Metapher, die damals in der politischen Linken überall im Schwange war. Nichts über Karl Marx, von dem sich besonders Scherf rasch und eindeutig distanzierte. *»Ich war nie Marxist, und ich habe immer diejenigen, die sagten, sie seien Marxisten, angeschaut und gefragt: Warum sagen die eigentlich, dass sie Marxisten sind? Also, Marx zu lesen, das habe ich noch irgendwie begriffen. Das musste man damals, wenn man überhaupt mitdiskutieren wollte, obwohl ich auch da ganz große Mühe hatte. Ich bin nie ein lustvoller Marx-Leser gewesen. Ich habe das ›Kapital‹ nie durchgelesen, weil ich es einfach nicht schaffte, obwohl ich mir das natürlich unzählige Male vorgenommen hatte. Ich habe mich nie als Marxist, sondern eher als demokratischer Sozialist verstanden, der Martin Buber und Paul Tillich viel näher stand, als all den marxistisch inspirierten Strategen. Später, als ich schon in Amt und Würden war und als das alles mit den K-Gruppen losging, da habe ich das manchmal wie eine Clownerei betrachtet. ›Rote Fahne‹ oder ›Roter Morgen‹, das kann doch nicht wahr sein, was die für Sachen schreiben. Ich habe die zum Teil wie einen politischen Slapstick betrachtet. So etwas kann man doch im Ernst nicht wollen! Das konnte ich nicht nachvollziehen. Ich war nicht feindselig berührt und habe nie geglaubt, dass die den Staat wirklich kaputt machen konnten. Ich habe nie gesehen, dass es wirklich zu einer tiefen Erschütterung des demokratischen Staatswesens kommen konnte. Ich habe diese Leute als Sektierer betrachtet.«*

Aber wo hatte Henning Scherf seine politische Basis? Bei den Jungsozialisten, in seinem SPD-Ortsverein in der Bremer Neustadt, bei den Intellektuellen im »Frankfurter Kreis« oder bei schlichten Altgenossen, die ihn freundlich-abwartend beäugten? War er nicht doch ein radikaler Linker, der in Bremen den Nulltarif für die Fahrt mit der Straßenbahn, die Verstaatlichung von Betrieben oder wenigstens Investitionslenkung als Kontrolle der Wirtschaft durchsetzen wollte? Auf solche Fragen antwortete er lapidar, dass er eigentlich mit Theorie nicht viel zu tun habe. Das interessiere ihn nicht. »*Ich bin sehr viel stärker praxisorientiert, kümmere mich mehr um pragmatische Alternativen. Theoretische Diskussionen sind nicht immer erforderlich.*« Tatsächlich war er nach der Rückkehr aus Villigst sofort zu den Jusos gegangen, »war immer da«, wie sein damaliger Mitstreiter Klaus Wedemeier im Rückblick festhält, mischte im linken Milieu mit, wo Strategien und Programme formuliert wurden. Oft »Händchen haltend mit seiner Luise«, wie sich Elke Kröning erinnert, hörte er zu, machte Vorschläge und pochte sanft und energisch auf Kompromisse, wenn man sich irgendwo wieder einmal festgebissen hatte. Aber er tat sich im Kreise der Jungsozialisten nicht auffällig hervor. »Der ist nie Vorsitzender gewesen«, staunt Wedemeier heute. Auch die Archive gaben, zum Bedauern der politischen Gegner in der CDU, nicht viel her, was sich gegen den neuen SPD-Chef verwenden ließ. Wie sollte man mit einem umgehen, der Marx' »Kapital« zu einem »unlesbaren Buch« degradierte und der öffentlich tönte: »*Ich halte nichts davon, aus der marxschen Theorie ein Konzept für praktische Anweisungen zu machen, wie es fälschlicherweise die DKP und alle doktrinär festgelegten Organisationen betreiben.*« Scherf schüttelte den Kopf über »linke Grüppchen«, die für ihn allesamt »ideologische Spinner« waren, weil sie auf konkrete Handlungsnotwendigkeiten keine klare Antwort geben konnten. Eine klassenlose Gesellschaft war für Scherf, der sich überall als aktiver protestantischer Christ präsentierte, identisch mit »*Utopia*«, »*einem Schreckgespenst für die Bürger*« und »*Opium für das Volk*«. In Freiburg hatten ihn die Studenten des SDS als »bürgerlich romantischen Pazifisten« verspottet. Auch dieses Bonmot reichte er gern im Kreise der Neugierigen herum, die ihn politisch durchleuchten und analysieren wollten. Da war kein radikaler Jungsozialist in Bremen an die Macht gekommen, wie FAZ-Korrespondent Wolfgang Heyen fast erleichtert konstatierte, eher ein »Sozialdemokrat aus Notwendigkeit«, wie der aus München nach Bremen angereiste Robert Leicht von der »Süddeutschen Zeitung« beobachtete: »Von vielen Jungsozialisten unterscheidet sich Scherf in der ursprünglichen Motivation: Sein politisches Engagement ist spontaner Natur, kommt weniger aus der theoretischen Reflexion.«

»*Das ist zwar distanziert und kritisch gesagt, trifft aber auch den wesentlichen Teil meiner Biografie. Das stimmt. Richtig gut bin ich eigentlich nur spontan. Ich bin richtig glaubwürdig, wenn ich mit Leuten etwas zusammenbringen kann. Aber sobald es darum geht, langwierige theoretische Abhandlungen zu machen, dann verliere ich ganz schnell die Lust. Ich lebe eigentlich von der Kommunikation. Ich lebe vom Gegenüber, von Menschen, die wie ich Lust darauf haben, etwas Gemeinsames zu veranstalten. Dann bin ich gerne bereit, das auch mitzumachen, was die mir vorschlagen. Ich wollte immer in die Praxis. Ich wollte etwas anderes machen, als den Leuten stets mit erhobe-*

*nem Zeigefinger zu sagen, wo es langgehen muss. Ich wollte mich ganz einfach mit ihnen solidarisieren.«*

Da hatte ein junger, fast unbekannter Staatsanwalt den Vorsitz der SPD übernommen, der Jungunternehmer fesseln und sich als gemäßigter Mann des Ausgleichs präsentieren konnte. Ein neuer Hoffnungsträger. »Wächst dem Bürgermeister der Rivale nach«, fragte bereits in den ersten Tagen nach seiner überraschenden Wahl die Tageszeitung »Die Welt«. Aus Bonn meldete sich der damalige Bundesminister für wirtschaftliche Zusammenarbeit, Erhard Eppler, mit der fast sorgenvollen Frage, ob nach dem Durchmarsch der progressiven Linken an die Bremer Parteispitze das Ansehen des allseits geachteten Hans Koschnick gefährdet sei. Eilfertig hat sich der neu gewählte Landesvorsitzende damals bemüht, solche Zweifel überall zu zerstreuen. Für ihn war die Wahl der Beweis dafür, dass es neben dem vorzüglichen Spitzenkandidaten der Bremer SPD auch noch eine ganze Reihe respektabler Leute gab, die durchaus in der Lage waren, in Bremen Führungspositionen zu übernehmen. Für ihn hatte seine Partei einen respektablen Emanzipationsprozess gemeistert: Die Genossen waren mit seiner Wahl endlich ein Stück *»heraus aus der Provinz«*, wie er drastisch formulierte. *»Wir werden uns nicht in jeden Mist des Senats reinhängen und Ersatzregierung spielen, aber wir werden auch nicht Wurmfortsatz der Regierung sein und uns mit Nicken begnügen. In der Vergangenheit ist in Bremen zu viel genickt worden.«*

Wie aus dem Lehrbuch des klassischen Staatsrechts plädierte der promovierte Jurist plötzlich dafür, zwischen Exekutive, Legislative und Partei genauer zu unterscheiden; eine Ämterhäufung sei fatal, das müssten besonders die gewerkschaftlich verfilzten Traditionskompanien begreifen, von denen es in Bremen zahlreiche Netzwerke gab. Das war schon eine Absage an Korruption und Vetternwirtschaft, die er in Zukunft weiter bekämpfen wollte. Dem Bonner Minister, mit dem er fortan gut zusammenarbeiten sollte, schrieb er zurück: *»Du kannst gewiss sein, daß wir hier in Bremen und ich persönlich keine Konfrontation mit Koschnick wollen und sie auch nicht sehen. Wir sind alle nach wie vor der festen Überzeugung, daß Hans Koschnick der Exponent der Bremer Sozialdemokratie ist. Wir wissen, daß er zu den Progressiven im Lande gehört, und wir wollen ihn alle ganz kräftig in dieser Rolle unterstützen.«*

## Tanz der Enkel

Zur Paradoxie seiner Wahl gehörte ja, dass er nur der Nachsicht Koschnicks seinen Aufstieg an die Spitze der Sozialdemokraten verdankte. Natürlich hatte es den früheren Beschluss auf Ämtertrennung gegeben, der von der Parteilinken durchgepaukt worden war. Was wäre aber passiert, wenn der politische

Übervater die Kraftprobe gesucht hätte und zur Wahl als Landesvorsitzender angetreten wäre? »Wir bitten Hans Koschnick, nicht zu kandidieren«, hatten die linken Delegierten dem Bürgermeister zugerufen, nachdem ihr Antrag auf Ämtertrennung eine Mehrheit im Unterbezirk gefunden hatte. Sie wussten genau, dass gegen ihn kein Kraut gewachsen war. Wenn er nur gewollt hätte, dann wäre der »große Manitou« statt des unbekannten Henning Scherf Nachfolger des abgetretenen Moritz Thape und neuer Landeschef der SPD geworden.

Wenn man heute mit Koschnick über die damaligen Ereignisse spricht, dann ist bereits nach seinen ersten Sätzen die Turbulenz jener Jahre zwischen 1965 und 1974 fühlbar, als »Hans« in Bremen seine wilde politische Zeit hatte. War er nicht die Symbolfigur für all das, was die jungen Sozialdemokraten als neuen Stil in der deutschen Politik gefordert hatten? War dieser Mann des Jahrgangs 1929, der einem zehn Jahre Jüngeren den Platz an der Parteispitze nicht streitig machte, der eigentliche Architekt des politischen Umschwungs gewesen? Plötzlich erkannten kluge Beobachter, dass Koschnick mit gewieftem Blick für die verkrusteten SPD-Strukturen einen Generationswechsel befördert hatte, von dem auch er am Ende profitierte. Anders als in München, wo ein störrisch-autoritärer Hans-Jochen Vogel den Aufstand einer unversöhnlichen Parteilinken provozierte, setzte er auf Ausgleich und Kompromiss. Auch anders als in Hamburg, wo sich unter der ruppigen Führung von Helmut Schmidt und Hans Apel die SPD zu polarisieren begann. »Er ist ein fast klassischer Kompromissvirtuose«, rühmte ihn damals »Der Spiegel«.

Heute sitzt er da und erinnert sich mit phänomenalem Gedächtnis an jene Zeiten, als Wedemeier und Scherf ihre Karrieren begannen, um später als Nachfolger auf seinem Platz im schönen Bremer Rathaus zu landen. Halb Bremen hatte ihm einst zu Füßen gelegen, weil er Wahl um Wahl gewann und die skandalumwitterte SPD allmählich wieder in Ordnung brachte. »Die alte Machtposition der Gewerkschaften mußte endgültig gebrochen werden«, sagt er. Genau dies war für ihn im März 1972 das taktisch-strategische Interesse, das er mit dem Aufstieg jenes jungen Mannes verband, den damals viele in Bremen allenfalls vom Hörensagen kannten. Ohne den dynamischen Multifunktionär Richard Boljahn hätte ein Wilhelm Kaisen nicht regieren können; doch Hans Koschnick brauchte den mächtigen Baulöwen nicht mehr und geriet rasch mit »König Richard« in Konflikt. Der Generationenwechsel an der Spitze der Partei, der ja mit einer allgemeinen Verjüngung in der Bürgerschaft einherging, passte gut in sein strategisches Kalkül. Es sollte sich bald zeigen, dass Koschnick zu seinem politischen Nachwuchs ein unverkrampfteres Verhältnis als alle seine Vorgänger pflegte. Natürlich war der große Wilhelm Kaisen sein Vorbild gewesen; aber daneben rangierten auch Willy Brandt und der geistige Weltbürger Carlo Schmid. Den Namen Helmut Schmidt ließ er bei einer solchen Frage gerne aus. Es gab »viele Koschnicks in seiner engeren Umgebung«, wie man im Bremer Rathaus kolportierte: Die Senatoren Bernd Meyer, Herbert Brückner, Claus Grobecker und Henning Scherf galten als seine Schützlinge, aber auch der prominente Abgeordnete Klaus Wedemeier. Sie hielten ihn für modern und progressiv, betrachteten ihn als stillen Verbündeten und ahnten, dass der schlaue Fuchs mit wachem Blick ihr Tun und Treiben beobachtete. Und bei aller Sympathie wahrte man auch eine gegenseitige Distanz. Scherf erinnert sich, dass er nur ein einziges Mal mit Koschnick Skat gespielt hat. Aber »gesoffen« habe er mit seinem Bürgermeister nie, und er könne auch nicht sagen, dass er mit Koschnick »durch dick und dünn« gegangen sei. Aber er schätzte ihn und war froh, dass Koschnick ihn still und beharrlich gefördert hat. »Ja, ich glaube, Hans Koschnick ist für mich Vorbild und Mentor gewesen. In seiner Nähe habe ich mich stets wohl gefühlt. Bedroht hat er mich politisch nie. Oft habe ich mir gewünscht, wir hätten etwas näher zusammenrücken können, so wie wir heute miteinander umgehen, als älter Gewordene, freundlich, herzlich und fast fugenlos. Ich fühle mich in seiner Nähe geschützt, verstanden und gut aufgehoben.«

Im Rückblick reden die beiden Alt-Bürgermeister nur Gutes übereinander. Doch tatsächlich war seinerzeit das Verhältnis zwischen dem Chef des Bremer Senats und seinem Senator keinesfalls »fugenlos«, da Koschnick sich mehr als einmal über Scherfs »flotte Sprüche« in der Öffentlichkeit geärgert hat. Dafür gibt es einen aufschlussreichen Briefwechsel aus dem Jahre 1982, der viel über Koschnicks Irritationen, aber auch einiges über die Schwierigkeiten Scherfs offenbart, seine »persönliche und politische Identität unter allen Umständen zu bewahren«, wie er betont. »Sehr geehrter Herr Senator«, so beginnt Koschnick sein Schreiben vom 8. Dezember 1982 an den damaligen Senator für Jugend, Soziales und Sport, der einen Tag zuvor ein neues Konzept zur Obdachlosen-Betreuung vorgestellt und dabei nach Angaben des »Weser-Kurier« die Bemerkung gemacht hatte, im Sozialressort sei den Verantwortlichen ein Minus von insgesamt 1,6 Millionen Mark »aufgebrummt« worden. Die Entscheidung für ein neues Konzept sei von der »Rotstiftpolitik der Landesregierung« diktiert, werde vom Sozialsenator aber inhaltlich verteidigt, hieß es in dem Artikel weiter. Koschnick reagierte ungehalten. »Ich stelle gewiß keine übertriebenen Ansprüche an die Verbalisierungsfähigkeiten von Mitgliedern des Senats, kann aber andererseits keinen Hehl daraus machen, daß ich öffentliche Äußerungen, wie sie heute von Ihnen im ›Weser-Kurier‹ zu finden sind, für unerträglich halte. Wer vor Journalisten erklärt ›die Kürzungen sind uns schlichtweg übergeholzt worden – nun versuchen wir, aus der Not eine Tugend zu machen‹, der kann sich wohl nicht wundern, wenn er mit solchen Formulierungen sofort die ›Rotstiftpolitik der Landesregierung‹ in die Pressezeilen rückt. Ich gehe doch zu Recht davon aus, daß dieser Begriff in diesem Zusammenhang nicht auch noch von Ihnen gekommen ist.«

Koschnick war verärgert, weil er einen öffentlichen Alleingang seines Senators auf Kosten der übrigen Senatoren vermutete, die in ihren Ressorts mit ähnlichen Sparmaßnahmen zu kämpfen hatten. Deshalb ließ er sein Schreiben nicht nur allen übrigen Senatsmitgliedern zukommen, sondern auch dem Fraktionsvorsitzenden Klaus Wedemeier und dem Parteivorsitzenden Konrad Kunick. Auf dem Brief findet sich sogar der handschriftliche Vermerk, dass er auf diese Angelegenheit »ganz prinzipiell« in seiner bevorstehenden Rede auf dem Landesparteitag eingehen wolle. Eine saftige Gardinenpredigt schickte er vorweg: »Ich weiß – es gab schon gewichtigere Anlässe zur Klage. Aber in einer Zeit, da wir alle versuchen, die teilweise bitteren Einschnitte gemeinsam zu tragen, und uns gemeinsam bemühen, auch öffentlich Verständnis für unsere Maßnahmen zu finden, können diese Bemühungen doch wohl nicht aus der Landesregierung heraus selbst konterkariert werden. Abgesehen davon halte ich es für höchst unkollegial, wenn ein Mitglied des Senats öffentlich solche Sprüche klopft. Im Übrigen frage ich mich, wie das wohl auf die Mitglieder der sozialdemokratischen Bürgerschaftsfraktion wirken muß – just vor den Haushaltsberatungen und überhaupt angesichts ihrer solidarischen Anstrengungen, unsere Linie gemeinsam zu vertreten.«

Henning Scherf antwortet handschriftlich auf zwei Seiten – und wohl in der stillen Hoffnung, dass die peinliche Sache besser unter vier Augen ausgehandelt werden könne. »*Sehr geehrter Herr Bürgermeister, lieber Kollege, von Herzen tut es mir leid, daß der heutige Artikel im ›Weser-Kurier‹ Ihren Zorn provoziert hat. Ganz das Gegenteil sollte er bewirken: Daß nämlich trotz Sparzwängen inhaltliche Konzepte in der Arbeit mit Obdachlosen und Süchtigen einvernehmlich organisierbar sind.*« Er verweist auf missverständliche Deutungen der eigenen Presseerklärung und gibt zu, dass er Mühe gehabt habe, gegenüber den Journalisten das neue Konzept innerhalb der geplanten Sparmaßnahmen nicht als »Schönfärberei« zu interpretieren. »*Ich will mich gerne Ihnen gegenüber befleißigen, den Eindruck der flotten Sprüche auszuräumen. Erlauben Sie mir aber dennoch, auch in Zukunft den Versuch persönlicher und politischer Identität durchzuhalten.*« Koschnicks Antwort auf dieses um Verständnis werbende Schreiben, das pikanterweise nicht an die Senatoren, wohl aber an den Partei- und Fraktionsvorsitzenden durchgereicht wird, klingt versöhnlich: »Lieber Henning! Habe Dank für die Antwortzeilen auf meinen, nicht nur in ›Rage‹ geschriebenen Brief. Ich will Individualität, eigene Farbe und auch eigene Inhaltsbestimmung der Aufgabe [...]. Eine Forderung habe ich nur: Alle eigenständigen Vorstellungen nicht auf Kosten der Senatskollegen oder einzelner Kollegen – es sei denn nach gründlicher Absprache im Senat und Freigabe der Diskussion – in die Öffentlichkeit zu bringen. Auch nicht als flotte Sprüche.«

## Übervater Koschnick

Trotz solcher Scharmützel, die in der Regel nicht an die Öffentlichkeit drangen: Hans Koschnick hat über alle jener unruhigen Generation seine Hand gehalten, die in merkwürdiger Dialektik in die ideologische Vergangenheit zurückkehren wollten. Auch in dieser politisch wachen Stadt wurde ab 1968 der Marxismus wieder entdeckt, mit dem die Jungen die Alten – die »Spießer« – schockierten. Auch hier gab es den Einmarsch langhaariger Schüler und Studenten in eine Partei, die bisher der Hort kleinbürgerlicher Facharbeiter war. Unterschiedliche Lebensgeschichten und Erfahrungen standen sich hier wie in anderen westdeutschen Großstädten gegenüber, trugen einen Generationen- und Kulturkampf aus, waren einander fremd und wollten sich auch gar nicht verstehen. München und Frankfurt wurden bundesweit beachtete Beispiele mit abschreckender Wirkung. »Auf einmal kamen da die jungen Leute, als geschlossene Gruppe meist, ein wenig schlampig gekleidet, dafür rhetorisch äußerst versiert«, so der Politologe Franz Walter, »sie stellten unentwegt Anträge zur Geschäftsordnung, von deren Existenz die Altgenossen bis dahin gar nichts gewußt hatten. Die Jungen redeten ununterbrochen, gebrauchten dabei ständig Fremdwörter, ließen an der eigenen Partei kein gutes Haar, höhnten und verletzten, stellten Resolutionen und Entschließungen zur Abstimmung. Und sie hatten alle Zeit der Welt. Ortsvereinsversammlungen endeten nicht mehr um 22 Uhr, sondern nicht selten erst nach Mitternacht. Dann lagen die Arbeiter und Angestellten, die am nächsten Morgen zeitig aus den Federn mußten, längst im Bett, so daß die studierenden Neumitglieder, deren Proseminar erst am Nachmittag begann, die Mehrheitsverhältnisse – wie es damals in den Kreisen der jungen Linken triumphierend hieß – bequem kippen konnten.« So wurde einigermaßen herzlos die ältere Generation vertrieben – es sei denn, es gab einen Opponenten, der glaubwürdigen Widerstand bot. In Bremen war dies Hans Koschnick, der zur unbestrittenen Integrationsfigur jener Jahre avancierte. »Die gleiche Nachsicht und den Vertrauensvorschuß, die einer älteren und meiner Generation nach 1945 entgegengebracht wurden, sollten wir auch den jetzigen, jungen Heißspornen entgegenbringen«, schrieb er am 21. August 1978 an den damaligen Bundespräsidenten Walter Scheel. »Feinden unseres Systems will ich politisch und auch mit der Staatsgewalt entgegentreten. Verirrungen aber setze ich die Hoffnung auf Einsicht entgegen. Dieser Staat kann ohne Vertrauen nicht gut existieren.« Das war sein Vermächtnis gegenüber jener Jugend, zu der Henning Scherf gehörte. Daran wollte er sich halten.

Auch Koschnick war einmal »der Jüngste« gewesen, »der Erfolgreichste« und der »Mann des neuen Stils«. 1963 war er Senator geworden, jüngster Länderminister der Bundesrepublik, und früh Bürgermeister und Stellvertreter des

96

Präsidenten des Bremer Senats. Fast vierzig Jahre jünger als Wilhelm Kaisen, ein Vierteljahrhundert nach dessen Nachfolger Dehnkamp geboren, wahrte Koschnick bereits im Alter von 36 Jahren die Kontinuität in der Generationenfolge der Bremer Bürgermeister. Seine Nachfolge im höchsten Amt des kleinen Stadtstaates war immer nur eine Frage der Zeit. Als Basis für seine ungewöhnliche Laufbahn nannte er gerne »Glück und Zufall«, die ihm angeblich zur Seite standen.

Der Sohn eines Gewerkschaftssekretärs, der wegen seiner linken Gesinnung unter den Nationalsozialisten im Konzentrationslager war, konnte solche Fügungen gut gebrauchen. Weil die belgische Militärführung den 16-Jährigen rechtzeitig aus der Kriegsgefangenschaft entließ, konnte Koschnick als Mittelschüler noch Beamter des gehobenen Dienstes werden. Kurze Zeit später wäre dies ohne Abitur nicht mehr möglich gewesen. Aber weil er kein Abitur hatte, musste er fleißiger sein als die anderen. »Weil ich mehr lernte, schnitt ich bei den Prüfungen besser ab. Eine einfache Sache.« Aber Glück hatte auf Dauer wohl doch nur der Tüchtige. Der kleine Jugendsekretär im Landes-Beamten-Ausschuss und in der Gewerkschaft wäre 1955 wohl nicht für einen Sitz in der Bürgerschaft aufgestellt worden, wenn man ihm nicht einiges zugetraut hätte: In der folgenden Legislaturperiode brachte er die Gesetze zur Reform des öffentlichen Dienstrechts mit einer Sachkenntnis ein, die nicht nur die eigenen Genossen erstaunte. Der Weg in das heikle Innenressort war vorgezeichnet, das er bald als Senator übernahm. Zwei Jahre später erfolgte die Ernennung zum Bürgermeister von Bremen und im Jahre 1967 die Wahl zum Präsidenten des Bremer Senats. Im Unruhejahr 1968 sollte dann seine Autorität nicht nur einmal gefragt sein.

*»Ich habe Hans Koschnick ja nicht über die SPD kennengelernt, auch nicht über die Gewerkschaft, sondern über die Kriegsdienstverweigerung, schon Ende der Vierzigerjahre. Da sind wir Brüder mit dem Pastor immer zur ›Internationale der Kriegsdienstgegner‹ gegangen. Ich kannte die damals alle. Koschnick hatte kurze Hosen an und war Sitzungsleiter der Bundesjahrestagung der Internationale im Bremer Gewerbehaus. Er saß oben und hat diese Pastoren, die alle keine Ahnung von Geschäftsordnung hatten und keine ordentlichen Anträge formulierten, die hat der alle zur Sau gemacht. Das war mir eine große Freude, wie dieser junge Kerl mit seiner gewerkschaftlichen Chuzpe den Laden zusammengehalten und so richtig was durchgepowert hat. Da war der erst Anfang zwanzig. Und doch hat er mich und meine Brüder begeistert, auch später, weil er einen ganz bestimmten Charme entwickeln konnte. Er war einer der beliebtesten Verwaltungsschullehrer, die wir jemals hatten. Weil er immer so tolle Einfälle hatte und die Leute so witzig annehmen konnte.«*

Seit 1967 lag Wandel in der Luft. Ein neuer Zeitgeist verfestigte sich, und das war auch in Bremen zu spüren. Am 18. Juli 1967 wurde der damalige Innensenator Hans Koschnick vor die Mitglieder der SPD-Ortsvereine Schwachhausen und Altstadt zitiert, weil seine aufgebrachten Parteigenossen von ihm wissen wollten, ob sich die Prügelorgien der Berliner Polizei im Gefolge des Schah-Besuchs auch in Bremen wiederholen könnten. Sechs Wochen zuvor war dort der Student Benno Ohnesorg erschossen worden. Koschnick versprach, dass die Ausfälle der Berliner Polizei in Bremen keine Nachahmung finden würden. In der »Lila Eule«, einem Bremer Szenelokal, redete Rudi Dutschke. »Dutschke war hier in Bremen und viele, viele kamen. Nicht nur Halbstarke und Gammler, sondern honorige Erwachsene samt reputierlichen Ehefrauen preßten sich auf der Jazzbank zu Füßen des Versammlungsleiters.« So schrieb damals ein Bremer Szeneblatt. Die APO erfasste eine junge kritische Generation in Bremen und die Diskussion, »was zu tun sei«, schwappte in die Stadt an der Weser, wo man besonders die Ereignisse in Berlin mit wacher Aufmerksamkeit registrierte. Als Dutschke während einer Weihnachtspredigt am 26. Dezember 1967 von einem Rentner in der Berliner Kaiser-Wilhelm-Gedächtniskirche von der Kanzel geprügelt wurde, folgte ein geharnischter Protest aus Bremen. Das Telegramm von 31 namhaften Pastoren an den Gemeindekirchenrat der Gedächtniskirche gipfelte in dem Vorwurf »die Studenten seien nicht nachhaltig genug zu einem sachlichen Gespräch aufgefordert worden«. Der Inhalt des Protestschreibens zeigt deutlich die tiefe Gewissensnot jener Umbruchjahre, die von Sorgen über die Zukunft und Stabilität der demokratischen Verhältnisse in Deutschland erfüllt war. Dass man Intellektuelle zwar hätscheln, ihnen aber keinerlei Macht geben dürfe – dieses abfällige Wort von US-Präsident Lyndon B. Johnson provozierte überall auf der Welt gerade diejenigen, an die es damals gerichtet war. »Der Studenten Sorge über den Krieg in Vietnam ist auch die Sorge unserer Kirche, ihre Leidenschaft sollte die Leidenschaft unserer Kirche werden«, so hatten die Pfarrer formuliert. »Auch Jesus hat schließlich die Ordnungen des Tempels um der Sache willen gestört. Es geht nicht, daß die Sache der Elenden und Entrechteten in unserer Gesellschaft mit Feindseligkeit und gefährlichen Schlägen beantwortet wird.«

Doch die Unruhen nahmen rapide zu, besonders im Jahr 1968, als in Bonn die Verabschiedung der Notstandsgesetze geplant war. Die etablierten Institutionen standen am Pranger, allen voran die in Bonn zusammengeschweißten Parteien der Großen Koalition. Der Einfluss der Notstandsgegner stieg zu Beginn des Jahres stark an, sie suchten Verbündete quer durch alle Bevölkerungsschichten und erfanden neue Formen des Protests. In Bremen wurde die »Lila Eule« zum Treffpunkt eines Protestmilieus, zu dem Mitglieder des vom SDS eingefärbten »Unabhängigen Schülerbunds« gehörten. Hier stand die Wiege jener Tumulte, die sich wie ein schweres Wintergewitter über die Stadt legen sollten. Der zivile Ungehorsam brach sich Bahn – in Bremen wie anderswo in der Republik, die in den Jahren ab 1968 tief greifend verändert werden sollte. Der revoltierende Geist war aus der Flasche. Doch noch handelte es sich nicht um den Aufmarsch jenes politischen und journalistischen Establishments, das kurze Zeit danach registriert werden sollte. Der Start zu den größten Demonstrationen, die Bremen bisher erlebt hatte, erfolgte über eine stille, sorgsam ausgeheckte Flüsterpropaganda, die sich immer wieder an den seit Jahresbeginn gültigen Fahrpreiserhöhungen der Bremer Straßenbahn entzündete. Als Waffe der ersten, vollkommen harmlos geplanten Proteste sollten Sitzstreiks dienen, zu denen sich an einem Januarnachmittag 1968 ungefähr zwanzig rebellische Gymnasiasten auf den Straßenbahnschienen im Stadtzentrum niederließen. Ort der neugierig bestaunten Protestaktion war der Straßenbahnknotenpunkt Domsheide. Diese erste »Demo« war nach kaum zwanzig Minuten zu Ende. Erst als in den folgenden Tagen Hunderte von Demonstranten auf den Straßenbahnschienen Sitzblockaden probierten, wurde die Stimmung aggressiver. Steinwürfe auf voll besetzte Bahnen und Busse, Tätlichkeiten gegen Schaffner, Sitzblockaden von Schülern, Studenten und Lehrlingen, zu denen immer häufiger Erwachsene hinzukamen – der in der »Lila Eule« angezettelte Protest erfasste plötzlich weite Teile der Stadt, deren Bevölkerung sich immer stärker gegen eine Erhöhung der Fahrpreise wandte.

Im Rückblick auf diesen Stimmungsumschwung sollte man sich später immer wieder fragen, wie die friedlichen Sitzblockaden urplötzlich in üble Krawalle umschlagen konnten. Die Zahl der Demonstranten war auf über tausend pro Tag angewachsen; die Eskalation begann, als der örtliche Polizeipräsident an die um mehr als 600 Mann verstärkte, durch Wasserwerfer aus Hamburg und Hannover hochgerüstete Streitmacht der Polizei die Parole ausgab: »Draufhauen, draufhauen, nachsetzen!« Bremens Innenstadt war längst für Bahnen und Busse gesperrt worden, sodass die Demonstranten zuweilen die Objekte ihrer Empörung vermissten. Ausgerechnet an einem Abend, da sämtliche öffentlichen Verkehrsmittel aus reiflicher Überlegung in ihren Quartieren blieben, wollte die Bremer Innenbehörde den »härtesten Einsatz mit allen legalen Mitteln« praktizieren, wie es später hieß. Es folgten schlimme Szenen: Alt und Jung wurden niedergeknüppelt, Verletzte blieben liegen, Demonstranten wurden wie die Hasen gejagt.

Im hochgeputschten Antagonismus von Unruhe und Vernunft hat sich Bremen für die engagierte verfochtene, friedliche Lösung entschieden: Im Hintergrund dirigierte der Bürgermeister Hans Koschnick, vorn agierte seine Stellvertreterin Annemarie Mevissen, eine couragierte Dame, die an einem denkwürdigen Tag schaffte, was vorher eine Streitmacht von 650 Polizisten nicht zustande gebracht hatte. Von einer Holzkiste aus, mit einem Megafon in der Hand, sprach die resolute Frau mit den Protestierenden, fand Verständnis für deren Unmut und versprach eine Überprüfung der umstrittenen Tarife, die nach langem Hin und Her später zurückgenommen worden sind. Zur Zeit der Straßenbahnunruhen lebte Scherf in Osnabrück, wo er als Regierungsassessor bei der niedersächsischen Landesregierung arbeitete. Aber Annemarie Mevissen, die er schon als Redakteur der Schülerzeitung kennengelernt hatte, imponierte ihm. *»Das mit der Kiste ist überbewertet. Viel wichtiger ist die resolute Frau. Die kannte ich schon früher, als ich mein erstes Interview für die Schülerzeitung machte, so in den Jahren 1955 oder 1956, als Annemarie Mevissen schon Senatorin war. Ich war aufgeregt wie nichts und habe in diesem Interview ihre politische Arbeit abgefragt, also, wie sie überhaupt zur Politik gekommen ist und wie ihr Vater, der ja Verfolgter des Nationalsozialismus war, sie eigentlich erzogen hat. Sie hat Abitur gemacht und ist später Buchhändlerin geworden, aber sie ist eine Intellektuelle. Ich fand das einfach hinreißend, wie diese junge Frau, von Wilhelm Kaisen entdeckt, mit ihrer klugen und intelligenten Art in dieses Amt gekommen ist und plötzlich auch eine neue Qualität in der SPD repräsentierte, die es bis dahin nicht gegeben hatte. Wie sie sich später in der SPD behauptet hat! Plötzlich dominierten nicht mehr diese ruppigen Männer, sondern eine Frau trat auf, Tochter eines preußischen, sozialdemokratischen Oberregierungsrats, gewissenhaft, mit Abitur, guter Ausbildung und politischem Anspruch. Das hat mich beeindruckt.«*

Die Konsequenzen jener unruhigen Wochen waren für das politische Establishment Bremens relativ unkalkulierbar geworden. Prominentes Opfer einer wachsenden Verbitterung, die in allen SPD-Ortsvereinen zu bemerken war, wurde Mitte 1968 Richard Boljahn, Bremens mächtiger Ober-Genosse, der als einflussreicher Sozialdemokrat immer wieder treue Gefolgsleute auf gut dotierte Posten gehievt hatte. Der damals 55-Jährige war vielen Bremer Spitzengenossen längst unheimlich geworden. Nur selten und reichlich zögernd wagte man gegen den Poltergeist ein Widerwort. Solcher Widerstand war nach den ersten Wahlniederlagen des fast Unangreifbaren im Oktober 1967 erstmals deutlich geworden. Denn Boljahn war auf Druck der parteiinternen Landesschiedskommission, deren stellvertretender Vorsitzender Henning Scherf war, wegen einer Baulandaffäre von allen Ämtern entbunden worden. Die Entscheidung hatte Scherf persönlich geschrieben: Jetzt, in der eruptiven Nachlese jener tumultreichen Wochen, wurde Richard Boljahn vollkommen unerwartet gestürzt.

Mit einem gesunden Maß von Härte und Macht zitierte der soeben installierte Bürgermeister Hans Koschnick den ahnungslosen Boljahn in sein Büro und stellte ihn vor die Alternative, sich entweder für den SPD-Fraktionsvorsitz und damit für das Parlament oder für die Führung des DGB in Bremen zu entscheiden. Boljahn war so perplex, dass er seinen Fraktionsposten sofort niederlegte, aber gleichzeitig verkündete: »Ich stehe wieder auf.« Aber dies sollte nicht mehr passieren; denn die öffentliche Überwachung dieses umtriebigen Multi-Funktionärs hatte sich erheblich verschärft. Wo man vor Beginn der Straßenbahnunruhen nie danach gefragt hatte, warum der Vielbeschäftigte je nach Interessenlage einen anderen Standpunkt bezog, war es mit solcher Nachsicht plötzlich vorbei. Paradoxerweise war ausgerechnet nach der Knüppelschlacht um die Bremer Straßenbahntarife der Politiker Boljahn mit dem Gewerkschaftler Boljahn kollidiert. Als in der SPD und im DGB Kritik aufkam, der Gewerkschaftsboss habe Bremens Arbeiter verraten, weil das Aufsichtsratsmitglied der Straßenbahn einer Fahrpreiserhöhung zugestimmt habe, schlug sich Boljahn auf die Seite der Gewerkschaften, die gegen die neuen Tarife protestierten. Dabei hatte der SPD-Fraktionsvorsitzende Boljahn noch ein paar Monate zuvor ein Papier unterschrieben, das eben diese Erhöhung vorgesehen hatte. »Das Problem zu mächtiger Leute ist oft, daß sie sich gerade wegen des Steiger-Prinzips, mit dem sie nach oben kamen, unglaubwürdig gemacht haben«, schrieb der SPD-Intimus Olaf Dinné, »mal nach links und mal nach rechts treten – das fällt allmählich auch dem Gutgläubigsten auf.«

Nach Boljahns Fall war Bremen politisch verändert. Der ruppige Provinzpolitiker hatte mit seinen großspurigen Manieren zum Stadtbild gehört wie der Roland vor dem Rathaus oder die Bremer Stadtmusikanten. Seit seinem Sturz war klar, dass Boljahn Opfer eines Mannes geworden war, der nun die Geschicke des kleinen Stadtstaates für mehr als zwei Jahrzehnte in die Hand nehmen sollte. Erst als Bremens Bürgermeister und Deutschlands jüngster Regierungschef im Alter von 38 Jahren in das Bremer Rathaus eingezogen war, ging es mit Richard Boljahn bergab; nur Boljahn-Gegner Koschnick hatte gewagt, was weder der populäre Wilhelm Kaisen noch der brave Willy Dehnkamp riskiert hatten: den Clinch mit dem mächtigen Genossen aufzunehmen und dessen Macht vehement zurückzustutzen. »Ribo«, wie ihn seine engsten Freunde immer noch nannten, war politisch am Ende. Ausgerechnet im SPD-Bezirk Altstadt, wo die Parteirevolte gegen das verkrustete Establishment aufgeflammt war, suchte Boljahn damals Verbündete, um den Kampf gegen die verhasste Parteilinke aufzunehmen. Vierzig Angestellte des Grundstücksmaklers und Boljahn-Getreuen Wilhelm Lohmann nahmen in der Altstadt Bremens ihren zweiten Wohnsitz und traten in die SPD ein. Mit dem massiven Neuzugang sollten widerspenstige Delegierte abgewählt werden, um Boljahns Niederlage abzuwenden. Das dilettantisch eingefädelte Manöver misslang. »König Richards« politisches Schicksal war besiegelt.

# Der Fall Klischies

Anfang des Jahres 1971 platzte in Bremen der »Fall Klischies«, eine Affäre, die nur vor dem Hintergrund einer wachsenden Polarisierung zwischen Rechts und Links, zwischen bürgerlicher Opposition und neuer Linken zu interpretieren war. Der Name des damaligen Senatsdirektors war im Notizbuch des katholischen Priesters Kaiser aus Neuenkirchen gefunden worden, der angeblich den Terroristen der Rote Armee Fraktion (RAF) nahegestanden hatte. Der Verdacht war der lokalen Bremer Presse zugespielt und sofort von der oppositionellen CDU hochgepuscht worden, die vor den Wahlen für jedes zugkräftige Thema dankbar war. Obwohl Generalbundesanwalt Martin keine »konkreten Verdachtsmomente«, jedoch zahlreiche »Fehlinterpretationen« diagnostizierte, musste der Senatsdirektor auf Anweisung seines Vorgesetzten von seinem Posten zurücktreten. Auch Bremens Bürgermeister musste sich wie viele Beamte seiner Regierung fragen, wie der Name des Senatsdirektors unter offenkundigem Bruch des Amtsgeheimnisses den Bremer Christdemokraten zugespielt worden war.

»Die wollten den loswerden«, meint Hans Koschnick und erinnert daran, dass das Vertrauensverhältnis zwischen dem Senatsdirektor und einigen Beamten total zerstört gewesen sei. Natürlich war auch der damalige Sicherheitsreferent beim Senator für Inneres, Henning Scherf, in die heikle Sache eingeweiht: Unter den 900 Namen angeblicher RAF-Sympathisanten sei Klischies nur deswegen aufgeführt worden, weil sich Pater Kaiser bei der Bremer Behörde über eine jüdische Familie erkundigt hatte, der er gerne helfen wollte. *»Das waren unsere Freunde«*, empört sich Henning Scherf noch heute, *»daraus haben die ein Ermittlungsverfahren gemacht. Waldemar Klischies war ein guter Freund, ich fühlte mich mitverantwortlich. Denn ich hätte mit den gleichen Gründen auch rausgeschmissen werden können und fand es eigentlich unmöglich, dass ich da nur so etwas wie ein Zuschauer war, denn Waldemar und ich, wir hatten alles gemeinsam gemacht. Diese GSG-9-Leute hatten nur sein Buch beschlagnahmt, während sie meine Adresse auf dem Zettel überhaupt nicht gefunden hatten. Also steckte ich zumindest in der gleichen Rolle. Dazu stehe ich, ohne Wenn und Aber, heute wie damals. Die drehten dem Waldemar den Hals ab, und ich sollte einfach so weitermachen? Niemals.«*

Der listige Linke Olaf Dinné pappte ihm damals das Etikett »Scherfist« an. *»Der wollte mich damit irgendwie bedrängen. Ich war der religiöse Sozialist, der mit der Kirche daherkam, Paul Tillich zitierte und der auch noch fähig war, in staatlichen Apparaten zu arbeiten, die mit Sicherheit zu tun hatten. Ich war damals Justitiar des Innenressorts. Zuständig für die Personenüberwachung, für den Schutz der sicherheitsgestützten Apparate, für Verfassungsschutz, für die Innenminister-Konferenz, also eigentlich der klassische rechte Funktionär in der Sicherheitsbürokratie. Ich war da* *immer mittendrin und habe trotzdem allen klargemacht, dass ich Jungsozialist bin und bleibe. Der damalige Innensenator wollte mir verbieten, dass ich mich öffentlich über die Notstandsgesetze streite. Da habe ich denen gesagt, dass sie das nicht können. In meiner Wahrnehmung von Bürgerrechten habe ich mich nie disziplinieren lassen. Das meint Scherfismus, so eine Variante zwischen links sein, in die Kirche gehen und dann auch noch in diesen Institutionen Aufgaben übernehmen.«*

Wie sehr die rechtspolitische Sensibilität zugenommen hatte, sollte sich auf einer stürmischen Delegiertenkonferenz des SPD-Unterbezirks Bremen zeigen, wo das Verhalten des Polizeipräsidenten Erich von Bock und Polach einer ungewöhnlich scharfen Abrechnung unterzogen wurde. Der Polizeipräsident hatte erklärt, dass die Aufrechterhaltung der öffentlichen Sicherheit und Ordnung durch eine intakte Polizei nicht mehr gewährleistet sei, »solange Dr. Klischies in seiner jetzigen Position maßgeblichen Einfluss nimmt«. Das Prekäre an diesem öffentlichen Affront des Polizeipräsidenten war, dass von Bock sich ausgerechnet am Tage einer Senatssitzung geäußert hatte, in der Bürgermeister Hans Koschnick alle Zweifel an dem Senatsdirektor ausgeräumt und sich demonstrativ vor den Beamten gestellt hatte – vergeblich; kaum eine Woche später war Klischies auf wiederholten Antrag des Innensenators Franz Löbert seines Postens enthoben worden.

Der umstrittene Polizeipräsident hatte die Konfrontation gesucht – und verloren. Zunächst erschien er nicht persönlich auf der anberaumten Unterbezirks-Delegiertenkonferenz der SPD, sondern ließ stattdessen eine Erklärung mit der Behauptung verlesen, die Polizei Bremens sei nicht mehr intakt. »Das sind meine Erfahrungen und Beobachtungen der letzten zwei Jahre.« Pikanterweise ist es auch Innensenator Löbert gewesen, der seinem Polizeipräsidenten für solchen Rundumschlag zusätzlich Munition geliefert hatte: Einen Tag vor der Versetzung von Klischies hatte er während einer Sitzung von SPD-Gremien erklärt, eine Zusammenarbeit mit seinem Senatsdirektor sei nicht mehr möglich.

Die stürmische Debatte der aufgebrachten Delegierten zeigte den eklatanten Wandel in der öffentlichen Bewusstseinslage an. Zum ersten Mal wurde ein ohnehin umstrittener Polizeipräsident für sein Verhalten öffentlich in einer Art und Weise gerügt, wie dies noch nie in der Verfassungsgeschichte des kleinen Stadtstaates vorgekommen war. Eine von 65 Delegierten unterzeichnete Aufforderung an alle SPD-Senatoren, also an den Senat, »alle geeigneten rechtlichen, insbesondere auch disziplinarrechtlichen Schritte« gegen den Polizeipräsidenten einzuleiten, wurde zwar nicht beschlossen; die Konferenz steuerte jedoch fast in einen Eklat, weil nur die Androhung von Bürgermeister Hans Koschnick, er werde der Partei als Spitzenkandidat nicht mehr zur Verfügung stehen, einen Durchmarsch der aufgebrachten Parteibasis verhinderte. Mit seltener Schärfe und Eindringlichkeit ist auf dieser denkwürdigen Parteikonferenz das »Primat der Politik« gegenüber der Polizei angemahnt worden. Bei nur einer Gegenstimme erklärten 500 SPD-Delegierte lapidar, die »Polizei habe für Sicherheit und Ordnung zu sorgen«. An die Adresse des Polizeipräsidenten ging die Mahnung, wonach die SPD alle öffentlichen Äußerungen des Polizeipräsidenten sowie einzelner Polizeiräte gegen den angeblich verdächtigen Klischies scharf missbillige. Als sei dies nicht genug, distanzierte sich auch die SPD-Betriebsgruppe der Polizei von ihrem Polizeipräsidenten mit dem Hinweis, Erich von Bock und Polach habe mit seinen Äußerungen mündige Polizisten diskriminiert.

Im Gegensatz zu Innensenator Löbert, der den fragwürdigen Verdacht gegen den Senatsdirektor und Chef seines Ressorts sofort akzeptierte, reagierte Scherf damals mit dem Ausscheiden aus seinem Amt als Regierungsrat beim Senator für Inneres und wechselte zur Bremer Staatsanwaltschaft; immerhin war es der Senatsdirektor gewesen, der ihn als Beamten aus Niedersachsen zurück nach Bremen geholt hatte. Er verdankte seinem arg bedrängten Vorgesetzten viel und zeigte nun seine Solidarität. Als der rehabilitierte Waldemar Klischies kurz darauf als Senator für das Justizressort gehandelt wurde, wollte Hans Koschnick diese unpopuläre Personalentscheidung verhindern. Unter den möglichen Kandidaten befand sich der Staatsanwalt Dr. Henning Scherf, der dann Koschnicks Angebot entrüstet abgelehnt hat. Für ihn – so rechtfertigt er sich heute – hätte dies eine erneute Brüskierung des ohnehin angeschlagenen Freundes und politischen Weggefährten bedeutet.

Auch war er selbstkritisch genug, nach der persönlichen Eignung zu fragen. Wäre er für ein solches Amt nicht viel zu jung und unerfahren gewesen? »*Du musst begründen, warum du solch ein Amt anstrebst, warum du dort etwas machen willst. Man kann nicht einfach sagen, jetzt habe ich es geschafft, und jetzt geht alles so weiter wie vorher. Man muss seine eigene Anstrengung mitbringen und dieses politische Geschäft können. Dazu muss man nicht so schnell und so steil wie nur irgend möglich mit irgendeiner politischen Protektion nach oben kommen. Das geht nur Schritt für Schritt, und man sollte dabei möglichst viele mitnehmen. Auch deswegen habe ich damals kategorisch Nein gesagt und auf meine alte Freundin, die Journalistin Lilo Weinsheimer gehört, die mir stets sagte, dass ich noch viel zu jung sei und mir das alles erst richtig erarbeiten müsse.*«

## Das Vorbild Gustav Heinemann

Politik und Moral, linke Gesinnung und protestantische Ethik: Bei dieser Entscheidung hat er sich auch als Christ in politischer Verantwortung gefühlt. Was damit gemeint sein konnte, ließ sich am Verhalten seines Vorbildes Gustav Heinemann ablesen. Vater Heinrich Scherf hielt die SPD für links und fürchtete, die Sozis würden ihm sein kleines Geschäft in der Bremer Neustadt wegnehmen. Deshalb war er zunächst parteilos geblieben; später ging er in die Gesamtdeutsche Volkspartei GVP, um mit Gustav Greiffenhagen, Diether Posser, Johannes Rau und Erhard Eppler Heinemanns Versuch zu unterstützen, eine Deutschlandpolitik gegen Adenauer durchzusetzen. Besonders Heinemanns Kurs gegen eine Militarisierung der jungen Bundesrepublik imponierte einer Familie, die betont antimilitaristisch eingestellt war. »*Gustav-Gustav*«, wie man Heinemann wegen seines doppelten Doktortitels nannte, »*war für uns in der Gemeinde Stephani die große politische Orientierungsgestalt.*« Dieser Politiker lebte vor, woran sich dessen Bewunderer Henning Scherf orientieren wollte: Die Mischung aus nüchternem Verstand und moralischem Engagement, die Demut, ein Bürger unter Bürgern zu bleiben, der Freimut, sich selbst infrage zu stellen und in schwierigen Sachentscheidungen auch der Stimme des eigenen Gewissens zu folgen. Heinemanns nüchterner Regierungsstil, der sich um Glanz und Pracht nicht scherte, die Anspruchslosigkeit im Umgang mit der Macht, die Appelle zum Bürgermut und die vorgelebte Zivilcourage. Solche Tugenden begeisterten einen Mann, der sich für den Beruf des Politikers entschieden hatte.

Wie Heinemann wollte der junge Vorsitzende der Bremer Sozialdemokraten aus dem Geist der Bergpredigt leben. Noch als Bürgermeister seiner Vaterstadt wird er im Jahr 2003 die Botschaft zitieren: »*Jesus Christus hat Werte gepredigt und gelebt, die quer stehen zu den Normen unserer Gesellschaft. Er hat sich vor allem um die Mühseligen und Beladenen gekümmert und den Armen die frohe Botschaft verkündet. Er sagt uns: Es kommt nicht darauf an, was du hast. Es kommt darauf an, wer du bist. Entscheidend ist, dass wir uns selbst gewinnen.*« Wie ein Vermächtnis zitiert er den Propheten Amos aus dem Alten Testament: »*Eure Festreigen hasse und verschmähe ich, eure Spenden schätze ich nicht, eure Festmähler blicke ich nicht an. Tut mir weg das Geplärre eurer Lieder, euer Lautenspiel will ich nicht hören. Rauschte doch nur wie Wasser Gerechtigkeit auf.*«

Hat er sich an diese Botschaft gehalten? Nach seiner Lieblingstugend befragt, wird er später »Bescheidenheit« antworten. Sein damaliger privater Start in Bremen ist konsequent. Mit drei kleinen Kindern wohnt die Familie Scherf 1964 in einer schmucklosen Wohnsiedlung in Bremen-Huchting, 72 Quadratmeter, 580 Mark Monatsmiete, ohne Garten. »Wir waren stolz wie Oskar«, erinnert sich Luise Scherf, die als Tochter des Oberkreisdirektors in Syke eher patrizisch aufgewachsen war. Beide entscheiden sich natürlich auch notgedrungen für ein einfaches Leben und wollen dort zu Hause sein, wo die Wähler wohnen, für die man als Mitglied der Sozialdemokratischen Partei auch einstehen will. Wenn Politiker behaupteten, solche Wohnungen seien gut genug für die Masse der Menschen in der Stadt – dann müssten sie auch gut für einen selbst sein. Nur Gesinnung reiche für eine solche Haltung nicht aus. Das hatte man vorzuleben. Da blieben beide konsequent.

Dem Journalisten Reymer Klüver von der »Süddeutschen Zeitung« erzählt Scherf nach einem Wahltag im Bremer Quartier Tenever, wo sozial benachteiligte Menschen in riesigen Wohnmaschinen leben, von seinen Eindrücken in einem Nachbarschaftsverein. Seit über zwei Jahrzehnten hätten sich hier die Leute bemüht, ihre kargen Verhältnisse zu ändern. »Ich bin stolz auf sie«, sagt Scherf, »auf Menschen, die nicht nur klagen, sondern das Beste daraus machen.« Er streicht ungern heraus, dass er Christ ist – »Christ sein«, das sei keine Sache wie Geld, Haus oder Besitz. Aber stets gehe es darum, ob man dabei sei, ob man zu seiner Gemeinde halte oder nicht. Als Mitglied der Bremer Stephani-Gemeinde, wo er getauft, konfirmiert und getraut worden ist, bleibt er regelmäßiger Kirchgänger. »Er weiß, daß Gott ihn lieb hat«, meint einer seiner ältesten Freunde, der pensionierte Staatsrat Hans-Christoph Hoppensack, »in solcher Kraft ist er einig mit sich.« Nur im Glauben habe dieser fröhliche Christ mit gewaltiger Singstimme seine Energiequelle. Das bestätigt Christian Siegel, der Scherfs politische Arbeit über Jahrzehnte für den Hörfunk von Radio Bremen beobachtet hat. »Seine politische Haltung ist tief im Glauben verwurzelt.« Aber wie wichtig ist ihm der Glaube? Später wird er als Antwort auf diese Frage sagen, dass er oft mühselig versucht habe, sich vom Christ-Sein freizustrampeln, aber immer wieder eingefangen worden sei. Was bedeutet ihm die christliche Verwurzelung? »Ich will mich mit meinem kulturellen Erbe aktiv auseinandersetzen. Es hat mich geprägt. Ich will es achten und verstehen. Ich will ankommen, mitten in der christlichen Gemeinschaft. Will teilnehmen an dieser jahrhundertealten Hoffnungsgeschichte. Ich kann nicht sagen, dass ich ein gläubiger Mensch bin. Und ich spüre, wie kompliziert es ist, dorthin zu kommen. Das kriegt man nicht mal eben so geschenkt. Das kostet große Mühe.«

Aber wie lassen sich Christentum und Sozialismus vereinbaren? Können beide Haltungen nebeneinander oder auch miteinander existieren? Auf diese Fragen kramt Scherf folgende Geschichte aus, die vielleicht für seine politische Biografie bis heute innere Richtschnur geblieben ist: »Da zieht ein Wanderprediger mit einigen hundert Leuten durch die Wüste. Und denen geht's nun richtig dreckig. Die haben wenig zu beißen, und die haben kein Dach überm Kopf. Es waren vermutlich in der Mehrzahl Obdachlose, die immer hofften, dass es über Nacht nur besser werden

könnte. *Diesem Wanderprediger, diesem Jesus, dem haben die Leute, die alles aufgegeben hatten und die nur noch hinter ihm herliefen, dem haben sie gesagt: Nun mach mal
was los, du bist hier der große Guru, nun wollen wir mal bitte schön höhere Regelsätze
haben, wollen wir mal bitte eine vernünftige Unterkunft haben. Und denen hat er dann
geantwortet: Freunde, euch kann es nur besser gehen, wenn ihr selber ein Stück in die
Hand nehmt, ihr euren eigenen Beitrag leistet.«*

Anfang der 1970er Jahre, als Scherf sein Amt als Landesvorsitzender übernimmt, war die Idee von Solidarität, Demokratie und Gerechtigkeit in der
deutschen Aufbruchsgesellschaft in aller Munde. Auch Willy Brandt sollte im
Wahlkampf 1972 zuweilen an die christliche Botschaft der Bergpredigt erinnern. Mag sein, dass dies eine taktische Anbiederung an die christlich orien-
tierten Wählerschichten war, die man am Wahltag einfangen wollte. Aber der
Rückgriff auf eine Gesinnungsethik traf jene politisch-religiöse Stimmung, die
zwischen 1968 und 1972 aufgebrochen war. Namentlich für die jugendlichen
Anhänger der SPD waren diese Jahre eine Zeit des Rausches und Taumels, in
der Politik mehr getanzt als gemacht wurde. Nicht umsonst bezeichnen die
meisten der damals Aktiven jene vier Jahre als die glücklichsten ihres politischen Lebens. Nie wieder waren sie so überzeugt, auf der richtigen politischen
Seite zu stehen. »Es war schon weniger Politik als religiöse Stimmung«, analysiert der Göttinger Politikwissenschaftler Franz Walter, »nun aber war für die
sozialdemokratischen Aktivisten der Kairos gekommen, der historische und
politische Wendepunkt, die große Läuterung der Deutschen nach Jahrzehnten
des geschichtlichen Umbruchs. Jetzt erst begann die Republik eine wirkliche
Demokratie zu werden; jetzt wollten die sozialdemokratischen Jünger des Fortschritts die Demokratisierung in alle Bereiche der Gesellschaft tragen.«

Dem Gustav-Heinemann-Bewunderer Henning Scherf blieb Willy Brandt
viele Jahre fremd. Den regierenden Bürgermeister von Berlin hielt er für eine
reichlich angepasste Figur, die mit Tricks und einer gewandten Rhetorik
daherkam und sich bis zur Unkenntlichkeit stylen ließ, um zur anerkannten
Führungspersönlichkeit der Sozialdemokraten zu werden. Erst Adenauers
unsägliche Angriffe gegen Brandt, die hämischen Invektiven und Verbalinju-
rien einer konservativen Opposition gegen den angeblichen Vaterlandsverrä-
ter, »Weinbrand-Willy« oder »Kudamm-Kennedy« und die spätere CDU/CSU-
Agitation gegen die neue Ost- und Deutschlandpolitik regten Scherfs Interesse
an Brandt. *»Mensch, wenn die den so angreifen, dann muss das etwas ganz Kostbares
sein. Und dann habe ich immer mehr und häufiger mit ihm zu tun gehabt, und dann
habe ich ihn geliebt bis zum Tod.«* Auch Henning Scherf gehört zu jener aufgeklärten, kritischen Generation, die in den 1960er Jahren an die Sozialdemokraten
herangeführt wurde. Seine politische Sozialisation ist mit der Figur des späteren Vorsitzenden und Kanzlers fast unlösbar verbunden. Bis zuletzt hat sogar

eine fast freundschaftliche Beziehung zwischen den beiden Männern bestanden. »*Ich war gerade junger Landesvorsitzender geworden und bin im Kanzlerbungalow von Bonn gewesen. Wir haben uns dort allein getroffen, und ich habe richtig wackelige Knie gekriegt, als ich so vor meinem großen Meister stand und er mit großer Freundlichkeit und Herzlichkeit, mit richtiger Zuneigung, mich aufgenommen und mit mir geredet hat. Was es denn in Bremen alles für Aufgaben gäbe, hat er mich gefragt und mich davor gewarnt, dass die Presse einen durch den Wolf jagt, weil ihm das schon unzählige Male passiert sei. Später habe ich viele, viele Sitzungen erlebt, wo ich mir seinen Kopf zerbrochen habe. Und als er dann zurücktrat, habe ich ihn für den ›Frankfurter Kreis‹ gebeten, er möge zu uns kommen. Dann haben wir in der Bonner Landesvertretung eine Sitzung mit ihm veranstaltet. Man stelle sich vor, dass wir Parteilinke dort mit Willy Brandt gesessen und über seinen Rücktritt geredet und ihn gebeten haben, doch bitte den Parteivorsitz zu machen, weil wir doch alle seinetwegen in die SPD eingetreten waren. Da kommen mir noch heute die Tränen, wenn ich mir überlege, wie nahe wir damals an ihm dran waren. Er war einfach zu uns gekommen, weil er mit uns reden wollte. Das hat mich tief beeindruckt.*«

## Zwischen Streit und Harmonie

Als der junge Scherf am 16. März 1972 pünktlich um neun Uhr zum ersten Mal sein neues Parteibüro betrat, stand er vor fast unlösbar erscheinenden Aufgaben. Er sollte für die durch Affären und Skandale zerstrittene Partei in Bremen zu einer Integrationsfigur werden. Außerdem musste er den zählebigen Verdacht entkräften, ein Gegner Hans Koschnicks zu sein. Zunächst ging es darum, mit Blick auf die anstehende Bundestagswahl den Eindruck eines Linksrucks in Bremen auszuräumen. Die offizielle Losung war: Von einem Linksruck in Bremen könne keine Rede sein; mit der Verjüngung des neuen Landesvorstands sei keine Verlagerung des politischen Standorts verbunden. Auch der Bürgermeister machte mit: Seinen neuen Landesvorsitzenden, mit dem er viele Jahre zusammenarbeiten sollte, nahm Hans Koschnick zwar freundschaftlich in Schutz; doch seine scharfen Angriffe gegen linke Ideologen, linksradikale Romantiker oder gar »terroristische Unterdrücker der freien Meinungsäußerung« zeigten unmissverständlich an, wohin für ihn, den politischen Übervater Bremens, fortan die Reise gehen sollte. Eine Polarisierung zwischen Links und Rechts sollte in Bremen verhindert werden, die angebliche Zerreißprobe zwischen alten und jungen Parteimitgliedern, rechten Gewerkschaftern und linken Jungsozialisten sollte hier nicht stattfinden. Das war eine klare Ansage an den neuen SPD-Landesvorsitzenden und dessen Anhängerschaft. Von insgesamt 102 stimmberechtigten Delegierten wurde Henning Scherf mit 62 Stimmen gewählt – das waren vierzig schwer einschätzbare, grummelnde Gegner, die hauptsächlich in den Arbeitervierteln des Bremer Westens und in Bremerhaven zu Hause waren.

Zunächst konnte das kleine Bundesland Bremen, das plötzlich in eine überregionale Öffentlichkeit geraten war, einen stolzen Erfolg nach Bonn vermelden. Bei der Bundestagswahl am 19. November 1972 hatte die SPD über 58 Prozent der Zweitstimmen gewonnen, gegen die »reaktionärste CDU, die es je gab«, wie der unermüdlich wahlkämpfende Scherf immer wieder getönt hatte. Die bremische CDU wurde wieder einmal bei einer Bundestagswahl unter die Dreißig-Prozent-Marke gedrückt, nachdem man schon 1961 auf der tiefsten Marke von 27 Prozent angelangt war. Drei Abgeordnete der SPD zogen nach Bonn: Claus Grobecker, Ernst Waltemathe und Horst Grunenberg. Die sozialdemokratischen Stammwähler aus den Arbeiterbezirken waren mobilisiert worden. Als Dank gab es eine Woche Sonderurlaub für die Angestellten der Partei und 400 Mark extra.

Bei aller Freude über den überraschenden Erfolg: In der bremischen Öffentlichkeit sollte man bald spüren, dass mit dem langen Scherf auch zwei Meter Eigensinn in die Parteiorganisation eingezogen waren. Als sich zwei Dutzend Angestellte, Mitglieder der SPD-Betriebsgruppe des St. Jürgen-Krankenhauses, bei ihm beschweren, dass der von ihnen favorisierte Kandidat nicht zum neuen Chefarzt des Krankenhauses gewählt worden war, schreibt er zurück. »Die Partei sollte sich soweit wie irgend möglich aus personalpolitischen Entscheidungen heraushalten.« Als sich Berliner Jungsozialisten jammernd darüber beklagen, dass die Lage der Berliner Jusos keineswegs mit der ihrer Bremer Genossen verglichen werden könne, ja, dass man die Bremer sogar wegen ihrer bisherigen Erfolge beneide, schreibt er jovial und altväterlich zurück: »Nun resigniert man nicht gleich. Wenn Ihr von uns lernen wollt, dann dies, daß innenpolitische Auseinandersetzungen mit Bedacht und ohne persönliche wie sachliche Überzeichnungen zu führen sind. Wir sind insoweit sicher Alternative zu München und Berlin. Vielleicht revidiert Ihr Euren Stil.«

Umgang und Stil sind ihm wichtig. Seit seinen Tagen als Schülersprecher des Gymnasiums an der Dechanatstraße, als Student in Villigst, Freiburg, Berlin und Hamburg rühmten die Leute an ihm, dass er selten verletzend war. »Ich war ganz selten derjenige, der die Leute aufgehetzt hat. Bei der Vorbereitung von Parteitagen beschlossen die Frankfurter-Kreis-Leute immer, dass ich die Debatte eröffnen sollte. Henning, mach du das, mit dir geht das besser, dann hören die anderen Leute besser zu. Dann sind wir nicht gleich so polarisiert. Das hat den Helmut Schmidt natürlich furchtbar geärgert, aber ich habe viele Parteitage erlebt, wo die großen Streitdebatten mit mir als dem ersten Redner losgingen, weil die Linken mich einfach nach vorne geschoben und gesagt hatten: Mit dir können wir uns immer noch am besten vermitteln. Oder wenn es *um irgendeine Diskussionsleitung ging, um eine Formulierung oder um die Frage, wie man nach einem Krach wieder zusammenkommen kann. Die haben mich dann immer gefragt und einbezogen.«* Als sich die Linke im »Frankfurter Kreis« mit der Linken von Schleswig-Holstein so verkracht, dass man sich nicht mehr gegenseitig besuchen will, wird Scherf als Vermittler zwischen den Lagern gerufen und springt erfolgreich ein. Sein Talent, andere Menschen zu beeindrucken, war nicht die aggressive, polemische Pointe. In den ersten Jahren seiner politischen Karriere, wo er vor Ungeduld dampft, mitmachen, bewegen und verändern will, braucht er sich zur Versöhnlichkeit mit seinen innerparteilichen Widersachern, aber auch mit den Gegnern bei CDU und FDP nicht zu zwingen. Taktik und Raffinesse sind seine Sache nicht. »Dieser Scherf denkt ganz präzise. Durch sein verbindliches Auftreten versteht er es geradezu phantastisch, seine linke Grundhaltung zu kaschieren«, wundert sich damals das CDU-Landesvorstandsmitglied Reinhard Metz. Vom Bild des »wandelnden Harmoniums«, wie man den Bürgermeister der Großen Koalition später spöttisch bezeichnet, ist der SPD-Landeschef im Jahr 1972 gewiss noch meilenwert entfernt. Auch er macht sich Gegner und weiß, dass mit peniblen Skrupeln keine Machtkämpfe zu gewinnen sind. Politische Widersacher, allen voran die Mitglieder der DKP wusste er mit beißender Rhetorik niederzumachen; dabei blieben auch persönliche Angriffe nicht aus. Über seine Anfälle von Unbeherrschtheit hat er sich immer wieder geärgert. Aber Konflikte hielt er nicht lange aus; im Streit um Sache und Personen wollte er gerne auch Brückenbauer sein. *»Es kommt darauf an, inhaltliche Positionen auszuformulieren, die in konkreter Parlaments- und Regierungsarbeit umsetzbar sind. Sprüche zählen nicht mehr«*, schreibt er dem nordrhein-westfälischen Juso-Chef Manfred Dammeyer. Auch dies wird bald eine typische Wesensart: sich an der Sache orientieren, über dem Gezänk stehen und überflüssige Kriegsschauplätze vermeiden.

Nach der Wahl vom Oktober 1971 präsentierte sich die SPD im Bremischen Parlament, der Bürgerschaft, verjüngt, aufgefrischt und selbstbewusst. Mehr als ein Drittel der 59 Abgeordneten waren Neulinge, die den Elan des »Nun sind wir dran« mitbrachten, darunter 13 Männer und Frauen im Juso-Alter. Nach dem Saarland hatte die Bremer SPD als zweiter Landesverband in der Bundesrepublik einen Jungsozialisten zum Vorsitzenden gewählt. An der Spitze des Unterbezirks Bremen stand mit Konrad Kunick ein weiterer Jungsozialist, und der spätere Juso-Chef Klaus Wedemeier drängte ebenfalls nach vorn. »Etwas frischer Wind konnte nur gut tun«, analysiert im Rückblick der Göttinger Politologe Peter Lösche. »Revolutionäre Abenteuer waren im Übrigen nicht zu befürchten, denn die Bremer Jusos benahmen sich grundvernünftig, wollten nur konsequente Reformisten sein und strebten die Integration in die Parlamentsarbeit der SPD an.« Sowohl Scherf als auch Wedemeier und Kunick gehörten ab 1971 der Bremer Bürgerschaft an. Hier standen sich nicht Proletarier und Pfeffersack gegenüber, auch vom Dualismus zwischen Blaumännern und Bürgersöhnchen konnte keine Rede sein. Der junge Parteivorsitzende war bekanntlich Kettenschweißer in einem westfälischen Stahlwerk gewesen und hatte sein Studium mithilfe eines auf Leistung beruhenden Stipendiums verdient. Auch Konrad Kunick war kein theoretischer Frontkämpfer, sondern arbeitete als Referent bei der Arbeiterkammer und beriet Betriebsräte. Klaus Wedemeier kam aus armen Verhältnissen und hatte sich mühsam nach oben durchgeboxt; ihm konnte man jenen »Stallgeruch« nicht absprechen, der den Eindringlingen oft wie eine Monstranz entgegengehalten worden ist.

Anfang der 1970er Jahre waren die scheinbar sicheren Fundamente der SPD in einigen ihrer Hochburgen zusammengebrochen. Als die SPD auf der Bundesebene noch ihre größten parlamentarischen Erfolge feierte, deutete sich in den Metropolen München, Frankfurt, Hamburg, Berlin und Bremen bereits ein Niedergang an, der Signalfunktion hatte: An der Weser mussten sich die Sozialdemokraten bei den Wahlen zur Bürgerschaft 1975 mit 48,75 Prozent der Stimmen begnügen, während es im Jahre 1971 noch für eine satte absolute Mehrheit von 55,3 Prozent gereicht hatte. War diese Erosion nur die Folge linksradikaler Unterwanderung, wie damals oft vermutet wurde? Im Urteil Lösches war es nicht nur der Aufstand studentischer Nickelbrillen gegen die alte Garde, sondern jener soziokulturelle Wandel in der Parteimitgliedschaft, der in seinen spektakulären Auswüchsen manchen Stammwähler verschreckte. Den wachsenden Unmut machte sich im Frühjahr 1973 der konservative SPD-Fraktionsvorsitzende Walter Franke zunutze. Zwischen ihm und Henning Scherf war es zu harten Kontroversen gekommen, die erst nach zahllosen gemeinsamen Sitzungen ausgeräumt werden konnten. Über den parteiinternen Streit hieß es in einem dürren Kommuniqué: »Nach längerer Debatte sind die strittigen Punkte so beigelegt worden, daß die sachlichen Kontroversen beendet sind.«

Tatsächlich war ein Konflikt eskaliert, der fast mit der Demission des neuen Landesvorsitzenden geendet hätte – genau ein Jahr nach dessen Amtsantritt. Der Streit ging über grundsätzliche Meinungsverschiedenheiten über die Höhe von Abgeordnetenpensionen oder die Arbeit der Bürgerschaftsfraktion weit hinaus. Ursache des tiefen Zerwürfnisses war ein Brief von Walter Franke, der innerhalb der SPD kursierte und mit Anwürfen gegen den neuen SPD-Landesvorsitzenden gespickt war. In dem Schreiben, das Henning Scherf am Abend des 28. Mai 1973 vor den Mitgliedern des Landesvorstandes mit Empörung verlas, war von »mangelnden Führungsqualitäten« und der »Abreagierung persönlicher Komplexe« des Vorsitzenden die Rede. Hans Koschnick saß dabei und musste in der anschließenden, hoch erregten Debatte zwischen beiden Streithähnen schlichten. Die als unqualifiziert empfundenen Vorwürfe wurden zurückgenommen; sowohl Franke als auch Scherf betonten nach der Sitzung, dass es sich bei ihrer Auseinandersetzung nicht um Meinungsverschiedenheiten, sondern um »politische Stilfragen« gehandelt habe. Doch Gerüchte über die heftige Kontroverse waren nach draußen gedrungen: Der Landesvorsitzende musste dementieren, dass er bei einer Zuspitzung des Streits im Vorstand die Vertrauensfrage gestellt hätte. Als er später im Fragebogen der »FAZ« danach gefragt wird, was er am meisten verabscheue, schreibt er: »Verschlagenheit«

Der Konflikt signalisierte, wie stark die Machtbalance zwischen Fraktion, Senat und Parteispitze aus den Fugen geraten war. Der Anspruch der jungen Progressiven nach einer gründlichen Durchforstung des innerparteilichen Milieus provozierte den Widerstand derjenigen, die um ihre Posten fürchteten. Ihre Angst war berechtigt, dass der arglose Ruf nach sachlicher und programmatischer Erneuerung mit einem Stühlerücken verbunden war, von dem ausschließlich die progressive Linke profitierte. »Die Ideologie entspricht dem Interesse«, meint der damalige Gründungsrektor der neuen Bremer Universität, Thomas von der Vring, im abschätzigen Rückblick auf jene Jahre. Der Satz gilt nicht nur einer verunsicherten Parteirechten, sondern auch einem Spektrum der bremischen Linken, bei dem nach seiner Ansicht nicht die oft apostrophierte Sache, sondern das eigene Ego großgeschrieben wurde. Der in unzähligen Schlachten für die Bremer Universität erprobte von der Vring nennt es ein Drama der deutschen Linken, dass man im unverfänglichen Blick auf den Umgang miteinander oft nur das eigene Interesse im Auge behalte. »Man paßt auf, daß der andere nicht so schnell hochkommt. Wie war der denn so? Diese Frage stellt man nur so lange, bis man ihn richtig kontrollieren kann.« Diese Analyse war richtig; bald schon sollte sich zeigen, dass Parteirechte und Linksaußen durchaus im Gerangel um Posten und Einfluss unheilige Allianzen eingehen konnten.

Welche Lehren hat Scherf aus solchen Erfahrungen gezogen? Bei seinen öffentlichen Auftritten nimmt ab 1974 die Kritik an einer »durchtriebenen Funktionärskamarilla« zu, der man mit einer Öffnung der Partei für andere, für Sympathisanten und Quereinsteiger, zu begegnen habe. Und er plädiert für einen Kontakt zu den Bürgerinitiativen. Er will sich um Akademiker und Arbeiter in den Betrieben kümmern. *Das Bündnis von Arbeitern und kritischer Intelligenz war der Anfang der Arbeiterbewegung. Daran halten wir fest.* Den Ängsten seiner Genossen über eine mögliche Fraktionierung hält er unverdrossen entgegen: *»Es kommt nur demokratischer Sozialismus infrage.«* Immer wieder fordert er innerparteiliche Demokratie, die nur mit einer Vielfalt der Meinungen praktiziert werden könne. Mit seinen Skrupeln und Zweifeln, der Angst, sich im politischen Geschäft verbiegen zu müssen, hält er öffentlich nicht zurück: *»Ich verstehe mich selbst als linker Sozialdemokrat und habe dies, seitdem ich als Schüler politisch zu arbeiten begann, in meiner politischen Praxis durchzuhalten versucht. Dabei habe ich* *mir, nicht erst, seitdem ich Landesvorsitzender in Bremen bin, immer wieder vorhalten lassen müssen, dass ich mich aus opportunistischen Gründen angepasst und meine Position verlassen hätte. Diese Vorwürfe verschwanden immer dann, wenn der politische Druck von außen stark wurde.«* Durchhalten, nicht aufgeben, immer das große Ganze sehen. Als Student war er vor den theoretischen Endlosdebatten seiner Kommilitonen geflohen; jetzt setzt er einer hochtrabenden Debattenkultur das Wort von der »praxislosen Selbstbespiegelung« entgegen. Die uferlosen Theoriedebatten in der SPD hat er ohnehin mit freundlicher Milde verachtet. Erhard Eppler erlebt ihn als einen jungen Politiker, der sich kaum für theoretische Reflexionen interessierte. Aber es sei immer eine »unmittelbare Beziehung zum Menschen erkennbar« gewesen, das sei eine der Triebfedern seines politischen Handelns. Natürlich war er zu klug, bei den Diskussionen über die aktuelle und zukünftige SPD-Programmatik Praxis gegen Theorie auszuspielen. Aber er war nicht rechthaberisch. »Weil er vielleicht wußte, wie wenig wir eigentlich wissen können«, so Erhard Eppler, der ihn im »Frankfurter Kreis« der SPD und auf zahlosen Parteitagen erlebte. Auch Freimut Duve erinnert sich, dass er mit Scherf manches Mal über theoretische Fragen gestritten habe. Aber dann sei er immer wieder freundlich und lächelnd abgetaucht.

Sein Misstrauen gegenüber jenen rechthaberischen Jungen, die in den 1970er Jahren den Marxismus wiederentdecken und von der »Solidarität der Arbeiterklasse« reden, artikuliert er unverblümt: *»Auch groß angelegte Worte an die Solidarität haben die Funktion einer Selbstbespiegelung, die sich den Vorwurf der Selbstgerechtigkeit gefallen lassen muß, weil immer nur das Fehlen von Solidarität bei anderen beklagt wird.«* Die intensiven, die Jusos bewegenden Debatten über Stamokap, Antirevisionismus und Reformismus verfolgt er mit Interesse; ernsthaft mischt er sich nicht ein. Als Chef der ideologisch zerklüfteten Bremer SPD muss er mehr als einmal Schiedsrichter und Moderator, sanfter Zuchtmeister und Vermittler sein. Der smarte Juso-Chef Klaus Wedemeier, gerne mit Anzug und Krawatte und schon am Steuer eines Opel-Kapitäns, baut sich längst als stiller Widersacher seines Landesvorsitzenden auf. Er beobachtet dessen neue Popularität, neidet Scherf alle ideenreich vorgebrachten Themen und verlangt mehr als einmal, an den Sitzungen des Landesvorstands teilnehmen zu dürfen. Das wäre ein Novum gewesen, weil nur die gewählten Mitglieder ein Teilnahmerecht hatten. Wedemeiers Vorstoß im September 1973 zeigte, dass man im Kampf um die Machtsicherung nach allen Seiten die Augen aufzuhalten hatte.

Die Rivalität zwischen Scherf und Wedemeier sollte sich nach dem umstrittenen Beschluss des SPD-Parteivorstands vom 28. Juni 1974 verschärfen, als die Rolle der ehemals so machtvoll und selbstbewusst auftretenden Arbeitsgemeinschaften innerhalb der SPD erheblich zurückgestutzt wurde. Fortan lagen Bildung und Auflösung einer Arbeitsgemeinschaft, die bis dahin als weithin unabhängiges Gremium innerhalb der Partei agieren durfte, ausschließlich in der Kompetenz des Parteivorstands. Auch die einzelnen Regionalverbände waren an die neuen Richtlinien gebunden, mit denen nach dem Sturz Willy Brandts und der Vereidigung von Helmut Schmidt zum neuen Bundeskanzler ein innerparteilicher Rechtsschwenk eingeleitet wurde. Zu den wenigen Mitgliedern im Bonner SPD-Parteivorstand, die sich im damaligen Streit um die Statuten für einen größeren Spielraum der Arbeitsgemeinschaften eingesetzt hatten, gehörte Hans Koschnick. Mit seinem mutigen Plädoyer für Toleranz und Milde gegenüber der rebellischen Parteijugend war er unterlegen gewesen; deshalb ärgerte es ihn, als ausgerechnet die Jungsozialisten in Bremen wenig später über die Stränge schlugen. Am 9. Juli 1974, kaum einen Monat nach dem Maulkorb-Erlass der Bonner SPD, schickte er einen entrüsteten Brief an Scherf und beschwerte sich: »So sehr ich aber in der Sache bereit bin, den gesellschaftskritischen Anstößen der Jungsozialisten Rechnung zu tragen, so sehr muß ich auch die Frage an den Parteivorstand richten, wer eigentlich im Lande Bremen im Verhältnis zur Bürgerschaft und zur Landesregierung und wohl auch im Verhältnis zur Öffentlichkeit für die SPD Forderungen zu erheben hat.«

Zwischen Rechts und Links, zwischen konservativem Parteiestablishment und einem diffusen linken Milieu, zu dem K-Gruppen, Ökopazifisten, enttäuschte Sozialdemokraten und Kommunisten gehörten, hat Scherf damals eine eigenständige Rolle gefunden. Er bejammerte nicht wie viele seiner Generation den Niedergang der deutschen Linken, sondern setzte sich couragiert zur Wehr, indem er die innere Demokratisierung der Partei zu seiner persönlichen Sache machte, sehr zum Unwillen der eigenen Genossen, von denen sich nicht wenige angesprochen fühlten. Jetzt ging es um Filz und Vetternwirtschaft in den eigenen Reihen. Noch immer bedeute für rechtsorientierte Sozialdemokraten »Politik in der SPD nichts mehr als auf die Stühle kommen und auf den Stühlen bleiben«, schrieb er 1977 in einem Beitrag für den bevorstehenden Hamburger Bundesparteitag der Sozialdemokraten. Den SPD-Vorsitzenden Willy Brandt nervte er mit der Forderung: »Die Ämterhäufungsfrage muß endlich auf den Tisch.« Auf einem vorherigen Landesparteitag hatte er eine Kommission gegründet, die sich dieser heiklen Frage annehmen sollte. Scherf übernahm den Vorsitz und teilte gleich öffentlich aus. Er wollte mit einer glaubwürdigen SPD gegen eine CDU auftreten, die nach seiner Auffassung gigantische Beträge von Wirtschaftsunternehmen und Lobbyisten bekomme, von obskuren Zuwendungen an ausgeschiedene CDU-Politiker ganz zu schweigen. »Dies ist mein Interesse, da will ich hin, da will ich die Sozialdemokraten versammelt sehen und natürlich auch die Gewerkschaftssekretäre.«

# Wir sind kein Kanzlerwahlverein!

Dem Journalisten Gerhard Gründler, der sich in einem Aufsatz für die »Neue Gesellschaft« mit dem Verhältnis von Politik und Moral beschäftigt hatte, stellte er die Frage, ob man nicht auch innerhalb der SPD dieses Thema intensiver diskutieren müsse. *»Ist es nicht eine Herausforderung an unsere eigene Moral, ob wir couragiert genug sind, Roß und Reiter der eigenen Probleme zu benennen?«* Vor dem SPD-Parteitag im November 1977, für den er als Vorstandsmitglied kandidierte, holte er zum Rundumschlag aus. Schon im SPD-Parteirat hatte er sich immer wieder wegen wirtschafts- und strukturpolitischer Fragen mit Helmut Schmidt angelegt; der neue Bundeskanzler ignorierte ihn und ließ ihn mehr als einmal spüren, dass er den Bremer Genossen nicht ganz für voll nahm. Doch Scherf ließ sich nicht einschüchtern und keilte in einem Interview mit dem »Spiegel« zurück. *»Wir sind kein Kanzler-Wahlverein«*, so die Schlagzeile, die im Vorfeld des Hamburger Parteitags ziemlich Furore machte. *»Helmut Schmidt braucht eine Partei, die an seiner Seite nicht nur strammsteht und Beifall klatscht, sondern die seine Regierungspraxis sehr sorgfältig in solidarischer Kritik verfolgt.«*

Das waren mutige Worte für einen jungen Mann, der sich zum ersten Mal anschickte, Mitglied in der SPD-Bundesspitze zu werden. Dort würde er neben seinem Idol Willy Brandt, aber auch neben Helmut Schmidt, Hans Apel und Hans Koschnick sitzen. Er segelte auf dem Ticket der Parteilinken, die nach dem Schleyer-Attentat berechtigte Angst hatte, dass gravierende Revisionen rechtsstaatlicher Positionen eingeleitet werden könnten: Das Kontaktsperregesetz, eine verschärfte Telefonüberwachung und Postkontrolle sowie eine Änderung des Strafprozessrechts waren Stichworte für eine neue Law-and-order-Politik geworden, die einstige Kernstücke sozial-liberaler Reformpolitik beerdigen wollte. Für Scherf und die SPD-Linke waren dies erste Schritte zum unkontrollierten Abhören der privaten Sphäre, zum »Abhörstaat«. Hier müsse endlich Schluss sein. Was war das für ein Rechtsstaat, der so reagieren muss? Was war das für eine SPD-Politik, die sich in zentralen rechtsstaatlichen Positionen derart umdrehen ließ? Er warnte vor einer Allparteienkoalition gegen den Rechtsstaat, pochte auf sein Gewissen und hoffte, dass er mit seiner Haltung beim SPD-Vorsitzenden Willy Brandt Verständnis finden würde. Wieder berief er sich wie so oft auf die Basis. Die SPD sei falsch beraten, wenn sie Koalitionsvereinbarungen zu ihrem Parteiprogramm mache; auch Koalitionsvereinbarungen könnten nur auf der Grundlage unterschiedlicher Parteimeinungen entstehen. Gern zitiert er später den Schriftsteller Max Frisch, der als Gastredner in Hamburg der SPD ins Gewissen geredet hatte: »Das aber heißt mehr Demokratie. Das wäre ein Ziel über die eigene Konsumperson hinaus. Wiederherstellung der Politik – das heißt, daß die Politik mehr sei als die Fortsetzung des

Geschäfts mit anderen Mitteln. Politik als Entwurf eines Zusammenlebens der Menschen, das Menschwerdung fördert und im Gegensatz zur Profitschlacht aller gegen alle Lebenswerte stiftet.«

Die Politik von Helmut Schmidt war ab 1978 nicht mehr unumstritten. Ein großer Teil der Partei verschanzte sich noch hinter der überragenden Autorität des Kanzlers; doch der Widerstand gegen die von der sozial-liberalen Koalition beschlossenen Anti-Terror-Gesetze brachte zahlreiche Widersacher auf den Plan. In der SPD-Bundestagsfraktion waren es insbesondere die Parlamentarier Hans Coppick, Karl-Heinz Hansen, Dieter Lattmann und Rolf Meinicke, die den harten Kern einer linken Widerstandsgruppe bildeten. In der Partei gab der bekennende Linke und Protestant Erhard Eppler den Ton an. In einem »Spiegel«-Interview vom 6. März 1978 hatte er darauf hingewiesen, dass sich die SPD in einer »Identitätskrise« befinde. »Die Leute wissen nicht mehr so recht, warum sie für die SPD arbeiten sollen.« Eppler wiederholte seine Kritik und löste innerhalb der SPD eine höchst kontrovers geführte Debatte aus. Die Front des Widerstands verbreiterte sich und blieb in Bonn nicht unbemerkt. Schon am 23. Oktober 1978 hatte Henning Scherf die Frage des »Spiegel«, ob er den Widerstand gegen die Bonner Politik mitorganisieren würde, mit einem klaren »Ja« beantwortet. Vorher hatte er Schmidt frontal attackiert, der auf einem SPD-Landesparteitag in Hamburg einen rüden Strich zwischen sich und seine Kritiker gezogen hatte: »Ihr beschäftigt euch mit der Krise des eigenen Hirns, statt mit den ökonomischen Bedingungen, mit denen wir es zu tun haben.« In einem Interview mit den »Bremer Nachrichten« war Scherf mit seinem Bundeskanzler ins Gericht gegangen: *»Ich muß jetzt diejenigen ermutigen, die auch dem Kanzler sagen müssen: So kannst du mit uns nicht umgehen.«*

Scherfs Widerspruch gegenüber Schmidt spiegelte jenen zutiefst autoritätskritischen Grundreflex wider, mit dem in den 1970er und 1980er Jahren die verkrustete Nachkriegsgesellschaft aufgebrochen wurde. Dieser antiautoritäre Reflex war ihm wichtig und sollte lange zu seiner politischen Persönlichkeit gehören. Immer wieder warnte er vor einer demagogischen Isolierung der Intellektuellen. Er erinnerte an den Untergang der Weimarer Republik, die nach seiner Auffassung auch daran gescheitert war, dass man das Bündnis zwischen Sozialdemokraten und Arbeitern nicht schaffte. *»Die Loyalität in der Partei ist eine Sache auf Gegenseitigkeit. Das muss auch Helmut Schmidt gesagt werden.«*

Mit solchem Bekennermut macht er zwar bundesweit Furore, doch von der Parteimehrheit wird er dafür bestraft. Auf dem Hamburger Parteitag im November 1977, wo er seine Kritik am Kanzler unverdrossen wiederholt, unterliegt er bei den Wahlen in den erweiterten Parteivorstand. Mit seiner Niederlage wird auch ein Teil der Parteilinken düpiert, die sich bundesweit im »Frankfurter Kreis« organisiert hatte. Aber Scherf konnte auch Rückschläge verkraften und empfand dies nicht als »Beinbruch«. 196 Stimmen waren für den passionierten Wassertrinker, dem persönliche Angriffe nach seiner freimütigen Auskunft immer auf den Magen schlugen, Ermutigung genug. Jetzt hieß es einfach: Weitermachen! Der Schuss vor den Bug ändert seine grundsätzliche Einstellung über den Kurs der Gesamtpartei nicht, und gemeinsam mit Günter Jansen, Karsten D. Voigt und Heidemarie Wieczorek-Zeul veröffentlicht er ein Papier, um die Diskussion über Kernenergie, innere Sicherheit und atomare Abrüstung weiter anzuregen.

## Zum ersten Mal Senator

Zu Hause wird er für seine Courage belohnt. Als Finanzsenator Karl-Heinz Jantzen am 4. September 1978 amtsmüde und von innerparteilichen Grabenkämpfen desillusioniert von seinem Posten zurücktritt, kommt es zu einer überraschenden Regierungsumbildung: Koschnick bietet Scherf das Finanzressort an. *»Ich beuge mich der Pflicht«,* sagt dieser daraufhin, als er auf einem außerordentlichen Parteitag der SPD zum Nachfolger gekürt wird. Das Lächeln ist aus seinem Gesicht verschwunden. Jedermann spürt, dass hier ein Politiker ein Amt übernimmt, das er am liebsten übermorgen wieder abgeben will. Aus der jahrelangen Kärrnerarbeit im Haushaltsausschuss weiß er, was in der krisengeschüttelten Hansestadt auf ihn zukommt. Einsparungen und fiskalische Klimmzüge, um das bescheidene Steueraufkommen Bremens in der Konkurrenz zum niedersächsischen Nachbarn in der Balance zu halten. Schon 1971 hatte er das Angebot abgelehnt, das Justizressort zu übernehmen; vier Jahre später sagte er ein zweites mal Nein, als er in das Ressort Jugend und Soziales überwechseln sollte. Dieses Mal konnte er sich nicht mehr entziehen. »Henning, das mußt du machen. Da gibt es keine Diskussionen«, hatte Koschnick zu ihm gesagt. Scherf willigt nach gründlichem Nachdenken ein. Einige warnen ihn fast beschwörend vor dem neuen Amt, das so gar nicht auf ihn zugeschnitten sei. Wer mit Finanzen umgehen muss, der sollte ein pingeliger Bürokratenmensch sein, detailgenau, zahlenverliebt und in der Lage, Aktiva und Passiva genau zu unterscheiden. Sein Freund Hoppensack hält Scherf für oberflächlich, weil er immer zu viel im Blick habe. »Er geht sprunghaft über viele Details hinweg und kann einen Laden wunderbar durcheinanderbringen.« Aber er rühmt Scherfs Fähigkeit, aus dem Bauch heraus zu handeln und seine Begeisterung auf andere zu übertragen. Sein Hauptcharakterzug: Unkonventionell. Eine gute Wahl auf dem Schleudersitz des bremischen Finanzsenators sei Henning Scherf deshalb nicht gewesen.

Die Nominierung war ohnehin umstritten. Die 48 Abgeordnete starke Opposition – 35 Abgeordnete der CDU und 13 Liberale gegenüber 52 Mitgliedern der

SPD – kündigte harten Widerstand an. Mit einem Finanzsenator Scherf würden die »linken Töne« im Senat lauter, so wurde von Unionschristen und Liberalen gemutmaßt. Die CDU kündigte massiven Widerstand gegen einen Mann an, der sich mit »Sozialismus und Verstaatlichungsparolen« auf den Lippen auf dem Bundesparteitag für den SPD-Parteivorstand empfohlen habe. Schon hatte sich der neue Senator, kaum in sein ungeliebtes Dienstgebäude eingezogen, nach allen Seiten zu verteidigen. Der Vorwurf, wonach man jetzt aus dem Bremer Finanzressort die roten Fahnen raushängen lassen würde, sei einfach lächerlich. Er verwies auf seine sieben Jahre Arbeit im Haushaltsausschuss der Bremer Bürgerschaft; auch in diesem Gremium, wo über den Senatsentwurf des Haushalts entschieden wird, habe es keine rosaroten Parteitagsbeschlüsse gegeben. Von einer neuen Verschuldungs- und Verstaatlichungspolitik könne nicht die Rede sein. Und doch: Helmut Kohl, der vier Jahre später Kanzler werden sollte, telegrafierte Hans Koschnick, ob das mit dem linken Senator richtig sei »und dann auch noch mit der Hand auf der Kasse«.

Warum hat er das ungeliebte Ressort dennoch übernommen? Seine Solidarität gegenüber Koschnick war größer als der Berg von Bedenken, den er nach diesem Angebot vor sich her schob. Er war seit 1971 Mitglied und ab 1975 Vorsitzender im Haushaltsausschuss gewesen und wurde nun als einer der Ersten gefragt. Außerdem hatte er bereits zweimal ihm angetragene Senatsämter ausgeschlagen. Solidarität und Disziplin gegenüber seinem Bürgermeister waren am Ende größer als alle Skrupel. »Und dann habe ich mich aus Disziplin gegenüber Koschnick, also gegenüber dem Regierungschef, bereit erklärt und vom SPD-Landesvorsitz Abschied genommen. Das ist mir sehr schwer gefallen.« Mag sein, dass Koschnick sein Angebot unter sanftem Druck aus Bonn präsentierte, wo man einen unbequemen Störenfried loswerden und politisch einbinden wollte. Solche Knebelungen hatten in der SPD noch immer gut funktioniert. Aber Scherfs politische Hausmacht in Bremen war nicht kleiner, sondern größer geworden. Dreimal hintereinander war er seit seinem Amtsantritt im Jahre 1972 zum SPD-Landesvorsitzenden gewählt worden. Über achtzig Prozent der Delegierten gaben ihm nun ihre Stimme. Das war erstaunlich für einen noch nicht vierzigjährigen Mann und ein eindeutiger Beleg dafür, dass es ihm gelungen war, seine anfangs nur bescheidene Anhängerschaft von Mitgliedern des linken Lagers kontinuierlich zur Parteimitte hin auszubauen. Sein konsequentes Vorgehen gegenüber der Parteirechten, deren Sprecher Walter Franke bei den Wahlen zum Parteivorstand auf dem letzten Platz landete, zeigte politische Früchte; aber auch sein energisches Vorgehen gegenüber einer sektiererischen Linken wurde belohnt. Er hatte sich ein persönliches Charisma erarbeitet, das sich über die zahllosen Klüngel und Kreise erhob, die ihm innerhalb der SPD das Leben so schwer gemacht hatten.

Nach der Niederlegung des Parteivorsitzes, der mit der Übernahme eines politischen Amtes nicht vereinbar war, wird Konrad Kunick zum Nachfolger an der SPD-Landesspitze gewählt. Alle rühmen den scheidenden Vorsitzenden, dass er zu einer neuen Integrationsfigur geworden sei, der es durch eine versöhnliche Art nach allen Seiten gelang, Spannungen zwischen den Parteiflügeln auszugleichen. Aus ihm und Hans Koschnick war ein respektables Gespann geworden. Seine größte Leidenschaft »Brücken zu bauen« und »Konsens stiften« war von einer Partei honoriert worden, die den »Senator mit linkem Gewissen« auch gerne an ihrer Spitze behalten hätte. Schon wurde er als Favorit für eine mögliche Nachfolge des Bürgermeisters gehandelt, falls dieser für einen angeblich amtsmüden Willy Brandt in den SPD-Parteivorsitz oder als Chef der Friedrich-Ebert-Stiftung nach Bonn gehen würde. Die Unterstellung, er wechsle schon deshalb lieber heute als morgen in den Senat, weil er dort Koschnick im Nacken sitzen könne, wies Scherf damals zurück. Wie abwegig solche Spekulationen über seine berufliche Zukunft auch waren: Das schmeichelte ihm, wie sich Zeitgenossen erinnern. Die junge Linke habe gewaltig in den beruflichen Startlöchern gesessen und nur darauf gelauert, den amtierenden Bürgermeister irgendwann einmal zu beerben. Klaus Wedemeier, der später auf den Fraktionsvorsitz wechselte, hat in Scherf einen potenziellen Nachfolger für Koschnick gesehen und argwöhnte wie viele, dass der neue Finanzsenator sein wichtiges Ressort für den Sprung an die Senatsspitze nutzen werde.

In welche Richtung die Spekualtionen auch immer zielen mochten, die Politik hatte Henning Scherf nun ganz in Beschlag genommen. Jetzt gab es kein Zurück mehr: Am 28. September 1978 wurde er zum neuen Finanzsenator gewählt. Er war 39 Jahre alt, lebte in einer lebendigen Familie mit seiner Frau, den beiden Töchtern Caroline und Julia und Sohn Christian. Ganz klar, dieser sympathische Mann stand vor einer Erfolg versprechenden Karriere. In Bremen, dieser liebenswerten kleinen Insel, wollte er für den Rest des Lebens bleiben. Selbst an einen Umzug in die Bundeshauptstadt Bonn, wo er ein Abgeordnetenmandat hätte übernehmen können, hat er mit Rücksicht auf Frau und Kinder nicht gedacht. Erst viele Jahre später hätte er sich ernsthaft überlegen müssen, ob er bei einem Sieg des SPD-Kanzlerkandidaten Oskar Lafontaine über Helmut Kohl nicht Bundesminister werden sollte. Aber dazu ist es bekanntlich nicht gekommen.

Da bahnte sich ein braves, bürgerliches Politikerleben an. Hier durfte man sich sogar sanfte protokollarische Ausfälle leisten. Als er in jenem September-Sommer 1978 kurz vor seiner Vereidigung zum Senator mit Bruder Michael von einem Bremer Badesee zurück in die Stadt radelte, kamen die Männer am neuen Amtssitz des designierten Senators vorbei. Das denkmalgeschützte Gebäude war 1930 als repräsentative Zentrale eines weltweit agierenden Bremer Baumwollunternehmens errichtet worden und trug seit Einzug des Landesfinanzamtes Weser-Ems den Namen »Haus des Reichs«. Scherf mochte den Palast nicht, in den üppigen Dienstzimmern des bombastisch anmutenden Gebäudes fühlte er sich nicht wohl. Ein Stühlerücken sollte es ohnehin nicht geben. Der frühere Senatsdirektor sollte im Amt bleiben, und zur allgemeinen Verwunderung lehnte er die Annahme eines persönlichen Referenten ab. Am liebsten wäre er wohl, so wurde öffentlich gemunkelt, Abgeordneter und Parteivorsitzender geblieben. Wieder hatte er Angst, sich in der neuen Rolle zu verbiegen. Fast eilfertig versprach er, ein »Neustädter Junge« zu bleiben, also einer aus der kleinbürgerlichen Arbeitergegend jenseits der Weser. Dort war er aufgewachsen, da gehörte er hin. Das wollte er sich als ein Stück Freiheit und Identität bewahren; auch sein geliebtes Fahrrad sollte bleiben, mit dem er nun von der Wohnung in der Bremer Donau-Straße in das »Haus des Reichs« radeln musste, an den langen Autoschlangen mit ihren Pendlern vorbei. Es war ihm egal, was die Leute darüber dachten. Auch auf einen Dienstwagen mit Fahrer hatte er verzichtet.

An jenem Sommernachmittag fragt er den Bruder, ob er sein neues Büro anschauen wolle. Barfuß und im nassen T-Shirt latschen die beiden am verdutzten Pförtner vorbei, der den Schlüssel ausgehändigt hatte, und besichtigen Hennings neue Welt. Solche Eskapaden macht man aus Trotz oder aus einem starken, selbstbewussten Gefühl heraus. »Der wagt alles, dem kann nichts passieren«, dachte Michael, dem die saloppe Geste des Bruders damals mächtig imponierte.

# Gelöbnis für die Bundeswehr –
# ein Senator zwischen den Fronten

## Eine umstrittene Entscheidung

Der 6. Mai des Jahres 1980 sollte ein »schwarzer Dienstag« werden. Zwar hatte es bereits viele Wochen zuvor düstere Vorahnungen und schlimme Befürchtungen gegeben, doch auf das Ausmaß der Katastrophe war niemand vorbereitet. Nichtige Zufälle, die sich zu blutigen Krawallen ausweiten sollten, politische Hauptdarsteller, die schon während des Dramas überfordert waren, ein verstaubtes Zeremoniell, das eine gereizte Debatte über Krieg und Frieden provozierte – in Bremen floss an jenem Tag alles ein, was die Stadt an Besonderheiten zu bieten hatte: Auf der politischen und intellektuellen Linken agierten Überzeugungstäter von hoher Moral neben wortgewaltigen evangelischen Pastoren und Pazifisten. Da gab es eine politisch engagierte Universität, deren Professoren und Studenten eine rigorose Staatsferne demonstrierten; man suchte Hilfe bei einem Bürgermeister, der das Gefühl für seine Stadt verloren hatte, weil er zu oft auf Reisen war. Schließlich agierte im Szenario dieses Tages eine verjüngte SPD, die sich von ihrem Übervater emanzipiert hatte – mittendrin ein Senator, der vom Ressort Finanzen in die Verantwortung für Soziales, Jugend und Sport gewechselt war. Leider sollte dessen verzweifelter Versuch, mit der aufsässigen Jugend im Gespräch zu bleiben, in einem mittelschweren Fiasko enden. »Bremen ist eben ein besonderes Pflaster«, bilanzierte später die »Süddeutsche Zeitung«; an Einwohnern halb so groß wie München, durchläuft dieses städtische Gemeinwesen ohne ausreichendes Hinterland all die urbanen Konflikte und gesellschaftlichen Krisen früher und aufgeregter als anderswo. Der Rest der Republik blickt mit gerunzelter Stirn auf die Hansestadt an der Weser.

Am 6. Mai des Jahres 1980 jährte sich der Beitritt der Bundesrepublik zur NATO zum 25. Male – ein Anlass, dieses Jubiläum mit gebührendem protokollarischen Aufwand zu feiern. Seit Monaten war auf der Bonner Hardthöhe darüber nachgedacht worden, wie man den Tag am besten begehen könne. Bundespräsident Karl Carstens, der als Hauptredner für die Gelöbnisfeier vorgesehen war, wollte in seine Heimatstadt Bremen. Fast ein Jahr zuvor, am 1. Juli 1979, war Carstens vom zweiten auf den ersten Platz im Staate gerückt, vom damaligen Präsidenten des Bundestages auf den des Bundespräsidenten. Mit der Stadt an der Weser verbanden ihn noch viele persönliche und berufliche Kontakte. Hier hatte er 1933 als einer der Jahrgangsbesten am »Alten Gymnasium« sein Abitur gemacht; hier ging der angehende Jurastudent unmittelbar nach der Reifeprüfung in die SA, obwohl er mehr am Studium als an politischen Pflichtübungen für die neuen Machthaber interessiert war. Dennoch beantragte der Referendar am Landgericht Bremen 1937 die Aufnahme in die NSDAP, blieb aber eine Karteileiche, was dem Leutnant an einer Artillerieschule 1945 das Entnazifizierungserfahren erheblich erleichterte. Nach dem Krieg begann eine steile Karriere, die den hochbegabten Einser-Juristen von Bremen nach Bonn führte: Anwalt, Referent beim Bremer Senator für Justiz und Verfassung, bremischer Bevollmächtigter in Bonn und einer der engsten Berater von Bürgermeister Wilhelm Kaisen, der dem jungen Anwalt gesagt haben soll: »Junge, du sollst mein Nachfolger werden.« Doch Konrad Adenauer imponierte dem ehrgeizigen Karl Carstens mehr; als Mitglied der regierenden CDU erklomm der fließend Französisch sprechende Norddeutsche erste Karrierestufen im Straßburger Europarat, wurde Chefdiplomat im Bonner Auswärtigen Amt und kandidierte 1973 mit Erfolg für den Deutschen Bundestag. Rasch präsentierte er sich als erzkonservativer Unionschrist, der besonders mit der sozial-liberalen Ostpolitik Willy Brandts gnadenlos ins Gericht ging. Gemeinsam mit dem bayerischen CSU-Chef Franz Josef Strauß, der längst auf das Kanzleramt spekulierte, präsentierte er sich im Trachtenanzug und tauschte freundliche Komplimente aus. Für die Kandidatur um das Amt des Bundespräsidenten sollte es später nützlich sein, dass er der bayerischen CSU besonders gut gefiel.

Gewiss konnte Karl Carstens behaupten, dass er mit seinem Besuch in Bremen eine Tradition fortsetzen wolle, die lange zuvor von Bürgermeister Wilhelm Kaisen begründet worden war. Im Jahre 1963 hatte das Bremer Stadtoberhaupt, allerdings gegen den Willen der SPD, ein öffentliches Gelöbnis von Wehrpflichtigen durchgesetzt, mit dem demonstriert werden sollte, dass Fragen der Bundeswehr und der Verteidigungspolitik nicht nur bei den Konservativen gut aufgehoben waren. Zwei Jahrzehnte später unterschieden sich auch die Beweggründe des Nachfolgers nicht von denen seines damaligen Vorgängers. Auch Hans Koschnick, der das Angebot aus Bonn, so sagte später Hans Apel, »mit Freuden« annahm, wollte dem Eindruck entgegenwirken, die regierende SPD sei ein unsicherer Kantonist in der NATO, eine Art »vaterlandsloser Geselle«, in dessen Gefolgschaft Anhänger einer ominösen »Moskau-Fraktion« immer stärker das Ruder übernähmen. Mit der Gelöbnisfeier sah er eine gute Gelegenheit, der internationalen Öffentlichkeit und den in Bremen versammelten NATO-Stäben ein Stück Verlässlichkeit der deutschen Außen- und Verteidigungspolitik unter Helmut Schmidt zu demonstrieren.

Wenn Koschnick bei seiner Begründung durchaus plausible Gründe für das Gelöbnis anführen konnte, dann ging es dem zum Staatsoberhaupt aufgerückten Carstens auch darum, in seiner als links und rebellisch verrufenen Vaterstadt Bremen ein sanftes Exempel zu statuieren. Am 17. November 1978 hatte er im Rahmen der 450-Jahr-Feier des »Alten Gymnasiums« in Bremen über die »Bedeutung der humanistischen Bildung in unserer Zeit« referiert. Carstens zitierte lateinische Verse und wies mit Beispielen aus der antiken Welt darauf hin, welchen Wert die humanistische Bildung auch heute noch für die Vermittlung von ethischen Grundwerten habe. Dem bürgerlichen Publikum Bremens mögen die Ausführungen ihres Ehrengastes über Pflichterfüllung und Wahrheitssuche gefallen haben; aus der Perspektive eines kritischen linken Milieus dozierte ein Bonner Politiker, der seinen Weg nach oben skrupellos und mit einem Höchstmaß an Anpassung und Selbstverleugnung geschafft hatte. Man lachte über seine »fugenlose Unversehrtheit«, wie der Publizist Rolf Zundel schrieb. Der erklärte Konservative wurde von der Jugend der SPD, der unkonventionellen Linken und den Intellektuellen nicht akzeptiert. Die Journalistin Nina Grunenberg zitierte Bremens evangelischen Pfarrer Friedrich Bode, der den Bundespräsidenten Karl Carstens en passant als »diesen Alt-Nazi« apostrophierte, um dann eher zögernd hinzuzusetzen: »Eigentlich glaube ich ja auch, daß ein Mensch sich ändern kann. Aber Gustav Heinemann wäre in dieser Situation viel besser gewesen.«

Wahrscheinlich wäre gar nichts passiert, wenn Helmut Schmidt bei der Feier gesprochen hätte; im Rückblick auf jenen »schwarzen Dienstag« spielte neben der umstrittenen Persönlichkeit von Karl Carstens auch das Datum der geplanten Gelöbnisfeier eine wichtige Rolle. Allen, die da in einer machtvollen Aktion zu einer Gegendemonstration aufgerufen hatten, war die Nähe des 6. Mai 1980 zum Datum des Kriegsendes am 8. Mai 1945 bewusst. Rasch wurden Parallelen zum Eintritt in die NATO und zur Kapitulation des Hitlerregimes gezogen. Warum wurde dieses Datum gefeiert, während man das andere fast vergaß? Koschnick sollte dieses Datum zwar in seiner Rede im Stadion erwähnen; doch das hat damals niemand mehr gehört. Mit ein wenig mehr Fingerspitzengefühl hätte man das sich anbahnende Fiasko vielleicht vermeiden können: Noch wenige Tage vor dem ominösen 6. Mai wurde offenbar auf Anregung von Bundespräsident Karl Carstens über eine Verlegung der Gelöbnisfeier in das benachbarte Munsterlager nachgedacht. Wäre dies nicht ein Gesichtsverlust für alle Beteiligten gewesen? Auch Verteidigungsminister Hans Apel schien in jenen Tagen kaum in der Lage zu sein, durchdachte Alternativen vorzulegen. Dem Bonner Chef der Verteidigung schien es nur darum zu gehen, in Bremen auch mit Blick auf widerborstige Parteigenossen Flagge zeigen zu können. »Wir dürfen nicht zurückweichen«, telegrafierte er dem Kommandeur des 2. Korps in Emden, der ein öffentliches Gelöbnis unter dem Eindruck der Krawalle in Bremen absagen und in die Kasernen verlegen wollte. Noch am 25. April hatte er unter dem Eindruck wachsender Proteste gegen die Gelöbnisfeier im SPD-Parteivorstand eine einstimmige Empfehlung an die Bremer Genossen erwirkt, »mit diesem Unsinn« endlich Schluss zu machen.

Politisch demoralisiert, mit dem linken Parteiflügel hadernd und immer wieder als »Falke« tituliert, sieht sich Apel im Frühjahr 1980 innerhalb der SPD fast hoffnungslos isoliert. »Mein Ansehen in der SPD steht auf tönernen Füßen«, notiert er später in seinen Erinnerungen und registriert mit bitterem Sarkasmus, dass der amtierende Verteidigungsminister zum Sündenbock für alle gemacht werden soll, die den Schwenk von der Entspannungs- zur Nachrüstungsdoktrin nicht widerspruchslos hinnehmen wollen. Der enge Gefährte des Kanzlers trägt sich mit Rücktrittsgedanken. Seine Stimmung ist gereizt. Eine Woche vor dem 6. Mai 1980 wird Hans Apel im norddeutschen Stade als Kriegstreiber bezeichnet. Bei einem Kinderfest in Langenhorn wird gegen ihn und für den Frieden demonstriert; vom sowjetischen Überfall auf Afghanistan und Moskaus Militärpotenzial ist kaum die Rede, vom großen Ziel einer Rüstungsbegrenzung ganz zu schweigen. In seinem Tagebuch zitiert der amtsmüde Minister den Bremer Parteidelegierten Henning Scherf, der ein Jahr zuvor auf dem SPD-Bundesparteitag seine Ablehnung des NATO-Doppelbeschlusses kategorisch bekräftigt hatte: »So nicht und jetzt nicht. Es geht nicht um Nachrüstung, sondern um Aufrüstung. Alles Andere ist irreführend.« Seitdem fühlt sich Hans Apel von einer verhassten Linken umzingelt, wittert überall antiamerikanische Strömungen, fordert unmissverständliche Bekenntnisse zur Bundeswehr und gegenüber der NATO. Die SPD-Postille »Vorwärts« hat ihn zum »Falken« ausgerufen und damit artikuliert, was viele in der Partei über den autoritären, leicht aufbrausenden Minister in Umlauf bringen. Als Apel höchst gereizt, aber vergeblich, die »Vorwärts«-Redakteure auffordert, Beweise für sein angebliches Falkentum zu nennen, notiert er resigniert: »Irgend jemand muß doch schuld daran sein, daß die SPD nicht mehr ungestört ihren Traum von der Entspannungspolitik träumen kann.«

## Zwischen Angst und Widerstand

Die Abneigung vor einer Großveranstaltung, bei der sich der Soldat einer militaristischen Unmündigkeit unterwerfen müsse – diese Anpassung an »Denkweisen, die man längst zu überwinden geglaubt habe«, wie es immer wieder hieß –, bildete jene Gefühlslage, auf der sich eine immer breiter anwachsende Proteststimmung artikulierte. »Ich habe gottjämmerliche Angst«, hatte ein junger Delegierter auf einer der zahlreichen Versammlungen gerufen. Bald protestierten immer mehr. Der »Bund der Katholischen Jugend« sah die Gefahr, dass durch diese Veranstaltung »militärische Gefühle und Emotionen erzeugt werden könnten, deren Folgen gerade in der derzeitig gespannten Lage eines drohenden kalten Krieges kaum zu kontrollieren sind.« Der »Landesjugendring Bremen« wandte sich in einem Flugblatt gegen eine öffentliche Rekrutenvereidigung und rief zu einer Demonstration am 6. Mai auf dem Bremer Marktplatz auf. Man hörte Schlagworte wie »Nie wieder Krieg, nie wieder Faschismus«. Die Grünen nannten die geplante Vereidigung eine »politische Provokation« und zogen Vergleiche mit dem faschistischen Chile, wo Regimegegner in Fußballstadien gefoltert und gefangen gehalten worden waren. Widerstand gegen das Gelöbnis im Weser-Stadion kam von den Jungsozialisten, der Arbeitsgemeinschaft sozialdemokratischer Frauen und vielen anderen, zu denen auch viele Prominente der Bremer Stadtgesellschaft gehörten. Plötzlich war diese Rekrutenvereidigung kein lokales Ereignis mehr, sondern wurde als Großveranstaltung im direkten Zusammenhang mit der wachsenden Konfrontation der beiden Großmächte gesehen. Die umstrittene Veranstaltung zog aus allen Bereichen der Bremer Stadtgesellschaft, aber fatalerweise, wie sich später herausstellen sollte, auch weit darüber hinaus eine Protestszene an, die sich bis dahin ideologisch meist in den Haaren gelegen hatte: Gruppen mit gewerkschaftlicher, demokratischer oder christlicher Orientierung, wie Teile der Gewerkschaftsjugend, der Kirchen und der SPD samt den Jungsozialisten, orthodox-linksextreme wie die DKP oder die SDAJ, sogenannte K-Gruppen wie der KBW oder mehr anarchistisch Orientierte wie die »Undogmatische Linke« oder der illegale Sender »Radio Zebra«, der sein kleines, ambitioniertes Szenepublikum im Vorfeld der Feier mächtig animierte.

Paradoxerweise hatten auch die damals politisch Verantwortlichen solche Ängste geschürt. Allen voran Bundeskanzler Helmut Schmidt, der im Rahmen seiner Begründung der neuen Verteidigungs- und Nachrüstungspolitik zuweilen an das fatale Jahr 1914 mit dem Ausbruch des Ersten Weltkrieges erinnerte. Bei einer SPD-Regionalkonferenz in Bremen hatte der SPD-Außenexperte Egon Bahr die Entwicklung im Frühjahr 1980 als »überaus kritisch, nicht mehr übersehbar und womöglich nicht mehr beherrschbar« bezeichnet – eine Überlegung, die im Streit um das Gelöbnis gerne zitiert worden ist. Auch der Vorsitzende des sicherheitspolitischen Ausschusses der SPD, Hans Koschnick, hatte Mühe, seinen Genossen die Plausibilität des NATO-Doppelbeschlusses zu vermitteln, der am 12. Dezember 1979 von der Bundesregierung akzeptiert worden war. »Wir befinden uns [...] in einer außenpolitisch schwierigen Lage«, schrieb er am 15. April 1980 in einem Brief an Hans-Dieter Müller, den Bremer SPD-Unterbezirksvorsitzenden. »Wir versuchen alles, um der weiteren Konfrontation entgegenzuwirken, fordern Verhandlungen, nicht militärische Kraftakte.« Aber auch Koschnick, der leitendes Mitglied in der »Internationale der Kriegsdienst-gegner« gewesen war, sollte bald einen wachsenden Sympathieverlust spüren; nicht nur die für das Gelöbnis argumentierenden Hans Apel und Karl Carstens standen am Pranger, sondern auch eine sozial-liberale Bundesregierung, die den »entspannungsfeindlichen NATO-Beschluss über Produktion und Statio-nierung neuer Mittelstreckenraketen« gefasst habe, wie es in einer Protestini-tiative hieß, in der sich vom ASTA der Bremer Universität über kommunistische und sozialistische Schüler- und Hochschulgruppen bis zu den Jungdemokraten ein schillerndes Spektrum versammelt hatte. Darunter gab es auffällig viele Professoren und Pfarrer. Tief besorgt über mögliche Reaktionen auf die zentrale Vereidigung im Weser-Stadion äußerten sich über zweihundert kirchliche Mitarbeiter, darunter 53 Geistliche beider Konfessionen. »Angesichts der ange-spannten internationalen Lage und des forcierten Wettrüstens halten wir es für unverantwortlich, gerade jetzt ein militärisches Zeremoniell zu veranstalten, das in seiner Art für die Bundesrepublik einmalig ist.«

Mit prophetischem Blick wurde sogar vor militanten Zusammenstößen gewarnt. »In welche Lage bringen Sie die jungen Rekruten, die alle Proteste gegen die Veranstaltung als gegen sich persönlich gerichtet empfinden müssen?«, fragte Theodor Immer, ein Pfarrer der Bremischen Evangelischen Kirche, in einem Brief an Hans Koschnick. »In welche Lage bringen Sie die jungen Polizisten, die zu einem guten Teil gerne selbst gegen diese Veranstal-tung demonstrieren möchten und nun – sehr wahrscheinlich und unter Anwen-dung von Gewalt – eben diese Veranstaltung schützen sollen?« Unter den zahllo-sen Resolutionen, Mahnschreiben, Flugblättern und Briefen ist diese Mahnung eines tief besorgten Geistlichen besonders hervorzuheben. »Nach allem, was wir erfahren haben, werden solche Demonstrationen nicht oder nur in sehr gerin-gem Maße von Radikalen gesteuert.« Er teile dies nur deswegen mit, so Pfarrer Immer lakonisch, »damit nicht nachher zum wiederholten Male kolportiert werden kann, die ›Extremisten‹ hätten zur Zerstörung unserer freiheitlichen Ordnung das Heft in die Hand genommen.« An der friedlichen Demonstration gegen die Gelöbnisfeier nahmen dann auch viele Repräsentanten der evangeli-schen und katholischen Kirche teil. Auf dem Osterdeich vor den Weserterras-sen, also in Sichtweite des Stadions, sprach der evangelische Gemeindepfarrer Ernst Uhl und nannte die Veranstaltung »eine religiöse Weihehandlung mit pseudo-gottesdienstlichem Charakter«. Der in Bremen hoch angesehene Theo-loge Tersteegen hätte die Hände über dem Kopf zusammengeschlagen, wenn er geahnt hätte, dass sein Lied »Ich bete an die Macht der Liebe« in derart götzen-dienerischer Weise missbraucht worden wäre. »Angebetet wird hier offensicht-lich nicht der Gott der Liebe, sondern die Macht des Militärs.«

Koschnick hat solche Mahnungen offenbar so ernst genommen, dass er sie sofort nach Bonn übermittelte. Minister Hans Apel vermerkt das besorgte Schreiben Theodor Immers in seinem Tagebuch. Hätte die Veranstaltung unter dem Damoklesschwert solcher Prophezeiungen in letzter Minute verlegt werden können? Den späteren Vorwurf der CDU, Bremens Bürgermeister und dessen zuständige Behörden hätten die Demonstration einfach rechtzeitig verbieten müssen, konnten die Sozialdemokraten, allen voran der Präsident des Senats, mit allerhöchstem Beistand kontern. Als dem Hauptredner der geplanten Vereidigung, Bundespräsident Karl Carstens, nach Bonn gemeldet wurde, in Bremen sei mit Kundgebungen gegen die Bundeswehr und gegen den Präsidenten zu rechnen, verwarf er alle Überlegungen, die Feier abzusagen oder an einen anderen Ort zu verlegen. Über seinen Staatsekretär Hans Neusel ließ er am 28. April 1980 dem Bremer Staatsrat Erwin Weiß mitteilen: »Dem Herrn Bundespräsidenten läge sehr daran, daß alles vermieden wird, was zur Gewaltanwendung gegen friedliche Demonstrationsteilnehmer führen könnte.« Noch am gleichen Tag findet im Stadion eine Ortsbesichtigung mit Vertretern des Bundespräsidialamtes sowie anderen militärischen und polizeilichen Dienststellen, einschließlich des MAD statt.

Dennoch hätte auch der kategorische Wunsch des Staatsoberhaupts nach einer Durchführung der Veranstaltung zu einer Überprüfung des Zeremoniells führen können. Das feierliche Gelöbnis war gewiss eine Herausforderung an den Bürgermeister, der als Gastgeber für die ranghöchsten Spitzen des Staates und für die zahlreich versammelten NATO-Stäbe fungierte. Einige Jahre früher hatte es in der Nachbarstadt Hamburg eine ähnliche Gelöbnisfeier gegeben: Auf dem Rathausmarkt hatten sich zahlreiche Neugierige eingefunden, der damalige Bürgermeister Hans-Ulrich Klose hatte zu den jungen Rekruten gesprochen, die ohne spektakuläre Zwischenfälle vereidigt worden waren. Hätte man das pompöse Zapfenstreich-Gelöbnis nicht durch eine ernste Serenade ersetzen, den Aufmarsch der Rekruten verringern und die umstrittene Feier auf den Bremer Marktplatz verlegen können, wo sich die politische Klasse ohnehin bereits versammelt hatte? Auch solche Überlegungen hat es in der hektischen Vorbereitung auf den 6. Mai 1980 gegeben. Ironischerweise plädierten die militärischen Vertreter bei den Vorgesprächen für das Stadtzentrum, ließen sich freilich später davon überzeugen, dass eine Feier mit 1200 Rekruten besser im Weser-Stadion abzuhalten sei. Auch ein Zapfenstreich war zunächst nicht vorgesehen; denn in den ersten Sondierungen war stets von einer »Serenade« die Rede. Erst am 26. Februar heißt es in einem amtlichen Vermerk: »Bundespräsident ist einem Zapfenstreich nicht abgeneigt.« Der Bundesverteidigungsminister ist zu diesem Zeitpunkt noch anderer Meinung und rät »die Sache herunterzuspielen und nicht zur Großveranstaltung auszubauen«. Aber solche

Gedanken wurden spätestens nach der Zustimmung des Bundeskabinetts am 19. März 1980 verworfen. Trotzig schreibt Hans Apel am 23. April an den Bremer SPD-Unterbezirk-Ost: »Jede Demonstration gegen diese Veranstaltung verkennt ihren Charakter, es handelt sich keineswegs um eine martialische Demonstration, sondern um eine Stunde, die unterstreicht, daß Wehrdienst Friedensdienst ist.« Aber es wurde ja nicht die staatliche Aufgabe der Landesverteidigung infrage gestellt; es ging um die öffentliche Repräsentanz, mit der ein demokratischer Staat eine Verpflichtung realisierte, die von den meisten als vordemokratisches militärisches Ritual abgelehnt wurde – von der pazifistischen Denktradition ganz zu schweigen, die sich in der aufgewühlten Bremer Zivilgesellschaft artikulierte.

## Kein Zurück?

»Kein Zurück?«, fragt am 24. April der Kolumnist Walfried Rospek in den »Bremer Nachrichten« und schreibt dazu: »So ist das eben. Was beschlossen ist, das ist beschlossen. Wäre ja auch noch schöner, wenn deutsche Politiker beim ersten Sticheln der Grünen und der Kommunisten oder gar von sich aus einen Anfall politischen Feingefühls bekämen. Wenn allerdings erst große Berichte in den Zeitungen stehen oder gar die Basis der Regierungspartei dreiste Anträge stellt, dann kann überhaupt niemand mehr zurück. Selbst dann nicht, wenn er möchte.«

Vor der Schlacht, die da an einem sonnigen Maitag am Osterdeich heraufzog, hatten sich fast alle als schlechte Strategen erwiesen; die Situation war derart verfahren, dass sich keiner der Verantwortlichen mehr eine unkonventionelle Entscheidung zugetraut hat. Für den Bundespräsidenten ging es um die Staatsräson und nebenbei um eine kleine Abrechnung mit einem linken Polit-Establishment, das ihn offenbar nicht respektierte. Er fühlte sich seiner Heimatstadt zwar noch verbunden, verdankte ihr eine »liberale geistige Prägung«, wie er 1985 in einem Glückwunschschreiben an den neuen Bürgermeister Klaus Wedemeier formulierte. Aber jetzt sollte auch Flagge gezeigt werden. Verteidigungsminister Hans Apel bangte um die Reputation seines Ressorts und um das Ansehen der Bundeswehr, das niemals ernsthaft infrage gestellt war. Natürlich sorgte er sich, ob die Feier störungsfrei verlaufen würde. Dabei verließ er sich auf Generalinspekteur Brandt, der auf der Basis von MAD-Ermittlungen herausgefunden hatte, dass sich auf Einladung des »Kommunistischen Bundes Westdeutschland« KBW Vertreter der DGB-Jugend, der IG Metall, der ÖTV sowie der Schülervertretungen aus Bremen, Betriebs- und Personalräte, Jusos, Bremer Bürgerinitiativen gegen Atomkraftwerke, alternative und grüne Liste in den

Räumen der Technischen Hochschule getroffen hatten. »Alles Kriminelle« aus der Sicht der MAD-Schlapphüte, deren »gemeinsamer Wille« erkennbar gewesen sei, die Veranstaltung der Bundeswehr auf jeden Fall zu stören. Wie »Der Spiegel« später herausgefunden hat, schirmte der Militärische Abschirmdienst nicht nur ab, sondern wiegelte auch auf.

Der MAD-Zuträger, wehrpflichtiger Panzergrenadier und Mitglied des KBW, besuchte die Debatten nämlich nicht nur als stiller Teilnehmer. Wann immer sich eine Gelegenheit bot, forderte er in den Jugendzirkeln offen zu Gewaltaktionen gegen das Bundeswehrspektakel auf. Dies allerdings hat er seinem Leitoffizier in Hannover gegenüber mit keinem Wort erwähnt. Als er in einer Sitzung der Jusos am 18. April wieder nach Gewalt rief, wurden die Jusos böse. Kleinlaut schrieb der Agent anschließend in seinem Bericht für den MAD: »Beteiligung an den Maßnahmen des KBW lehnen die Jusos ab.« Noch lange Zeit später blieb den Bremer Sicherheitsbehörden ein Rätsel, warum es am 6. Mai dennoch zu blutigen Straßenschlachten kommen konnte. Bremens Innensenator Helmut Fröhlich beteuerte vor dem Verteidigungsausschuss: »So etwas haben wir in dieser Form erstmalig in Bremen erlebt.« Der Senator und seine Polizeiführer rechneten zwar mit Störungen, aber nicht mit blutigen Krawallen; auf den dreißig Veranstaltungen des militanten Bremer KBW im Jahre 1979 war es zu keiner einzigen gewalttätigen Auseinandersetzung mit der Polizei gekommen.

Fassungslos mussten am Abend des 6. Mai 1980 fast alle Beteiligten mit ansehen, wie eine friedlich geplante Protestveranstaltung in eine Konfrontation umschlug, bei der 237 Polizeibeamte verletzt worden sind, 23 davon schwer. Die Zahl der verletzten Demonstranten wurde auf fünfzig geschätzt. Der Schock saß tief, dass die hohen Ideale und Intentionen, von denen sich eine beträchtliche Zahl besorgter Bürger hatte leiten lassen, von ein paar Hundert Kriminellen missbraucht werden konnten. Fassungslos war an jenem Abend auch Jugendsenator Henning Scherf, der sich mit Wissen seines Bürgermeisters und des Polizeipräsidenten vor dem Weser-Stadion »zwischen die Fronten« begeben hatte, um im Falle von Zusammenstößen zwischen Polizei und Demonstranten vermitteln zu können. Als nichts mehr zu retten war, als Steine flogen und Autos brannten, verließ Scherf entmutigt die Kampfstätte und besuchte einen Freund in einer nahen Wohnung. »Mein Versuch, den Straftätern entgegenzutreten, ist angesichts der gefährlichen Aggressivität dieser Personen aussichtslos gewesen«, erklärte er am 16. Mai 1980. »Diejenigen, die ich dort erlebt habe, waren besessen von krimineller Energie und durch friedliche Ansprache nicht zu erreichen.« Vor dem Bonner Verteidigungsausschuss bekannte er später: »Ich hielt das nicht mehr aus. Ich war am Ende.« Die Zeitung »Die Neue« hat die Ereignisse am Weser-Stadion später protokolliert. Aus den Aufzeichnungen der

Journalisten geht ziemlich eindeutig hervor, dass es sich bei den Gewalttätern um Provokateure handelte.

## Krawalle am Weser-Stadion

»Sechster Mai, am späten Nachmittag. Im Weser-Stadion laufen die letzten Vorbereitungen. Feldjäger postieren sich jeweils zu dritt vor den Toren. Scharfschützen der Polizei hocken bereits auf den Tribünendächern, in den Händen Ferngläser und in den Taschen Spezialgewehre. Vor einen Demonstrationszug von fast zehntausend Teilnehmern, der sich an Bremens Goetheplatz versammelt, schiebt sich eine kleine, aus Hamburg und Hannover angereiste Gruppe bewaffneter Provokateure. An der Kreuzung Sielwall/Ostertorsteinweg verbrennen Demonstranten eine Puppe aus Pappmaché, die Bundespräsident Karl Carstens darstellt. Das Staatsoberhaupt befindet sich zu dieser Zeit noch im Rathaus, wo eine feierliche Veranstaltung stattfindet. Fast zur gleichen Zeit, da vor dem Weser-Stadion Polizeieinheiten mit Schlagstöcken und Schilden in Stellung gehen, begrüßt Bürgermeister Koschnick den Bundespräsidenten, Verteidigungsminister Hans Apel, hohe Offiziere von Bundeswehr und NATO-Verbündeten, aber auch einundzwanzig der jungen Rekruten, die mit ihren Eltern zum Senatsempfang in das Bremer Rathaus gekommen sind. In seiner Rede widmet sich Hans Koschnick ausführlich der anhaltenden Kritik an der Gelöbnisfeier. Er wirbt um Verständnis dafür, daß Teile unserer Gesellschaft zu speziellen Formen öffentlicher Selbstdarstellung unserer Bundeswehr andere Positionen vertreten. Dabei ist es kein Geheimnis, daß unser gewachsener republikanischer Stadtstaat stets mehr von Inhalten als von zeremoniellen Formen geprägt worden ist.

Gegen achtzehn Uhr stößt eine Gruppe von Jungnazis in langen Mänteln an der Kreuzung St.-Jürgen-Straße/Lüneburger Straße auf die Demonstranten. Es kommt zur ersten Schlägerei. An dieser Kreuzung teilt sich der Zug. Der Lautsprecherwagen der ›Sozialistischen Deutschen Arbeiterjugend‹ stellt sich quer und lenkt die Demonstranten in Richtung Weserterrassen in der Nähe des Stadions. Auf diese Weise kommt nur ein Teil des Demonstrationszuges unmittelbar vor die Stadiontore. Die Provokateure beginnen mit der Arbeit. Fachmännisch reißen sie Straßenstücke auf, versorgen sich mit Pflastersteinen und Eisenstangen, um sich später in einer Gruppe von ca. sechzig Personen vor einem der Nordtore zu versammeln. Die übrige Ausrüstung dieser Gruppe besteht aus Funkgeräten, einem VW-Bus mit Material für Molotowcocktails, einem Lagervorrat an Feuerwerkskörpern, der fünf Stunden vorhalten wird. An der Nordseite des Stadions wird die Schlacht mit Eierwürfen und Knallfröschen auf die Polizeigruppe begonnen, die sich hinter dem äußeren Zaun postiert hat. Kaum hundert Meter weiter spielt eine Blaskapelle: ›We shall overcome‹. Neben dem Westtor wird auf dem Gelände des Sportvereins »Rot-Gelb« seelenruhig Tennis gespielt.

Am Nordtor fliegen keine Eier mehr, sondern schwere Pflastersteine. Die Polizisten werfen die Steine zurück. Ein behelmter Polizist fällt von einem Stein getroffen zu Boden. Der erste Molotowcocktail geht neben dem Polizisten nieder. Der zweite trifft einen Beamten, der am ganzen Körper brennend ins Stadion geschleppt wird. Eine kleine Gruppe der Provokateure macht am Westtor einen weiteren Kampfplatz auf. Kurze Zeit später erscheint hier ein Notarztwagen mit heulenden Sirenen. Pünktlich um sieben Uhr kommt es zur ersten schweren Konfrontation. Zwei Bundeswehrfahrzeuge mit Zivilbeamten der Polizei und des Verfassungsschutzes, die auf der Straße Osterdeich parallel zur Stadion-Nordseite geparkt haben, werden von einer zehnköpfigen Gruppe der Provokateure umringt. Die Beamten werden herausgetrieben; die Scheiben der Fahrzeuge werden mit Spaten und Stöcken zerschlagen. Anschließend werden die Autos umgestürzt. Gewaltlose Teilnehmer, die sich den Provokateuren in den Weg stellen, werden mit Knüppeln und Spaten vertrieben. Als drei weitere Bundeswehr-Busse heranfahren, werden auch diese Fahrzeuge demoliert. Sieben Minuten später wird das erste Auto in Brand gesteckt. Die agierende Gruppe versteht ihr Handwerk. Man wirft die Fahrzeuge um, richtet sie wieder auf, schaukelt sie hin und her und wirft die Autos auf eine Seite, um sie mit geübten Handgriffen in Brand zu stecken. Zwischendurch erscheint die Feuerwehr zum Löschen. Danach beginnt die Prozedur von vorne.

Die gewaltlosen Teilnehmer der Demonstration stimmen Pfeifkonzerte an und fordern die Provokateure in Sprechchören auf, ihre Störungen zu beenden. Auf dem Osterdeich stehen sich Steinwerfer und Polizisten gegenüber. In kurzen Angriffen laufen kleinere Gruppen von Polizisten los und schlagen auf friedliche Demonstranten ein. Mitglieder der Bremer Bürgerinitiative gegen Atomanlagen beraten sich und beschließen, zurück in die Bremer Innenstadt zu ziehen. ›Diese Schlacht macht doch alles kaputt‹, sagt ihr Sprecher. Andere schlagen vor, sich zwischen die Wasserwerfer und die Provokateure zu stellen, um die Konfrontation zu beenden. Der Versuch scheitert, weil die Polizei mit Tränengas einschreitet. Von der Ferne ist das Geräusch nahender Hubschrauber zu hören.

Ein Helikopter landet im Stadion. Verteidigungsminister Hans Apel steigt aus. An den Südeingängen zum Stadion und am Westtor postieren sich Feldjäger mit Schlagstöcken und Hunden. Ein zweiter Hubschrauber fliegt Bürgermeister Hans Koschnick ein. Später wird ein dritter mit Bundespräsident Karl Carstens folgen. Ehrengäste, die an der feierlichen Veranstaltung im Rathaus teilgenommen haben, werden auf dem Umweg einer Schrebergartenanlage am Fluß entlang zu einem der Südtore gefahren. Als der Bundespräsident den Hubschrauber verlassen hat, macht der Brigade-Kommandeur Meldung: ›Herr Bundespräsident! Die Brigade zweiunddreißig ist angetreten und zum Ablegen des feierlichen Gelöbnisses bereit.‹ Bürgermeister Koschnick steht daneben. Feldjäger passen auf und prügeln ungebetene Gäste aus den Nebenausgängen zurück. Draußen heulen die Sirenen der Sanitätsdienste. Carstens und Koschnick schreiten die Ehrenformation ab. Apel hält sich an der Tribüne zurück. Über dem Stadion steigen dicke Rauchwolken auf. Am Osterdeich brennen die Autos der Bundeswehr, die vorher von der Feuerwehr gelöscht worden waren. Der Bundespräsident bleibt stehen. Im Hintergrund Befehle an die aufmarschierten Soldaten. ›Haaaaabt acht!‹ Karl Carstens spricht: ›Soldaten! Sie sind hier angetreten, um das feierliche Gelöbnis abzulegen. Sie werden geloben, das Recht und die Freiheit des deutschen Volkes tapfer zu verteidigen! Dieses Gelöbnis legen Sie öffentlich vor den Bürgern unseres Landes ab!‹ Doch die Tribünen des riesigen Stadions sind gähnend leer; zur umstrittenen Gelöbnisfeier sind kaum dreitausend Neugierige gekommen.«

Auf der Tribüne des Weser-Stadions fühlte sich Bremens Bürgermeister Hans Koschnick wie ein einsamer Mann. Keiner der Funktionäre aus dem SPD-Landesvorstand hatte seinen Ober-Genossen zu der Feier begleitet. Der SPD-Landesvorsitzende Konrad Kunick hielt ein seit Langem anberaumtes Gespräch mit dem DGB-Kreisvorstand für wichtiger und bekannte, dass er viel lieber an der friedlichen Gegendemonstration teilgenommen hätte. Einer der schärfsten Kritiker des Gelöbnisses, der SPD-Unterbezirks-Vorsitzende Hans-Dieter Müller war mit seinem Sohn auf den Osterdeich gezogen. Ursprünglich hatte Sohn Christoph vor den Toren des Weser-Stadions mit seinen Freunden Wehrpässe verbrennen wollen; doch der Vater hatte ihm das mit dem Hinweis ausgeredet, damit könne man rasch in die falsche Gesellschaft kommen. Als ein junger Feldjäger, auf seinem Motorrad sitzend, von einem der gewaltsamen Provokateure überfallen wurde, rief der Junge dem Schläger zu: »Aber ihr seid doch auch gegen Gewalt, und er ist doch ein Mensch.« Der Schläger brüllte zurück: »Der ist jetzt nur ein Mensch. Morgen ist er schon kein Mensch mehr. Dann schießt er uns tot.« Dann ließ er die Brandsätze fliegen. »Seid ihr wahnsinnig?«, rief der geschockte Christoph. Daraufhin kam es zurück: »Wir verhindern ein neues Jahr 1933.« »Aber wenn ihr so weitermacht, dann führt ihr 1933 doch herbei.« »Nee, wenn jeder einen Stein nimmt, dann verhindern wir 1933.« Dieses, von der Reporterin Nina Grunenberg in der »Zeit« kolportierte Gespräch war typisch für die Ratlosigkeit, mit der man unter den friedlichen Demonstranten den Ausbruch an Gewalt quittierte. Auch der Sprecher der Bremischen Evangelischen Kirche, Pastor Michael Benckert, machte aus seiner

Betroffenheit keinen Hehl: »Aus der Vereidigung ein Fest zu machen, dagegen richteten sich in der gegenwärtigen weltpolitischen Situation die Proteste […] und dann sind die schrecklichen Gewalttätigkeiten gegen Polizei und Soldaten passiert. Das hat unter den kirchlichen Mitarbeitern, wie ich feststellen konnte, Empörung und Resignation bewirkt. Empörung, weil die vorhersehbare und auch schriftlich vorhergesagte Eskalation nicht zu verhindern gewesen ist, ja, trotz einiger Versuche auch der kirchlichen Mitarbeiter nicht einmal zu bremsen war. Empörung, daß Polizisten wieder einmal gerade stehen und Verletzungen hinnehmen mußten, für die sie nun wirklich nichts können. Und außerdem gibt es Resignation mit selbstkritischen Tönen […] was soll man eigentlich noch machen, nach beiden Seiten hin? Alle Versuche, die Vorgänge zu rationalisieren, sind nicht gelungen, und alle Versuche, Gewalttätigkeiten zu verhindern, sind gescheitert.«

## Ein heikler Grenzgang

Als Bremens Jugendsenator Henning Scherf am 6. Mai gegen 18 Uhr sein Büro mit dem Ziel Osterdeich verließ, hatte er das Vorbild seiner Amtsvorgängerin Bürgermeisterin Annemarie Mevissen vor Augen: Die couragierte Senatorin hatte sich 1968 an Ort und Stelle während der turbulenten Straßenbahnunruhen um einen kritischen Dialog mit der Jugend bemüht. *»Ich habe versucht, so gut ich kann, an diesen Einsatz, den sie versucht hat, mit größerem Erfolg als ich, anzuknüpfen. Ich habe gesagt, ich möchte mich gern zwischen denLinien aufstellen.«* Damit hatte er sich auf den heiklen Weg eines Grenzgängers begeben und war schließlich zum ratlosen Vermittler zwischen den Milieus geworden, die an diesem Tag brutal aufeinanderprallen und seine politische Autorität in Zweifel ziehen sollten. Aber diese Gratwanderung war auch Teil einer politischen Doppelstrategie, der sich Scherf im Verlauf seines politischen Lebens verpflichtet fühlte: Man müsse sich innerhalb der Institutionen artikulieren können, aber auch außerhalb als Teil der Gesellschaft. *»Ich gehe doch nicht zur Kammerphilharmonie, weil ich mich dienstlich dazu verpflichtet fühle. Ich freue mich, dass ich dahin gehen darf, weil ich ein Fan dieses Orchesters bin. Ich mache diesen Besuch aber nicht in meiner Rolle als Bürgermeister. Ich gehe auch nicht als Bürgermeister zu den Jugendgruppen, sondern ich gehe, weil ich nahe an denen dran sein will. Das ist bis heute meine Motivation geblieben. Ich würde eingehen wie eine Primel, wenn man mir dies verbieten würde oder wenn ich so arbeiten müsste wie mein Staatsrat Reinhard Hoffmann, der sagt: Nähe korrumpiert. Das bringt der fertig und sagt ganz einfach: Ich mache alles über die Akten. Ich behaupte genau das Gegenteil: Mir schafft Nähe Zustimmung und Vergewisserung. Die brauche ich. Wer sagt, dies sei eine Utopie, der soll mich einen utopischen Menschen nennen.«*

Später wurde ihm vorgeworfen, dass er seine Pflichten als Mitglied der Bremischen Landesregierung nicht erfüllt habe, weil er den Protest durch seine Anwesenheit erst hoffähig gemacht und sogar versucht habe, Demonstranten zu einer Beteiligung an den Protesten gegen die Gelöbnisfeier zu bewegen. Es hagelte Vorwürfe, Henning Scherf habe nicht nur zu einer antimilitaristischen Demonstration aufgerufen, sondern er sei sogar unter den Demonstranten mitmarschiert. Der damalige CDU-Vorsitzende Bernd Neumann erinnerte sich an einen »lächelnden und grinsenden Senator Scherf auf dem Bremer Osterdeich« und wird ihn spätestens seit diesem 6. Mai 1980 als einen Politiker bezeichnen, »der an herausragender Stelle zum negativen Ruf dieser Stadt beigetragen hat«, wie Neumann fünf Jahre danach in der Bremischen Bürgerschaft deklamiert. *»Ich bin nicht mit eiferndem, sondern mit einem hochroten, betroffenen, verzweifelten und hilflosen Gesicht da herumgelaufen. Ich war mit fünfzig oder sechzig engen Freunden und Mitarbeitern aus dem Jugendamt dort. Wir haben alle gedacht, dass wir genug Überzeugungskraft hätten, um das nicht zu einer Gewaltorgie werden zu lassen. Das hatten wir ja befürchtet, aber dann ging das alles über uns hinweg. Alle Versuche, die Steinewerfer und die anderen, die mit Signalraketen geschossen haben, davon abzuhalten, sind gescheitert. Wir haben Prügel von den Demonstranten bekommen. Mich haben Demonstrantinnen und Demonstranten richtig mit Knüppeln bearbeitet. Ich war verzweifelt. Und als ich dann zu meinem alten Klassenkameraden am Osterdeich bin, weil ich es einfach nicht mehr aushalten konnte, habe ich von oben gesehen, wie die Autoscheiben eingeschmissen haben. Da habe ich mir gesagt, das kannst du doch nicht zulassen, da musst du dazwischen, das geht doch nicht!«*

Wenn er je ein »Bürgerschreck« war, dann hat seine Metamorphose am Abend des 6. Mai begonnen. Die Parallelität mit jener Episode ist frappierend, die sich 1938 in dieser Stadt zugetragen hatte. Damals war der evangelische Christ Heinrich Scherf aufgebrochen, um seinem religiösen Gewissen zu folgen, und von Christ zu Christ, von gleich zu gleich, von Mensch zu Mensch mit dem Nazi-Bischof Weidemann zu verhandeln. Die Mission war gescheitert. Nun machte sich der Sohn auf, um zwischen aufgeheizten Fronten zu vermitteln. Er will für alle erreichbar sein, die ihn um Rat fragen. Er bleibt auf Distanz, aber er will helfen. Er versucht, mit den Polizeibeamten zu reden, was misslingt. Aber er kann nach dem großen Eklat beweiskräftig sagen, dass er weder zur Demonstration aufrief, noch »schadenfroh grinste«, wie man ihm unterstellte. Er will nicht wegbleiben, lieber sich einmischen. Er hatte nicht seit seiner Schülerzeit gegen Krieg und Militarismus gestritten, um sich jetzt aus dieser Sache herauszuhalten. Er kannte seine Grenzen und respektierte, dass sich die Bundeswehr dazu entschieden hatte, dieses Gelöbnis abzuhalten. Aber er forderte sein Recht, an diesem Tag auch für Entspannung und Frieden zu demonstrieren. *»Damals kam ganz viel zusammen. Ganz beson-*

*ders schwierig war, dass das letzte Gelöbnis im Weser-Stadion von den Nationalso-*
*zialisten gemacht worden war. Für alle diejenigen, die dieses Zeremoniell mit seinem*
*Aufmarsch und der Musik richtig ernst nahmen, sah es wie eine direkte Fortsetzung*
*von damals aus. Damit kam es zu einer Auseinandersetzung über nationalsozialisti-*
*sche Militärtraditionen, die natürlich auch Sozialdemokraten brüskierte, die damit*
*nie wieder etwas zu tun haben wollten. Das andere war, dass hier eine Demonstra-*
*tion von Macht und Herrschaft versucht wurde, nach dem Motto: Wir sind hier die*
*Stärksten! Wir bestimmen, welche Rituale in dieser Stadt gelten. Ich wollte auch*
*persönlich mit gutem Beispiel vorangehen. Ich wollte mich friedlich und zivilbürger-*
*lich verständlich machen. Das ist ein Desaster gewesen. Das ist wahrscheinlich poli-*
*tisch die größte Niederlage in meiner gesamten Biografie gewesen, dass das, was ich*
*mit meinen Leuten vorhatte – ich hatte die SPD hinter mir, die Kirchen und fast alle*
*Jugendverbände –, leider gescheitert ist. Wir haben damals verloren.«*

Hinter ihm lagen zwei Wochen, die mit selbstquälerischen Fragen ausge-
füllt waren. Von der geplanten Gelöbnisfeier hatte er nach der Rückkehr aus
dem Osterurlaub zum ersten Mal aus der Zeitung erfahren; erst am 21. April
wurde er in einer Senatssitzung über den geplanten Ablauf der Veranstaltung unterrichtet. Natürlich war ihm die wachsende Proteststimmung nicht
verborgen geblieben, die sich quer durch die Stadt aufgeheizt hatte. Plötzlich
sah er sich als Christ und Demokrat, als verantwortlicher Senator für »Soziales, Jugend und Sport« herausgefordert. Er hasste große Aufmärsche und eine
militärische Inszenierung, die man zur Genüge aus den Warschauer-Pakt-
Staaten kannte. Auch ihm kam dieses aufwendige militärische Zeremoniell gespenstisch vor. Aber er wollte hingehen, weil er Angst vor möglichen
Folgen hatte. Das verstand er unter Zivilcourage und Verantwortung. Er
hatte sich eingemischt, als einige Wochen vorher schwere Vorwürfe gegen
die Bremer Polizei erhoben worden waren, die bei einem Straßenfest der
Naturfreundejugend in der Buschstraße geknüppelt und Demonstranten des
DGB bei der traditionellen Feier zum Ersten Mai observiert hatte. Schon einen
Tag später hatte er zwei Dutzend Jugendliche in seinem Büro empfangen und
ihnen versichert, er könne sich als zuständiger Senator nur ein Urteil bilden,
wenn auch die andere Seite gehört worden sei. Er drängte darauf, dass noch
am Vormittag des 6. Mai 1980 im Sitzungssaal seiner Behörde ein Gespräch
mit Innensenator Helmut Fröhlich, dem Polizeipräsidenten und mehreren
Polizeibeamten stattfand, an dem auch Mitglieder der »Naturfreunde«, der
»Falken« und der »Pfadfinder« teilnahmen. Er bot sich als Vermittler an,
beschwörte alle Teilnehmer, sich am Nachmittag mäßigend und beruhigend
zu verhalten, und unterrichtete den Polizeichef darüber, dass er als Jugendsenator wegen der absehbaren Schwierigkeiten dieses Tages für alle erreichbar sei, die ihn erreichen wollten. Nach der Vereidigung blieb er vor Ort.

»Da war eine große Anzahl von Bürgern aller politischen Richtungen, die warteten, bis die Veranstaltung zu Ende war, und die, als sie mich sahen, mit mir sehr lebhaft diskutierten. Ich habe bis kurz vor Mitternacht da gestanden und mit vielen, vielen Menschen geredet und versucht, in dieser Situation zu erklären, dass diese Eskalation von Gewalt unser gemeinsames Problem sei. Dieses einseitige Verurteilen, der Senat sei für die Eskalation zuständig, sei eine Verkürzung der Darstellung; es sei unser gemeinsames Problem, dahinterzukommen, wieso denn eigentlich diese Aggressivität entsteht und wo die Gründe für dieses aggressive Verhalten von jungen Menschen liegen könnten. Was müssen wir tun, damit wir nicht durch die Eskalation dieser Gewalt in Zustände kommen, wo wir mit unseren Reden, mit unserem Versuch, uns mündlich zu verständigen, überhaupt nicht mehr verstanden werden? Dies sei eben keine Sache der Polizei, sondern eine Aufgabe für die Politik.«*

Später bekommt er Briefe von unbekannten Bürgern, die solche Fragen aufgreifen und ihm versichern, dass er eine mutige Haltung gezeigt habe. »In einer Reihe von Anrufen haben die Leute gesagt, das hätten wir dir nicht zugetraut, dass du dich da hintraust, und wir finden es gut, dass du dich da so einfach hingestellt und Auskunft gegeben hast und versucht hast, zu begründen, wie es weitergehen kann und was jetzt eigentlich nötig ist. Einige haben mir zum Schluss die Hand gegeben, die vorher auf mich eingeschimpft haben. Ich nahm das als Beweis, dass ich jedenfalls bei einem Teil der dort Versammelten verstanden worden bin.«

Bei der Bewertung seiner Verantwortlichkeit kommt der FDP-Vertreter im parlamentarischen Untersuchungsausschuss später zu wesentlich anderen Ergebnissen als der Mehrheitsbericht, nach dessen Fazit »Senator Scherf sein Verhalten am Osterdeich glaubhaft als untadelig darstellen konnte«. Die detaillierte Beweisaufnahme des FDP-Gutachters gipfelt in dem Vorwurf, ein amtierender Senator habe es an Kollegialität gegenüber dem Bürgermeister, aber auch gegenüber den übrigen Senatsmitgliedern fehlen lassen. »Dieses Gesamtverhalten des Dr. Scherf wirft die Frage auf, ob dieser Senator infolge Interessenkollision zwischen seiner politischen Arbeit als Angehöriger einer bestimmten Gruppierung innerhalb der SPD einerseits und als Mitglied des Kollegialorgans Senat andererseits nicht gegen vorrangigere Pflichten als Senator verstoßen hat. Es erscheint undenkbar, dass ein Senat, dessen Mitglieder nach außen sich politisch widersprechend und miteinander konkurrierend auftreten, auf Dauer in der Lage ist, für den Stadtstaat Bremen nach innen und nach außen eine glaubhafte und glaubwürdige Regierungsarbeit zu leisten. Für die Geschlossenheit des Gesamtbildes und damit die Effizienz politischer Entscheidungen im Senat trägt nicht nur der Bürgermeister und Präsident des

Senats allein die Verantwortung, sondern jedes Senatsmitglied, allein schon von der Verfassung her. Jeder Senator ist insoweit zu Solidarität und Kollegialität verpflichtet.«

## Senator und Partisan

Fast unisono wurde nach den Rücktritten von Innensenator Helmut Fröhlich und des Jugendsenators gerufen, der »sein linkes Gewissen ohne Rücksicht auf Verluste wie eine Fahne vor sich hertrug«, wie Helge Ehler in den »Bremer Nachrichten« kommentierte. »Gewollt, das ist gewiß, hat Scherf das alles nicht, was sich als blutige Bilanz unter dem Strich jetzt ergibt.« Aber der Persilschein, den Hans Koschnick seinen umstrittenen Senatoren ausstellte, hatte dunkle Flecken. Von den unzähligen Briefen, die den Bremer Bürgermeister in jenen Wochen erreichten, sei der folgende zitiert: »Ich schlage Ihnen vor, als der Ziehvater des Herrn Dr. Scherf diesem tüchtig den Hintern zu versohlen […]. Dieses probate Mittel ist in die Deutsche Geschichte eingegangen; denn der Preußenkönig Friedrich Wilhelm I. hat schon seinen Sohn damit zur Räson gebracht. Der wurde ja schließlich ›Friedrich der Große‹.« Nach zehnjähriger SPD-Mitgliedschaft schickte ein Bremer Unternehmer sein Parteibuch mit der Bemerkung zurück: »Aus dem Verhalten führender SPD-Politiker ziehe ich den Schluss, daß diese ein gestörtes Verhältnis zur Bundeswehr haben und durch ihre öffentliche Befürwortung der Gegendemonstration für die vorhersehbaren Krawalle mitverantwortlich sind.«

Immer wieder wies Scherf zu seiner Rechtfertigung darauf hin, er habe in den Tagen vor dem 6. Mai 1980 alles versucht, einen friedlichen Dialog zwischen den Jugendlichen zu organisieren. Aber die Zweifel blieben. Hatte er sich nicht doch hinter den Kulissen um eine möglichst breite Basis der friedlich geplanten antimilitärischen Kundgebung bemüht? Diese Frage wurde vom DGB-Landesvorsitzenden in Niedersachsen und Bremen, Georg Drescher, eindeutig bejaht; der Bezirkschef teilte einem in Hannover erscheinenden Mediendienst auf Anfrage mit, Scherf habe ihn nach einer Sitzung der Bremer SPD-Bürgerschaftsfraktion angerufen und gebeten, der Gewerkschaftsjugend grünes Licht für die Teilnahme an der von den Jusos mitorganisierten Demonstration zu geben. Der DGB-Bezirkschef habe mit dem Hinweis abgelehnt, unter den jungen Soldaten seien viele Gewerkschaftsmitglieder, die einen Aufmarsch gegen die eigene Gelöbnisfeier als Affront verstehen könnten. Der Gewerkschafter will den Jugendsenator auch vor möglichen Auseinandersetzungen gewarnt haben.

Solche Hinweise waren Öl ins Feuer einer parlamentarischen Opposition, die wenige Wochen vor den Wahlen ein willkommenes Reizthema gefunden hatte.

Schon nach Bekanntgabe des Telefonats zwischen Scherf und Drescher sprach Bremens CDU-Chef Bernd Neumann von einer »Irreführung der Öffentlichkeit durch Bürgermeister Koschnick«. Immerhin habe der Bremer Regierungschef noch wenige Tage zuvor erklärt, kein Mitglied des Senats habe mit der Vorbereitung der Demonstration etwas zu tun gehabt. Damit seien die Bürger der Stadt Bremen in eklatanter Weise getäuscht worden. Für die CDU war klar, dass nur ein Untersuchungsausschuss unter gerichtsähnlichen Bedingungen die wahren Sachverhalte und Verantwortlichkeiten bei den Bremer Krawallen aufklären konnte. In der fast einstündigen Vernehmung musste sich der Jugendsenator immer wieder gegen die Behauptung zur Wehr setzen, er habe sich abträglich über die feierliche Zeremonie und die Anwesenden im Weser-Stadion geäußert. Scherf verteidigte sich erneut damit, er sei bis Mitternacht vor dem Stadion mit vielen Leuten zusammen gewesen, die seine vermittelnden Bemühungen alle bezeugen könnten. »*Die Bundeswehrveranstaltung ist zu respektieren, nicht zu bejahen*«, so lautete eine seiner Kernaussagen vor dem Ausschuss, dessen Vorsitzender Günter Klein danach fragte, warum der besorgte Senator seine Bedenken nicht früher und im Kreise der zuständigen Exekutive geäußert habe. Die Antwort lautete, der im Urlaub abwesende Senator habe nicht rechtzeitig von dem geplanten feierlichen Gelöbnis erfahren.

Henning Scherfs Versuch, in brenzligen Situationen mit der aufsässigen Jugend im Gespräch zu bleiben, mag damals prinzipiell richtig gewesen sein. So lehnten die Jungdemokraten in der FDP die Forderung ihrer eigenen Bürgerschaftsfraktion nach einem Rücktritt des Senators mit dem Hinweis ab, Politiker dürften auf unkonventionelle Gespräche mit der Jugend nicht verzichten: Das führe zur Staatsverdrossenheit bei der jungen Generation. Aber die Meinung war auch verbreitet, wonach Scherf in diesem Fall zu den falschen Mitteln gegriffen habe. »Man kann nicht als Senator für die Politik des Bürgermeisters mitverantwortlich und zugleich als Partisan der Basiskommunikation tätig sein«, tadelte Robert Leicht in der »Süddeutschen Zeitung«. Grundsätzlich stelle sich für den Bremer Senator die Frage, wie weit man beim Versuch zur Integration überhaupt gehen könne. »Sobald man sich von den Spielregeln seiner Rolle entfernt, verliert man allzu leicht den Boden unter den Füßen und scheitert nach beiden Seiten.« Die CDU/CSU hat im Bonner Untersuchungsausschuss zum Verhalten der Bremer Senatoren keine Fragen gestellt; der Verteidigungsminister musste sich dagegen den Vorwurf anhören, er habe seiner Fürsorgepflicht gegenüber einer aufsässigen SPD-Jugend nicht entsprochen. Auch die Vorbereitungen zur Sicherung des Hausrechts im Weser-Stadion seien unvollkommen gewesen. Auf diese Weise geriet Scherf aus der Schusslinie.

In jenen Wochen wirkte Henning Scherf politisch isoliert. Der parlamentarische Untersuchungsausschuss, der im Auftrag der Bremer Bürgerschaft viele

Nach Meinung des konservativen sicherheitspolitischen Arbeitskreises der SPD lag die Verantwortung für die schweren Ausschreitungen bei all denjenigen, die durch »leichtfertiges Gerede versucht haben, Emotionen anzuheizen und damit das Umfeld für Schläger und Politrocker« vorzubereiten. Da konnte der Jugendsenator noch so oft behaupten, bei der Vorbereitung der Gegendemonstration nicht dabei gewesen zu sein. »Wir halten es für unverantwortlich, daß der Genosse Senator Dr. Henning Scherf an der Demonstration gegen die Veranstaltung der Bundeswehr teilgenommen hat«, so das Verdikt des SPD-Arbeitskreises, in dem im Übrigen bedauert wurde, dass der SPD-Parteivorsitzende Willy Brandt bisher zu diesen Vorfällen geschwiegen habe. Die schärfste Kritik kam wenige Tage nach den Vorfällen aus der »Arbeitsgemeinschaft Selbständiger in der SPD«, die ultimativ den Rücktritt des Senators forderte, weil Scherf durch sein Verhalten der Sache der Landesregierung und dem Anliegen der deutschen Sozialdemokratie schweren Schaden zugefügt habe. Man war der Meinung, dass der Senator zumindest unterschwellig Chaoten und Politrocker zu militantem Tun ermutigt habe; dagegen sei es die Aufgabe eines loyalen Mitglieds der Landesregierung gewesen, die Wogen nach Kräften zu glätten. »Der gescheiterte Finanz- und jetzige Sozialsenator hat sich nunmehr wohl für einen Regierungsposten disqualifiziert.« In einem denkwürdigen »Brief an einen jungen Polizeibeamten« hat der Bremer Senator zwei Jahre später Verständnis für die Verärgerung von Polizisten gezeigt, die bei riskanten Großeinsätzen zuweilen umstrittene Entscheidungen von Politikern durchsetzen müssen. Aber er verteidigte noch einmal öffentlich seine Position, die ihn am 6. Mai 1980 zu einem Grenzgänger gemacht hatte. »*Der Protest um die öffentlichen Gelöbnisse der Bundeswehr entzündete sich überwiegend an der Art und Weise der Zurschaustellung. Das Ritual hat schauerliche Vorläufer. Die letzten öffentlichen Vereidigungen in Fußballstadien haben Nazis veranlaßt. Die Feierlichkeit des Großen Zapfenstreichs (›Ich bete an die Macht der Liebe‹) provozierte Kirchenmänner, Jugendliche und auch Opfer dieser Schlachtfeldverharmlosung. Anstatt nun diesen öffentlichen Protest aufzunehmen, ihn als Gelegenheit zu nutzen, die Sache der Bundeswehr vor einer neuen Öffentlichkeit zu klären, mußte um der prinzipiellen Durchsetzungsfähigkeit der Bundeswehr willen, die sich auch nicht dem Anschein eines Zurückweichens aussetzen darf, das einmal geplante Beispiel durchexerziert werden.*«

## Nachdenken über die Bundeswehr

Zweimal hintereinander hat Hans Koschnick im Zusammenhang mit der Bundeswehrfeier von Rücktritt gesprochen. Zum ersten Mal bot er sein Amt für den Fall an, dass er in Zukunft bei jeder Regierungsentscheidung die Partei um Rat fragen müsse; beim zweiten Mal wirkte sein Angebot der Demission wie ein letztes Druckmittel, um die innerlich ratlose und ideologisch tief zerklüftete Partei zusammenzuhalten. Einmütig lehnte der Landesvorstand der Bremer SPD das Angebot Koschnicks ab, sein Amt zur Verfügung zu stellen. Gleichzeitig wurden alle Senatsmitglieder entlastet; alle Forderungen nach dem Rücktritt einzelner Senatoren wurden zurückgewiesen. Damit übernahm die SPD-Spitze auch für die Zukunft eine politische Mitverantwortung; man bekannte sich zur Bundeswehr und zur NATO und rügte ausdrücklich, dass bei der zurückliegenden Auseinandersetzung um das Gelöbnis nur die Nachrüstungsbemühungen des Westens, nicht aber die Rüstung des Warschauer Pakts kritisiert worden seien. Für Koschnick war es gewiss kompromittierend, dass aus Bonn der stellvertretende Bundesvorsitzende Hans-Jürgen Wischnewski nach Bremen abkommandiert worden war, um für ordentliche Verhältnisse zu sorgen. Wischnewski, ein enger Vertrauter des Bundeskanzlers, hatte das Parteiamt erst kurze Zeit vorher von Koschnick übernommen. Beobachter erinnerten damals nicht ohne Süffisanz daran, dass »Hans aus Bremen« einst seine Karriere als Stellvertreter von Willy Brandt mit Versuchen begann, »Münchener Verhältnisse« um den Oberbürgermeister Hans-Jochen Vogel auszubügeln. Nun reiste ausgerechnet Koschnicks Nachfolger an die Weser, um sich im Auftrag einer erzürnten Bundespartei-Spitze um »Bremer Verhältnisse« zu kümmern. Schon gab es Gerüchte, wonach in der Bremer SPD bereits der Kampf um eine spätere Nachfolge Koschnicks begonnen habe. Tatsächlich sollte es nur drei Jahre dauern, bis der amtsmüde Koschnick den SPD-Fraktionschef Klaus Wedemeier bat, seine Nachfolge zu übernehmen. Wedemeier lehnte ab, erbat sich eine Vorbereitungszeit von zwei Jahren und wurde 1985 von Koschnick als Nachfolger im Amt des Senatspräsidenten vorgeschlagen. »Er hielt die Hand über Scherf«, meint Wedemeier ein Vierteljahrhundert nach jenen Ereignissen. »Hätte Koschnick den Daumen gesenkt, wäre Hennings Karriere wohl endgültig vorbei gewesen.«

Das öffentliche Gelöbnis von Rekruten ist bis heute ein Bremer Trauma geblieben. Fast zwei Jahrzehnte später wurde der inzwischen zum Bürgermeister gewählte Henning Scherf an die Vorkommnisse von damals erinnert. Der »schwarze Tag« vor zwanzig Jahren provozierte ihn zu dem selbstkritischen Eingeständnis: *»Damals hatte ich es gut gemeint.«* Er habe die Vorstellung gehabt, durch sein Einwirken eine friedliche Demonstration möglich zu machen. »Das *war blauäugig und naiver Optimismus.«* CDU-Verteidigungsminister Volker Rühe hatte im Frühjahr 1998 die Idee, wieder ein öffentliches Gelöbnis der Bundeswehr nach Bremen zu vergeben; damals war die CDU entschlossen, die Feier an einem exponierten Platz stattfinden zu lassen. *»Meine SPD ist wund durch dieses unvergessliche Ereignis vom 6. Mai, bei dem ich ja selber mitgemacht habe. Ich bin auch wund.«* Der Bürgermeister einer großen Koalition bemüht sich nach eigenen Worten bis heute, den fundamentalen Wandel der Bundeswehr als Teil einer neuen europäischen Sicherheitsordnung in seinen *»Pazifistenkopf hineinzukriegen«.* Aber ein öffentliches Gelöbnis in Bremen? Nie wieder. Scherf fuhr nach Bonn, traf sich mit Rühe und redete dem Minister die Idee erfolgreich aus.

Zu seinem Lernprozess gehört, dass er die Rolle der Bundeswehr heute ganz anders als vor 25 Jahren beurteilt. *»Die Wende bei mir ist nicht das Gelöbnis gewesen, sondern meine Veränderung ist 1989 mit dem Ende der Sowjetunion und dem Ende des Ost-West-Konflikts passiert. Damals habe ich immer wieder gesagt, dass wir uns falsche Feindbilder aufgebaut hatten, die wir unbedingt korrigieren mussten. Wir hatten Bedrohungsszenarien, die nicht mehr passten. Ich fand es fast ergreifend, wie die Bundeswehr-Soldaten ihre erste große gesamtdeutsche Leistung einbrachten und sich in die DDR-Kasernen versetzen ließen, um das alles zu renovieren. Die haben eben nicht gesagt, das sind alles Kommunisten, wir wollen mit denen nicht zusammen arbeiten. Das waren Leute, die viel integrativer als meine eigenen Friedensleute waren. Plötzlich hatte ich Ingenieure für den Frieden vor mir, die Abrüstung konnten und wussten, wie man Atombomben abräumt oder Raketen umrüstet. Oder Militärflugplätze abbaut. Dann kam das mit Jugoslawien, und ich habe meine eigene pazifistische Rolle überhaupt nicht mehr verstanden. Meine Friedensfreunde haben gesagt, wir sollten lieber gar nichts machen, anstatt dort einzugreifen. Ich habe gefragt: Was ist denn das für eine Haltung? Da werden jeden Tag unschuldige Leute massakriert, und wir sagen, nein, da mischen wir uns nicht ein! Da wird man schuldig durch Nichtstun! Das habe ich denen immer wieder zu erklären versucht und gesagt, dass das auch friedenspolitische Perspektiven seien. Und ich habe ihnen vorgeworfen, dass sie vergangenen Bildern hinterherlaufen. Wenn ich unsere Bundeswehr-Kasernen besuche und sehe, wie die für ihre Einsätze in Afghanistan trainieren, wie die sich in peacemaking üben, aber nicht mit der Kanone, sondern mit Kommunikation, oder wie sie alle polizeiliche Aufgaben übernehmen und sich in kulturell gefährliche Konflikte hineindenken, als normale, einfache Soldaten ohne große akademische Ausbildung, dann bekomme ich großen Respekt vor denen. Da sage ich dann, Donnerwetter, das habe ich mir eigentlich immer so vorgestellt: Arbeiten gegen das Morden und gegen den Krieg. Genau deswegen ist meine Position eine völlig andere geworden.«*

War also alles, was dieser überzeugte Pazifist früher einmal dachte, falsch gewesen? Gab es gar eine Widerlegung seiner politischen Hoffnungen? Für die Erkenntnis, dass es mit dem alles dominierenden Ost-West-Gegensatz spätestens seit 1989 vorbei war, hatte auch Scherf wie viele seiner SPD-Genossen einen langen Anlauf nehmen müssen; in einem schmerzhaften Prozess rang sich die SPD Anfang der 1990er Jahre zum Gedanken einer Sicherheitspartnerschaft durch, die von Brüsseler NATO-Stäben entwickelt und von der deutschen Regierung in übereinstimmender Lageeinschätzung übernommen worden war. Nunmehr bedrohte den Frieden derjenige, der sich dieser internationalen Legitimation entzog und wie die USA im Irakkrieg eigene Kriegsziele definierte. Umgekehrt erforderte die Loyalität zu internationalen Beschlüssen auch die Beteiligung an entsprechenden militärischen Einsätzen. Was war? Im selbstkritischen Rückblick war seine frühere radikal-pazifistische Position Teil einer Fehleinschätzung gewesen, die von der internationalen Entwicklung korrigiert worden war. Deutsche Wiedervereinigung und internationale Sicherheitspartnerschaft waren eben nicht, wie jahrzehntelang befürchtet, zwei sich ausschließende Gegensätze, sondern zwei Seiten ein und derselben Medaille. Und erst die neue Sicherheitspartnerschaft machte eine radikale atomare Entwaffnung in Europa und besonders in Deutschland möglich. »Wir leben hier in Europa in einer beispiellosen Friedensepoche, wir erleben den Niedergang nationaler Politikstrategien, wir lernen voneinander wie nie zuvor in der Geschichte. Darum bin ich überzeugt davon, dass sich einzumischen, eigene politische Fantasien verhandlungs- und bündnisfähig zu machen, sich einer politischen Partei anzuschließen, sie umzubauen, sie zu erweitern, den Jungen sehr anzuraten ist.«

# Zwischen Bremen und Nicaragua –
# Henning, der Bürgerschreck

## Angstgegner Grün

Die Rauchschwaden am Bremer Weser-Stadion hatten sich längst verzogen, die ausgebrannten Autowracks waren abgeräumt und die herausgerissenen Pflastersteine rund um den Osterdeich erneuert, aber politisch wirkten die Folgen der schlimmsten Ausschreitungen seit Bestehen der Bundesrepublik noch lange nach. Allen voran Hans Koschnick, dessen Autorität durch die Vorkommnisse arg gelitten hatte, war in die Verantwortung genommen worden. »Wer führt denn nun die Hansestadt?«, hatte der »Weser-Kurier« schon am 10. Mai 1980 gefragt. In einer schonungslosen Analyse rechnete der Politik-Chef des Blattes, Heinz Nolte, dem Bremer Senat seine angeblichen Versäumnisse vor. Desolate Führungsstruktur, Eigenmächtigkeit der Ressorts, Eitelkeiten einzelner Senatoren: Hier sei eine Regierungskrise aufgebrochen, die schon im Vorfeld der Krawalle geschlummert habe. Niemand wolle für den Präsidenten des Senats den Taktstock übernehmen, um das Orchester zu harmonisieren, sobald sich der Bürgermeister einmal außerhalb seiner Stadt befinde. Im Bremer Senat fehle es an politischen Gemeinsamkeiten – der ungeschriebene Pakt zwischen dem Bürgermeister, einer Riege von Altgedienten und der Garde jüngerer Politiker sei längst an sich selbst sowie an einer widrigen politischen Realität zerbrochen. Hinter einer solchen Analyse verbarg sich der Vorwurf, dass einige Senatoren im Verlauf der zurückliegenden Gelöbnisfeier ihrem politischen Ziehvater mit Absicht in den Rücken gefallen seien.

Dieser Vorwurf richtete sich besonders an diejenigen, die sich der Gelöbnisfeier aus Gewissensgründen verweigert hatten. Gemeint waren die sozialdemokratischen Spitzengenossen wie Hans-Dieter Müller, Konrad Kunick und Henning Scherf, der im Verlauf der zurückliegenden Krawalle ein riskantes Doppelspiel vorexerziert hatte: Der Senator war Teamspieler und Außenseiter in einer Person gewesen. Als Mitglied der Exekutive habe er einen Teil der Verantwortung einfach delegiert, um sich auf die Seite friedensbewegter Demonstranten zu schlagen – ein Spagat, der gründlich schief gegangen sei. »Die Sozialdemokraten in der Hansestadt haben Koschnick während des Wahlkampfs und vorher zur Galionsfigur gemacht, mit ihm die Wahl gewonnen und die absolute Mehrheit im Parlament gehalten, doch seit Ende des vergangenen Jahres scheinen die Heerscharen der Parteien in verschiedene Richtungen zu marschieren. [...] Kein Wunder, daß die Opposition im Lande danach fragt, wer für die SPD in Bremen eigentlich spricht: Koschnick oder der ehemalige Landesvorsitzende Scherf, der sich häufig als Sprecher der Linken betätigt.«

Bei näherem Hinsehen war Hans Koschnick in einen Generationenkonflikt geraten: Sechs Monate vor den Gelöbnisfeiern waren die Grünen in Bremen zum ersten Mal in ein Landesparlament eingezogen, danach in den Flächenstaat Baden-Württemberg, und später hatte man sich als viel bestaunte neue Bundespartei konstituiert. Während sich die sozial-liberale Koalition unter Helmut Schmidt allmählich ihrem Ende zuneigte, lag im politischen Kräftefeld der Bundesrepublik plötzlich Wandel in der Luft. In der Agonie des Alten kündigte sich ein neues Protestverhalten an, das in vielem an die 1960er Jahre erinnerte. Die schweren Krawalle in Bremen, denen Zusammenstöße zwischen Polizei und Hausbesetzern in Freiburg folgten, waren Signale einer neuen, unruhigen Zeit. Große Teile der Jugend schienen sich unvermittelt zum Aufstand gegen die Etablierten verschworen zu haben. Fast auf den Tag genau, als sich in Bremen Henning Scherf vor einem Untersuchungsausschuss der Bürgerschaft zu verantworten hatte, demonstrierte Juso-Chef Gerhard Schröder bei einem Besuch des besetzten Bauplatzes gegen das geplante Atommülllager in Gorleben. Traditionelle Verhaltensmuster im politischen Umgang miteinander waren plötzlich passé: In den 1970er Jahren waren linksbewegte Jugendliche zu den Jungsozialisten gegangen und hatten mit der Mutterpartei SPD um politische Konzepte gestritten. Aber das schien jetzt langweilig geworden zu sein. Es war viel spannender, aus der spontanen Protesthaltung eine Lebensaufgabe zu machen und sich existentiell für die eigene Idee zu engagieren. Man besetzte Häuser, demonstrierte gegen Raketen und Atomstrom, begann mit zahllosen Appellen, sich um Natur und Umwelt zu kümmern. Fast über Nacht war aus dieser losen Anarchie eine politische Gruppierung entstanden, die dem System der etablierten Parteien gefährlich werden konnte.

Wieder hatte Bremen eine avantgardistische Rolle übernommen: Hier war nach den Unruhen um das Ostertor-Viertel die Initiative zur Gründung einer »Bremer Grünen Liste« entstanden, die ein breites Spektrum von Konservativen bis zu undogmatischen Sozialisten abdeckte, ideologisch verbohrte Kommunisten der DKP waren ausgeschlossen. Die Initiative war von Ex-Sozialdemokraten wie Olaf Dinné und Peter Willers gegründet worden; der völkisch-konservative Umweltschützer Herbert Gruhl engagierte sich für die neue Partei ebenso wie der frühere Studentenführer Rudi Dutschke. Ihren ersten Erfolg erzielte die »Bremer Grüne« Liste am 7. Oktober 1979 bei der Bürgerschaftswahl mit einem knappen Sprung über die Fünf-Prozent-Hürde und einem Gewinn von

Der frisch gewählte neue Landesvorsitzende der Bremer SPD, Henning Scherf, am 12. März 1972 zwischen Hans Koschnick (rechts) und Moritz Thape, der eine Woche zuvor überraschend auf eine erneute Kandidatur verzichtet hatte

Der »große Manitou« und sein Parteichef, 1974

Für die Bremer CDU kritisiert Bernd Neumann in der Bürgerschaft
den neuen Finanzsenator – und ist anschließend einer der ersten
Gratulanten, 1978

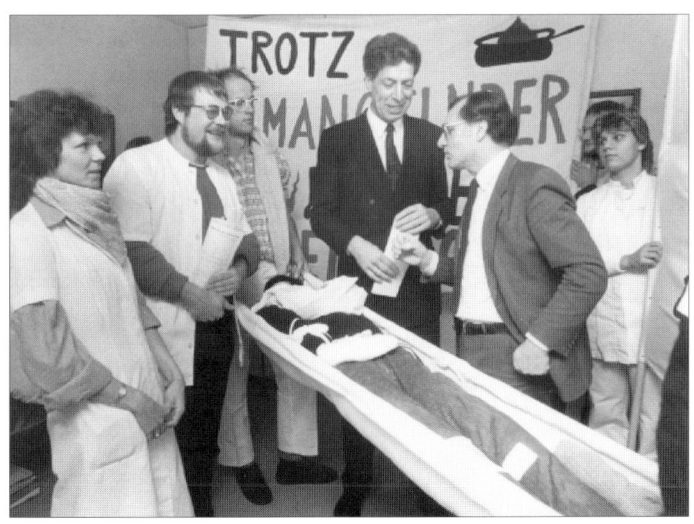

Pflegeschüler des Krankenhauses Bremen-Ost präsentieren
dem scheidenden Gesundheitssenator Herbert Brückner
und seinem Nachfolger eine Leichenpuppe, 1987

Im Gespräch mit seinem Freund und Mitarbeiter Hans-Christoph Hoppensack, dazwischen das politisch-moralische Vorbild: Gustav Heinemann, 1982

Im Gespräch mit dem Bürger in der DRK-Jugendhütte Osterholz, 1982

Der Jugend-, Sozial- und
Sportsenator mit der
Fotografie des politischen
Ziehvaters im Rücken

Im Gespräch mit dem
Wähler auf dem Bremer
Marktplatz, 1986

Fünf Mark für das Sammelboot der DGzRS, weil er ohne Schuhe, und damit »unsenatorabel«, im Senatssaal erschienen war, 1984

Der Senator auf einer 1.-Mai-Kundgebung in Bremen

Henning Scherf sucht das Gespräch, hier zu Hause mit seinem Sohn Christian (links), seiner Tochter Julia (zweite von rechts) und Freunden, 1982

Den Kontakt zur Realität nicht verlieren: Der Senator bei einem seiner Arbeitseinsätze in öffentlichen sozialen Einrichtungen, hier im Seniorenwohnheim an der Marcusallee, 1984

Der unterlegene Herausforderer Henning Scherf gratuliert Klaus
Wedemeier nach dessen Sieg im Rennen um die Kandidatur zur
Nachfolge Hans Koschnicks, 1985

Die beiden
Parteifreunde und
Konkurrenten
bemühen
sich nach der
Entscheidung
um loyale
Zusammenarbeit,
1986

17. Mai 1995: In der Bremer SPD-Zentrale hat Henning Scherf sein Interesse an der Nachfolge Klaus Wedemeiers bekannt gegeben und informiert vor der Tür die Presse.

Der Chef der erloschenen »Ampelkoalition« übergibt seinem gerade gewählten Nachfolger den symbolischen Stadtschlüssel, und die Große Koalition beginnt, 1995

Mit Otto Schily auf einer Podiumsdiskussion im Bremer Rathaus, 1986. Scherf mahnt zur kritischen Aufarbeitung der Parteispendenaffäre.

Mit Bundespräsident Richard von Weizsäcker im Bremer Rathaus, 1984

Der Bremer Senator zum Ernteeinsatz als Kaffeepflücker in Nicaragua, 1983

Henning Scherf auf einer Veranstaltung mit Ernesto Cardenal, dem damaligen Kulturminister von Nicaragua, in Bremen, 1986

Der sportliche Henning Scherf 1980 bei der Einweihung des Hallenbades Delfter Straße in Bremen-Huchting ...

... und als Teilnehmer des Bremer Marathons 1982 auf dem Streckenabschnitt entlang der Wümme im Niederblockland

Der Senator beim Tänzchen bei einem internationalen Square-Dance-Treffen im Sommer 1989

Beim Soccer-Turnier per Joystick 1993 mit dem Kaptiän der Fußballprofis von Werder Bremen, Mirko Votava – Scherf gewann

Ein 2,04 Meter großer Othello vor dem Bremer Theater ...

... und ein fröhlicher Karnevalist 2001 mit der damaligen sachsen-anhaltinischen Justizministerin Karin Schubert in Köln

Radeln gegen den Abstieg mit Theaterchef Klaus Pierwoß. Es half, Werder Bremen sicherte im Mai 1999 durch einen 1:0-Sieg gegen Schalke 04 den Verbleib in der 1. Fußball-Bundesliga.

Vielen Bremern ein vertrautes Bild: Henning Scherf auf seinem Übergröße-
Hollandrad, 1994

vier Sitzen, was einen ungeahnten Mobilisierungsschub auslösen sollte. Schon bei den hessischen Landtagswahlen 1982 holten die Grünen acht Prozent der Stimmen, die SPD sackte auf 42,8 Prozent. Willy Brandt sah ein neues Bündnis entstehen und sprach als Erster aus, was die meisten Genossen seiner Generation im Schock nach dem Abgang von Helmut Schmidt lange Zeit nicht hören wollten. Es gebe, sagte der SPD-Vorsitzende, eine »neue Mehrheit diesseits der Union«.

Diese Entwicklung schien paradox, weil die SPD bis zum Ende der 1970er Jahre kein langweiliger Kanzlerwahlverein gewesen war. In keiner anderen Partei ging es auf Parteitagen so stürmisch zu wie bei der SPD. Nach dem Urteil des Politologen Franz Walter bündelten sich im Meinungsstreit dieser Partei alle Konflikte jener Jahre. Die SPD sei eine lebendige und kräftige Volkspartei gewesen, deren Debatten die erhitzte Temperatur der damaligen Gesellschaft widerspiegelten. »Sie war ganz nahe an den Hoffnungen und Ängsten, allerdings auch an den Verstiegenheiten und Irrationalitäten der jungen Menschen […] Daraus entwickelte sich eine besondere, wenn auch schwierige Affinität zur SPD. Viele waren von der Schmidt-Regierung bitter enttäuscht, fühlten sich aber der ursprünglichen Idee des Sozialliberalismus wie auch der SPD im Sinne eines Willy Brandt immer noch eng verbunden.«

Die Differenzen zwischen den Generationen haben dazu beigetragen, dass die Partei schillernd und bunt, gegensätzlich positioniert und zunehmend unübersichtlich erschien. Ein Politiker wie der Bremer Senator Henning Scherf, der sich für den »Spiegel« vor dem Wahrzeichen seiner Stadt, dem Bremer Roland, fotografieren ließ und anschließend das politische Bündnis einer mobilen politisierenden Arbeitnehmerschaft mit den kritischen Intellektuellen forderte – ein solcher Querdenker passte durchaus in das Spektrum dieser neuen, unruhigen Zeit. »Wir müssen raus aus der Nur-Loyalität zur Regierungspolitik. Schämt euch eurer Mehrheiten nicht, macht was aus euren Mehrheiten. Artikuliert eure Meinung, auch wenn sie nicht unbedingt identisch ist mit dem, was gerade die Koalitionsrunde in Bonn ausgeheckt hat.« Auch solcher Widerspruchsgeist entsprach einer Protesthaltung, die immer lauter danach fragte, warum die Regierung Milliarden in Nuklearkonzepte steckte und keine tragfähigen Pläne zur Erhaltung von Arbeitsplätzen in der Stahl-, Werft-, Luft- und Raumfahrtindustrie vorlegen wollte. Ohnehin war die Ablehnung der neuen Bonner Atompolitik zumindest für Henning Scherf zum Versuch geworden, abdriftende Grüne in das Lager der SPD zurückzuholen.

Dass die SPD in der akuten Gefahr war, die nachwachsende Generation zu verpassen – solches Fazit wurde aktenkundig, nachdem eine Kommission des Parteivorstands unter Leitung des ostwestfälischen SPD-Vorsitzenden Heinrich Junker und des Bremers Henning Scherf ein brisantes Papier vorgelegt hatte. Anlass der Studie war eine wachsende innerparteiliche Kritik am Theoriedefizit der Partei, das gebührend beklagt wurde. Die SPD habe »in den letzten Jahrzehnten die theoretische Arbeit nicht im nötigen Umfang betrieben«; nach wie vor herrsche über das Ziel und den Weg des Sozialismus sowie über die Umrisse einer neuen und besseren Gesellschaft große Unklarheit. Wegen dieses Defizits gäbe es einen Anti-Reformismus akademischer Marxisten, der Tausende von Studenten und jungen Arbeitnehmern von einem Engagement bei der SPD und den Gewerkschaften abhalte und in eine neue Sektiererrolle abdränge. Nach der Kritik an der Partei gab es auch schlechte Noten für Helmut Schmidt. Die Reform-Programmatik des Bundeskanzlers sei mangelhaft und führe bei äußerst schlechter Strategie sogar in eine neue Gegenreform. Einerseits sei das geschmähte Krisenmanagement des Kanzlers eine durchaus realistische Chance, die Widrigkeiten der politischen Realität zu meistern – andererseits werde damit aber auch keinerlei Zukunftsperspektive vermittelt.

## Attacken gegen Helmut Schmidt

Damit war das Spannungsverhältnis zwischen dem Bundeskanzler und seiner Partei abermals sichtbar geworden. In einem viel beachteten Interview mit der Parteizeitung »Vorwärts« hat Scherf später seine Thesen aus diesem Papier wiederholt und beklagt, dass die theoretische Debatte in der SPD seit 1975 einfach vergessen worden sei. *»Wir haben uns fast ausnahmslos auf das Beobachten und Begleiten der Regierungspolitik beschränkt. Ich empfinde das als eine ungute Reduzierung der innerparteilichen Arbeit.«* Erneut wehrte sich der Bremer Unruhestifter dagegen, dass die SPD zu einem *»Kanzlerwahlverein à la CDU der Fünfzigerjahre«* degradiert werde – eine These, der vom rechten Flügel der Sozialdemokraten energisch widersprochen wurde. Für die Traditionskompanie der »Kanalarbeiter« in der SPD-Bundestagsfraktion war die SPD nicht konsequent genug eine »Partei des Kanzlers« geworden. Aus dieser Parteirichtung wurde das Richtungspapier von Heinrich Junker und Henning Scherf mit gehörigem Misstrauen betrachtet. Tortzdem mischte sich Scherf in die Personaldebatte ein, nachdem Hans Koschnick als Stellvertreter im SPD-Parteivorstand freiwillig ausgeschieden war. Im Auftrag der Parteilinken schlug Scherf als neuen Stellvertreter Erhard Eppler vor, bei dem das *»erkennbar verbesserte Problembewusstsein vor allem in der Energiepolitik gefalle«* – ein Affront gegenüber Helmut Schmidt, der den linken Freigeist aus Baden-Württemberg politisch nicht für voll nahm. Prompt wurde mit Hans-Jürgen Wischnewski ein alter Schmidt-Gefährte und amtierender Staatsminister für die Nachfolge von Hans Koschnick nominiert und bestätigt.

Trotz solcher Niederlagen – die Linke regte sich. Der Bremer Henning Scherf habe keineswegs eine absurde und exotische Außenseiterposition markiert, lobte die »Frankfurter Rundschau« und forderte einen neuen Aufbruch über programmatische Fragen. Hier werde ein tiefes Unbehagen artikuliert, das erheblich mehr anzeige als nur die Verärgerung einer unbedeutenden Minderheit. Tatsächlich breitete sich Mitte des Jahres 1979 unter der Oberfläche einer ambivalenten Solidarität mit Helmut Schmidt innerhalb der SPD ein wachsendes Unbehagen aus. Viele sehnten sich nach den großen Schlachten der vergangenen Jahre zurück. »Gemessen an jenem Zustand«, so leitartikelte Gerhard Ziegler in der »Frankfurter Rundschau«, »wirkt die SPD heute einsilbig und verschlafen. Man begnügt sich mit einer Zuschauerrolle und sieht mit mäßigem Interesse und bestenfalls gedämpfter Anteilnahme den Genossen in Bonn beim Regieren zu. Im Gegensatz zu jenen Zeiten, da Sozialdemokraten noch mit vollem persönlichen Einsatz darum kämpften, in der Regierungsverantwortung ihr Programm in die politische Praxis umsetzen zu können, wird heute eher lustlos in der Wahlkabine die SPD angekreuzt. Was soll man denn sonst machen?«

Hinter den verschlossenen Türen der Koalitionsspitzen werde zu viel ausgemauschelt – das meinte nicht nur Henning Scherf, sondern viele Genossen mit ihm wollten eine offiziell verordnete Grabesruhe in der Politik nicht akzeptieren. Die sozial-liberale Bundesregierung unter Helmut Schmidt war verantwortlich für das Zustandekommen des NATO-Beschlusses gewesen, der eine leidenschaftliche innerparteiliche Debatte über das Pro und Contra dieser Rüstung auslöste. Noch konnte sich die Parteilinke im Jahre 1979 nicht gegen Schmidt durchsetzen; der SPD-Parteitag verabschiedete einen Antrag des Parteivorstandes, der die Position der Regierung bekräftigte. Aber der Streit um den NATO-Doppelbeschluss sollte die SPD über die nächsten Jahre immer wieder erschüttern und in kleinen Schritten spalten. An der Spitze dieser Bewegung stand mit Oskar Lafontaine ein Mann, der sich 1995 nach einem spektakulären Putsch an die Spitze der Partei katapultieren sollte. In seinem Kielwasser schwammen Friedensbewegte wie Erhard Eppler und Henning Scherf, die der Publizist Martin Bernstorf als »Heinemanns Erben« bezeichnete. Die Positionen zwischen Eppler und Schmidt hätten nach Ansicht dieses eher konservativen Publizisten 1979 weit mehr auseinandergelegen als ein Vierteljahrhundert früher die Ansichten von Konrad Adenauer und seinem damaligen Innenminister Gustav Heinemann. Jüngster Erbe im Sinne von Gustav Heinemann sei jedoch der neue Bremer Finanzsenator Henning Scherf, »ein Vertreter der linken SPD, wahrscheinlich der rigoroseste von Heinemanns überlebenden Jüngern«.

Oskar Lafontaine war 1979 Mitglied des SPD-Bundesvorstandes geworden und debütierte, gerade in seine Position gewählt, mit einem Paukenschlag: »Blankes Entsetzen packte die würdigen Mitglieder des SPD-Vorstandes, als ein junger, pfiffiger Mann von der Saar am 7. Dezember 1979 in die erlauchte Runde eintrat und alsbald Helmut Schmidt massiv und ins Gesicht zu widersprechen wagte. Man war allenfalls behutsame Vorhaltungen eines Eppler gewöhnt, der dem Kanzler sanft ins Gewissen redete. Als er auf dem Berliner SPD-Parteitag Bundeskanzler Helmut Schmidt wegen des NATO-Doppelbeschlusses heftig angreift, gehört Lafontaine erst seit wenigen Stunden dem Bundesvorstand seiner Partei an. Kaum ein Jahr später ist Oskar Lafontaine einer der prominentesten Unterstützer der Friedensbewegung, die den »Wahnsinn des Wettrüstens« stoppen will: Die neue Bewegung erreicht eine viel größere Bedeutung als frühere Bürgerinitiativen, weil sich in der Friedensbewegung Menschen jeden Alters und unterschiedlicher Herkunft und Bildung zusammengeschlossen haben – die Angst vor Krieg und atomarer Bedrohung hält jene 300.000 Menschen zusammen, die am 10. Oktober 1981 zu einer Großdemonstration in den Bonner Hofgarten strömen und den Slogan verkünden: »Frieden schaffen ohne Waffen.«

Innerhalb der SPD gehört Lafontaine zu jener Minderheit, die sich offen gegen den NATO-Doppelbeschluss wendet. Während Helmut Schmidt von der Notwendigkeit der »Nachrüstung« überzeugt bleibt, lehnt Lafontaine diese als Aufrüstung ab. »Das Gerede von der Notwendigkeit einer Nachrüstung ist Augenwischerei. Schmidt begreift nicht, was in der Jugend vor sich geht.« Aber auch Erhard Eppler, einer der Hauptredner auf der Bonner Hofgartenwiese, gehört zur Spitze der damaligen Rüstungsgegner: »Wir wollen diese Kette der Vor- und Nachrüstungen, die uns erwürgt, zerschlagen. Und wir wollen sie da zerschlagen, wo wir sind: Hier in Zentraleuropa, hier in Deutschland.« Seit der Großdemonstration in Bonn zählen Lafontaine und Eppler zu den entschiedensten Rüstungsgegnern in der SPD; auch Bremens Senator Henning Scherf, bald als »Eppler des Nordens« porträtiert, macht aus seiner Kritik an den Bonner Nachrüstungsplänen keinen Hehl. »Wir haben 1969, 1972 und 1976 allesamt die Wände der Bundesrepublik mit dem Ausspruch plakatiert, Friedenspolitik zu betreiben. Wir haben damit die Hoffnung in der Bevölkerung konkretisiert, dass wir nicht die Spannungsmacher Nummer eins, daß wir Schrittmacher für eine Friedenspolitik sein wollen [...].« Im schroffen Gegensatz zu Bundeskanzler Helmut Schmidt und Außenminister Hans-Dietrich Genscher fordert Scherf von der SPD und der sozial-liberalen Koalition eine klare politische Entscheidung darüber, »dass wir diese alte Rüstungsspirale nicht mitmachen«. Auch er trommelt als überzeugter Pazifist gegen die Regierung und formiert den Widerstand in den eigenen Reihen. Bei den Demonstrationen der folgenden Jahre in Bonn und im Vorfeld des SPD-Sonderparteitages in Köln, wo 383 von 400 Delegierten gegen die Realisierung des Doppelbeschlusses votieren, gehört er zu den leidenschaftlichen Verfechtern einer Ablehnung. Der linke Flügel der Partei wird mächtiger;

mit Oskar Lafontaine, Erhard Eppler und Willy Brandt kann Scherf bei seinen zahllosen Auftritten drei wichtige Kronzeugen anführen, die wie er befürchten, dass der Geist einer Aussöhnungspolitik mit dem Osten durch die Nachrüstungsspiralen der Nato ein für alle Mal verschüttet werden könnte.

Natürlich musste sich diese ungestüm nach vorn drängende Parteilinke bald dem Vorwurf aussetzen, man würde alles tun, um die Regierungskoalition zu schwächen. Aber konnten die Sozialdemokraten mit diesem Kanzler, dem es nur darum ging, die »großen Übel Hunger und Krieg« vom Volke abzuwenden, überhaupt das verlorene Maß an Begeisterung und Idealismus wiederfinden? So erfrischend Scherfs These war, dass man sich um den politisch wachen Teil der Gesellschaft mehr zu kümmern habe; so war die selbstkritische Diagnose auch richtig, wonach es im Bereich alternativer Bewegungen eine große Anzahl meist junger Menschen gab, die längst in andere Gruppierungen abgetaucht waren. *Wir verlieren an Attraktivität. Wir sind nicht mehr wie Ende der Sechzigerjahre die kompetente Partei, die von allen angesteuert wird.*«

Herbert Wehner trauerte einer Partei nach, die einmal ein Muster »organisierter Zusammenarbeit« gewesen war. Henning Scherf beklagte dagegen zu Recht, dass der SPD im Milieuwechsel von den Siebziger- zu den Achtzigerjahren manches entglitt, weil sich ein kleinbürgerliches Funktionärkorps irritiert hinter die Schutzwände des alten Tankers zurückgezogen habe. Dieter Lattmann, den es als Schriftsteller zu Brandts Zeiten in die Politik verschlagen hatte, zog sich damals enttäuscht aus dem Deutschen Bundestag zurück; solches Verhalten schien ein Indiz für die maßlose Enttäuschung jener Intellektuellen zu sein, die nach ihrer euphorischen Hingabe für Willy Brandt der Politik fast demonstrativ den Rücken gekehrt haben. Waren die Ökologen, über die sich so mancher SPD-Funktionär lustig machte, nicht doch die Vorhut einer verbreiteten Unsicherheit, einer neuen Fortschrittsskepsis und wachsender Zivilisationsängste?

Bei näherem Hinsehen war die SPD bereits Ende der 1970er Jahre zwischen die Fronten geraten. Ein Teil der neuen Mitte war nach rechts zu den Unionsparteien gewandert, der andere ging nach links zu den Grünen. Die SPD schien kaum noch in der Lage zu sein, die verschiedenen gesellschaftlichen Gruppen unter einen Hut zu bringen, der alte Schwung war dahin. Was Henning Scherf und die im »Frankfurter Kreis« versammelte Parteilinke zunächst behutsam und später provokativ bemängelten, war nicht zu bezweifeln: Die SPD war nicht mehr in erster Linie Reformpartei, sie hatte sich zunehmend in eine Partei der Machterhaltung verwandelt. Zwei Zitate aus dem Junker-Scherf-Papier machten deutlich, dass in der SPD die Probleme der Erstarrung und Verkrustung zwar erkannt, einer Lösung aber noch keineswegs näher gebracht worden waren. *»Eine Fortentwicklung von der einseitigen Strategie des reinen Propagierens hin* *zum ernst gemeinten Dialog mit den eigenen Mitgliedern und Bürgern tut not.«* Das war mit Bremer Tinte geschrieben und kam fast wörtlich aus dem Repertoire eines Politikers, der sich um die Zukunft seiner innerlich erstarrten Partei Sorgen machte. *»Wer Macht nur noch mit Hilfe staatlicher Institutionen, nicht mehr aber durch gesellschaftliche Verankerung und Organisationsstärke ausüben kann, der muß als Partei in eine bedenkliche Lage geraten.«*

Die Ratlosigkeit war beträchtlich, wie man auf die neue, besonders von Jugendlichen geprägte Protestszene reagieren sollte. In ihrer Feindlichkeit gegenüber Institutionen und Organisationen wiesen die zahlreichen Bürgerinitiativen und Anti-Kernkraft-Protestler durchaus anarchistische Züge auf. Im Vergleich zur APO 1968 war diese Bewegung weniger auf Theorie als auf die praktische und individuelle Lebenslage hin orientiert und versuchte, sich am Rande der Gesellschaft in kleinen, überschaubaren Nischen einzurichten. Diese Protestszene, so stellten die etablierten Parteien mit Erstaunen fest, präsentierte sich als eine vielfarbige Bewegung, die Staat und Gesellschaft nicht ablehnte, sondern die sich gleichzeitig als Gegenkultur und als eine Art Gegengesellschaft etablierte. Mit Spontis, Hausbesetzern, Autonomen, Mitgliedern der Frauenbewegung oder der Landkommunen, mit Dritte-Welt-Initiativen und anderen Alternativprojekten hatten die Sozialdemokraten bisher kaum Erfahrung gemacht. Wie unterschiedlich das neue Phänomen beurteilt wurde, bewies eine Debatte der Zeitschrift »Neue Gesellschaft«, in der im Juli 1978 Hans Koschnick und Henning Scherf neben anderen Teilnehmern über die neuen Bürgerinitiativen diskutierten. Auf die Frage, welche Mittel und Methoden den zahllosen Initiativen zur Verfügung stünden, um politisch wirksam werden zu können, ob es überhaupt denkbar sei, dass sich die Bewegung zu einer Partei entwickeln könne, meinte Koschnick, er glaube nicht, dass es Grünen oder »Bunten Listen« je geländge, in absehbarer Zeit die Fünf-Prozent-Hürde zu überspringen. Da irrte sich der erfahrene SPD-Kämpe gewaltig, denn bereits im Jahr darauf zogen die Grünen in die Bremer Bürgerschaft ein.

Eine solche Diagnose schien typisch für die Selbstzufriedenheit eines Parteiestablishments zu sein, das die ersten Erfolge der grünen Listen bei Landtagswahlen in Niedersachsen und Hamburg als Strohfeuer abtun wollte – Hans Koschnick sprach von »Gastspielen«, die den Grünen in einigen Länderparlamenten gestattet worden seien. Auch er glaubte wie die Mehrheit der politischen Klasse in der Bundesrepublik, dass eine fast klassische »one-issue-Bewegung« in Deutschland keine ernsthafte Überlebenschance habe. »In Wahrheit verlangen die Listen auf vielen wichtigen Feldern der Politik von ihren Wählern einen Freifahrtsschein ins Blaue […].« Gern wurde die neue Gruppierung mit der von Hermann Fredersdorf gegründeten »Steuerpartei« verglichen, der man damals auch nicht zutraute, glaubwürdige Positionen in der Außen- und Sicherheitspolitik oder in der Innen- und Sozialpolitik zu entwickeln.

## Sehnsucht nach der Opposition

In einer solchen Diagnose spiegelte sich das Unvermögen wider, sich in die Komplexität der neuen Bewegung hineinzudenken – eine Anstrengung, der sich der immer noch spontan und jugendlich, unkonventionell und idealistisch wirkende Henning Scherf mehr als einmal unterzog. Sein Resumee: Seitdem Bundeskanzler Helmut Schmidt die Bundesrepublik vor dem Hintergrund einer verschärften ökonomischen Lage auf einen Stabilitätskurs steuerte, sei es viel schwerer geworden, einen konkreten Bürgerprotest gegen das Handeln der sozial-liberalen Regierung innerhalb der politischen Parteien zu vertreten. Einer unter zahlreichen Gründen für die wachsende Entfremdung zwischen der SPD und der jungen Bewegung sei das Auswuchern eines »schier unüberwindbaren gigantischen bürokratischen Apparats«, der durchaus Stoff für ein begründetes Protestverhalten liefern könne. Schon im Junker-Scherf-Papier war der dringende Rat erteilt worden, dass sich die SPD um »alternative Lebensformen und Denkansätze« zu kümmern habe. Ein sensibler Analytiker wie Scherf spürte, dass die Grünen die SPD und die anderen Parteien »zu zwicken und zu zwacken« begannen, wie die »FAZ« damals diagnostizierte. Aus dem Blickwinkel dieses Politikers, der auch bei den Demonstrationen in Brockdorf mitmarschiert war, würden die Bürgerinitiativen weiter Stimmen sammeln, solange sie sich in prinzipieller Opposition gegen die etablierten Parteien profilieren konnten. Deshalb plädierte er dafür, dass die SPD wieder diejenige Partei werden müsse, in der alle an Reform und Mitarbeit Interessierten ihre Arbeitsfelder finden könnten. Umgekehrt würde die SPD eine längst überfällige Blutzufuhr durch eine neue Form von Bürgernähe erhalten. *»Es reicht einfach nicht aus, daß die Partei nur die jeweilige, an Sachzwängen orientierte Regierungspolitik absichert. Wir müssen uns für die mobil gewordenen Teile der Bevölkerung wieder öffnen. Ich möchte diesen Menschen mitteilen, daß es in und mit der SPD Veränderungschancen gesellschaftlicher Art gibt, die sich durch zähe Arbeit in den Strukturen realisieren lassen.«*

Aus der Perspektive Scherfs mussten der wirtschaftliche Sektor, insbesondere die großen Konzerne, unter politische Kontrolle gebracht werden, wobei eine Verstaatlichung nicht die einzige Möglichkeit sein könne. Allen voran die Parlamente in Bund und Ländern hätten sich nach dieser rätedemokratisch eingefärbten Theorie Kompetenzen zu erkämpfen, um die These einer »öffentlichen Verantwortlichkeit« in die Tat umzusetzen. Diese neue, demokratisch geregelte Verfügungsgewalt eröffne jedem Einzelnen die Chance, als ein »Subjekt mit verbesserten Freiheiten« in der Gesellschaft zu leben. Sobald dies praktiziert werde, hätten in der SPD »Marxisten, die Alternativen und die Grünen ihren Platz«. Aber das bedeute auch, dass jeder endlich einmal bei sich selbst anfangen müsse. *»Ich kann nicht anderen die Autos wegnehmen wollen und* *selber Mercedes fahren, ich kann nicht andere Bodenordnungen fordern und mir selbst aufgrund meiner Privilegien einen Palast bauen, nur weil ich Senator bin.«*

Das war ein politischer Befund, der zwischen ideologischer Prinzipienfestigkeit und individueller Prinzipienlosigkeit, zwischen schwärmerischem Realitätsverlust und einem rigiden Moralismus angesiedelt war. Mit sozialdemokratischem Urgestein, das von Herbert Wehner, Holger Börner und Helmut Schmidt verkörpert wurde, hatte das alles nichts mehr zu tun. Plötzlich zeigte sich, dass die SPD auch Teil der neuen sozialen Bewegungen sein und an den gesellschaftlichen Bündnissen fortschrittlicher Menschen gegen Atomenergie und Rüstungsprojekte teilnehmen wollte. Mit seiner reichlich weltfremd wirkenden Theorie über eine neue Verfügungsgewalt an den Produktionsmitteln nahm der Querdenker Scherf nur vorweg, was Anfang der 1980er Jahre, spätestens nach dem Abtritt von Helmut Schmidt, viele unter den Sozialdemokraten dachten. Man wollte – mit welchen Mitteln auch immer – jene jungen Leute wieder zurückgewinnen, die sich in der letzten Zeit der Schmidt-Ära von der Partei abgewandt hatten. Im Jahr 1980 waren 70 Prozent der grünen Wähler nicht älter als 34 Jahre, obwohl der Anteil der 18- bis 34-Jährigen an der Gesamtbevölkerung nur 30 Prozent ausmachte. Eine im Frühjahr 1980 vorgenommene Bevölkerungsumfrage hatte ein »mobilisierbares Wählerpotential« der Grünen von 16 Prozent ermittelt. Diese Anhängerschaft war in jenen Jahrgängen besonders hoch, die ihre politischen Primärerfahrungen in den unruhigen Jahren nach 1966 gemacht hatten. Der Kern der Grün-Wählerschaft lag bei Studenten und Akademikern, die jünger als dreißig waren. In Bremen hatten bei der Bundestagswahl 1980 fast 16.000 Wähler, davon siebzig Prozent unter 35 Jahren, die Grünen gewählt. Auf Bundesebene waren insgesamt eine Million traditioneller SPD-Wähler nicht an die Urnen gegangen. Wie »Der Spiegel« analysierte, meinten die meisten der befragten Jugendlichen, dass zwischen »dem, was die Politprofis reden, und ihrem tatsächlichen Leben« eine große Kluft existiere, gemeint war eine Vertrauenslücke, in der die oft beschworene politische Glaubwürdigkeit verschwunden war.

Schon Anfang 1978 konstatierte der Publizist Dieter Wenz in der »FAZ«, alle Wohlverhaltens-Appelle des Bundeskanzlers würden auf breiten Widerspruch stoßen – die Linke habe sich in der SPD wieder aufgerappelt und sei zu ansehnlichen Kräften gekommen. Das von Scherf propagierte Wort vom »Kanzlerwahlverein« werde in zahlreichen Parteigliederungen Gehör finden; auch in strittigen Sachfragen arbeite sich eine rührige Linke wacker voran. Tatsächlich ärgerte sich Scherf wie die meisten seiner linken Mitstreiter damals über die Neigung konservativer Parteikreise, ihren angeblich aus der Parteidisziplin entglittenen Nachwuchs notfalls mit Macht integrieren zu müssen. Als »Antibürger« hat sich Scherf freilich nie gesehen, zumal er stolz darauf war, dass sich die SPD endlich den bildungsbürgerlichen Schichten geöffnet hatte. Das verband ihn mit dem Internationalisten Willy Brandt. *»Auch ich selbst habe mich nie als Antibürger gesehen. Und trotzdem fühlte ich mich sofort angegriffen, wenn da einer wie Schmidt daherkam und uns sagte, ihr habt alle noch nicht richtig gearbeitet. Ich fühlte mich von ihm ausgegrenzt. Und so haben wir Intellektuellen in der SPD uns damals zusammengetan, um ihm zu zeigen, dass wir es auch ohne den Segen des Kanzlers können. Es kam zu Zuspitzungen, die vermeidbar waren. Regierende Sozialdemokraten in anderen Ländern haben das ja auch hingekriegt: Olof Palme, Bruno Kreisky oder François Mitterand, der nun wirklich ein Star war – gegen den wirkte Schmidt wie ein Kleinbürger.«*

Solche Haltung blieb nicht ohne Konsequenzen. Nach einem Besuch des Bundeskanzlers in Bremen, wo Kritik am Regierungsstil Schmidts geäußert wurde, traf man sich zum Politplausch in der traditionsreichen »Glocke«. Als Scherf dem Kanzler beim Hinausgehen die Hand hinstreckte, ignorierte Schmidt die Geste demonstrativ und ließ Scherf wie »einen dummen Jungen« stehen, wie sich der Freund und langjährige politische Weggefährte Manfred Halbscheffel erinnert. Als Bürgermeister einer Großen Koalition sollte ihn Loki Schmidt später als »bremischen Patrioten« rühmen, der endlich erwachsen geworden sei. Auch das persönliche Verhältnis der Beiden hat sich nach Auffassung Scherfs gebessert. *»Inzwischen sind wir uns sehr nah, wir helfen uns, wo wir können.«*

Weitere Kompromisse oder lieber Rückzug in die Opposition, um sich im Vollbesitz unbeschädigter Prinzipien fühlen zu können? Die Frage spitzte sich schon ein Jahr später auf eine Gewissensentscheidung zu, als im Vorfeld der Bundestagswahlen 1980 das Duell der Giganten Realität zu werden schien: Zu Recht wurde dieser Wahlkampf mit dem des Jahres 1972 verglichen. Damals gab es eine Mobilisierung der Wähler für einen Kandidaten Willy Brandt; diesmal ging es gegen einen Kandidaten Franz Josef Strauß. Damals ging es mit der Ostpolitik um ein Sachthema, das alle anderen Themen überragte. Jetzt überlagerte das Duell der beiden starken Männer alle anderen Sachthemen, so brisant diese auch sein mochten.

»Ist Ihnen eigentlich klar, dass die SPD schon heute die Bundestagswahlen verloren hätte, wenn sie nicht einen Kanzlerkandidaten Helmut Schmidt präsentieren könnte?«, fragte der Fernsehmoderator Claus Hinrich Casdorff damals den Bremer Finanzsenator Scherf in der WDR-Sendung »Monitor«. Sein verdutzter Studiogast: *»Ja, ja, es gibt überhaupt keinen Streit über diesen Kanzlerkandidaten. Und wenn jemand in der Öffentlichkeit den Eindruck erwecken sollte, dass gerade Menschen wie ich gegen diesen Kanzler sind, dann ist dies falsch. Wir wollen mit diesem Kanzler die nächsten Bundestagswahlen gegen Franz Josef Strauß gewinnen.«* Aber Scherf wollte mehr sein als der treue Wahlhelfer von Helmut Schmidt. Das ließ er sich nicht abschminken. Ein *»lautes Nachdenken, besonders in der Energie-frage«* müsse wieder einsetzen. Da ging es nicht mehr um ihn, sondern um die Sache. Erst das Land, dann die Partei und dann die Person! *»Es gibt für mich kein in der SPD-Sein um jeden Preis. Ich bin in dieser Partei, weil ich bestimmte politische Überzeugungen durchsetzungsfähig machen möchte. Da muss ich auf andere achten. Aber nicht um jeden Preis.«* Der langjährige Ministerpräsident von Rheinland-Pfalz und Thüringen, Bernhard Vogel, nennt Hennig Scherf einen ungewöhn-lichen Politiker, der die Legende widerlegt habe, Politik sei ein schmutziges Geschäft und wer Politik betreibe, der müsse sich die Hände dreckig machen und könne eigentlich kein anständiger Mensch sein. Vogel ist sich in einem persönlichen Brief an den Autor sicher, dass Scherf ein guter Bundespräsident geworden wäre. Auch Alt-Bundespräsident Richard von Weizsäcker rühmt das »geistige und geistliche Fundament«, das den Bremer Politiker bestimme. »Zu viel Idealismus? Zu wenig Machtwillen? Unterwegs lernte er, nichts zu über-treiben.« Die Themen Krieg und Frieden, verbunden mit der wachsenden Angst vor den Gefahren der Atomenergie, berührten das sittlich-religiöse Funda-ment seines gesamten politischen Engagements. Verantwortungsethik schlug in Gesinnungsethik um. In diesem existentiellen Konflikt stellte er vor einem staunenden Fernsehpublikum sogar die eigene politische Biografie infrage.

## Ein folgenreiches Interview

Es entsprach solcher Grundsatztreue, dass er sich auch dem heiklen Thema einer Kanzlerkandidatur von Franz Josef Strauß mit der moralisch begründe-ten Absicht annäherte, möglichst keine Schwarz-Weiß-Malerei zu betreiben. In einem Gespräch mit den »Bremer Nachrichten« äußerte er am 24. Juli 1979 die Sorge, die damals viele Anhänger der sozial-liberalen Koalition umgetrieben hat. Der längst zum »schwarzen Mann aus Bayern« stilisierte Kanzlerkandi-dat der CDU/CSU könne eine Gefahr für die deutsche Gesellschaft sein, weil durch ihn die Meinungsvielfalt bedroht sei. Wer die Liberalität auch gegenüber Minderheiten verteidigen wolle, der müsse das politische Feld gegenüber einer drohenden Holzhammertaktik und groben Verallgemeinerung schützen. Franz Josef Strauß war für Scherf ein Mann der politisch engagierten Indus-trie. »Angenommen, Strauß gewinnt«, fragte Helge Ehler im Interview für die »Bremer Nachrichten« arglos den Gast, »wo bleibt dann die Linke in der SPD?« Die Antwort auf diese letzte Frage eines differenziert geführten Gesprächs löste weit über Bremen hinaus ein politisches Erdbeben aus, von dem sich der Befragte lange Zeit nicht erholen sollte. *»Ich gebe zu, wenn das so kommt, dann ist es wirklich schlimm. Stellen Sie sich vor, ein Mann wie Carstens, den ich auch nicht* *mag, an der Spitze des Staates, dann Stücklen als Bundestagspräsident und schließlich Strauß als Kanzler. Das ist doch wie ein Albtraum. Für mich wäre das so, als ob dieser Staat dann an eine Gang abgetreten ist.«*

Ohne den letzten Satz wäre dieses Zeitungsinterview ein belangloses Gespräch in der Sommerflaute des Jahres 1979 gewesen. So vergingen zwei Wochen, dann rollte von München über Bonn nach Bremen eine Kampagne, deren humorlose Strenge eine politische Siedetemperatur signalisierte, von der das Wahljahr in Bremen und der Bundesrepublik geprägt sein sollte. Der Mann erwecke den Eindruck, als ob er der Konzentration eines mittleren Interviews nicht gewachsen sei, mäkelte als eines der ersten konservativen Blätter die »Deutsche Zeitung« und fragte, ob sich der Senator eines kleinen Bundeslandes derart verrennen dürfe. Kann, wer so den Hammer schwingt, sich im Establishment eines Staates überhaupt wohl fühlen? Das war eine der ersten Fragen, die in der sommerlichen Themenflaute meist in überregionalen Medien gestellt wurde. Die »FAZ« untersuchte Scherfs umstrittene Bemerkung von der sprachlich-semantischen Seite, blätterte im Wörterbuch und übersetzte das Wort »Gang« mit Gruppe, Truppe, Rotte, aber eben auch mit Bande. Im Deutschen werde das Wort nur im Zusammenhang mit der Bedeutung »Verbrecherbande« verwendet. Danach sei das einzelne Mitglied einer »Gang« also ein Gangster. Fazit: Ein Bremer Senator nennt den Bundespräsidenten, den Bundestagspräsidenten und den Kanzlerkandidaten der CDU/CSU eine »Gang«, also Gangster. War das noch humorvoll? Die kritische Analyse der »FAZ« endete mit dem süffisanten Hinweis, wonach man gerade aus Bremen immer wieder ermahnt worden sei, die Baader-Meinhof-Truppe nicht diskriminierend »Bande«, sondern »Gruppe« zu nennen.

Dieser Einwand war richtig. Gerade der ständige Versuch einer Simplifizierung des RAF-Terrorismus, der hauptsächlich von der »Bild-Zeitung« und anderen Blättern des Springer-Verlages betrieben wurde, hatte immer wieder zu öffentlicher Kritik geführt. Nun schien ausgerechnet ein Bremer Senator und prominenter SPD-Linker gegen das Postulat verstoßen zu haben, bei der Auseinandersetzung mit dem politischen Gegner auf eine sorgsame Wortwahl zu achten. In der Umgebung von Franz Josef Strauß wurde die Bemerkung sogleich als »unerhörter Vorgang« bewertet; der Angegriffene schickte ein Protest-Telegramm an Bürgermeister Hans Koschnick, wobei die Interpretation der »FAZ« fast wörtlich übernommen wurde. Carstens, Stücklen und Strauß waren »Gangster«. Nach Ansicht des bayerischen CSU-Vorsitzenden übertraf Scherfs Äußerung »alles, was die kommunistische Propaganda bisher an Beleidigungen und Beschimpfungen in die Welt gesetzt hatte«. In Bremens Staatskanzlei rief der Wirbel um das Scherf-Interview Unbehagen und Ratlosigkeit hervor; nicht zuletzt deshalb, weil man den urlaubenden Senator mehrere Tage lang nicht erreichen konnte. Aber auch hier machte man sich die Mühe, den umstrittenen Begriff »Gang« sprachlich zu analysieren, nun aber vor dem Hintergrund seiner norddeutschen Sprachheimat. In Hafenstädten sei eine »Gang« etwas durchaus Ehrenwertes, hieß es aus der Pressestelle des Senats, nämlich eine Gruppe von Männern, die gemeinsam in einer Schicht beim Laden oder Löschen der Schiffe arbeite.

Der konsternierte Urheber dieses Sprachenstreits hat sich nach seiner Rückkehr damit zu verteidigen versucht, dass er nur diesen Wortsinn andeuten wollte, als er das Triumvirat Carstens, Stücklen und Strauß als einen Albtraum für das politisch-geistige Leben der Republik beschrieb. Ein versöhnlicher Anruf über alle Parteigrenzen hinweg hätte den humorlosen Streit vielleicht beenden können. Da war ein falscher Zungenschlag benutzt worden, der die Grenze des Takts erheblich überschritten hatte. Auf den negativen Beigeschmack des Wortes »Gang« angesprochen, bedauerte Scherf kurz darauf seine Formulierung. Sein »linkes Gewissen«, seine Frau Luise, habe ihm das auch schon um die »Ohren gehauen«. Er habe selbstverständlich die CDU/CSU-Spitze nicht kriminalisieren wollen und auch nicht das englische Wort Gang im Sinne von Gangsterbande gemeint. Im aufbrechenden Streit zwischen Strauß und Scherf wurde ab sofort mit geschlossenen Visieren gekämpft. Wenige Monate später gab es Bürgerschaftswahlen in Bremen; in Bayern rüstete sich einer der mächtigsten konservativen Politiker der Bundesrepublik, Bundeskanzler Schmidt aus dem Amt zu stoßen.

Besonders die CDU in Bremen witterte Morgenluft. Mitten im Sommerloch war Scherfs Ausrutscher ein Himmelsgeschenk für die Stallwachen der Unionschristen, die mit den Kollegen an der Isar eine Art Arbeitsteilung vereinbarten. Während man sich in der Umgebung der CSU über den Niedergang des politischen Anstands und das Anwachsen eines allgemeinen Linksradikalismus entrüstete, blieb die Bremer CDU der traditionellen Generallinie treu, mit dem Sack den Esel zu schlagen: Scherfs Verhalten wurde als Ohrfeige für Koschnick angeprangert. In einem Telegramm an Strauß hatte sich der Bürgermeister unzweideutig von seinem Finanzsenator distanziert und ihn als »Vertreter einer politischen Gruppierung in der SPD« beschrieben – ein fragwürdiger Versuch, den Chef von 2300 Mitarbeitern der Bremer Finanzbehörde buchstäblich in zwei politische Teile zu zerlegen. Mit diesem Kunstgriff zog der Bürgermeister einen Trennungsstrich zwischen dem linken Parteipolitiker Scherf und dessen Amt als Finanzsenator. Aber auch für ihn war dies eine »politisch-polemische Auseinandersetzung«, in die zu seiner Verärgerung nicht nur Bundestagspräsident Richard Stücklen, sondern auch Bundespräsident Karl Carstens hineingezogen worden war. Natürlich haben sich Koschnick und Scherf sogleich beim Staatsoberhaupt in der Bonner Villa Hammerschmidt entschuldigt.

Aber die Stimmung blieb im Vorfeld der Doppelwahlen aufgeheizt. Die bayerische CSU forderte von Bremens Bürgermeister fast kategorisch die Entlassung des Senators. In München blieb in Unkenntnis der bremischen Landesverfassung verborgen, dass im kleinsten Bundesland ausschließlich das Parlament über die Entlassung eines Senators entscheidet. In Bremen biss man sich mit wütender Energie in eine Affäre fest, bei der neben Koschnick auch Scherf sein Fett abbekommen sollte. Für bremische Christdemokraten war der lange Senator ohnehin der »gefährlichste Linksaußen der Stadt«.

Solche Sprüche machten einen Politiker verdächtig, seine linke Ideologie wurde immer wieder zur Zielscheibe. »Dem Typ, der die Diskussion sucht, der von der Heinemann-Richtung kommt, liegt eben das Moralisierende näher als der Realitätsbezug. Verstandesmäßig begreift er die Notwendigkeit einer pragmatisch gemäßigten Politik; doch dem Mann vom linken Flügel fehlt die Loyalität. In kritischen Situationen ist er immer noch anfällig.« So die damalige Meinung unter konservativen SPD-Genossen. Scherf blieb lange das rote Tuch der Bremer Unionschristen, der es im konkreten Fall nur der schwachen Position des Bürgermeisters zu verdanken hatte, dass er seinen Senatorentitel behalten durfte. Allen voran Bernd Neumann setzte den Angriffen gegen Scherf, von dem sich rasch auch eigene Parteigenossen distanzierten, immer noch eins drauf. Er hoffe auf eine »scharfe Zurechtweisung des umstrittenen Senators«, weil diese Äußerungen keineswegs zufällig, sondern gezielt mit Blick auf den bevorstehenden SPD-Bundesparteitag gemacht worden seien, um sich vor linken Wählergruppen zu profilieren. Mit einer laschen Entschuldigung sei es deshalb nicht getan. Die CDU und FDP forderten wegen Verstoßes gegen das Bremer Wahlkampfabkommen eine Geldstrafe, die an ein SOS-Kinderdorf überwiesen werden sollte.

Im polarisierten Klima jener Wochen blieb der umstrittene Senator erstaunlich konsequent. Für eine offizielle Entschuldigung gegenüber Strauß sah Scherf, der einen erläuternden Brief an den Bundespräsidenten geschrieben hatte, keinen Grund. Aber viele Jahre später holte ihn seine Vergangenheit ein, als Strauß während eines Essens im Bremer Rathaus darum bat, Scherf als Tischnachbarn an seiner Seite zu haben. *»Ich werde dieses Mittagessen nie vergessen«*, meint er heute, *»Strauß entpuppte sich als ein hoch gebildeter, geistreicher und netter Mensch.«* Aber damals gab er sich bei seiner öffentlichen Verteidigung noch wenig zimperlich. Gegenüber Karl Carstens hatte er zwar sein Bedauern zum Ausdruck gebracht, dass das deutsche Staatsoberhaupt in eine polemische Auseinandersetzung gezogen worden sei. Aber die Wahl des aus Bremen stammenden Unionspolitikers in das höchste deutsche Staatsamt war für Scherf dann doch ein höchst bedeutsamer Vorgang, weil Carstens eben als »Mann von Strauß« für das Amt in der Bonner Villa Hammerschmidt nominiert worden sei.

Auch Bundestagspräsident Richard Stücklen sei ein loyaler Freund des bayerischen CSU-Chefs, der eine »*kaltschnäuzige Machtpolitik*« betreibe und wie »*mit Maschinengewehren*« auf den Gegner halte.

Da gebe es nichts zu ergänzen und auch nichts zurückzunehmen. »*Sie können den ganzen Globus ablaufen, überall werden Sie finden, dass Strauß sich mit Rechtsextremen und Faschisten trifft.*« Bei diesem Kanzlerkandidaten war es nach Scherfs Befürchtungen möglich, dass sich in der Bundesrepublik Deutschland nicht nur der Schützenpanzerskandal, sondern auch eine »Spiegel-Affäre« wiederholen könne. Auch die eigene Partei bekam ihr Fett ab, die viel zu zimperlich mit solcher Gefahr umgehe und fast nur noch auf die Wählerschaft ziele. CDU-Chef Bernd Neumann musste sich anhören, ein notorischer »*Haudrauf*« zu sein. »*Ich will um Himmels willen nicht vor Strauß klein beigeben oder den Eindruck erwecken, als wäre ich wie ein kleiner Junge in kurzen Hosen bei einem Fehltritt erwischt worden.*«

So publicityträchtig diese Wahlkampf-Rabulistik auch war. Tatsächlich hatte es innerhalb des Bremer Senats beträchtlichen Ärger gegeben. Drei Senatoren, zu denen neben Hans Koschnick auch Walter Franke und Moritz Thape gehörten, hatten eine turnusgemäße Senatssitzung zum Anlass genommen, um eine Generalabrechnung vorzunehmen. Bis auf die Senatsdirektoren mussten alle übrigen Beamten den Versammlungsraum verlassen, damit die Beteiligten freimütig »zur Sache« kommen konnten. Koschnick schnaubte, er habe als Spitzenkandidat der Bremer SPD keine Lust, Scherfs Angelegenheiten im bevorstehenden Wahlkampf auszubaden. Moritz Thape hatte seinem Bürgermeister schon länger geraten, den eigenwilligen Senator »rauszuschmeißen«. Für ihn war das Maß jetzt wirklich übervoll. Nachdrücklich bat man ihn, sich außer bei Carstens auch bei Bundestagspräsident Richard Stücklen zu entschuldigen. Die »Allgemeine Zeitung« zitierte den aufgebrachten Koschnick später sogar mit dem Satz: »Nehmen Sie doch den Scherf nicht ernst, in der Partei tut das doch auch kein Mensch!«

Aber der Angegriffene blieb hart und wiederholte, dass er sich mit der gesamten CSU politisch und parteipolitisch auseinandersetzen wolle. Natürlich wusste er längst, dass er sich mit dem umstrittenen Ausdruck »Gang« fast hoffnungslos verrannt und genau das Gegenteil der immer wieder postulierten Differenzierung in der politischen Auseinandersetzung erreicht hatte. Das Wort war auch für ihn eine unzulässige Verkürzung gewesen, die er danach nicht mehr akzeptierte, weil er einfach nicht wollte, dass dem politischen Gegner »*ein Stempel, eine Briefmarke*« aufgeklebt werde, wie er in einem Gespräch mit Radio Bremen betonte. Es waren solche Schwarz-Weiß-Bilder, die den Politiker aus Bremen öffentlich herabwürdigen und zum Abschuss freigeben sollten. Je härter die Abrechnung, umso erregter der Volkszorn. Fast täglich trafen in Bremen Briefe und Karten aus allen Teilen der Bundesrepublik ein, die mit Diffamierungen aufwarteten. »Als hätte er nur dieses eine Wort gesagt«, wunderte sich die Korrespondentin der »Frankfurter Rundschau« Lilo Weinsheimer und zitierte eine Frau aus Bayern, die einen schmutzigen Reim in Richtung Küste geschickt hatte: »Im hohen Norden ist jetzt gewachsen, eine Sau mit nur zwei Haxen; dieses Tier, es grunzt wie ein Schwein, soll Bremens Finanzsenator sein.« Obszöne Äußerungen, meist mit diffamierenden Zeichnungen, kamen in der Regel von Frauen.

Der Angegriffene ist bis heute über das Echo, das ihm damals ein einziges Wort einbrachte, überrascht. Er erhielt zahlreiche Einladungen zu Diskussionen aus der gesamten Bundesrepublik. Plötzlich bekam er zu spüren, wie Politik inszeniert werden konnte: Eine Information wurde aus dem Zusammenhang gerissen und zur raschen Inszenierung an die zuständigen Stellen weitergereicht. Scherfs ursprüngliches Anliegen war, auf eine Gefahr von rechts aufmerksam zu machen, die nach der Nominierung von Strauß zum Kanzlerkandidaten der CDU/CSU möglicherweise gegeben war. Sein sprachlicher Lapsus machte aus dem seriösen Anliegen eine doppelbödige Inszenierung, die aus den Parteizentralen in München und Bremen zusätzlich angeheizt wurde. Die wachsende Tendenz des politischen Journalismus, zum Unwichtigen, zur Personalisierung, zum Nebensächlichen und Trivialen, zum Agenda Cutting, zur Inszenierung und Dauerunterhaltung zu flüchten, wurde bei dieser Affäre spürbar.

Ein professioneller Berater hätte ihm empfohlen, vor Abdruck des Zeitungsinterviews den Inhalt noch einmal zu überprüfen. Aber »*ausgebuffte, mit dem Anwalt ausgetrickste Formulierungen*« waren seine Sache nicht, wie er im Rückblick auf diese Affäre zugab. Eine solche Politik stieß ihn ab. Das hätte aus ihm jenen berechenbaren und ferngelenkten Protagonisten gemacht, vor dessen Phantombild Scherf ein langes politisches Leben davongelaufen ist. Nun musste er die Konsequenzen einer Affäre ausbaden, in die er ahnungslos hineingeschlittert war. Sein politisches Ansehen hatte gelitten. Er war zum »enfant terrible«, zum Buhmann der bürgerlichen Rechten, sogar zum »Bürgerschreck« geworden. »Der furchtbare Scherf«, raunten Besucher einer lokalen Open-Air-Veranstaltung, als der baumlange Senator erschien, wie sich noch heute die Journalistin Christine Krause-Plagemann erinnert.

In einer Rundfunkdiskussion konnte Bremens CDU-Chef Bernd Neumann damals zu Recht behaupten, dass »die gesamte deutsche Presse von ganz links bis nach rechts« in Sachen politischer Philologie in das Lager der Kritiker geschwenkt war. Statt sich wie gefordert bei den betroffenen Politikern zu entschuldigen, bot Scherf dem CSU-Generalsekretär Edmund Stoiber Paroli. Vor dem Landgericht Frankfurt zwang er Stoiber zur Unterlassung der Äußerung, Scherf sei bei einer »kommunistisch gesteuerten Veranstaltung« gegen den CDU/CSU-Kanzlerkandidaten Strauß in der Bremer Stadthalle aufgetreten und unterscheide sich deswegen nicht mehr von den Exzessen kommunistischer und anderer linksextremer Organisationen. Anlass von Stoibers Verdikt war der Auftritt des inzwischen als Senator für Jugend, Soziales und Sport wirkenden Scherf bei einer von der Aktion »Bürger gegen Strauß« veranstalteten Kundgebung, die am 25. September 1979 parallel zu einem Strauß-Auftritt in der Bremer Stadthalle durchgeführt worden war. In einem Telefoninterview, das Stoiber später einem Redakteur der »Frankfurter Rundschau« gab, war angeblich jene Äußerung gefallen, die Scherf in die Nähe von Kommunisten rückte. Die Dritte Zivilkammer des Frankfurter Landgerichts gab dem Antrag des Bremer Sozialdemokraten statt und drohte Stoiber bei Zuwiderhandlung ein Ordnungsgeld in der Höhe von einer halben Million D-Mark oder Haft bis zu sechs Monaten an. Die Kosten des Verfahrens hatten sich Scherf und Stoiber zu teilen, wobei es ein Jahr später ein pikantes Nachspiel gab. Auch gegen den Bremer CDU-Politiker Reinhard Metz musste Scherf sich mit juristischen Mitteln wehren, weil Metz während der Wahlveranstaltung mit Strauß behauptet hatte, dass draußen vor der Halle Polizisten und Ordner in schlimmste Krawalle verwickelt seien. »Die Polizei muss sich mit den Leuten schlagen, die der Bremer Finanzsenator auf dieses Gelände geholt hat, und ich bitte herzlich, Herrn Scherf und Genossen am Wahltag dafür die Quittung zu geben.« Scherf klagte über ein Bremer Anwaltsbüro erfolgreich auf Unterlassung dieser Äußerung, die auch nach Meinung des Gerichts »beleidigend und unwahr« gewesen sei.

## Riskante Doppelrolle

Aber das Risiko seiner politischen Doppelrolle blieb. Der Bremer Journalist Heinz Nolte sah Scherf damals sogar auf einem gefährlichen Weg und riet ihm, bei seinen parteipolitischen Eskapaden an die Sicherung der Arbeitsplätze in der Hansestadt zu denken. Der Kommentator des »Weser Kurier« erinnerte daran, dass Bremens Regierungschef Hans Koschnick mit dem bayerischen Ministerpräsidenten Strauß in dessen Münchner Residenz über eine Zusammenarbeit zwischen der süddeutschen Luftfahrtindustrie und Unternehmen der Unterweser verhandelt habe. Ein bremischer Senator sei kraft Eides dem bremischen Gemeinwohl verpflichtet. Das verlange zwar keine politische Abstinenz, wohl aber eine besondere Sorgfalt in der Sache des gesprochenen und des geschriebenen Wortes. Was sei eigentlich so schwierig daran, sich beim Bundestagspräsidenten und beim deutschen Staatsoberhaupt in aller Form zu entschuldigen und auch ein klärendes Gespräch mit Strauß zu suchen? Warum wurde das Schreiben an Karl Carstens nicht publiziert? Nolte erinnerte daran, dass der erste sozialdemokratische Reichspräsident, der aus Bremen stammende Friedrich Ebert, in den 1920er Jahren regelrecht zu Tode gehetzt worden sei. Am Ende habe der Untergang der Weimarer Republik gestanden. Die hohen Ämter des Staates habe man auch mit Blick auf dieses Kapitel deutscher Geschichte aus dem Parteienstreit herauszuhalten, falls einem der Staat überhaupt etwas bedeute. Die Analyse des Journalisten war vernichtend. Der junge Finanzsenator habe noch einiges zu lernen und könne seine janusköpfige Rolle nicht mehr unbekümmert weiterspielen. Mal als Finanzsenator im Rathaus zu agieren, um danach als kämpferischer Sozialist auf Schlachtfelder vorzupreschen, wo am anderen Tag sachliche Gespräche vonnöten seien – dies könne man nicht länger akzeptieren. Wie die meisten politischen Beobachter in Bremen vermutete auch dieser Kommentator, dass Scherf über seine spektakulären Auftritte langfristig Karriere in der Bundespartei machen wolle. Nach dem Ausscheiden Koschnicks aus dem erweiterten SPD-Parteivorstand werde nur ein Posten an einen Kandidaten aus Bremen vergeben. Deshalb kämpfe der selbst ernannte Nachfolger bereits im Vorfeld des Parteitages um eine günstige Startposition. »Ist Scherf davon nicht abzubringen, findet er nicht zur Selbstdisziplin im Koschnick-Senat zurück, und gelingt es ihm nicht, ein paar Sicherungen mehr gegen unbedachtes Handeln einzubauen, dann stehen Senat und Bürgerschaft der Hansestadt Bremen [...] schwere Zeiten bevor.«

Besonders in der SPD vollzog sich ein Paradigmenwechsel, den der Politikwissenschaftler Franz Walter als »Tanz der Enkel« beschrieben hat. Man wollte wieder Teil der sozialen Bewegungen sein und an den Bündnissen »fortschrittlicher Menschen« gegen Atomenergie und Rüstungsprojekte mitwirken. Vor allem sollten die jungen Leute wieder zurückgewonnen werden, die sich gegen Ende der Schmidt-Ära von der SPD abgewandt hatten. Insofern waren die Linken in der SPD nicht allzu unglücklich darüber, dass Schmidt seit dem Herbst 1982 nicht mehr Kanzler war. Jetzt konnte man endlich im Eiltempo darangehen, die SPD in eine Partei der Ökologie und Friedensbewegung umzuwandeln. Innerhalb der Partei rumorte es, Lafontaine war der Wortführer, und andere, unter ihnen Gerhard Schröder und Henning Scherf, schlossen sich dem Aufmüpfigen an. Der frisch in den Bundestag gewählte Gerhard Schröder, der bis vor Kurzem noch Juso-Chef gewesen war, fragte Bundeskanzler Helmut Schmidt: »Wenn Lambsdorff die Wirtschaftspolitik bestimmen würde und Reagan die Außenpolitik, wäre dann nicht der Punkt erreicht, wo man sagen muß, wozu sind wir eigentlich an der Regierung?« Der Satz verrät viel über den Stimmungswechsel jener Jahre, in denen Sozialdemokraten die unmittelbare Regierungsfähigkeit ihrer Partei nicht mehr allzu wichtig nahmen. Es war ein Witz der Geschichte, so Joachim Hoell in seiner Biografie über Oskar Lafontaine, dass neben anderen Schröder und Lafontaine die sozial-liberale Koalition nach allen Kräften demontierten und damit 1982 Helmut Kohl zur Macht verhalfen, um diesen sechzehn Jahre später gemeinsam aus dem Kanzleramt zu vertreiben.

Man muss sich mit dem Bremer Christdemokraten Bernd Neumann unterhalten, um den Politikwechsel jener Jahre zu verstehen. Wie Scherf und Wedemeier war Neumann 1971 zum ersten Mal in die Bremer Bürgerschaft gewählt worden; im Schatten einer erfolgsverwöhnten SPD und der überragenden Autorität von Hans Koschnick folgten Jahre der Opposition, in denen die Unionschristen kaum eine ernsthafte Rolle spielten. Für Neumann war der ehrgeizige Wedemeier ein arrivierter Pragmatiker, der seine linke Juso-Vergangenheit rasch vergaß und Karriere machen wollte. Scherf sei dagegen »emotionaler Überzeugungstäter« geblieben, der sein Tun und Handeln nach moralischen Maximen ausgerichtet habe. Wenn Neumann über jene Jahre redet, als die politischen Aktivitäten der fast gleichaltrigen Politiker begannen, spürt man unzweideutige Sympathien für Henning Scherf. Dieser querköpfige Politiker, mit dem Neumann so manche harte Klinge kreuzte, habe sich selten verbiegen lassen; auch als Senator sei er ein Linker geblieben. Sein zentrales Problem habe darin gelegen, so das Urteil von Neumann, dass ein Senatorenamt in Bremen allzu langweilig sei. Deshalb sei er mehr als einmal in jene Doppelrolle zwischen Senator und Parteipolitiker geschlüpft, die ihm manchen Ärger eingebrockt habe. Das ist nicht nur das späte Lob eines Mannes, der mit dem Gegner von einst im Jahre 1995 eine erfolgreiche Große Koalition einfädeln sollte. Auch Neumann schätzt politische Grundsatztreue; alte Freunde und Weggefährten lässt er so rasch nicht im Stich. Der langjährige Abgeordnete des Bundestages und jetzige Staatsminister für Kultur und Medien im Kanzleramt demonstrierte die Nähe zu seinem Förderer Helmut Kohl zu einem Zeitpunkt, als es zum guten Ton innerhalb der CDU/CSU gehörte, den in der Parteispendenaffäre bedrängten Alt-Kanzler möglichst zu meiden.

## Ausflug nach Nicaragua

Was nährt die besondere Wertschätzung Neumanns für seinen alten Widersacher? Hinter den Kulissen jener politischen Konfrontation, die das Verhältnis der beiden Männer viele Jahre prägte, ist es Anfang 1984 zu einem aufschlussreichen Briefwechsel gekommen. Der Inhalt dieses Gedankenaustauschs blieb bis heute geheim, weil beide Protagonisten Vertraulichkeit vereinbart hatten.

Der Anlass für das schriftliche Zwiegespräch war spektakulär und schlug im kleinen, überschaubaren Bremen hohe Wellen. Es ging um Scherfs Engagement für die sandinistische Befreiungsbewegung in Nicaragua, das er am 20. Dezember 1983 auf ungewöhnliche Weise demonstriert hatte. Morgens früh in trist-nasser Kälte brachen vom Bonner Hauptbahnhof aus 300 überwiegend junge Leute auf, um sich auf den Weg nach Nicaragua zu machen. Die Mitglieder der rasch improvisierten »Arbeitsbrigaden« kamen aus der linken Szene, hatten in Komitees für Nicaragua oder El Salvador gearbeitet und wollten angesichts der Bedrohung der sandinistischen Revolution durch die USA und rechtsgerichtete Contras mit persönlichem Einsatz helfen. Während man sich in Deutschland auf Weihnachten vorbereitete, wollten die Frauen und Männer im Alter zwischen achtzehn und vierzig Jahren in der feuchten Hitze der Subtropen Kaffee ernten und ihre Solidarität mit der Revolution der linksgerichteten Sandinisten bekunden. In der Gruppe, zu der fast 800 Mitstreiter aus den Niederlanden, aus Österreich, Frankreich, Italien und den USA hinzukamen, befanden sich mit Bremens Sozialsenator Henning Scherf, der grünen Bundestagsabgeordneten Petra Kelly sowie den Theologen Dorothee Sölle und Norbert Greinacher vier deutsche Prominente. Die Gruppe kannte sich seit der Blockade der Mutlanger Kaserne, wo sie gemeinsam mit dem Schriftsteller Heinrich Böll, Pastor Heinrich Albertz und anderen Prominenten gegen die weitere atomare Aufrüstung »protestgesessen« hatte. Zu Beginn der Reise gab es eine Pressekonferenz, bei der Scherf ausdrücklich darauf verwies, dass er den Charterflug von 2000 Mark aus der eigenen Tasche bezahle. Auch sein Urlaubskonto war in Ordnung, denn der Senator hatte im zurückliegenden Jahr nur drei Wochen Erholung vom Amt in Anspruch genommen. Wie umstritten die Reise bei der Bevölkerung war, bewiesen zahlreiche anonyme Anrufe in der Scherf-Behörde. Der Politiker oder seine Sekretärin wurden wüst beschimpft. In der Lokalpresse erschienen diffamierende Leserbriefe: »Glücklicherweise erkennen immer mehr Leute in unserem Lande, daß sie in erster Linie Deutsche sind, und jagen den linken Pöbel in den Urwald zum Kaffeepflücken.«

Henning Scherf blieb zwei Wochen, schlief in Scheunen und Garagen und ackerte acht Stunden am Tag als Kaffeepflücker auf den Plantagen. Ähnlich wie einst im Evangelischen Studienwerk Villigst rollte er auf dem Dachboden einer Scheune zum Schlafen seinen Schlafsack aus – sofern einem *nicht die Ratten ins Gesicht sprangen*, wie er nach seiner Rückkehr munter berichtete. Der Zwei-Wochen-Trip erinnerte an die Aufenthalte in den »work camps« seiner frühen Schüler- und Studentenjahre. Damals war er mit Dufflecoat und Baskenmütze in europäische Jugendlager gereist, um dort zu helfen und internationale Erfahrungen zu sammeln. Zwei Jahrzehnte später war Scherf als Familienvater unterwegs, der seine sechzehnjährige Tochter Julia nach einjährigem Schulaufenthalt in Nicaragua wieder mit nach Hause brachte; er war Senator einer norddeutschen Hansestadt und wollte einen kleinen Beitrag zur Entwicklungshilfe leisten. Ein ausgedientes Fährschiff mit dem Namen »Gröpeln« war bereits von

Bremen aus nach Nicaragua verschifft worden. Danach waren verschiedene Regierungsmitglieder aus Nicaragua zu Besuch in Bremen. Für die Bewohner dort bedeute dies Entwicklungshilfe für eine ganze Region, berichtete Scherf, der sich auch vor Ort für Bremens Wirtschaft engagierte: Mit dem Außenhandelsministerium verhandelte er darüber, den Kaffee des Landes später nicht mehr über London, sondern über Bremen nach Europa zu transportieren. Auch eine Medikamentenspende im Wert von 50.000 D-Mark hatte Scherf in ein Land mitgebracht, das sich erst drei Jahre zuvor von der brutalen Somoza-Diktatur befreit hatte.

Kaum zu Hause, geriet Scherf in die Kritik der CDU-Opposition, die ihn zur »Investitionsbremse« für das Land Bremen erklärte. Peter Kudella, Mitglied der CDU-Bürgerschaftsfraktion, warf dem Zurückgekehrten vor, mit seinem Engagement für das links-revolutionäre Nicaragua andere Unternehmen von Investitionen in Bremen abzuhalten. Falls dieser Senator seinen Schreibtisch räumen würde, wäre das so viel wert wie eine Senkung der Gewerbesteuer um 200 Punkte; nach Rechnung der Unionschristen wären dies 200 Millionen D-Mark. Auch in der SPD wurde über den romantischen Kaffeepflücker, der es anderen Gesinnungsreisenden in Sachen Sozialismus nachgemacht hatte, eifrig gelästert. Man mokierte sich über jene linken Intellektuellen, die nach Kuba oder Lateinamerika reisten, einen kleinen Ernteeinsatz absolvierten und zu Hause ihre optimistische Botschaft über Fortschritte der revolutionären Entwicklung verkündeten. Aber im Rückblick auf jene Wochen, in denen er Sympathie für die Revolutionäre in Nicaragua demonstrierte, will er heute nichts zurücknehmen. *»Ich wollte mir immer mehr einfallen lassen als nur die Loyalität gegenüber Gremien und deren langweiligen Ritualen. Ich wollte die Sprache derjenigen sprechen, mit denen ich zu tun hatte, und deren Kulturen kennenlernen. Ich wollte sie abholen, wo sie waren, und nicht darauf warten, bis sie durch meine Tür marschiert kamen.«*

Für die Biografie Scherfs war es viel mehr als nur eine kleine Episode, weil der Trip nach Managua mit einem hohen Bekenntniswert verbunden war. Wieder einmal pfiff er auf alle Tricks und Strategien, mit denen er sein lädiertes Image hätte aufpolieren können. Aber sein damaliges Engagement ging über den Zeitvertreib eines modisch gewordenen Links-Intellektualismus weit hinaus. Es trug die selten gewordene Kraft des Authentischen, war keineswegs verlogen und imponierte all denjenigen, die sich um die Freiheit der Völker in Lateinamerika ernsthafte Sorgen machten. Dazu gehört bis heute Gonzalo Cáceres, ein Journalist aus Chile, seit vielen Jahren leitendes Mitglied im »Verein der ausländischen Presse« zunächst in Bonn, später in Berlin. Der polyglotte, im Kreis seiner Kollegen geschätzte Cáceres, war als junger Nachwuchspolitiker der chilenischen Christdemokratischen Partei um Eduardo Frei nach dem Putsch gegen Salvador Allende zur »persona lista« geworden, also zum politischen Flüchtling, der von den Schergen Pinochets verfolgt und bestraft werden sollte. Gonzalo Cáceres rettete sich mit mehr als 300 Verfolgten in die Botschaft der Bundesrepublik, war mehrere Monate inhaftiert und von seiner Familie getrennt, bis er allein nach Deutschland ausreisen durfte. Im Austausch gegen eine Getreidelieferung, die von einem deutschen Schiff nach Chile gebracht worden war, hatten die chilenischen Behörden die Freilassung von fünfzig Flüchtlingen erlaubt. Darunter befand sich Gonzalo Cáceres, der sich nach einer Irrfahrt durch Notaufnahme- und Flüchtlingslager bald in Bremen wiederfinden sollte. Die Familie Scherf, die bereits den Exil-Chilenen und früheren Minister Anibal Palma bei sich zu Hause aufgenommen hatte, empfing den abgekämpften, um sich und seine Familie bangenden Cáceres mit offener Gastfreundschaft, wie sie in dieser Familie üblich war. »Das werde ich beiden niemals vergessen.« Sohn Javier Cáceres spielte übrigens viele Jahre in einer Nachwuchsmannschaft von Werder Bremen, wurde Sportreporter und berichtet seit 2007 für die »Süddeutsche Zeitung« als politischer Korrespondent aus Madrid.

Scherfs Engagement für Nicaragua war von einem Zeitgeist geprägt, der sich damals stärker als heute für Fragen der Dritten Welt interessierte. Das war mehr als eitle Parteinahme, die anschließend mediengerecht inszeniert werden konnte. Scherfs Reise war von der schlichten Idee inspiriert, die ihn seit Schülertagen beschäftigt hatte: Dass Krieg kein Mittel der Politik sein dürfe und dass Religions- und Meinungsfreiheit für alle zu gelten hatten; auch anderen Kulturen und Weltanschauungen gebühre Respekt und Solidarität. Bei seiner Kritik an der Vasallentreue der deutschen Außenpolitik gegenüber den USA richtete er den Blick sogar weit in die Zukunft. »Wir sind kein Satellitenstaat [...], in Europa muss man sich besinnen, in welchen Fragen man kritisch mit den USA umgeht und in welchen nicht. Wir sind auf Gedeih und Verderb darauf angewiesen, dass wir Frieden haben und nicht zum Aufmarsch- und Kampffeld der Großmächte werden.« Mit dieser Auffassung stand er keineswegs allein. Im Bonner Entwicklungsministerium wurde er vom damaligen Minister Hans-Jürgen Wischnewski unterstützt, der sich für die Zusammenführung der Familie Cáceres auf Initiative des Bremer Senators eingesetzt hatte. Der Minister für Forschung und Technologie, Hans Matthöfer, organisierte Hilfe der IG Metall, die sich zusammen mit Repräsentanten der politischen Stiftungen für ein demokratisches Chile engagierten. In Bremen gründeten sich spontane Chile-Komitees, die im Haus der Scherfs offene Unterstützung gefunden haben. »Diese Leute haben meinen Landsleuten zu Hause und hier das Bild eines demokratischen Deutschland vermittelt. Meine Bremer Geschichte ist auch die Geschichte eines chilenischen Demokraten, der den Landsleuten in Chile die Verhältnisse in seiner neuen Wahlheimat Deutschland erklärt«, meint Gonzalo Cáceres, der heute aus Berlin für verschiedene Zeitungen, für den Rundfunk und für die Deutsche Welle nach Chile berichtet.

# Briefwechsel mit Neumann

Das Engagement für Chile und Nicaragua war für das Ehepaar Scherf keine Anleitung für Sonntagsreden, sondern Aufforderung zu praktischem und solidarischem Handeln. Man wollte nicht den Sandinisten helfen, sondern den armen Leuten in den Elendsquartieren, die von den Contras beschossen wurden. Das war ein Zeichen internationaler Solidarität; es hatte die schöne Nachwirkung, dass Henning Scherf nicht nur mit der studentischen Linken ins Gespräch kam, sondern auch mit einer irritierten Opposition, wie sich bald am Verhalten des Bremer CDU-Opponenten Bernd Neumann zeigen sollte. Bei einer Anti-Mutlangen Demonstration in Bremen saß Bremens Sozialsenator übernächtigt auf dem Pflaster vor dem Rathaus seiner Stadt, tröstete angstvolle junge Demonstranten und antwortete später auf die Frage, ob dies eine angemessene Rolle für einen amtierenden Senator sei: *»Die jungen Leute fürchteten sich. Ich musste bei ihnen sein.«* Als zuständiger Senator trat er nachdrücklich für eine Amnestie aller derjenigen ein, die mit ihrem öffentlichen Bekenntnis für die Ökologiebewegung, für die Anti-Atombomben- oder die neue Jugendbewegung Schwierigkeiten bekommen hatten. Auch damit gewann er nicht nur Freunde. Die CDU nahm solche Aktivitäten wie so oft als Beweis, wie links der »rote Scherf« bei näherem Hinsehen tatsächlich sei. Aber diese Kritik störte ihn nicht; sein radikal pazifistisches Engagement blieb trotz zunehmender Vorbehalte in den eigenen Reihen und einer anhaltenden Kritik der Opposition ziemlich unverrückbar. *»Was stört es uns, wenn eine wachsende Zahl Wehrpflichtiger den psychologisch belastenden Ersatzdienst abzuleisten bereit ist? Brauchen wir nicht Menschen, die heilen, helfen, opfern, anstatt sich aufs Totschlagen zu spezialisieren?«* Im Jahre 1982 waren solche Sätze eine Provokation; ein Vierteljahrhundert später ist der Zivildienst eine Normalität in der bundesdeutschen Gesellschaft geworden.

Politiker werden oft unter den Pauschalverdacht gestellt, sie suchten in ihren Ämtern nur Selbstbestätigung, Macht und persönlichen Vorteil. In fast unkontrollierbarem Höhenrausch seien sie einer Art Sucht nach Selbstdarstellung verfallen. Tatsächlich muss man genau hinschauen und darf nur den Fall des Einzelnen betrachten. Scherfs Nicaragua-Ausflug mag taktisch schlecht eingefädelt und abträglich für die persönliche Karriere gewesen sein. Aber er legte bei der Begründung seiner damaligen Reise eine politische Redlichkeit an den Tag, die bereits damals zu einer seltenen Tugend geworden war. Dass man sich in Lateinamerika entscheiden müsse, auf welcher Seite man steht, weil dort ein Kampf auf Leben und Tod zwischen der Bevölkerung und den Kolonialmächten tobte, die sich mit den alten Oligarchien und Militärdiktaturen verbündet hatten – das war die Streitfrage, die er moralisch entschied. *»In El Salvador, Honduras und Guatemala werden täglich zig Leute von Todesschwadronen umgebracht, die eine Unterstützung der Regierun-*

gen haben und in Miami organisiert werden. *Das ist ein Holocaust, von den USA unterstützt. Ich kann mich an der Verharmlosung dieses Problems nicht beteiligen.«*

Auch diese Meinung wurde fünf Jahre nach dem Umsturz nicht mehr von all denjenigen geteilt, die sich einst für die Revolution der »Nicas« begeistert hatten. So berichtete der »FAZ«-Korrespondent Martin Gester am 21. Januar 1984 nach einer Reise durch Nicaragua, die »commandantes« der Revolution seien auf dem Marsch in einen totalitären Staat nach dem Vorbild der DDR, der Sowjetunion und Kubas. Unter dem allgewaltigen Chef der Sandinistenregierung Daniel Ortega würden in Managua alle Weichen gestellt, um einen kommunistischen Herrschaftsapparat zu installieren. Bremens CDU-Fraktionsvorsitzender Bernd Neumann nahm den Artikel zum Anlass, um dem aus Nicaragua zurückgekehrten Scherf einen längeren Brief zu schreiben, dessen Absicht »nicht von parteitaktischen oder publizistischen« Gründen diktiert sei. Ihn interessiere lediglich die wirkliche Meinung des Mitbürgers und politischen Kollegen. »Ein solches Ansinnen kommt in der heutigen Zeit […] immer seltener vor, dennoch würde ich mich freuen, wenn Sie mir einmal Ihre Gedanken schreiben würden.« Scherf reagierte auf den Brief, der ihn doch *»sehr unerwartet erreicht habe«,* wie er später zurückschrieb. Aber auch er war erfreut darüber, mit dem politischen Gegner *»jenseits aller tagespolitischen Auseinandersetzungen einmal offen reden zu können«.* Im Rückblick auf diesen Briefwechsel, der knapp drei Monate andauerte, ist es weniger der Inhalt, der heute noch historisch interessant ist. Beide Männer machten sich je nach Standpunkt begründete Sorgen darüber, ob Nicaragua einen freien und selbstbestimmten Weg in die Zukunft einschlagen oder unter dem Druck der Großmächte in die östliche oder westliche Richtung gedrängt werden könne. Auch Scherf verteidigte sich entschieden gegen jede »Revolutionsromantik« und warb um Sympathie für ein Land, das in den Ländern der Dritten Welt ein Beispiel für freiheitliche Verhältnisse setzen könne. Trotz solch sachlicher Differenzen kamen sich beide Politiker auch persönlich ein wenig näher. »Zunächst möchte ich bestätigen, daß ich zu allen Zeiten die Offenheit geschätzt habe, mit der Sie Ihre politischen Positionen vertreten«, schreibt Neumann am 21. Februar 1984 und erinnert an eine Episode, die dreizehn Jahre zurücklag. Damals habe Scherf als Referent an einer Veranstaltung der Jungen Union teilgenommen, obwohl der Juso-Vorstand die Teilnahme des frisch in die Bürgerschaft eingezogenen Hennig Scherf kategorisch untersagt hatte. »Ihre Teilnahme habe ich damals als sehr positiv empfunden, was Sie daraus ersehen können, daß ich mich noch heute daran erinnere.« Im letzten Antwortschreiben des Bremer Senators klang es durchaus optimistisch zurück, dass *»ein Grundkanon demokratischer Prinzipien in großen Fragen Gemeinsamkeit ermöglichen könne«.* An solche Sätze sollten sich beide Männer erinnern, als sie über ein Jahrzehnt später darangingen, in Bremen eine ungewöhnliche Große Koalition auf den Weg zu bringen.

## Die Sache mit Reagan

Aber dies war nur eine stille Annäherung gewesen. Im politischen Alltag des kleinen Stadtstaates ging man bald wieder wenig zimperlich miteinander um. Kaum zwei Jahre nach diesem Briefwechsel rückte Scherf erneut in das Fadenkreuz der CDU. Im Deutschen Bundestag war im November 1986 von ihm die Rede, Bundeskanzler Kohl interessierte sich für den Senator, und Kanzleramtsminister Wolfgang Schäuble machte sich die Mühe, einen Brief an die Bremer Senatskanzlei zu schreiben. Weit über die lokale Öffentlichkeit hinweg hatte die Frage Aufsehen erregt, ob das »enfant terrible« von der Weser dem amerikanischen Präsidenten Ronald Reagan den Krebstod gewünscht habe. Die CDU behauptete nachdrücklich, diese Äußerung des Sozialsenators und Bürgermeisters der Stadt sei tatsächlich gefallen. Man nutzte die Stunde zur Empörung über die »ungeheuren Entgleisungen des Herrn Scherf«, verlangte dessen Rücktritt und kündigte einen Misstrauensantrag an. Scherf wehrte sich. Wieder einmal ging es wie bei der zurückliegenden »Gang-Affäre« um eine saloppe Äußerung, die viele Angriffsflächen bot und den Angegriffenen in ein schlechtes Licht rücken sollte. Die »Nordsee-Zeitung« hatte berichtet, Scherf habe bei einem Vortrag über Nicaragua in Leherheide gesagt, dieses lateinamerikanische Volk habe erst in zwei Jahren eine Chance, wenn Reagan sein Amt abtreten müsse. *»Es sei denn, er geht vorher mit seinem Krebs unter die Erde. Hoffentlich kommt der Wechsel vor zwei Jahren.«* Der anrüchige Satz war im Verlauf einer harmonisch verlaufenen Veranstaltung in einer Kirchengemeinde gefallen, wo der Gast aus Bremen fast zwei Stunden frei gesprochen und mit den etwa einhundert Zuhörern intensiv über Nicaragua diskutiert hatte. Von der Teilnahme eines jungen Journalisten hatte er nichts gewusst. Als eine Woche später Schlagzeilen vom Wunsch Scherfs nach dem »Krebstod« des US-Präsidenten berichteten, sei er aus allen Wolken gefallen. *»Keiner meiner Zuhörer, alles gute Christen«*, so erinnert er sich zwanzig Jahre später, *»hatte so etwas gehört und kritisiert.«* In einer Presseerklärung stellten 38 Unterzeichner später definitiv fest, sie hätten im Verlauf der Veranstaltung keinerlei »Ausführungen vernommen, in denen Scherf den baldigen Tod von Ronald Reagan« gewünscht hätte. Die Unterzeichner der Erklärung sprachen von einer Kampagne gegen ihn. Die Vorwürfe hätten mit dem Inhalt und Verlauf der Veranstaltung nichts zu tun. Keiner der Beteiligten habe Anlass gesehen, sich über die Ausführungen des Gastredners zu empören.

Das war eine wichtige Rückendeckung; doch die Zweifel blieben. In einem langen, bohrenden Rundfunkinterview mit Radio Bremen antwortete er ausweichend auf die Frage, ob der Journalist ihn falsch wiedergegeben habe. Wusste er also selbst nicht mehr, was er im Verlauf der Veranstaltung gesagt hatte? *»Ich habe frei geredet [...] und dann noch auf Fragen geantwortet. Da können*

*Sie nicht jedes Wort parat haben.«* Waren wie so oft die bösen Journalisten schuld? *»Nein, das ist auch falsch!«* Ist ein Mitglied der Landesregierung tragbar, das sich nicht mehr erinnern kann, was es irgendwo gesagt hat? *»Sehen Sie, ich rede am Tag ungefähr auf vier bis fünf verschiedenen Veranstaltungen. Sie kennen mich. Ich rede in der Regel frei und sehr engagiert, und es wäre wirklich vermessen zu sagen, dass ich eine Woche später auf einer Veranstaltung, auf der debattiert worden ist, jedes Wort im Kopf habe. Ich kann sagen, was ich im Grunde denke [...]. Das werde ich auch immer wiederholen, das hat sich überhaupt nicht geändert. Ich rede auch auf Risiko.«* Auf die gute Idee, sich eindeutig zu erklären, kam Scherf erst spät. In einem Brief an US-Botschafter Richard Burt wünschte er Reagan »weiterhin Gesundheit« und versuchte, den Spieß der CDU umzudrehen: *»Seit einigen Tagen wird versucht, meine kritische Haltung zu Ihrer Nicaragua-Politik dadurch zu diffamieren, dass man mir wahrheitswidrig den Wunsch nach baldiger Krankheit oder Tod Ihres Präsidenten nachsagt. Ich sehe darin den Versuch, dass meine politische Position von rechten Kreisen in Bremen umgebogen wird zu einer persönlich feindlichen Haltung gegenüber Ihrem Präsidenten. Ich entschuldige mich für alle diejenigen, die mit Blick auf die amerikanische Öffentlichkeit und deutsche Wahlkampftermine mir eine solche peinliche Diskussion aufzuzwingen versuchen.«*

Wieder einmal hagelte es wegen einer missverständlichen Äußerung, die nicht eindeutig dementiert wurde, böse Kommentare. Selbst nach einer mehrstündigen Debatte in der Bürgerschaft, als ein Misstrauensantrag gegen ihn mit der Stimmenmehrheit von SPD und Grünen abgelehnt wurde, blieb unklar, ob und in welcher Form Scherf ein Kriegsende in Nicaragua mit einem möglichen Krebstod von Reagan in Verbindung gebracht hatte. Die CDU und die beiden Abgeordneten der Republikaner blieben dabei, dass Scherf nach der Nicaragua-Veranstaltung richtig zitiert worden sei. Bernd Neumann begründete den Misstrauensantrag mit der Kampfansage, dass Scherf auf dem Sessel eines Senators mit solchen öffentlichen Äußerungen dem Lande Bremen schade. Immerhin sei es nicht das erste Mal gewesen, dass der Senator mit solchen Äußerungen »die Grenzen des menschlichen und politischen Anstandes überschritten« habe. Mit ironischer Süffisanz zitierte Neumann einen Artikel aus dem »Osterholzer Kreisblatt«, wonach der Senator bei einer Veranstaltung in Osterholz-Scharmbeck öffentlich gesagt habe: *»Wenn Reagan in die Grube fährt, dann ist der Krieg in Nicaragua zu Ende.«* Für Neumann war klar, dass Scherf dem Lande Bremen weiterhin mit politischen Entgleisungen schade; für die Republikaner war Scherf ein »Scheinmoralist«, der Recht und Unrecht nur mit ideologischen Maßstäben messe. »Er ist ein erschreckendes Beispiel dafür, wie weit die Menschen noch vom Frieden entfernt sind.« Auch die Grünen hielten mit Kritik nicht zurück. Bei der Abstimmung hatte sich die grüne Abgeordnete Christine Bernbacher auch zur Überraschung der eigenen Fraktion der Stimme enthalten. Der grüne

Fraktionssprecher Ralf Fücks zeigte sich bei allem Verständnis für die Kritik an der amerikanischen Politik gegenüber Nicaragua irritiert, wie die Krebskrankheit Reagans mit dem Wunsch nach dessen Abtritt verknüpft worden sei. »Hier wird ein Tabu gebrochen, das mit den Ängsten um diese unheilvolle und qualvolle Krankheit zusammenhängt.« Für Ralf Fücks offenbarte sich in der Person des Bremer Senators eine »doppeldeutige Persönlichkeit«: »Hier Leutseligkeit und moralisches Engagement, dort knallharte Sparpolitik und Orientierung am Machterhalt.« Es sei auch für ihn oft schwer, bei Henning Scherf zwischen spontaner Herzlichkeit und routinierter Imagepflege zu unterscheiden. »Aber ein menschenverachtender Zyniker ist dieser Senator wohl nicht.«

Nach einem »*drittklassigen Wahlkampfgeschmiere*«, wie er es nannte, entschuldigte sich Scherf in aller Form vor der Bürgerschaft. Es sei zu keiner Zeit seine Absicht gewesen, die privaten Befindlichkeiten von Präsident Reagan zum Gegenstand öffentlicher Erörterungen zu machen. Der Gesundheitszustand von Politikern sei kein Stoff für öffentliche Debatten. Er kritisierte aber auch das »*Feuerwerk an politischer Entrüstung*«, das Christdemokraten und Republikaner abgebrannt hätten, um ihn, den »*hasserfüllten Fanatiker*« politisch auszugrenzen. Er warf seinem härtesten Gegenspieler bei dieser Debatte, Bernd Neumann, gleich am Anfang seiner Rede vor, dass er dem Bundeskanzler Helmut Kohl anvertraut habe »er schäme sich, dass Henning Scherf in Bremen« Senator sei. Spürbar verletzt und um seine innere Fassung kämpfend ging er den CDU-Politiker, der ihn mit einem Misstrauensantrag aus dem Amt jagen wollte, frontal an: »*Sie reden und hetzen über Scherf, Sie unterstellen mir eine Aussage, die in dieser wahrheitswidrigen Version nur von der Bild-Zeitung gedruckt worden ist.*« Mit unterdrückter Empörung berührte er sogar das Geheimnis, das beide Politiker miteinander seit zwei Jahren verband. Außer in »*vertraulichen Briefen und in Gesprächen unter vier Augen*« sei bei Neumann jedes kritische Wort zum Verbündeten USA verboten. »*So wie wir, Herr Neumann, keine Vasallen sind, so dürfen wir auch jene nicht zu Abhängigen unseres Bündnisses machen!*«

Zu Recht wurde gefragt, wie eine Medienaffäre von solchem Ausmaß nun schon ein zweites Mal passieren konnte; in der lokalen und nationalen Öffentlichkeit gab es wenige, die Scherf und sein Verhalten rechtfertigen wollten. Mit seinen riskanten Äußerungen und dem unkontrollierten Benehmen war er zu einer politischen Belastung auch für die eigene Partei geworden. Irgendwann im Verlauf der Debatte in der Bremer Bürgerschaft war der Vorwurf erhoben worden, dass hier ein Politiker »ausgegrenzt« werden sollte. Kaum ein Jahr nach seiner Niederlage im Kampf um das Bremer Bürgermeisteramt hatte er gewiss auch durch eigenes und leichtsinniges Zutun einen schweren Dämpfer bekommen.

# Das Erbe des großen Manitou –
# Kampf um die Nachfolge Koschnicks

## Ein amtsmüder Bürgermeister

Im Juni 1985 meldet der Bremer dpa-Korrespondent Dietrich Wieland:
»Gerüchte um Koschnicks Rücktritt verdichten sich.« Wieder einmal dreht sich
im kleinen Stadtstaat ein Karussell von Spekulationen. Koschnick ist 18 Jahre
Regierungschef, 20 Jahre Bürgermeister der Hansestadt und 22 Jahre Senatsmitglied. Er hat seine Partei nach dem Ausscheiden der FDP aus einer sozial-liberalen Koalition, die fast ein Vierteljahrhundert gedauert hatte, seit 1971 in allen
Wahlen zur absoluten Mehrheit geführt. Aber er musste auch erleben, dass die
Wirtschaft der Hansestadt und deren Staatshaushalt starke Einbußen erlitt und
die Arbeitslosigkeit in Bremen ständig stieg. Ist hier ein Mann unterwegs, der
vor den wachsenden Problemen davonläuft und nach einem arbeitsreichen politischen Leben vielleicht mit gutem Recht amtsmüde geworden ist? Koschnick
war damals 56 Jahre alt.

Gerüchte um einen Wechsel von »Hans, dem großen Manitou« hatte es
immer wieder gegeben. Schon 1970 spekulierte man in Bremen, Koschnick
wolle möglicherweise nur noch bis zum Ende der Legislaturperiode Regierungschef an der Weser bleiben. Wenige Tage später wurde berichtet, führende SPD-
Gewerkschafter wollten den Bremer Bürgermeister bewegen, für die Nachfolge des DGB-Vorsitzenden Heinz-Oskar Vetter zu kandidieren. Koschnick
dementierte. Im Jahre 1978 kursierte das Gerücht, der beliebte Bürgermeister
und Garant für eine politische Dominanz der SPD wolle Bundesverteidigungsminister Georg Leber ablösen, dessen vorzeitige Demission nach diversen Spionageaffären in der Bundeswehr nicht ausgeschlossen war. Wieder
dementierte der angeblich Umworbene und versicherte: »Ich stehe auch 1979
als Spitzenkandidat in Bremen zur Verfügung.« Kurz vor seinem 50. Geburtstag
am 2. April 1979 hatte er auf eine neue Kandidatur für das Amt des stellvertretenden Vorsitzenden der Bundes-SPD verzichtet. Gerüchte, wonach Zerwürf-
nisse in der Parteispitze schuld am Rückzug Koschnicks waren, wimmelte der
Bremer Bürgermeister ab. Den vorläufigen Rückzug aus Bonn begründete er
damit, dass man nicht jahrelang achtzig Stunden in der Woche arbeiten könne.
Aber auch die Lust auf Bremen schwand allmählich. Nach den Tumulten um

das Bundeswehr-Gelöbnis im Mai 1980 saß er mit Klaus Wedemeier in Bonn zusammen und vertraute ihm an: »Ich will im Jahre 1983 nicht mehr kandidieren.« Der Umworbene antwortete: »Das ist sehr schade. Aber ich bin noch nicht reif, als dein Nachfolger anzutreten. Ich brauche längere Zeit, um mich auf eine solche Aufgabe vorzubereiten.« In den Weihnachtstagen des Jahres 1984 kam Koschnick in Wedemeiers Bremer Wohnung und kündigte an, dass er wie geplant ein Jahr später aufhören wolle. Wedemeier akzeptierte und bereitete sich darauf vor, zwölf Monate später die Nachfolge des Landesvaters anzutreten.

Der Zusammenbruch der traditionsreichsten Bremer Werft, der 140 Jahre alten AG »Weser«, wird 1983 zum politischen Trauma von Hans Koschnick. Zum ersten Mal in seinem Leben wird er von Bremer Arbeitnehmern bei einer öffentlichen Protestveranstaltung beschimpft und ausgebuht. »Ihr könnt mich davonjagen, wenn ihr glaubt, daß ich einen Fehler gemacht habe«, ruft er den Arbeitern auf dem Bremer Marktplatz zu, die ihn zum Rücktritt aufgefordert hatten. Auf einer Betriebsversammlung in der Werftkantine wird er später als »Arbeiterverräter« und »Pleitegeier« beschimpft. Die Journalistin Helgard Köhne berichtet: »Tief verletzt, wie ein gebrochener Mann, verläßt der Bremer Bürgermeister die AG ›Weser‹.« Noch einmal wird eine Bürgerschaftswahl zu einer »Koschnick-Wahl«. Die Bremer SPD gewinnt 1983 mit einem Traumergebnis von 51,34 Prozent die absolute Mehrheit. Aber längst hat sich der Sieger innerlich von seinem Amt gelöst und provoziert ein Jahr später neue Spekulationen. Auf einem Landesparteitag der SPD in Vegesack lässt er die Bemerkung fallen, dass die »Genossen die Probleme ab 1987 mit anderen lösen müssen«. Dieser fast beiläufige Hinweis soll definitiv andeuten, dass auch seine Tätigkeit im Amt des Bürgermeisters irgendwann einmal zu Ende sein wird. Für ihn ist die Entscheidung gefallen. Bei ihm liegt es, wann sie verkündet wird. »Schon wird Klaus Wedemeier als Nachfolger gehandelt«, melden die Nachrichtenagenturen. Am 15. Juni 1985 erfahren es alle offiziell: Bürgermeister Hans Koschnick scheidet gemeinsam mit seinem Bürgermeisterkollegen Moritz Thape am 17. September 1985 aus dem Senat. Letzte Krisengespräche mit Willy Brandt, eine spontan gebildete Bürgerinitiative, offene Briefe von Prominenten und verzweifelte Bitten ratloser SPD-Genossen hatten nichts gefruchtet. Im Bremer Rathaus geht die Ära Koschnick zu Ende.

»Ich kann verstehen, wenn Sie meiner persönlichen Entscheidung mit Bedauern begegnen«, antwortet der scheidende Bürgermeister allen, die ihm damals Briefe schreiben. »Aber ich bitte zu bedenken, daß sich für mich [...] irgendwann die Frage stellt, ob es nicht an der Zeit ist, einem Jüngeren Platz zu machen. Und dann muß man diese Entscheidung frühzeitig genug vor einer Wahl treffen, damit der Nachfolger auch seine faire Chance bekommt. Die langen Jahre der Regierungsarbeit sind nicht spurlos an mir vorübergegangen. Die Arbeit verlangt in der Regel einen Einsatz rund um die Uhr, auch Wochenenden werden dienstlich belastet und Urlaub konnte in dieser Zeit nur sporadisch genommen werden. Deshalb tut mir jetzt eine Verschnaufpause gut, um aufzutanken.« »Mit freundlichen Grüßen«, spricht der scheidende Bürgermeister die Hoffnung aus, »daß Sie meinem Nachfolger Klaus Wedemeier die Unterstützung geben, die er im gemeinsamen Interesse unseres Landes verdient«. Das ist ein schmuckloser Rückzug, der im Stile eines aufgeklärten Patriarchen erfolgt. Der Wechsel bleibt geheime Kommandosache. Nur eine Handvoll Vertrauter, darunter Konrad Kunick, ist in Koschnicks Pläne eingeweiht. Der Scheidende nimmt sich das Recht, über seinen Nachfolger selbst zu bestimmen. Die Gremien stimmen ab. Im SPD-Landesvorstand, der sich überrumpelt fühlt, wird mit dreizehn gegen drei Stimmen für den Nachfolger Klaus Wedemeier votiert. Aber wieder einmal hat sich der sonst so erfahrene, umsichtige und kühl abwägende Hans Koschnick verschätzt. Der amtsmüde Landesvater muss plötzlich einsehen, dass er die Rechnung ohne den Wirt gemacht hat – ohne seinen langjährigen, wenngleich in Bremen damals nicht überaus populären Weggefährten Henning Scherf.

Als Koschnick seinen Rücktritt in der Senatssitzung verkündete, hat Scherf lange und betroffen geschwiegen. Später soll er im Kaminsaal des Rathauses den entscheidenden Satz gesagt haben, der dieses so lautlos geplante Revirement auf den Kopf stellen sollte: *»Ich kandidiere gegen Klaus.«* Jetzt plädierte er dafür, dass die Partei über die Umbildung des Senats und vor allem über die Nachfolge mitbestimmen müsse. So war es 1972 gewesen, als der damalige Präsident des Senats Hans Koschnick um den Landesvorsitz der Partei gebracht worden war. Damals hatte sich die Landes-SPD mit kräftiger Schützenhilfe des taktisch versierten Klaus Wedemeier für Henning Scherf entschieden. »Zweimal der gleiche Fehler, die gleiche Fehlspekulation: Sich zu früh und zu leichtfertig nur auf die eigene Macht verlassen zu haben«, zürnte »Die Zeit«. Es sollte sich bald zeigen, dass Koschnicks Eigenmächtigkeit die Basis mächtig irritierte. Man stimmte zwar bis zu seinem Auszug manches Loblied auf ihn an und fragte besorgt, ob seine Fußstapfen für den von ihm favorisierten Wedemeier nicht zu groß seien. Aber so sehr man den Landesvater, der fast schon Züge eines bremischen Übervaters trug, auch bewunderte: Seinen Nachfolger konnte er nicht einfach wie ein Kaninchen aus dem Hut zaubern, darüber wollte die Basis gefälligst mitentscheiden.

# Dampf im Kessel

Der nüchterne Kalkulator Koschnick gibt heute freimütig zu, dass er sich damals gründlich verschätzte. Da sei mehr »Dampf im Kessel« gewesen, als er vorher vermutet hatte. Aber er bleibt dabei, mit Klaus Wedemeier die richtige Wahl für die Nachfolge getroffen zu haben. Mit dem SPD-Fraktionsvorsitzenden habe man die Bremer Handelskammer und die dort versammelte Wirtschaftslobby eher ruhig halten können als mit Henning Scherf, dem der Ruf vorauseilte, nicht nur ein überzeugter Linker, sondern »ein Mann der flotten Sprüche und unbeherrschten Zitate, eben spontan und unkontrollierbar zu sein«. Hätte man einen Mann zum Bürgermeister wählen sollen, der sich damit brüstete, noch niemals Gast der traditionellen Bremer »Eiswette« gewesen zu sein und der gegen das Jahrestreffen der »Bremer Pfeffersäcke« sogar öffentlich protestierte? Koschnick war ja nicht nur der unangefochtene Mehrheitsbeschaffer der SPD in Bremen gewesen. Man rühmte seine Eigenschaften als rühriger Wirtschaftsakquisiteur, der Daimler-Benz an die Weser geholt hatte, aber auch als fähiger Krisenmanager, wie sich bei der Schließung der AG »Weser« gezeigt hatte. Wer von den beiden Kandidaten ihm auch folgen sollte – er würde es auf jeden Fall sehr schwer haben, in zwei Jahren wieder eine absolute SPD-Mehrheit für Bremen einzufahren. Keiner von beiden brachte das politische Gewicht Koschnicks auf die Waage, der Hafenarbeiter wie Kaufmannschaft hinter sich scharte und darüber hinaus in der Lage gewesen war, sich überregional in Szene zu setzen. Er hatte den Fischereistreit mit Island geschlichtet, war in SPD-Mission nach Polen, Moskau und Riga gereist, sorgte in der Münchener SPD für Ordnung und erhielt bei Bundesparteitagen der SPD neben Herbert Wehner regelmäßig die meisten Stimmen. »Er sagt Du zu Kohl, weiß mit Lothar Späth und Franz Josef Strauß zu reden und ist imstande, ein Wort wie ›Bundespersonalvertretungsgesetz‹ in zwei Silben herzusagen – der Hans, der kann's«, lobte »Der Spiegel«.

Hans Koschnick ist heute davon überzeugt, dass der selbstbewusste Henning Scherf als Nachfolger größere Schwierigkeiten als Wedemeier gehabt hätte. Aber die Bremer CDU, die seit über vier Jahrzehnten auf den Oppositionsbänken saß und ihren großen Gegenspieler verlor, nannte Wedemeier boshaft einen »politischen Nobody«, dessen Namen außerhalb Bremens keiner kannte. »Zeit«-Korrespondent Dietrich Strothmann notierte: »Nicht einmal das auf Vollständigkeit bedachte ›Munzinger Archiv‹, das Kurzbiografien aller wichtigen Politiker sammelt, führt seinen Namen.« Aber Wedemeier, als fleißig, clever und diszipliniert beschrieben, verkörperte einen neuen Typ von Politiker: Alert, stets auf gepflegtes Äußeres bedacht, festgelegt auf Praxis und Pragmatismus, mit einer genauen Kenntnis in Detailfragen, ausgestattet mit der auf Nützlichkeit eingegrenzten Fantasie des Technokraten, der komplizierte Machtapparate zu beherrschen verstand. Aber er konnte auch cholerisch sein; Journalisten brüllte er auf offener Straße an, sobald er sich über ihre Arbeit geärgert hatte.

Der damals 41-jährige Wedemeier hatte eine schwere Jugend im Arbeitermilieu gehabt. Sohn eines Hafenarbeiters und einer Mutter, die putzen gehen musste. Als Landesvorsitzender der Jungsozialisten hatte er zu Baader-Meinhof-Zeiten Unionspolitiker wie Dregger und Strauß als »geistige Terroristen« diffamiert. In der Bremer Bürgerschaft hatte es zahlreiche Sitzungen gegeben, in denen die CDU-Opposition den radikalen Wedemeier verdächtigte, er werde »gleich in der Mittagspause […] die nächste Revolution ausrufen«, wie die »Bremer Nachrichten« registrierten. Als Wehrpflichtiger hatte er bei den Feldjägern gedient; nach seinem Aufstieg zum Fraktionsvorsitzenden stand er in dem Ruf, den eigenen Leuten abgewöhnt zu haben, allzu lange über politische Inhalte nachzudenken. Wen er persönlich nicht mochte, den wimmelte er ab. Der Satz »das ziehen wir jetzt durch«, gehörte zu seinem bevorzugten Wortschatz. Aber er fühlte sich immer noch links. »Ich habe dreizehn Jahre im Hunger gelebt. Das vergißt man auch im Nadelstreifenanzug nicht«, sollte er später denen zurufen, die ihn nicht ganz zu Unrecht verdächtigten, er wolle hauptsächlich mit den »Starken und Reichen« paktieren. Nach Ausbildung und Abendschule hatte sich Wedemeier zum kaufmännischen Angestellten und Betriebsmanager hochgeboxt. 1964 wurde er SPD-Mitglied, zwei Jahre später Landesdelegierter, danach Juso-Vorsitzender und ab 1971 Bürgerschaftsabgeordneter, wenig später Chef des mächtigen Bremer Unterbezirks und ab 1979 Vorsitzender der SPD-Bürgerschaftsfraktion. Auch er hatte wie Koschnick die Gunst eines Gönners benutzt, der seine Karriere förderte; der Landesvater hatte wie einst Kaisen über Koschnick seine Hand über den Lehrling gehalten und ihn immer intensiver in Entscheidungsprozesse mit einbezogen. Aber auf den Gesellen wartete nun das Meisterstück: Er musste einen Herausforderer besiegen, der sich ihm völlig überraschend und entgegen aller taktischen Absprache frech, direkt und machtbewusst in den Weg gestellt hatte.

## Genosse Unruhestifter

Auch der »lange Henning« spürte früh, dass sich seine Partei allmählich von ihrem Schock erholte und danach zu fragen begann, ob nun alles schön und geräuschlos weitergehen solle. Die Unruhe wuchs; der Unmut wurde größer. Als der 46-jährige Senator zur Überraschung seiner eigenen Parteifreunde angekündigt hatte, auch er wolle Koschnicks Nachfolger werden, reargierte man in der Bastion von Klaus Wedemeier, der SPD-Fraktion, erschrocken. Erneut sah sich der einst unumstrittene Wortführer der bremischen Linken allerhand

Beschimpfungen ausgesetzt. Er sei Unruhestifter, Störer und Parteispalter, hieß es unter denen, die sich für ihren Vormann Wedemeier entschieden hatten. *»Ich bin wie Zieten aus dem Busch gekommen«,* amüsiert sich Henning Scherf im Rückblick auf seinen damaligen Coup, *»weil Koschnick wie Zieten im Busch verschwunden war.«*

Wieder einmal sorgte Scherf mit seiner, wie er selbst wusste, fast aussichtslosen Bewerbung für öffentliche Unruhe und Diskussion. Aber genau das war sein Ziel. *»Ich möchte die Genossen zum Reden bringen«,* beteuerte er. Es gehe nicht nur um den besseren Mann, sondern auch um das bessere Programm. Aber auch darüber, was eigentlich links sei, wollte er mit der Parteibasis sprechen. Damit bescherte er Bremen ein Kuriosum, weil auch der Kandidat Wedemeier stets öffentlich für sich reklamierte, ein Linker zu sein. Bei Scherf war solche Klassifizierung nicht schwierig; aber wo war Wedemeier links, der doch als anpassungsfähiger Pragmatiker galt und seinen Weg längst in Richtung Mitte eingeschlagen hatte? Alle Anzeichen sprachen zwar dafür, dass er mit der Empfehlung Koschnicks das Rennen machen würde. Aber auch sein linker Konkurrent schien nicht chancenlos zu sein, zumal sich bei der SPD eine heimliche Trendwende angebahnt hatte. Hier profilierten sich plötzlich Nachwuchspolitiker von höchst unterschiedlicher Couleur. »Enkel statt Onkel«, lautete die Devise. In mehreren Bundesländern waren Neulinge an die Spitze der Partei gerückt. Da gingen Theoretiker und Praktiker, profilierte Linke und gestandene Rechte ins Rennen. An der Saar hatte Oskar Lafontaine mit Bravour die Wahlen gewonnen; fünf Wochen später machte es ihm Johannes Rau in Nordrhein-Westfalen nach und gewann die absolute Mehrheit der Stimmen. Plötzlich setzte die SPD auf eine Garde jüngerer Sozialdemokraten, die in fast allen Bundesländern bereitstanden, es den Siegertypen Lafontaine und Rau nachzumachen. Während sich in Bremen zur Überraschung verdutzter Genossen gleich zwei Kandidaten für das Amt des Bürgermeisters warm liefen, ging in Niedersachsen der 41-jährige Gerhard Schröder daran, dem CDU-Ministerpräsidenten Ernst Albrecht das Dauerlächeln zu versauern. Der Kraftakt misslang nur knapp; am Ende fehlte Schröder eine Stimme im Landtag, um im Bündnis mit den Grünen die Regierung Albrecht auszuhebeln. 25.000 Stimmen mehr hätten den Wahlsieg gebracht. Der SPD-Vorsitzende Willy Brandt gratulierte und sprach von einem »schönen Gesellenstück«. Nicht nur Schröder, der sich mit polterndem Charme nach oben rackerte, sondern auch andere Enkel verloren ihre Angst vor der eigenen Courage. In Bayern und Baden-Württemberg, ganz besonders in Schleswig-Holstein wuchsen bald die Chancen von SPD-Newcomern, die wie Dieter Spöri oder Björn Engholm eine Beteiligung an der Macht oder gar einen absoluten Wechsel für die SPD erstrebten. Auf der politischen Zeittafel, so orakelte Willy Brandt, werde in Etappen gedacht und gehandelt. Mit großem Interesse schaute man deshalb aus Bonn nach Bremen, wo man nach dem Abtritt Koschnicks gleich vier fähige Nachrücker ausgemacht hatte, die Bremens traditionelle SPD-Mehrheit hätten bewahren können. Diese waren neben Wedemeier und Scherf der Arbeitssenator Claus Grobecker und Gesundheitssenator Herbert Brückner.

In der Hansestadt Bremen beginnt ein spannendes Rennen, das Beobachter später sogar an amerikanische Vorwahlen erinnerte – der Favorit allein auf weiter Flur, das wäre doch langweilig gewesen! Scherf und Wedemeier stellen sich den Gremien der Partei, lassen sich befragen und diskutieren. Die Hoffnung bleibt vage, ob der Herausforderer auf dem späteren Landesparteitag den Favoriten überhaupt in Verlegenheit bringen kann, weil dort eine andere Delegiertenmehrheit als an der Basis entscheidet. Aber sollte er sich achtbar schlagen, so orakelt man, könne Scherf auch einer der Bürgermeister werden. Bei einem Forum der SPD-Bürgerschaftsfraktion treten beide Kandidaten zum ersten Mal gemeinsam auf, reden über Fragen der Sozialpolitik und fangen an, sich vorsichtig zu profilieren. Normalerweise wären zu derartigen Veranstaltungen nur wenige gekommen; jetzt strömen Neugierige und Journalisten zusammen. Scherf wirkt unverkrampfter, kraftvoller und spritziger als Wedemeier und macht aus seiner persönlichen Betroffenheit über den Rücktritt Koschnicks keinen Hehl. *Ich laufe rum, als ob mir jemand etwas weggerissen hat, aber ich bin hier auch mit der festen Vorstellung, dass mir das alles eine unheimliche Anstrengung abverlangen wird.«* Er geht in die Offensive, mobilisiert seinen Ortsverein in der Bremer Neustadt und wirbt um die 400 Mitglieder mit dem Satz, man könne *»doch nicht wie eine Kommandotruppe nur in eine Richtung marschieren«.* Das ist ein erster Test. Hier ist seine Basis, die er hinter sich bringen muss, will er überhaupt in der gesamten Partei an Zuspruch gewinnen. Seine Strategie wirkt noch unausgegoren, von der Programmatik ganz zu schweigen. Wie bringt man sich als Linker gegen einen Kandidaten in Stellung, der auch »links« erscheinen will? Er hütet sich vor abfälligen Bemerkungen gegenüber seinem Konkurrenten, flüchtet in Grundsätzliches und fragt, wie in Bremen trotz Finanznot aktive Beschäftigungsprogramme durchgeführt werden können. Für ihn muss die SPD eine Reformpartei bleiben; das bedeutet eine klare Absage an eine Große Koalition. Mit der CDU auf keinen Fall! Was ihn von Wedemeier unterscheide, wollen die Genossen des Ortsvereins wissen. Scherf lobt den langjährigen Weggefährten als guten Freund, nimmt ihn sogar in Schutz, als andere misstrauisch danach fragen, ob mit Wedemeier nicht ein Ruck nach rechts verbunden sein könne.

## Der Beifall der Basis

Aber seine SPD-Basis wählt ihn mit überwältigender Zustimmung; bald ziehen mit Peterswerder, Gröpelingen und Oberneuland drei weitere Ortsvereine nach. »Eine totale Überraschung«, registriert die Lokalpresse: 44 zu 8 für Scherf in Peterswerder; auch der traditionell eher konservative Ortsverein Gröpelingen, wo man einmütig für den Herausforderer votiert, gilt als Sensation. Aus Schwachhausen-Nord, wo man sich in geheimer Wahl für Scherf entscheidet, wird die kämpferische Botschaft übermittelt: »Der Regierungschef hat die Bevölkerung unseres Landes, insbesondere auch die nachwachsende Generation anzusprechen [...] Klaus Wedemeier soll Fraktionsvorsitzender bleiben.« Lange vor dem entscheidenden Landesparteitag wird deutlich, dass sich die Parteibasis in einer Trotzreaktion gegen den offiziellen Mann der Parteihierarchie und für den selbst ernannten Herausforderer entscheidet. Nach den ersten Probeläufen an der Basis gibt man plötzlich auch Scherf eine realistische Chance, der sich mit seinem Konkurrenten in den vier großen Unterbezirken Bremerhaven, Bremen-Nord, Bremen-West und Bremen-Ost messen muss. Vor allem in Bremen-Ost, der politischen Heimat Wedemeiers, wird mit einer eindeutigen Vorentscheidung gerechnet. Sollte Scherf hier mit einer Mehrheit als Sieger hervorgehen, dann wäre das Rennen völlig offen.

Die Versammlung im Bürgerzentrum Bremen Vahr beginnt mit großer Verspätung. Der Andrang von Delegierten, Neugierigen und Journalisten ist so stark, dass zusätzlich Stühle herbeigeschafft werden müssen. Klaus Wedemeier ist nervös; man merkt ihm die Anspannung an. Als die Journalistin Gaby Schuylenburg ihm das Mikrofon hinhält und arglos fragt, was aus der Veranstaltung herauskommen könne, blafft er zurück: »Da gehen Sie am besten gleich weiter.« Dagegen Scherf, der es wie immer genießt, im Mittelpunkt zu stehen: »Wir werden die Sache fair und anständig austragen.« Als sich die Delegierten von ihren Plätzen erheben und inbrünstig das alte Arbeiterlied »Brüder zur Sonne zur Freiheit« singen, können beide Kandidaten schon vom Podium aus beobachten, wie sich die Stimmung an der Basis verändert hat. Im Saal herrscht untrügliche Spannung; natürlich wird viel über Koschnick und dessen plötzlichen Abgang geredet. Aber nun gilt das Interesse den beiden Kandidaten, die dort nebeneinander stehen und die Nachfolge untereinander ausmachen wollen. Zur sozialdemokratischen Tradition gehört nicht nur die Hymne, die der geübte Kirchen- und Chorsänger Henning Scherf voller Inbrunst und textsicher in den Saal schmettert; die über hundertjährige Tradition dieser Partei verlangt auch ein Programm, in dem nicht nur Ziele, sondern auch die Wege dorthin festgelegt sind. Oft hatten sich die Genossen in Bremen nach leidenschaftlicher Diskussion und im Streit um Silben und Kommas über die programmatische Richtung gestritten. Auch darauf wollen die einfachen Mitglieder ihre Oberen nun festnageln, weil sie aus leidvoller Erfahrung genau wissen, dass in der politischen Praxis notwendige, aber auch ganz miese Kompromisse geschlossen werden können. Das Programm gehört zur Seele der Partei. Respekt und Achtung vor der Autorität der Mandatsträger sind nicht genug. Nun rauscht eine Basis heran, die von den beiden Kandidaten ziemlich genau wissen will, wohin mit ihnen die politische Reise gehen solle.

Der Unterbezirk Bremen-Ost ist traditionell theoriefreudig und links. Er gilt als die Bastion Wedemeiers, der hier lange Jahre Vorsitzender gewesen war; nach dem SPD-Landesvorstand hatte sich auch der Unterbezirk-Ost-Vorstand klar für das Votum Koschnicks ausgesprochen, Klaus Wedemeier als Nachfolger zu benennen. Der Spezi des Kronprinzen, Hans-Dieter Müller, hatte sich bereits siegessicher gegeben und verkündet, dass es keinerlei Flügelkämpfe geben werde. Für ihn ist Klaus Wedemeier ein Mann, »der sich an den Problemen hart abarbeitet«. Scherf dagegen ein Kandidat, der »große Bögen« liebt und deswegen auch viel Sympathie und Unwillen auf sich ziehe. Der eine steht für ihn rechts, der andere links von der Mitte.

Dann fiel die Entscheidung – der Herausforderer gewann den Unterbezirk Ost, und man konnte dies als Votum für eine eher links gestimmte Sozialdemokratie mit tiefer Basissehnsucht interpretieren. Der Wunsch nach Mitbestimmung beflügelte alle diejenigen, die sich auf die nächsten drei Runden der beiden Kontrahenten konzentrierten. Auf der Strecke waren vorläufig Klaus Wedemeier, zahlreiche Funktionäre und vor allem Hans Koschnick geblieben. »Dessen Vorgehen war ein schlechtes Beispiel für innerparteiliche Demokratie«, kritisierte die spätere Bildungssenatorin Bringfriede Kahrs. Ein Außenseiter gewann an Boden, weil das Parteivolk den Oberfunktionären eine Lektion zu erteilen wünschte. Wollte die Basis nur Dampf ablassen, um sich später für Klaus Wedemeier zu entscheiden? Als der Herausforderer mit dem knappen Ergebnis von 82 zu 81 Stimmen den Unterbezirk Nord völlig überraschend für sich eroberte, zeigte sich bald, dass es zwei gleich starke Gruppen in der SPD gab, die »Klaus und mich auf einer Medaille« haben, wie Scherf formulierte. Nachdenklich wies er das Gerede von Siegern und Gewinnern zurück, sprach von Risikoergebnissen und lobte die Sensibilität einer Parteibasis, die tatsächlich ungewöhnlich war. Als sich Hans Koschnick in wachsender Sorge um seinen Kandidaten zu der Behauptung verstieg, Wedemeier sei möglicherweise eher als Scherf in der Lage, mit der Regierung Kohl oder den Repräsentanten von CDU-geführten Bundesländern zu verhandeln, distanzierten sich beide Kandidaten sowie einige Delegierte von dieser Äußerung, die als unzulässige Einmischung empfunden wurde.

Was es in der hansestädtischen Sozialdemokratie lange nicht gegeben hatte, bewegte plötzlich auch den kleinsten Ortsverein: Die Diskussion über die Kandidaten wurde zu einer Auseinandersetzung über den Stil und die Ziele der Politik. Beide Kandidaten repräsentierten verschiedene Milieus, ja sogar Haltungen innerhalb einer Partei, die ihre traditionelle Identität als kleinbürgerliche Arbeiterpartei auch in Bremen längst verloren hatte. Mit Klaus Wedemeier stand der klassische Aufsteiger zur Verfügung, der den richtigen Stallgeruch hatte und auf eine lange Ochsentour durch die Gremien verweisen konnte. Leicht abschätzig wurde über ihn berichtet, er handhabe Politik wie Marketing, regiere autoritär und achte scharf darauf, dass niemand aus der Reihe tanzt. Der gelernte Kaufmann verstehe wie kein anderer, Fraktions- und Funktionärsgenossen einzubinden, entweder durch strenge Zucht oder durch die Vergabe lukrativer Posten. Aber in die Reihe der Brandt-Enkel, die sich programmatisch profiliert hatten und Emotionalität vermitteln konnten, wie der Saarländer Lafontaine oder der Niedersachse Schröder, schien Wedemeier im Gegensatz zu Scherf nicht zu passen. Auf die Idee jedenfalls, wie der bekennende Christ Scherf bei den Demonstrationen in Brockdorf mitzulaufen, sich in Mutlangen und auf den Bremer Marktplatz hinzusetzen oder mit einer deutschen »Arbeitsbrigade« Erntehilfe in Nicaragua zu leisten, wäre Wedemeier niemals gekommen. »Mit ihm, das schien klar, werden die Genossen auch weiterhin auf Filz gebettet sein«, meinte der »Spiegel« stellvertretend für zahlreiche Delegierte des linken Lagers, die misstrauisch mit ansehen mussten, wie sich hinter Wedemeier die Abgeordneten und Parteivorstände aufgebaut hatten. Diese Funktionäre wussten, welcher Kandidat ihnen Vorteile verschaffen konnte, und stimmten gehorsam für Wedemeier. Aber solche Kalkulation ignorierte ein Parteivolk an der Basis, das sich immer machtvoller als eine politische Gegenbewegung formierte. »Dank und Zuspruch« für den Außenseiter Scherf gab es sogar in Wedemeiers altem Ortsverein Horn Achterdiek; selbst im politisch rechten SPD-Unterbezirk Bremerhaven rückte Scherf mit siebzig Stimmen Zuspruch relativ dicht an seinen Konkurrenten heran.

Kaum zwei Wochen vorher hatte man mit einem nahezu einmütigen Votum für Wedemeier in der Seestadt gerechnet. Nachdem drei der vier Unterbezirks-Parteitage ihr Meinungsbild abgegeben hatten, lag Scherf mit insgesamt 177 Stimmen knapp vor dem Fraktionsvorsitzenden Klaus Wedemeier. Aus der faden Ein-Mann-Show war plötzlich ein packendes Duell geworden, seitdem Scherf wie ein Senkrechtstarter auf der Bildfläche erschienen war. Was zunächst als ein störrischer Alleingang bekrittelt wurde, verwandelte sich in einen spannenden Kampf, an dem die ganze Stadt teilnahm. Das Selbstbewusstsein einer politischen Debatte, die ernsthaft und ohne Polemik geführt wurde, sprang wie ein Funke auf die Bevölkerung über, die wie die Parteitagsdelegierten dem entscheidenden Schlussduell entgegenfieberte. Am Abend des Landesparteitages erlebten diese politisch interessierten Bürger sogar ein Novum in der Rundfunkgeschichte von »Radio Bremen«. Mit sicherem Instinkt für das außergewöhnliche Ereignis hatte die Leitung des Hauses entschieden, das Duell der Kandidaten live zu übertragen. Warum sollte nur bei großen Sportreportagen das Programm geändert werden? Herausragende Ereignisse erfordern einen herausragenden Platz in Rundfunk, Fernsehen und Presse, egal auf welchem Feld sie passieren. Alles andere als eine umfassende Live-Berichterstattung wäre eine Verlegenheitslösung gewesen und dem großen Publikumsinteresse nicht gerecht geworden. So verfolgten zahlreiche Bremer Bürger am Abend des 9. Juli 1985 an ihren Radiolautsprechern, wie der Außenseiter nur knapp scheiterte. Die Mitglieder des Rundfunkrats von Radio Bremen saßen im Autobus auf der Fahrt von einer Veranstaltung in Hannover und waren froh, die Debatte direkt verfolgen zu können. Dennoch sprach die CDU später vom Staatsrundfunk, Mitarbeiter des Senders sahen die journalistische Unabhängigkeit bedroht und reagierten mit Protestschreiben. »Bürgerfunk – ja bitte«, lobte Heinz Holtgrefe in den »Bremer Nachrichten«. Es war nicht Parteifunk, den Radio Bremen seinen Hörern am Abend der Wahl geboten hat, es war spannender Funk für die Bürger in Bremen.

## Scherf und Wedemeier

Wie immer der Kampf am Ende ausgehen würde: mit seinem couragierten Versuch, parteipolitisches Gemauschel zu durchkreuzen, hatte der oft als Störenfried und Querkopf verspottete Herausforderer einen Vertrauensvorschuss erobert, der ihm eine entscheidende Rolle in der Bremer SPD zuweisen sollte. Als sich nach der letzten Vorstellungsrunde im Bremer »Bürgermeister-Pokal« beide Kandidaten noch einmal lächelnd umarmten, meinte Konferenzleiter Thomas von der Vring mit Blick auf die erstaunten Delegierten: »Ihr wollt nicht einen, sondern gleich beide.« Dass man es zu zweit und mit der Zeit sogar schaffen könne, den für unersetzlich gehaltenen Koschnick doch noch zu ersetzen – auch dies gehörte zu den Überlegungen und Spekulationen, die diese ungewöhnliche Nachfolgewahl in Bremen bestimmten. Ein Erbstreit mit zwei Gewinnern. Als sich am Abend des außerordentlichen Landesparteitages in Bremen-Vegesack die Fotografen und Kameraleute um zwei smarte, hochgewachsene Männer scharten, die einträchtig miteinander parlierten, galt solcher Eindruck ebenso wie später, als sich beide Kandidaten brav neben Altvater Koschnick zum obligatorischen Familienfoto niedersetzten. Die Unterschiede zwischen den beiden Kandidaten zeigten sich höchstens bei ihrem Umgang mit den Delegierten. Scherf war schon lange vor Wedemeier im Bürgerhaus von Vegesack erschienen, das den Namen Gustav Heinemanns trug. Er gab allen die Hand, hatte für jeden ein freundliches Wort und zeigte beim Lachen sein markantes »Fernandel-Gebiss«. Zwei Meter vier lang, überragte er die Menge und signalisierte wie ein Leuchtturm des Charmes: »Seht her, ich besitze Charisma«, so die »FAZ«. Wenn er jemandem sein Herz ausschütten wolle, dann gehe er zu Scherf, berichtete Senator Horst-Werner Franke am Rande des Treffens – wenn er aber etwas durchsetzen wolle, dann könne er nur Wedemeier fragen. Der umarme einen nicht immer, sobald etwas einmal nicht geklappt habe, sondern setze auch unbequeme Sachen durch. Wedemeier befinde sich stets »auf der Höhe der Aktenlage«. War es vielleicht dieser Eindruck, der zuletzt den Ausschlag in einer Entscheidung gab, die bis zum Schluss spannend geblieben ist?

Seine Kritiker blieben skeptisch. Wenn Scherf vom Sparen und Erneuern sprach, dann setzten sie dagegen, der intellektuell gewiss brillante Senator verkaufe zwar das Wünschenswerte als machbar, aber Wedemeier sei am ehesten in der Lage, das Machbare auch zu realisieren. Nach Koschnicks fatalem Rücktritt werde in Bremen ein Politiker benötigt, der die Rahmenbedingungen für den nächsten Wahlsieg der SPD zimmern, aber kein Kandidat, der nur das Wir-Gefühl unter den Sozialdemokraten steigern könne. »Macher ist für mich kein Schimpfwort«, sagte Wedemeier nach der Schlacht, als ihn die Delegierten mit 116 zu 93 Stimmen für die Nachfolge nominiert hatten. Er deutete die Zeichen richtig und bat seinen Herausforderer und Konkurrenten, ihm künftig »beratend zur Seite zu stehen« und den Posten eines Stellvertreters anzunehmen. »Er ist der Liebling der Partei«, meinte die »Süddeutsche Zeitung«. »Wie er gegen die Kungelei um die Koschnick-Nachfolge in der Partei mobilgemacht und die SPD endlich wieder zum Diskutieren gebracht hatte, das imponierte den Genossen.«

Nach Meinung seiner engeren Umgebung hat ihn die Niederlage mächtig gewurmt. Als die Delegierten Klaus Wedemeier wählten, sei er »tief geknickt« gewesen, denn er habe bis zum Schluss daran geglaubt, dass er der Bessere sei. Ohnehin hatte sich bei Scherfs Anhängern nach dem Votum Koschnicks für Wedemeier die Meinung durchgesetzt, dass bei diesem Duell auch das Arbeiterkind gegen den Akademiker ausgespielt worden war, die milieu-fixierte Kungelrunde trinkfester Genossen gegen den musisch begabten Staatsanwalt, der gerne ins Theater ging und Klavier spielen konnte. So fair und freundschaftlich beide bis zum Schluss miteinander umgegangen waren: Ihre Temperamente waren doch zu unterschiedlich, zu selbstverliebt und machtbewusst, um dauerhaft in großer Nähe nebeneinander bestehen zu können. Die Sonne ihrer Erfolge wollten sie für sich allein. Einem wie Klaus Wedemeier, der sich aus ärmlichen Verhältnissen mit einem Netzwerk von Freundschaften und Kontakten hochgearbeitet hatte, blieb ein unkonventioneller Luftspringer wie Henning Scherf mit seinem spontanen Gestus tief verdächtig. Dessen Kritik an der Verfilzung der Partei, sein offener Widerspruch gegenüber Helmut Schmidt, der Alleingang während der Gelöbnisfeiern, die Ausflüge in das Milieu friedensbewegter junger Leute und der Hang zum Unkonventionellen mussten dem Aufsteiger, der den Mantel des linken Klassenkämpfers längst abgelegt hatte, zutiefst suspekt sein. Es hatte in den letzten Jahren genug Anlässe gegeben, um gegenseitiges Misstrauen sich entwickeln zu lassen. Nach einem fairen Kampf hatte der politische Netzwerker, dem enge Weggefährten bescheinigten, er sei so durchtrieben, wie es sich für einen anständigen Politiker gehöre, gegen den emotionalen Überzeugungstäter gewonnen. Nun musste man miteinander auskommen. Aber die Rivalität war nur unterdrückt; schon kurze Zeit später brach der Kampf um die Führung offen aus.

## Ringen um die Führung

Als Henning Scherf zwei Monate später auf einem außerordentlichen Landesparteitag der SPD als einer der beiden Bürgermeister und damit als Stellvertreter des designierten Koschnick-Nachfolgers feststeht, ist dem ein mühsamer, fast demütigender Sieg vorausgegangen. Mit 91 Ja- gegen 74 Neinstimmen wird er schließlich nominiert. Ganze vier Stimmen bewahren ihn vor einem zweiten Wahlgang und die SPD vor jener Zerreißprobe, die wie ein Menetekel beschworen worden war. Während die Abstimmung läuft, streuen die Kritiker Scherfs ihre Absicht unter das Parteivolk, einen eigenen Kandidaten für das Amt des Stellvertreters zu benennen. Das wäre nicht nur ein Denkzettel, sondern das vorläufige Ende der Karriere gewesen. Nach kaum acht Wochen war die Stimmung unter den Delegierten umgeschlagen.

Wieder war es einer seiner berüchtigten Alleingänge, die Scherf um die Sympathien eines Teils jener Delegierten brachten, die ihm soeben noch zugejubelt hatten. Während sich Ende Juli die Senatoren und Funktionäre in den Urlaub zurückzogen, stürzte sich Scherf in eine Aufgabe, die Wedemeier allen Senatoren aufgetragen hatte: Reform- und Sparvorstellungen bis zum Wahljahr 1987 zu formulieren. Scherf forderte radikale Maßnahmen: Auflösung der Bereitschaftspolizei und des Zivilschutzes, Abmagerung des Verfassungsschutzes, Zusammenlegung von Ämtern, Vergesellschaftung von öffentlichen Aufgaben und Auflösung des Jugendstrafvollzuges. Das war ein Radikalprogramm, das einer näheren Überprüfung kaum standhalten würde; es war oberflächlich, weil bei diesem Angriff auf den Öffentlichen Dienst zu viel in den Blick genommen wurde und der Argwohn begründet war, dass ein derartiges Programm gegen die lokale Beamtenschaft und mächtige Gewerkschaftslobby wohl kaum realisiert werden konnte. Der kühne Vorschlag, die Bereitschaftspolizei in Bremen abzuschaffen, erschien schon auf den ersten Blick absurd, ja fast grotesk. Es reicht nicht, den Bürgern einfach zu sagen, dass akute Sparzwänge radikale Einschnitte erzwingen; eine verantwortungsvolle Politik muss die Sorgen der Bürger ernst nehmen und auch Beistand anbieten. Aber sie darf keine Illusionen pflegen, zum Beispiel die, wonach im Hauruck-Verfahren radikale Änderungen bei einem staatlichen Verwaltungssektor realisiert werden könnten, der sich schon gegen die kleinste Reform mit Inbrunst gesträubt hatte.

In der anschließenden Bürgerschaftsdebatte über die Regierungserklärung des neuen Amtsinhabers fielen harte Worte. »Die Senatsriege ist ja nicht aufgrund von Vernunft, Sachkompetenz und ähnlichem zusammengesetzt«, zürnte CDU-Sprecher Bernd Neumann. »Herr Scherf, Sie kennen unsere Kritik, die kommt ja teilweise auch aus ihren Reihen, Sie sind derjenige, der an herausragender Stelle in den letzten Jahren zum negativen Ruf dieser Stadt beigetragen hat. Ich meine nicht nur die Rolle am 6. Mai 1980. Ich meine auch nicht die Äußerungen, in denen Sie den Bundespräsidenten als ›Gang‹ bezeichnet haben. Ich meine auch nicht nur Ihre Bemerkung im letzten Jahr, bezogen auf die Bundesregierung, die Bremen helfen soll, sie sei eine schwarze Mafia. Ich meine auch Ihre neuesten Forderungen, die Forderungen nämlich in Ihrem Papier, die darin gipfelten, daß sich Bremen im Bereich der inneren Sicherheit ausschließlich auf die tägliche Gefahrenabwehr beschränken soll […] und das bedeutet nach Ihrer Meinung unter anderem die Aufgabe des Zivilschutzes und der Bereitschaftspolizei.« Nicht nur die CDU, sondern auch der zuständige Innensenator Volker Kröning hatte Scherfs Vorschläge öffentlich als »unverantwortlich« bezeichnet. Er machte deutlich, dass Bremen dann auch bei Fußballspielen, Staatsbesuchen oder bei Demonstrationen auf den obligatorischen Polizeischutz verzichten müsse. Auch den Zivilschutz abzuschaffen, hielt Kröning für eine schlechte Idee. »Ich halte es für völlig unmöglich«, so CDU-Oppositionschef Bernd Neumann im Verlauf der damaligen Debatte, »daß ein Mitglied der Landesregierung nachdenkt und Vorschläge aufschreibt, die jeder Realität und Durchsetzbarkeit entbehren. Der Vorgang, daß in einer Landesregierung ein anderer Kollege dann öffentlich erklärt, das, was der erste gesagt habe, sei Unsinn, ist auch einmalig […], wenn man bedenkt, daß nun nicht die Demission von Herrn Scherf erfolgt, sondern daß er noch zum stellvertretenden Regierungschef befördert werden soll.«

Der hartnäckige Vorwurf, wonach Bremens Sozialsenator mit sprunghafter Art über viele Details hinwegstürmt und die Prüfung der Sache kundigen Senatsdirektoren und Staatsräten überlässt, lebte plötzlich wieder auf. Noch fragwürdiger war der Grad an Selbstüberschätzung, der diesem Alleingang innewohnte. Wedemeier fand die Scherfschen Ideen nach seiner Rückkehr aus dem Urlaub vor, die Genossen lasen darüber in der Presse. Auch Scherfs Kollegen im Senat hatten nur zur Kenntnis bekommen, was vorher in den Zeitungen gestanden hatte. Das machte bei denjenigen böses Blut, die sich zu den Anhängern des Sozialsenators zählten. Scherfs ultimative Forderung, Gesundheitssenator Herbert Brückner solle neuer Fraktionsvorsitzender und damit Nachfolger des ausscheidenden Wedemeier werden, brachte das Fass zum Überlaufen. Nur mit sechs gegen fünf Stimmen sprach sich der Landesvorstand für eine Kandidatur Scherfs zum Bürgermeister aus; vor dem Parteitag präsentierte sich ein reuiger Sünder, der vor den versammelten Delegierten zugeben musste, dass er mit seinem umstrittenen Alleingang einen schweren Fehler begangen hatte. Ihm wurde angekreidet, sein Papier mit Einsparungsvorschlägen an Wedemeier vorbei an die Öffentlichkeit lanciert zu haben; obendrein hatte er mit einem persönlichen Brief um die Zustimmung der Delegierten geworben. *»Unglücklich und unbedacht«*, nannte er diesen Vorstoß, der ihn um die Sympathien auch alter Weggefährten brachte. Aber von seiner gewohnten Bockbeinigkeit nahm er auch jetzt wenig zurück. Er werde auch in Zukunft Parteitagsbeschlüsse respektieren. *»Doch mit mir gibt es keinen konfliktfreien Weg. Loyalität heißt nicht, dass man immer die denkbare Mehrheitsentscheidung vorwegnimmt und die Hände an die Hosennaht legt.«*

Das hatte auch niemand verlangt. Aber die *»kritische Solidarität«*, mit der Scherf den neuen Bürgermeister in seinem Amt begleiten wollte, verlangte Einordnung und Kollegialität. *»Zusammenarbeit im Senat bedeutet, miteinander zu diskutieren und Vorschläge nicht erst nach draußen zu geben.«* Dieser Rüffel des designierten Regierungschefs, der sich um eine Deeskalation der aufgebrachten Stimmung bemühte, war deutlich. Hier ging es nicht um Sachfragen, sondern um die Art und Weise, wie man in Zukunft miteinander umgehen wollte. Scherf hatte sich als ehrgeiziger Musterschüler und schlechter Verlierer gezeigt, der den neuen Mann im Amt nur widerstrebend akzeptierte. Er stand vor einer Mauer der Ablehnung und des Schweigens. Die Delegierten waren vergrätzt, weil er seine Reformkonzepte am Parteiapparat vorbei an die Öffentlichkeit lanciert hatte. Die erwartete Diskussion fand nicht statt. Man registrierte keine Wortmeldung zu den umstrittenen Vorschlägen einer Verkleinerung des Senats oder zur Reform des Öffentlichen Dienstes. Das war kaltes, gut organisiertes Desinteresse, das sich nicht über das Rednerpult, sondern über den Stimmzettel entladen sollte. Die Fronde seiner Gegner, die besonders unter Bremerhavener Sozialdemokraten zu suchen war, schwieg plötzlich ebenso wie seine zahlreichen Anhänger, die ihm noch zwei Monate zuvor den Rücken freigehalten hatten. Die knappe Stimmenmehrheit für die Nominierung war die Quittung. Wedemeiers Seilschaft hatte zudem mit Konrad Kunick einen Mann der eigenen Farbe und Richtung zum neuen SPD-Fraktionsvorsitzenden nominiert. Selbstbewusst nahm Wedemeier Henning Scherf vor der Rache der Delegierten in Schutz und schlug ihn als Stellvertreter des Präsidenten des Senats vor, in der Hoffnung, dass beide künftig ein Tandem bilden würden, »wo man weiß, wer vorne sitzt«.

Unversehens war der couragierte Herausforderer zu einem Bürgermeister von Wedemeiers und Kunicks Gnaden geworden. Das war nicht gut für ihn. Scherf musste sich selbstkritisch fragen, ob er seine Position nicht falsch eingeschätzt hatte. Wedemeier hatte einen wichtigen Schritt getan, seinen damals knapp unterlegenen Konkurrenten politisch einzubinden und so die Eintracht der Partei zu wahren. Aber Scherf wurde öffentlich gedemütigt, weil der künftige Regierungschef für seinen Stellvertreter ein gutes Wort einlegen musste, um einen Eklat zu vermeiden. »Überschätzt«, tadelte der »Kurier am Sonntag«, und die »Süddeutsche Zeitung« bilanzierte: »Dieser Schuß vor Scherfs Bug müsste ihn eigentlich dazu bringen, das Tandem mit Wedemeier nicht als Quertreiber auf dem zweiten Sattel, sondern als loyaler Co-Pilot zu besteigen. Auch Scherfs linker Anhang will ein gedeihliches Zusammenwirken des Senats im Interesse des sorgengeplagten Stadtstaates.«

Wenn er je daran gedacht hatte, seine bisherige politische Karriere zu verändern, dann wäre jetzt ein günstiger Zeitpunkt gewesen. Aber nach Bonn zog es ihn nie, weil er sich und seiner Familie kein Pendlerleben zumuten wollte. Im Übrigen schreckte das Beispiel von Hans Koschnick, der in der Bundeshauptstadt als Nachfolger an der Spitze der Friedrich-Ebert-Stiftung und als Schatten-Außenminister unter Johannes Rau gehandelt wurde; am Ende bezog der Ex-Bürgermeister und Vorsitzende der SPD-Kommission für Internationale Beziehungen und Entwicklungspolitik im Bonner Erich-Ollenhauer-Haus ein kleines Büro. Das Beispiel demonstrierte, wie rasch man in der SPD nach dem Verlust eines Spitzenamtes die frühere Gefolgschaft verlieren kann. Was folgte, war eine Geduldsprobe und das lange Warten auf neue Chancen. Scherf ordnete sich ein, blieb nach Meinung seines neuen Chefs »unbedingt loyal« und überflügelte drei Jahre später bei den Wahlen zum

SPD-Bundesvorstand seinen Freund und Mentor Koschnick mit einem höheren Stimmenergebnis. In der Bonner »SPD-Baracke« galt der Sozialsenator aus dem Lande Bremen fortan als einer der aktivsten Mitstreiter des saarländischen Ministerpräsidenten Oskar Lafontaine. Nach Meinung von Bundesministerin Heidemarie Wieczorek-Zeul hätte Scherf einen vorzüglichen Minister für Entwicklung und wirtschaftliche Zusammenarbeit abgegeben. *»Unter Oskar wäre ich vielleicht nach Bonn gegangen«*, meint er im Rückblick auf eine Zeit, die vom Taumel der deutschen Einigung und einem Epochenbruch gekennzeichnet war. Als Lafontaine in den 1980er Jahren seine Kanzlerkandidatur vorbereitete, habe man oft darüber nachgedacht, wie seine Mannschaft und ein Regierungsprogramm aussehen müssten. *»Das ist ja dann durch die Wiedervereinigung und die spektakuläre Niederlage von Lafontaine gegen Kohl gründlich beendet worden.«*

# Zwischen Fußball, Finanzen und PISA-Schock – der Senator und sein »gallisches Dorf«

*»Oben im Norden leistet ein kleines gallisches Dorf Widerstand. Ohne Auftrag, aus eigenem Antrieb, mit pointierter Besetzung, die Geschichte im Rücken und den Kanzlerbrief vor Augen. Seine Palisaden sind schwach, seine Rituale gefestigt und sein Zaubertrank besteht aus heißem Wasser.«*

Aus dem Projekt
»Bremen – Kulturhauptstadt
Europas 2010«

## Erst Bremen, dann die SPD

Im Jahr 2003 beschloss der Senat, Bremen als »Kulturhauptstadt Europas 2010« zu präsentieren: Der Auftrag für eine Bewerbungsschrift ging an einen Schweizer Kulturunternehmer, der mit kritischem Eifer daranging, Bremen und seine Menschen, Land und Leute, das Spezifische der bremischen Lebensart und das Besondere jenes kleinen »gallischen Dorfes« zu beschreiben, das sich mit anderen Städten um die Würde einer europäischen Kulturhauptstadt bewarb und am Ende verlor. Der Blick von außen traf auf den von innen. Der Schweizer Autor stellte bei seinem vergeblichen Anlauf, Bremen an die Spitze der Kandidatenstädte zu bringen, viele Beobachtungen zusammen: Auf den Gedanken, die allseits belächelte Bodenständigkeit der Bremer mit der Abwesenheit des Maritimen zu erklären, war bis dahin freilich noch niemand gekommen. Die These der Schweizer: Weil sich die Betriebsamkeit der Häfen in Grenzen halte und die Weser zu einem stillen, allenfalls vom Freizeitverkehr belebten Fluss degradiert wurde, sei der Stadt das Meer abhanden gekommen. Wer erstmals in die Hansestadt komme, erwarte ein maritim geprägtes Ambiente – eine Hoffnung, die gründlich enttäuscht werde, nachdem zwei große Werften unter dramatischen Umständen geschlossen werden mussten. Wirklich spürbar werde das Meer erst weit draußen im siebzig Kilometer entfernten Bremerhaven; aber auch dort habe die ökonomische Veränderung tiefe Spuren hinterlassen.

Erst allmählich habe man damit begonnen, diesen Verlust zu verarbeiten, was mit psychologischen Schwierigkeiten verbunden sei. »Buten un binnen, wagen un winnen!« Draußen und drinnen, wagen und gewinnen? Wie viel Gültigkeit hatte dieser Spruch tatsächlich, der am Bremer Schütting in Stein gemeißelt zu lesen steht und oft als Synonym für den Wagemut bremischer Schiffer und die Weltoffenheit hiesiger Kaufleute kolportiert worden ist? Die Stadt benötige neue Bilder, verordneten die querdenkenden Autoren; etwas Neues, etwa eine Technologie- und Wissenschaftsstadt. »Es gibt in Bremen eine nachweisbar große Zufriedenheit mit dem, was ist. Die hohe Lebensqualität sowohl in der Stadt selbst als auch im Umland ist ein kostbares Gut. Überdies fällt bei nahezu allen Diskussionen die hohe Identifikation der Gesprächspartner mit dem bremischen Gemeinwesen auf. Wer einmal hier vor Anker gegangen ist, dem fällt es offenbar schwer, ihn wieder zu lichten.«

Auch dies war gut diagnostiziert. In der Biografie unseres Protagonisten Scherf gibt es als unverrückbare Konstante die Liebe zu seiner Stadt, in der er geboren und aufgewachsen war. Wo andere spätestens nach Schule und Studium ihrem familiären Ambiente »Lebewohl« sagen, kamen die Scherfs nach Ausflügen in Berlin, Freiburg, Hamburg und Villigst nach Bremen zurück. Spätestens seit jenem 5. März 1972, als die Delegierten des SPD-Unterbezirks Bremen den Jungsozialisten Dr. Henning Scherf als Kandidaten für den Landesvorsitz nominierten, schien die beruflich-politische Bindung an die geliebte Vaterstadt ein für alle Mal klar. In den folgenden Jahren wurde er immer wieder mit sicheren Mehrheiten im Amt bestätigt; das Mandat der Bürgerschaft und das Lehrergehalt von Frau Luise sicherten das materielle Auskommen der Familie, allen Abwanderungsplänen wurde ein Riegel vorgeschoben. *»Ich bin Bremer und dann erst Sozialdemokrat.«* Auch dieser Satz wurde zur inneren Richtschnur eines Lebens, dessen Fixierung auf den lokal-familiären Mittelpunkt auch ungewöhnlich war. Wenn Heidemarie Wieczorek-Zeul im Rückblick auf die gemeinsame politische Karriere meint, sie habe sich den Genossen Henning durchaus als Bundesminister für wirtschaftliche Zusammenarbeit und Entwicklung vorstellen können, dann schwingt in einem solchen Satz das Bedauern darüber mit, dass Scherf aus Bremen nie loszueisen war. Auch Erhard Eppler und Freimut Duve, zwei international renommierte SPD-Mitstreiter, geben zu, dass Scherfs politisches Engagement erst dann richtig aufblühte, sobald das Gespräch auf seine geliebte Heimatstadt kam. »Der war Bremer, und dann kam lange nichts.« Als ihn das »FAZ-Magazin« fragt, wo er am liebsten leben möchte, kommt die lapidare Antwort: *»In Bremen.«*

Aber wie passt die Metapher vom »Bremer Tellerrand« mit dessen weltoffenem mentalen Horizont zusammen? »Merkwürdigerweise wissen viele Bremer nicht, wo Bederkesa liegt, aber ganz genau, wie man von Shanghai nach Peking kommt.« Auch dieser Satz des Journalisten Jörg-Dieter Kogel beschreibt den Antagonismus von bremischer Bodenständigkeit und einem starken Interesse für die Welt jenseits der Bremer Kirchtürme genau; er unterstellt eine Demarkationslinie zwischen drinnen und draußen, an der sich die Bewohner dieser Stadt zwar immer wieder reiben, die aber rasch überwunden werden kann. Auch der Bremer Hans Koschnick ist ja seiner Stadt mit Haut und Haaren verfallen, das Standbild eines Bürgermeisters, treu und erdverwachsen. Der inzwischen 78-Jährige bemüht auf die Frage, was das »Bremische« an den Bremern sei, einen Spruch aus dem Jahre 1562, der einst am Bremer Herdentor eingemeißelt war. »Bremen whes Gedächtnis, lot nit mer rin, wie du bist mächtig.« In diesem Satz verberge sich ein Hang zu Trägheit und die Unlust, sich auf neue Experimente einzulassen. Die Neigung, auf Bewährtes zu vertrauen und bei der Akzeptanz von Neuem, Unbekanntem lieber abwartend und vorsichtig zu sein, gehe mit demonstrativer Zurückhaltung und dem Gefühl einher, dass ein einmal gegebenes Wort etwas gelte. Auch diese Haltung könne man als Teil »bremischer Mentalität« definieren. Weltoffen ja, dabei stets auf die eigene Mitte bedacht: Solche Haltung sei durchaus mit »hanseatischer Bescheidenheit« zu erklären, meint der zum Ehrenbürger der Stadt geadelte Ex-Bürgermeister und benutzt das Wort »understatement«, um die Mentalität seiner Stadtgesellschaft zu beschreiben.

## Hundert Prozent Werder

Wo die einen Sturheit und Borniertheit der Bremer beklagen, verweisen andere, wie der ehemalige Präses der Handelskammer Patrick Wendisch auf eine tradierte »Wagenburgmentalität«, die den Bewohnern Bremens zu eigen sei. Kein Geringerer als der legendäre Wilhelm Kaisen habe seinen norddeutschen Sturkopf dazu benutzt, um sich mit den Nachbarn in Niedersachsen und Hamburg anzulegen: Wenn es einen hanseatisch gefärbten Patriotismus gebe, dann sei er ganz sicher von Kaisen, aber auch von Koschnick und Scherf präsentiert worden, die sich ihren Vorgänger zum Vorbild erkoren hätten. Spätestens an dieser Stelle kommt die Rede auf den Fußball und auf Werder Bremen. »Da entwickeln alle ihren Bremer Stolz«, meint Patrick Wendisch, der mit stiller Genugtuung registriert, dass sich in der Stadt die tradierten Parallelgesellschaften zwischen konservativem und linkem Bürgertum zugunsten eines neuen, durchaus patriotisch eingefärbten Gemeinschaftsgefühls aufgehoben hätten. Wendisch war Wortführer jenes Bündnisses »Arbeit für Bremen«, dessen Protagonisten immer wieder an das Wir-Gefühl aller Bremer appellierten. Für ihn ist der Fußball der Transmissionsriemen für bremischen Lokalpatriotismus gewesen, stärker als in vergleichbaren deutschen Städten, nachhaltiger, intensiver und durchaus synonym für jene Haltung, die man als »bremisch« beschreiben könne. Mit dem Gewinn der Deutschen Meisterschaft und des DFB-Pokals im Jahre 2004 habe es in Bremen zum Beispiel die größte Party der Stadtgeschichte gegeben – und der sportbegeisterte Scherf war immer mittendrin.

An jenem Tag, als Werder das Spiel gegen Bayern München gewann, stand Scherf mit Freunden unter 40.000 Menschen auf dem Bremer Domshof und zog nach Beendigung des Spiels mit Zehntausenden zu Fuß zum Flughafen, um die siegreiche Mannschaft abzuholen. In und um Bremen grassierte damals eine Fußballbegeisterung, die es bis dahin, trotz früherer Gewinne der Deutschen Meisterschaft, noch nie gegeben hatte. Was zwei Jahre später bei der Weltmeisterschaft in einem Fahnen schwenkenden Aufbruch als neuer deutscher Patriotismus abgehandelt werden sollte, wurde im Schmelztiegel Bremen vorweggenommen: Das Bekenntnis zum Verein, der Stolz auf die Sieger und die unverbrüchliche Gewissheit, dass die eigene Mannschaft am Ende die Meisterschalen nach Hause bringen würde. Wer etwas auf sich hielt, der bekannte sich damals rückhaltlos zum Club. Kleine Stadt ganz groß, 100 Prozent Werder! Man ließ sich die Haare grün färben, schrieb Gedichte auf den Meisterschützen Ailton oder legte im Vorgarten eine Hecke in der Form des Werder-Emblems an. Im Bremer Rathaus war es Scherf, der sich von der Maskenbildnerin des allgegenwärtigen Fernsehens vor der Siegesfeier zwei grün-weiße Werder-Rauten auf die Wangen malen ließ und damit in der abendlichen »Tagesschau« erschien. Schon bei der Einhundert-Jahr-Feier des Vereins am 4. Februar 1999 hatte der Bürgermeister die weihevolle Streichkonzert-Atmosphäre unter den geladenen Gästen mit dem spontanen Zuruf unterbrochen: »*Steht auf, wenn ihr Bremer seid.*« Und alle sangen lauthals mit.

Woher kam diese ungewöhnliche Begeisterung, die selbst eingeweihte Alt-Bremer beeindruckte? Lag es daran, dass der Erfolg in Bremen ein eher seltener Gast gewesen war und man ihn deswegen so überschwänglich begrüßte? »Diese Bundesliga-Meisterschaft war eine besondere, weil am Ende Süd gegen Nord kämpfte«, analysierte Holger Gertz in der »Süddeutschen Zeitung«, »weil es zwei alte Rivalen miteinander zu tun hatten, die Münchner mit den Bremern, die Großen mit den Kleinen.« Dass die erfolgreichen Werder-Fußballer für das krisengeschüttelte Bremen »ein Segen« seien, bestätigt auch Hans Koschnick: »Endlich wird im Zusammenhang mit unserer Stadt nicht nur über Krisen, Schulden oder Arbeitslosigkeit gesprochen.« Auch der versierte Sportmanager und heutige Bildungssenator Willi Lemke, mit dem Bayern Uli Hoeneß in herzlicher Abneigung verbunden, diagnostiziert: »Wir geben unseren Leuten das Selbstvertrauen, das sie brauchen.« Ein solcher Satz verrät mehr als die polternde Propaganda für den eigenen Club. Er verweist auf ein unsichtbares, lang gewachsenes Zusammengehörigkeitsgefühl, das den kämpfenden Verein auch in widrigen Zeiten nicht im Regen stehen lässt. »Bayern ist Hollywood,

Bremen ist immer noch ein bisschen Dorfplatz, mit Fahrradständern für die Spieler, die mit dem Fahrrad kommen. Es klingt wie ein Klischee, aber es ist so, und vielleicht muss man gar nicht sagen, dass Bremen Meister geworden ist trotz seines in jeder Beziehung kleineren Zuschnitts, sondern gerade deswegen.«

Auch diese Beschreibung markiert jene Mentalität der Bremer, die Trainer Thomas Schaaf in die Worte fasst: »Wenn man sagt, dass man bestimmte Dinge nicht verwirklichen kann, dann muss man eben auch die Ansprüche runterfahren. Bremen ist nun mal nicht das Wirtschaftswunderland. Wir haben nicht die wahnsinnigen Möglichkeiten, die es in anderen deutschen Städten gibt.« Bei Werder Bremen habe man fast zwei Jahrzehnte lang gegenüber den Spielern betont, dass »wir ein kleiner und feiner, aber armer Verein sind«, so Willi Lemke. Den Spielern sei stets klar gewesen, dass sie bei uns nicht das ganz große Geld verdienen konnten. In der Auseinandersetzung mit dem reichen Riesen aus dem Süden habe die Stadt ihren Komplex endlich überwunden, der aus »Armut entsteht, einer Arbeitslosigkeit, die ostdeutsche Höhen erreicht, und aus einem Wetter, das die Bremer gerne schlechter reden, als es tatsächlich ist«, so der kundige Ralf Wiegand in der »Süddeutschen Zeitung«. Werder ist für die Bremer der Zaubertrank, der alle Menschen der Stadt wenigstens noch größer und stärker macht als die Legionen im Süden.

Ein unbestechlicher, langjähriger Beobachter war auch Heinz Fricke, ehemaliger Sport-Chef des »Weser-Kurier«, der 1963 zum Bundesliga-Start nach Bremen kam und hier hängen blieb. Der ruhige, bedächtig formulierende Mann liebt den Fußball und schätzt die Distanz, die seine Generation gegenüber Spielern, Vereinsoberen und Lobbyisten eingenommen hat. Anbiederei oder gar Duzerei mit den Akteuren auf dem Spielfeld war seine Sache nie. Er hat in Bremen alles erlebt, die Ära Rehhagel, den Aufstieg von Rudi Völler und das Drama um den Verteidiger Kutzop, der 1986 den für die Meisterschaft entscheidenden Elfmeter gegen Bayern München an den rechten Pfosten setzte und damit den Titel zum Entsetzen der Bremer verschoss. »Der ist ein ganz harter Hund.« Gemeint ist Scherf, den Fricke von seinem Stammplatz auf der Haupttribüne unzählige Male in der Ostkurve gesehen hat, wo die echten Fans zu Hause sind, angemalt und mit Werder-Fahnen behängt, stets zu Sprechchören und Anfeuerungssongs aufgelegt, bei Auswärtsspielen immer dabei, in Freud und Leid hinter dem Verein. Scherf hat seit Jahrzehnten in sturer Verbissenheit ihre Nähe gesucht, wurde als einer von ihnen akzeptiert und verschaffte sich Respekt, weil er »nie, auch kein einziges Mal auf der Bonzen-Tribüne zu sehen war«, wie Heinz Fricke formuliert. Er glaubt ihm, wenn er sagt, dass er mit der Mannschaft leide. In Bremen weiß man das spätestens seit jenem Samstag, als sich der Bürgermeister mit Theater-Intendant Claus Pierwoß aufs Tandem schwang und eine spektakuläre Ehrenrunde drehte, um Werder im Abstiegs-kampf moralisch zu unterstützen. Scherf hatte sich vor dem ungewöhnlichen Auftritt lange mit seinem damaligen Pressesprecher Klaus Sondergeld beraten. Er zauderte, weil er eigentlich derartige Aktionen hasste. Aber sein Sprecher riet ihm zu, weil er zu Recht darauf hinwies, dass ein Fan aus der Ostkurve an Authentizität nur gewinne, wenn er sich an einer derartigen Aktion beteiligte. So wars. Das Publikum im ausverkauften Weser-Stadion war begeistert. Das Spiel wurde gewonnen.

Nicht angeben, sich nicht aufdrängen, bescheiden und hübsch auf dem Boden bleiben – über bremische Sekundärtugenden ist im Zusammenhang mit Fußball in regelmäßigen Abständen gerätselt worden. »Werder Bremen ist wie Bremen selbst. Wer so was liebt, muss viel leiden«, urteilt der Bremer Autor und Musiker Sven Regener. Der Verein als Symbol für seine gebeutelte Stadt. Nie aufgeben, dranbleiben, kämpfen, irgendwas geht immer. Auch Scherf vermu-tet hinter der Ekstase, die seine Stadt nach dem Gewinn des »Doubles« befallen hatte, den Sieg der Kleinen über die Großen. Das habe sich lange entwickelt und sei dann endlich ausgebrochen. Er scheut sich nicht, seine Begeisterung für den Verein auch als Reverenz gegenüber traditionellen bremischen Tugenden zu sehen. »*Ich entdecke bei Werder immer wieder Seiten, die den Verein für mich besonders liebenswert machen und die im knallharten Fußballgeschäft längst nicht mehr selbst-verständlich und schwer zu bewahren sind. Natürlich ist die Mannschaft ehrgeizig, natürlich will Werder ganz oben mitspielen, aber nicht um jeden Preis. Hier ist nie mit dem ganz großen Geld eine Startruppe zusammengekauft worden, hier hat immer eine kluge und umsichtige Vereinsführung [...] versucht, Erfolg zu formen, statt Erfolg zu kaufen. Wie gute Hanseaten nun einmal sind: Großmut statt Größenwahn. Wenn in der Mannschaft mal einer durchhängt, wird er nicht gleich verkauft, sondern man versucht gemeinsam, einen Ausweg zu finden.*«

## Fußball als Vorbild

Nach Ansicht von Willi Lemke, der fast zwanzig Jahre an leitender Position im Verein gearbeitet hat, unterscheiden sich Management und Sport nicht so sehr voneinander. Alle Mitglieder eines Teams – ob die Belegschaft eines Unterneh-mens oder die Spieler eines Fußballvereins – müssen das Gefühl haben, einer Einheit, »einem großen Ganzen« anzugehören. Bei Werder Bremen lege man zum Beispiel seit Jahrzehnten großen Wert darauf, das Familiengefühl unter-einander zu stärken. Die Arbeit eines jeden Einzelnen werde anerkannt und gewürdigt, Prämien gebe es nicht nur an den jeweiligen Torschützenkönig, sondern auch an alle anderen Spieler, die sich am Erfolg des großen Ganzen beteiligt hätten. Der einfache Sachbearbeiter im Büro sei für diesen Erfolg ebenso wichtig wie die Waschfrau, die zweimal am Tag die Trikots der Spieler reinigt. Das Entscheidende für den Erfolg sei die Mischung, die Zusammensetzung »zwischen Indianern und Häuptlingen, zwischen Jung und Alt, zwischen Kreativen und denjenigen, die aus ihrer Erfahrung arbeiten können.« Man brauche natürlich Einzelkönner, aber viel wichtiger sei das Spiel im Team. Lemke erzählt aus seinen Erfahrungen vor und hinter den Kulissen des Vereins, zitiert das Wort vom »Bereichsegoismus« in der Wirtschaft und beim Sport und erzählt ein Beispiel aus der Welt des Fußballs, das man beim Rückblick auf die Weltmeisterschaft durchaus auf das Zusammenspiel zwischen Klose und Podolski anwenden könne. »Zwei Stürmer laufen nach vorne, beide sind im Kampf um die Torschützenkrone. Derjenige, der im Augenblick den Ball führt, hat den Torwart direkt vor sich, ein anderer ist mitgelaufen, nicht im Abseits, steht in einer viel besseren Position, um ein Tor zu erzielen. Derjenige, der jetzt den Ball führt, schießt und erzielt das Tor und erhält nach dem Spiel trotzdem eine scharfe Kritik des Trainers. Warum? Weil er ein großes Risiko eingegangen ist, weil er nämlich beinahe den Sieg verschenkt hätte, indem er den Ball nicht uneigennützig an den besser Postierten abgegeben hat.« Es sei also oft von großer Bedeutung, sich selbst zurückzunehmen und dem besser Postierten die Möglichkeit zum Torschuss zu geben. Auch der Manager einer Firma müsse solche Rahmenbedingungen schaffen, bei denen der Erfolg des Ganzen über den individuellen Zielen stehe.

Die Mühe und Freude der Ebene: In Bremen sind die Wege kurz, jeder kennt jeden, besonders im Geschäft des Fußballs. Als Architekten des gegenwärtigen Aufschwungs gelten Klaus Allofs und Thomas Schaaf, die beide, als Manager bzw. als Trainer, Nobodys waren, als sie Ende der 1990er Jahre in Bremen die Verantwortung übernahmen. Schaaf hatte nach seiner Spielerkarriere als Jugend- und Amateurtrainer bei Werder begonnen, Allofs war zehn Monate Trainer bei Fortuna Düsseldorf gewesen. Mehr hatten beide nicht vorzuweisen. Nach seinen Erfolgen ist vor allem Schaaf, den »Die Zeit« einen »Spielfühler« nannte, in Bremen zu einer Art Kultfigur geworden, über die auch Scherf zu schwärmen beginnt. *»Mein lieber Thomas war Klassenkamerad von Caroline – so lange kenne ich den schon. Sie hat immer gesagt: Thomas, mach erst dein Abitur. Er hat ja schon als Schüler einen Profivertrag gekriegt, mit siebzehn Jahren. Da hat er gesagt: Caroline, ich glaube, Fußball ist meine Sache. Sie hat Abi gemacht, ist Ärztin geworden – und Thomas ist Kult.«* Als der damalige Bundeskanzler Gerhard Schröder bei einem Abendessen unbedingt Schaaf dabeihaben will, kommt der Werder-Trainer ganz allein, holt irgendwann aus der Plastiktüte ein Werder-Trikot in der Farbe grün-orange, darauf der Namenszug »Acker« mit der Neun drauf – eine Reminiszenz an den aktiven Fußballer Schröder, der als Stürmer beim TuS

Talle »Acker« gerufen wurde. Scherf sitzt im Kreise der nationalen und internationalen Gäste, ist mächtig stolz auf seinen Thomas und staunt. *»Der macht das gut. Der gibt nicht an, der drängt sich nicht auf und ist bescheiden.«*

Mit Augenmaß, dabei das Risiko nicht scheuend, stets auf Solidität und Seriosität bedacht: Das Beispiel des Vereins Werder Bremen wird nur allzu gerne auf eine Stadtgesellschaft übertragen, der Willi Lemke nach dem Doppelsieg aufmunternd zugerufen hatte: »Leute, nicht jammern, nicht klagen, sondern Ärmel aufkrempeln und das Beste für unsere Stadt herausholen.« Damals staunte Bremen vor allem auch über sich selbst. So viel unverkrampfte, fast südliche Spontaneität und Offenheit hatte man sich im sturen Norden gar nicht zugetraut. Es kam hinzu, dass in der traditionell multikulturell eingestellten Stadt der Beifall für den Brasilianer Aílton, die Franzosen Ismaël und Micoud oder den Kroaten Klasnic ein Hochgefühl auslöste, das auswärtige Beobachter verblüffte. Plötzlich schien sich auszuzahlen, dass in den zurückliegenden Jahrzehnten offen und tolerant mit der Ausländerfrage umgegangen worden war: Die Stadt war immer ein guter Gastgeber für die ausländischen Gäste gewesen, weil man sich für die Probleme der europäischen Nachbarn, für die Lage in Lateinamerika oder Afrika ernsthaft interessierte – allen voran der Bürgermeister, der zur Beendigung des Ramadan muslimische Mitbürger in das Rathaus einlud und keine Gelegenheit versäumte, um mit ausländischen Besuchern ins Gespräch zu kommen. Auch diese Neugierde auf das Fremde gehört zur bremischen Mentalität dazu.

Im Jubeljahr 2004 kam vieles zusammen: Die klammheimliche Freude, dass man es den ungeliebten Bayern doch heimgezahlt hatte, der Stolz über den Offensivfußball der eigenen Mannschaft, die stille Genugtuung, dass die Republik und das Ausland auf die kleine Stadt an der Weser blickten und lobend über Bremen berichteten. Auch der alteingesessene Heinz Fricke will den Zusammenhang zwischen den Erfolgen des Vereins und einem gestiegenen Selbstwertgefühl der Bremer nicht leugnen. »Wir Bremer sind die Besten«, das sage man doch nur, wenn man hier auch mächtig gelitten habe. »Jahre voller Frust«, so lautet eine Zeile der legendären Werder-Hymne, die sogar mit der Verheißung endet: »Bald sind wir wieder wer.« Erik Bettermann, Intendant der Deutschen Welle und früher Bevollmächtigter Bremens in Bonn und Berlin, kommt gerne auf die Avantgarde-Rolle des Zwei-Städte-Staates zu sprechen. In Bremen habe es zum ersten Mal den Einzug der Grünen in ein Landesparlament gegeben, bevor der Siegeszug quer durch die Republik mit der Beteiligung an einer Koalitionsregierung gekrönt worden sei. Auch Bremens Große Koalition sieht Bettermann als politisch-atmosphärischen Vorläufer für die Elefantenhochzeit zwischen CDU/CSU und SPD in Berlin. Könnte es nicht sein, dass im ungewöhnlichen Jubel für Werder Bremen vorweggenommen wurde, was zwei Jahre später während der WM die ganze Nation elektrisierte?

Aber war der Fußball nicht auch zum Kitt einer Gesellschaft geworden, die mehr denn je auseinanderzudriften drohte? Hier wie dort wurden Stadion, Großbildleinwand und Fernsehschirm zu einer Art Lagerfeuer, um das man sich auf der Suche nach Wärme scharte. »Für die Dauer eines Turniers interessieren sich Hartz-IV-Empfänger, Investmentbanker und Intellektuelle für dasselbe. Im Jubel sind die Grenzen sozialer Herkunft verwischt«, schrieb »Der Spiegel«. In Bremen brennt das Lagerfeuer ein ganzes Jahr, sobald die Bundesliga wieder beginnt und die Fans von Werder mit unbeugsamer Treue wieder in das Stadion eilen, um ihren Verein zu unterstützen. Wie damals, am 10. Mai 1999, als Bremens Taxifahrer Transparente an die Autos klebten, auf denen geschrieben stand: »Wir halten zu euch. Schafft, dass ihr in der Liga bleibt.« Thomas Schaaf spürt noch heute eine Gänsehaut, wenn er über die damalige Sympathiewelle im Stadion erzählt. Das Entscheidungsspiel gegen Schalke 04 wurde 1:0 gewonnen. Schaafs Aufstieg begann, hielt lange an und verkraftete auch jene Krise, von der Werder nach einer erfolgreichen Hinrunde Anfang des Jahres 2007 erfasst wurde. »Nein, wir sind anders«, konstatiert Manfred Müller, der als Schatzmeister für die Finanzen des Vereins zuständig ist. »Bei uns herrscht Ruhe, bei uns gibt es keine Skandale, bei uns wird nicht in der Öffentlichkeit über wichtige Fragen diskutiert. Wir sind ruhig in der Führung, wir sind bescheiden im Auftreten, wir haben eine gute Mannschaft, und wir haben keine Schulden gemacht. Das unterscheidet uns von vielen Bundesligisten, weil wir einnahmeorientiert denken. Das heißt: Wir nehmen erst ein und überlegen dann, was wir ausgeben können. Die meisten geben erst aus und überlegen dann, wie sie das Geld wieder einnehmen können.«

## Meister der leeren Taschen

»Meister der leeren Taschen«, schrieb die »FAZ« nach dem Gewinn des vierten Meisterschaftstitels und nahm die vielen schönen Schlagzeilen rund um das Meisterteam von Thomas Schaaf etwas genauer unter die Lupe. Nach wie vor kämpft das kleinste deutsche Bundesland bekanntlich um sein finanzielles Überleben, wird als Armenhaus der Republik geschmäht und übernimmt in der Pro-Kopf-Verschuldung, in der Arbeitslosenstatistik und sogar in Sachen PISA-Studie die rote Laterne. Wer im Jahre 1992 die allgemeine Erleichterung verspürte, als das Bundesverfassungsgericht in Karlsruhe auf Antrag des hoch verschuldeten Stadtstaates eine extreme, nicht mehr aus eigener Kraft zu überwindende Haushaltsnotlage feststellte, der kann sich auch in die Zukunftsängste der Bremer hineinversetzen. Damals überwies der Bund dem Land Bremen bis 1998 zur Teilentschuldung 4,6 Milliarden Euro mit der Auflage, drastisch zu sparen und sein Haushaltswachstum auf drei Prozent zu begrenzen. Plötzlich wurde klar, dass die jahrhundertelang verteidigte Selbstständigkeit Bremens nicht nur von zentralistischen Verfassungsdebatten im Gefolge der Wiedervereinigung, sondern auch durch einen dramatisch geschrumpften Finanzrahmen bedroht war. »Das Gesamtwohl hat Vorrang vor Eigeninteressen«, hieß es in einer pathetisch gehaltenen »Bremer Erklärung«, die vom damaligen Präsidenten des Senats, Klaus Wedemeier, initiiert und von allen Verbänden des Landes unterzeichnet worden war. Gemeint war ein groß angelegtes Sanierungsprogramm, mit dem ab 1992 die horrende Verschuldung reduziert werden sollte. Wenn sich alle, die guten Willens seien, an dem Neubeginn beteiligen würden, dann bestehe Grund zum Optimismus. Es war drei Jahre später der neu gewählte Bürgermeister Henning Scherf, der gemeinsam mit SPD und CDU in dieser konkreten Absicht ein groß angelegtes Investitionsprogramm beschloss, mit dem die Wirtschaft angekurbelt werden sollte. Seitdem weisen Experten der Bremer Handelskammer darauf hin, dass das Wirtschaftswachstum schon seit einem Jahrzehnt über dem Bundesdurchschnitt liege; auf die Bevölkerung umgerechnet verfüge Bremen sogar über das zweithöchste Bruttoinlandsprodukt aller Bundesländer.

Wer wie Scherf seit dem Ende der 1970er Jahre in wechselnder politischer Verantwortung im Bremer Senat agierte, dem wurde das Dauerthema mitgeliefert, das den Stadtstaat bis heute buchstäblich durchgeschüttelt hat: Die Sanierung der Finanzen und die Verteidigung bremischer Eigenständigkeit. Man spart und klagt im dritten Versuch, um eine Haushaltsnotlage bescheinigt zu bekommen, die wieder zu Bundeshilfen führen kann. Dabei wird immer wieder darauf verwiesen, dass Bremens exorbitanter Schuldenstand in zwei Phasen eingeteilt werden kann. So sprechen Finanz- und Haushaltsexperten von der »Stabilitätsphase«, die 1969 zu Ende ging, als Bremens Schuldenstand sogar unter dem Vergleichswert aller deutschen Länder und Gemeinden lag und das kleine Land im Norden sogar dem damaligen Nehmerland Bayern im Finanzausgleich geholfen hat, die Wandlung vom Agrarland zum Industriestandort zu realisieren.

Mit dem Inkrafttreten der Finanzreform im Jahre 1970 stieg Bremens Schuldenstand fast explosionsartig an. Der Grund dafür: Seit dieser grundlegenden Änderung werden Steuern nach dem Wohnort statt wie bisher nach dem Arbeitsort erhoben. Dieser Einzug benachteiligt Bremen, weil viele seiner Bürger im »Speckgürtel« um die Stadt herum leben und die Steuern zwar in Bremen erhoben, dann aber nach Niedersachsen abgeliefert werden müssen. Seitdem sei Bremen ständig »künstlich arm gerechnet« worden, wie man zur

Verteidigung des chronisch klammen Stadtstaats immer wieder hören kann. Als Henning Scherf im Jahre 1978 von der Bremischen Bürgerschaft als Finanzsenator bestätigt wurde, war der Schuldenstand mit 2,68 Milliarden D-Mark im Vergleich zu anderen Bundesländern bereits sehr hoch: Die Pro-Kopf-Verschuldung lag mit 5228 D-Mark an der Spitze aller Bundesländer. »Wir müssen einsehen, daß Politikmachen nicht nur in der Verwirklichung neuer Programme und Großprojekte bestehen kann, sondern gerade in der vor uns liegenden Zeit die Sicherung und Bewahrung des von uns in mühsamer Arbeit Erreichten zum Ziel haben muß«, so hatte sich sein Vorgänger Karl-Heinz Jantzen verabschiedet. Das klang wie der Appell eines tief besorgten Kassenwarts, der seinen Nachfolger Scherf und den damaligen Präsidenten des Senats, Hans Koschnick, daran erinnern wollte, dass Bremens Exekutive möglichst kein Geld verteilen sollte, das man nicht hatte. Der freimütige Abschiedsbrief des 56-jährigen Gewerkschafters und Afa-Vorsitzenden war an die Lokalpresse gegeben worden, die natürlich ihre Schlüsse zog. »Senator Jantzen ist zurückgetreten, weil er eine angeschlagene Gesundheit und von manchen Vorgängen in der Partei genug hat«, kommentierte die in Bremerhaven erscheinende »Nordsee-Zeitung«. »*Also, Karl-Heinz Jantzen ist nicht aus dem Amt gejagt worden*«, meint Scherf heute und erinnert daran, dass er zum achtzigjährigen Geburtstag seines Vorgängers am 18. September 2001 einen festlichen Empfang im »Club zu Bremen« gegeben hat. »*Er ist damals selber gegangen, weil er den Eindruck hatte, dass er den politischen Stress nicht mehr packen könne. Er war ja Vorsitzender der ›Arbeitsgemeinschaft für Arbeitnehmerfragen‹, und man hatte den Eindruck, dass er den Spagat zwischen dieser Vertretung der Beschäftigten und seinem Amt als Finanzsenator, der ja für den Gesamthaushalt verantwortlich war, nicht mehr länger aushalten konnte.*«

Scherfs Nominierung zum Finanzsenator, die am 27. September 1978 mit den Stimmen der SPD-Mehrheit und gegen das Votum von CDU und FDP in der Bremischen Bürgerschaft bestätigt wurde, war für politische Insider kaum überraschend. Der bisherige SPD-Landesvorsitzende galt nach sechs Jahren im Haushaltsausschuss als ein Mann, der übertriebenen Ressortwünschen energisch zu Leibe rücken konnte. In den Verwaltungen der einzelnen Ressorts wurde er sogar gefürchtet, weil er sich keine unbegründete Mark aus der Tasche ziehen ließ. Der FDP-Oppositionsführer Jürgen Lahmann bescheinigte ihm während der Bürgerschaftsdebatte, dass er sich »hervorragend in die Problematik des Haushalts« eingearbeitet habe. Auch CDU-Chef Bernd Neumann gab zu, »dass der Neuling Scherf aufgrund bisheriger Erfahrungen in der Finanzpolitik mit Fleiß und der ihm eigenen Akribie ein solches Senatsressort verwalten und leiten könne«. In seiner temperamentvollen Rede gelang dem heutigen Bundesminister, der 17 Jahre später mit Scherf eine elfjährige politische Koalition zimmern sollte, sogar eine treffende Beschreibung von dessen Charakter.

»Was Ihre menschliche Seite angeht, kann man Ihrer offenen und direkten Art – gepaart mit zum Teil frappierendem Freimut – Sympathien abgewinnen.« Aber bei der persönlichen Beurteilung des neuen Senators habe man auch zu der Überzeugung zu kommen, dass er das sage, was er denke, dass er fest an das glaube, was er sage und dass er auch tue, was er sage. Später sollten Bremens Unionschristen um Neumann und Perschau solche Grundsatztreue wiederholt loben, weil die Große Koalition oft genug in brenzlige Situationen geriet, in denen man sich auf das Wort des anderen verlassen musste. »Ich habe ihn häufig erlebt«, so erinnert sich Hartmut Perschau, der elf schwierige Jahre mit Scherf zusammen gearbeitet hat, »wenn er zornig war und irgendetwas unbedingt durchsetzen wollte und dabei fast aus den Nähten platzte. Entscheidend ist ja, was man durchsetzt und wofür man kämpft. Und da ist Henning Scherf natürlich auch ein sehr vitaler Politiker. Diese Vitalität darf man bei der Beurteilung seiner Persönlichkeit nicht aus dem Auge verlieren, weil sie einfach dazugehört. Ich muß ja gestalten wollen, und wenn ich gestalten will, dann muß ich auch gelegentlich mit der Faust auf den Tisch hauen und sagen: So, jetzt müssen wir aber! Dieser pragmatische Ansatz setzt schon einen sehr viel konkreteren Blick für das Machbare voraus, und ich habe die Zusammenarbeit mit Henning Scherf sehr genossen, ja, ich habe davon sogar viel gelernt und auch davon profitiert.«

Die öffentlich ausgewiesene Schuldenlast von Bund und Ländern ist seit Ende der 1970er Jahre in unvorstellbare Höhen geschnellt. Allein der Bund muss vierzig Milliarden Euro und damit fast ein Fünftel aller Steuereinnahmen für Zinsen aufwenden. Seit fünf Jahren gelingt es keinem Bundesfinanzminister mehr, einen verfassungsgemäßen Haushalt vorzulegen. Fast 39 Milliarden Euro nahm der Staat allein im Jahr 2006 an neuen Krediten auf; die Summe aller öffentlichen Investitionen beträgt gerade 23 Milliarden Euro. Von allen Bundesländern ist die Pro-Kopf-Verschuldung im kleinen Bremen zwar immer noch am höchsten; seit es auch den anderen Ländern durch eigenes oder fremdes Verschulden schlechter geht, wird eine Haushaltsnotlage eher als der Normal- statt Ausnahmefall gesehen. Finanzhilfen des Bundes zur Sanierung maroder Länderhaushalte sind verpönt und werden kaum noch geleistet, weil das ohnehin »problematische Notinstrument der Sanierungshilfen nicht zum Regelwerkzeug degradiert werden könne«, wie das Bundesverfassungsgericht in Karlruhe formulierte: Sein Urteil gegen die Klage Berlins im Oktober 2006 zeigte an, wie sehr sich der Wind gedreht hat. Plötzlich müssen die Frösche selbst die Aufgabe übernehmen, den Sumpf trockenzulegen, wie dies Bundesfinanzminister Theo Waigel einmal formulierte: Die Karlsruher Richter sind offenbar nicht mehr bereit, armen Ländern ohne die grundlegende Änderung von Regeln zu helfen.

## Die Nöte einer stolzen Stadt

Durfte sich Bremen damals noch weiter verschulden? Wo lag die absolute Grenze? Auch dem neuen Finanzsenator bereitete es wenig Vergnügen, im Haushaltsentwurf für 1979 die Summe von 317 Millionen D-Mark allein für Zinsen aufwenden zu müssen. Aber er verteidigte die Ausgaben mit dem Hinweis auf dringend notwendige beschäftigungspolitische Initiativen der Öffentlichen Hand, mit denen eine höhere Arbeitslosigkeit und damit geringere Steuereinnahmen abgewendet werden sollten. Solange in Bremen mehr als fünf Prozent Arbeitslose registriert waren, schien jede Neuverschuldung vertretbar, habe man bis 1983 für beschäftigungsorientierte Ausgabenpolitik Geld zur Verfügung zu stellen. Der Schwerpunkt aller Investitionsausgaben müsse bei Arbeitsplatz schaffenden und Arbeitsplatz erhaltenden Maßnahmen liegen. »*Künftige Generationen profitieren von den von uns geschaffenen Leistungen auf vielen Gebieten, insbesondere von den infrastrukturellen Maßnahmen, und können deshalb auch einen Beitrag für die von uns erbrachten Leistungen in Form von Zinsen tragen*«, so hieß es in einem Brief Scherfs vom 22. Dezember 1978 an die Adresse Koschnicks im Hinblick auf den Bremen-Plan. Bei seiner Einstandsrede in der Bremischen Bürgerschaft am 27. September 1978 war er sogar noch weiter gegangen und hatte alle skeptischen Mahnungen kühn in den Wind geschlagen. »*Es gibt keinen für jedes Land gleichen Maßstab für eine maximale Höhe des Schuldenstands, es gibt auch keine absolute und relative Grenze für die Zinsbelastung der Öffentlichen Haushalte, es gibt weiterhin keine absolute oder relative Grenze für die Neuverschuldung.*« Ein Vierteljahrhundert später würde ihm der Parlamentspräsident Christian Weber (SPD) solche Sätze mit dem milden Tadel in die Abschiedsrede schreiben, »daß sich jeder einmal irren und korrigieren könne«.

Vergleicht man den Schuldenstand des Landes Bremen pro Einwohner mit der Gesamtheit der damaligen Bundesländer, dann wird deutlich, dass Bremen seine Ausgaben von 1970 bis 1985 mit 235 Prozent stärker gesteigert hatte als der Durchschnitt der Länder und Gemeinden mit 204 Prozent. Diese Mehrausgaben von 490 Millionen D-Mark waren nach dem Urteil des Finanzwissenschaftlers Günter Dannemann ausschließlich auf die drastische Steigerung der Zinsausgaben und auf die überdurchschnittliche Steigerung der Sozialhilfeausgaben zurückzuführen. Ohne Zins- und Sozialhilfeausgaben hätte Bremen seine Ausgaben im gleichen Umfang wie der Durchschnitt der übrigen Bundesländer und Gemeinden gesteigert. Die Explosion der Zinsausgaben ist nach Dannemann nicht im unsoliden Ausgabenverhalten, sondern eindeutig in der seit 1970 zunehmenden Benachteiligung Bremens bei der bundesstaatlichen Finanzverteilung begründet. In seiner Analyse über Bremens Lage im System der Finanzverteilung plädiert Dannemann schon Anfang der 1990er Jahre für eine finanzwirtschaftliche Überlebensstrategie, bei der zwei Eigenanstrengungen gefordert werden: Erstens müsse Bremen den Zuwachs seiner Ausgaben derart begrenzen, dass der durchschnittliche Zuwachs der Länder und Gemeinden möglichst sogar unterschritten wird. Zweitens müssten die knappen Investitionsmittel vorrangig auf wirtschaftsstärkende und arbeitsplatzschaffende Projekte konzentriert werden, um so die originäre Steuerkraft zu stärken und die Sozialhilfebelastung in Grenzen zu halten.

Der Optimismus Ende der 1970er Jahre ist nur dadurch erklärbar, dass die seit dreißig Jahren in Bremen regierenden Sozialdemokraten an ein jährliches Wirtschaftswachstum von mindestens drei Prozent glaubten und auf sprudelnde Steuereinnahmen hofften, dass man auch weiterhin auf jährliche Komplementärmittel des Bundes zählen konnte und sich die Segnungen eines Bremen-Plans auszahlen würden. Wenn heute im Gefolge der Bund-Länder-Verhandlungen zur Föderalismus-Reform klare Regeln gefordert werden, um eine bessere Haushaltsdisziplin der Länder zu erwirken, dann wird auch die Konsequenz aus solchem Fehlverhalten gezogen. Sobald in der Finanzpolitik einmal der falsche Pfad beschritten werde, dann räche sich dies noch nach Jahrzehnten, meint der frühere Staatsminister in der Regierung von Helmut Schmidt und langjährige SPD-Finanzexperte Gunter Huonker, der sich schon damals über einen überdimensioniert aufgeblähten Öffentlichen Dienst in Bremen wunderte. »Neue Planstellen schaffen strukturierte Ausgaben, die man fast ein Leben lang am Bein hat«, meint Huonker und macht Bremen den Vorwurf, man habe leichtfertig Geld ausgegeben, was andere verdienen mussten. Tatsächlich bildeten im Haushalt 1979 die Personalkosten mit einer Steigerungsrate von 7,9 Prozent den größten Ausgabenblock. Innerhalb eines Jahrzehnts war die Zahl der Lehrer in Bremen von 3993 im Jahre 1970 auf 7074 im Jahr 1980 gestiegen und hatte sich damit fast verdoppelt. Weitere Ausgaben für die nächste Legislaturperiode sollten folgen.

Aber die Menetekel waren an der Wand: Der finanzielle Handlungsspielraum Bremens war für die nächsten vier Jahre längst nicht mehr so groß, wie sich das manche erhofft hatten. Der Bund hatte einen Strich durch wohlgemeinte Rechnungen gemacht, steuerliche Entlastungen der Arbeitnehmer und der Wirtschaft beschlossen und die Zuweisungen an die Adresse Bremens erheblich gekürzt. Zur Paradoxie dieser finanzpolitischen Entwicklung gehört, dass auch die anderen Bundesländer mächtig aufholen sollten: Die Schuldenquote stieg von 31,4 Prozent im Jahre 1980 auf 66,9 Prozent im Jahre 2005 und hat sich damit mehr als verdoppelt. Schon macht die Forderung nach scharfen Sanktionen bei zu hoher Staatsverschuldung die Runde. So wünschte sich Sachsens Ministerpräsident Georg Milbradt klare Regeln zur Begrenzung der Verschuldung, sogar ein generelles Verschuldungsverbot, das in der Verfassung festgeschrieben werden sollte. Oberstes Ziel müsse sein, eine langfristig orientierte Stabilitätspolitik zu belohnen, notfalls durch ein unabhängiges Gremium wie den Sachverständigenrat oder die Deutsche Bundesbank.

Solche Vorschläge wären gewiss im Sinne eines Mannes gewesen, der ab 1980 die Finanzgeschicke Bremens übernahm und im Jahre 1985 gemeinsam mit Hans Koschnick aus dem Senat ausscheiden sollte. Moritz Thape blickt mit Sorge auf seine letzten Jahre in der Bremer Exekutive zurück, als er die Genossen im Senat, im SPD-Landesvorstand, in der Fraktion oder im Haushaltsausschuss mehr als einmal daran erinnern musste, dass dringende Einsparungen notwendig seien. »Man muss auch einmal Nein sagen können und Wünsche zurückdrängen«, sagt der hochbetagte Pensionär und fügt hinzu: »Bremen lebte damals über seine Verhältnisse. Wir hatten sogar Angst, die Beamtenpensionen auf Pump bezahlen zu müssen.« Noch im Rückblick lesen sich die Kurzprotokolle über die finanzpolitischen Klausursitzungen der damaligen Jahre wie spannende Schilderungen aus einer Zeit, in der es emotional hoch herging und mit Klauen und Zähnen um einmal erfochtene Besitzstände gerungen wurde. Die unterschiedlichen Meinungen zum »Ausgleichskonzept des Bremer Senats« hätten »nicht vertretbare Formen angenommen«, heißt es im Protokoll über die Sitzung am 29. Juni 1984 in der Bremer Gaststätte »Jürgenshof«, es sei sogar der Eindruck entstanden, dass die Geschlossenheit des Senats ernsthaft gefährdet sei. Offenbar machten sogar Rücktrittsdrohungen einzelner Senatoren die Runde. *Als Sozialsenator habe ich wie ein Berserker darum gekämpft, dass uns nicht die Personalhaushalte zusammengehauen wurden, weil wir mit Dienstleistungen, die meist von Personalkosten abhängig waren, das soziale Netz in diesem Stadtstaat halten und möglichst nicht demontieren wollten. Da bin auch ich in den Ruf gekommen, dass ich mich ständig gegen Kürzungen wehren würde.«*

Aber es gab schon damals übernervöse Reaktionen, weil unter dem Stichwort »Bewirtschaftungsmaßnahmen« Kürzungen in allen Ressorts beschlossen worden waren, die als schmerzhaft empfunden wurden. Für alle Teilnehmer dieser ungeliebten Sparrunden stand bereits die Frage im Hintergrund, wie lange man es politisch durchhalten könne, auf bereits beschlossene einschneidende Maßnahmen sogleich wieder neue Schnitte verkünden zu müssen. Wäre es nicht besser, mit einer Blut-, Schweiß- und Tränenaktion so viel Kürzungen vorzunehmen, dass es ein für alle Mal reicht? Der Präsident des Senats, Hans Koschnick, vertrat in dieser brisanten Frage die Ansicht, dass sozialdemokratische Politik nur bedeuten könne, keine Schuldzuweisung zu betreiben, sondern nach einem gemeinsamen Weg zu suchen, und zwar in der Erkenntnis, dass die Konsequenzen aus den fiskalisch notwendigen Sparbeschlüssen nicht nach dem Ressort-Prinzip oder den Geschicklichkeiten eines einzelnen Senators verteilt werden sollten. Alle waren gefragt und wurden aufgefordert, nach einem gemeinsamen Ausweg zu suchen. »Sich kaputtzusparen, kann keinen Sinn haben. Die Augen davor zu verschließen, daß weitere Verschuldungen uns absehbar jeglichen Handlungsspielraum zu nehmen drohen, kann auch keinen Sinn haben. Aus dieser Lage Schritt für Schritt herauszukommen, ist unsere Aufgabe.« Längst ging es um den tief sitzenden Streitpunkt, was nach vorherigen Sparrunden überhaupt noch für möglich gehalten wurde. Der Finanzsenator wurde aufgefordert, mit jedem Senator einzeln über Vorschläge zur Kürzung zu sprechen. Er bekam die Mahnung mit auf den Weg: »Wir müssen uns darüber einig sein, daß sich Tricks oder Verweigerungen nicht auszahlen. Wo es wirklich unüberbrückbare inhaltliche Differenzen gibt, müssen sie entscheidungsreif aufbereitet sein. Aber taktische Spiele werden wir uns nicht leisten können.«

Schon ein Jahr später sollten Koschnick und Thape von ihren Ämtern zurücktreten. Ihre Nachfolger sollten bald merken, dass durch das Aufhäufen von Schuldenbergen die Gestaltungsmöglichkeiten immer geringer geworden waren. Nicht nur in Bremen, auch in den übrigen Ländern und Kommunen waren aus Ministerpräsidenten und Oberbürgermeistern Sparkommissare geworden, die knapper gewordene Haushalte verwalten mussten. Tacheles wurde an der Weser erst geredet, nachdem im Jahre 1995 die Große Koalition aus SPD und CDU geschmiedet worden war. Plötzlich klang vieles anders als in der Vergangenheit, als manches unter den Teppich einer SPD-Alleinregierung oder einer Ampelkoalition aus SPD, FDP und Grünen gekehrt worden war. *»Für unsere Freie Hansestadt ist es auf Dauer unerträglich, als finanzwirtschaftliches Armenhaus der Republik dazustehen«*, so der neue Bürgermeister Henning Scherf in seiner Regierungserklärung 1995, in der die Beseitigung der extremen Haushaltsnotlage gefordert wurde, weil die Zins-Schulden-Spirale Bremens finanzwirtschaftliche Handlungsfähigkeit vollends zerstöre. Sanieren und Sparen, so lautete das Leitmotiv einer Regierung, die offenbar in den Abgrund geschaut hatte. Nun wurden 400 Stellen jährlich eingespart, weil alle laufenden Ausgaben kritisch überprüft worden waren. Not könne auch sehr erfinderisch machen, hieß es selbstkritisch. *»Sie darf nicht zum Klammern an Gewohntes und scheinbar Bewährtes verführen. Aus der Klemme helfen nur Mut und Entschlossenheit.«* Im finanzpolitischen Diskurs der Hansestadt tauchten plötzlich Metaphern wie »Budgetierung« und »dezentrale Ressourcenverantwortlichkeit« auf, also Instrumentarien, um die Verwaltung schlanker zu machen. Die als dringend notwendig erachtete Haushaltskonsolidierung wurde sogar unter lokalpatriotischen Aspekten gesehen. Vor leeren Kassen dürfe man einfach nicht kapitulieren; Bund und Länder könnten sich darauf verlassen, dass die Freie Hansestadt Bremen »Teil der Lösung« und nicht »Teil des Problems« werde. Bei seiner zweiten Regierungserklärung am 20. Juli 1999 zitierte Scherf den ersten deutschen

Handelsminister aus dem Jahre 1848, Senator Arnold Duckwitz. *»Ein kleiner Staat wie Bremen darf nie als Hindernis des Wohlergehens der Gesamtheit der Nation erscheinen, vielmehr soll er seine Stellung in solcher Weise nehmen, dass seine Selbstständigkeit als Glück für das Ganze, seine Existenz als eine Notwendigkeit angesehen wird.«*

Bei dieser Debatte fällt auf, dass sich die CDU mit politischen Attacken zurückhielt. Es wäre leicht gewesen, die SPD wegen finanzpolitischer Versäumnisse in den vergangenen Jahrzehnten vorzuführen. Aber nun galt die offizielle Regel, dass man gemeinsam für Bremen zu kämpfen habe. Dass man zum Wohle der bundesstaatlichen Gemeinschaft die Freie Hansestadt Bremen wieder zu einem Land machen müsse, dem man *»Erfolg bescheinigt und das man achtet«* – solche Ratschläge gehörten in das Vokabular dieses neuen Patriotismus ebenso wie das selbstkritische Bekenntnis. *»Der Bund, der unserem Land mit der Fortsetzung der Sanierungshilfen großzügige Hilfe leistet, wird von einer vergleichbar bedrohlichen Zinssteuerquote bedroht wie unsere Freie Hansestadt, der das Bundesverfassungsgericht eine extreme Haushaltsnotlage bescheinigt hat. Uns steht es nicht an, über Ursachen und Verantwortung zu richten.«* Dass die jahrhundertealte Stadtrepublik im Norden buchstäblich um ihre Existenz kämpfte, das hatten auch die notorisch kritischen Bündnisgrünen erkannt, die in einer Aussprache zur Regierungserklärung 1999 versprachen: *»Wir kämpfen mit.«*

Plötzlich konnte man in Bremen Wahrheiten hören, die in den zurückliegenden Jahren in dieser Deutlichkeit nicht formuliert worden waren. Allen voran Bürgermeister Henning Scherf redete wie ein sparsamer Hausvater, der entweder aus den Fehlern der 1970er Jahre gelernt hatte oder den sein Gerede von vorgestern nicht mehr interessierte. *»Natürlich kann man auch einmal Schulden machen«,* so das Fazit nach acht Jahren Großer Koalition am 9. Juli 2003 in der Bremer Bürgerschaft, *»aber dies kann man nur, wenn man sicher weiß, sie in absehbarer Zeit zurückzahlen zu können. Man kann auch höhere Schulden machen, wenn man das geliehene Geld nicht kurzerhand verfrühstückt, sondern es investiert und sein Haus damit finanziert [...]. Eines aber geht nicht: Ständig und ohne Perspektive, die Schraube je wieder zurückzudrehen, über seine Verhältnisse zu leben. Dann ist man irgendwann am Ende, dann entscheidet man irgendwann nicht mehr selbst über sein Leben, sondern die Gläubiger, der Gerichtsvollzieher oder der Insolvenzverwalter entscheiden.«*

## Ein Senator und sein Stil

Henning Scherf hatte nach kaum einem Jahr das ungeliebte Finanzressort am 7. Oktober 1979 verlassen, um Senator für Soziales, Jugend und Sport zu werden, was er für mehr als ein Jahrzehnt auch bleiben sollte. Die Neigung zur Sozialarbeit hatte er schon als Schüler unter dem sanften Druck seines Vaters eher unfreiwillig entdeckt.»*Mein Vater verlangte, dass meine Brüder und ich, bevor wir uns für einen Beruf entschieden, in den großen Ferien sechs Wochen als Freiwillige in Bethel arbeiteten. Und da wir so lange Kerls sind, müssen wir den Eindruck erweckt haben, dass wir auch psychisch einiges wegstecken können. Die Pflegeleitung hat uns dort also für das Männerhaus eingeteilt. Dort lagen Schwerstbehinderte in Käfigen. Ich habe Nachtwache bei einem Alkoholiker im Endstadium gehalten. Dieser ehemalige Anwalt erzählte mir in seinem Delirium tremens sein ganzes Leben. Immer wieder sackte er weg, sodass ich schon dachte, er sei tot, und dann sprach er wieder für eine Viertelstunde, völlig strukturiert und klar. Dieser Mann suchte verzweifelt jemanden, dem er alles erzählen konnte.«*

Als er in den 1980er Jahren Sozialsenator in Bremen wird, nimmt er sich vor, mindestens einen Tag lang in jeder von ihm verantworteten Alteneinrichtung den Pflegedienst mitzumachen. Das klappt zwar nicht in der beabsichtigten Häufigkeit, doch Scherf gelingt es immerhin, mehrere Tage in den Pflegeheimen zu erscheinen und mit anzupacken. Als das Pflegepersonal merkt, dass es dem prominenten Politiker mit seinem Angebot einer tätigen Hilfe ernst ist, schicken sie ihn von einer Pflege zur nächsten. »*Einen Tag habe ich erlebt, wie ein alter Mann mutwillig immer wieder seinen Blasenkatheter rauszog. Sein Bett schwamm regelmäßig. Dieser See aus Urin war anscheinend die einzige Form des Protests, die er noch einlegen konnte. Einen anderen, der splitternackt durch die Station lief, musste ich einfangen. Keiner wusste, ob er durchgedreht war oder ob er nur die Schwestern ärgern wollte. Und ich habe eine drei Zentner schwere Frau gesäubert und ihr Bett neu bezogen – die Pflegerinnen konnten dies nur mit einem Hebekran bewerkstelligen.«*

Sein damaliger Pressesprecher Alexander Künzel erinnert sich an turbulente politische Zeiten, »als Henning in Personalversammlungen satt gemacht wurde und anschließend treuherzig verkündete, daß die im Saal eigentlich alle für ihn gewesen seien. Leider hätten sie das öffentlich nicht zeigen können«. Scherf habe durch den »Regen gehen können, ohne wirklich naß zu werden«, meint Künzel und verweist darauf, dass sein damaliger Chef bis zum Anfang der Großen Koalition im Jahre 1995 in einer »schlichten Schwarz-Weiß-Welt lebte«, die er einfach nicht habe verlassen können. Die Welt als Wille und Vorstellung. Dazu sei eine fast »diebisch jungenhafte Freude« gekommen, andere ein wenig zu ärgern, die Regeln zu verletzen, sich über Bedenken der Beamten und der Bürokratie hinwegzusetzen. Diese latente Protesthaltung sei Teil von Hennings Charakter gewesen, meint auch Hans Koschnick und fügt hinzu, dass sein Senator oft der Neigung nachgab, aus protestantischen Glaubensformeln politische Gewissheiten zu zimmern. »Fast alles war bei ihm ethisch begründet. Man konnte oft Hennings Wut erkennen. Dann färbte er sich rot und hatte sich sogar nicht mehr richtig in der Gewalt.« Auch Künzel beschreibt Scherf als einen Politiker, in dem oft der »Sponti« geschlummert habe, ein Grenzgänger und Regelverletzer, der mit beachtlicher Sturheit stets nach einem eigenen Weg gesucht habe. Eingefahrene Konventionen, erst recht wenn sie von Beamten kamen, habe er nicht nur einmal ignoriert. »Lebendige, offene Kontakte zu Menschen außerhalb der politischen Szene sind Barrieren gegen den süchtig machenden Sog der Wichtigkeiten im täglichen Betrieb der Politik«, schreibt Jürgen Leinemann in seinem Buch »Höhenrausch«. »Kaum jemand bemerkt selbst, wann die Deformation beginnt, wann die Vorräte an persönlichen Überzeugungen und das Polster an Lebenserfahrung aufgebraucht und abgenutzt sind, das eigene Leben zur Fassade wird.« War diese Haltung zur unkonventionellen Regelverletzung, die der Natur des über zwei Meter großen Christenmenschen entspricht, bei näherem Hinsehen nicht auch ein wenig Kalkül? *»Ich habe mein damaliges Amt als Sozialsenator sehr geliebt, diese Nähe zu den Menschen, die eigentlich nur in einem Stadtstaat möglich ist, eine Nähe zwischen denen, für die man arbeitet, und natürlich die Nähe für die, für die man verantwortlich ist. Das sind ja oft zwei Lager, für die man sich entscheiden muss, entweder so oder so. Normale Politiker sitzen in ihren Administrationen und verteidigen ihre Bürokratie zu Recht, sonst läuft gar nichts. Aber in einem Stadtstaat kann man sich diesen Spagat leisten, Vertreter des Staates zu sein und doch so nahe wie möglich an die Leute zu kommen, mit ihnen gemeinsam herauszufinden, was man mit dem wenigen noch machen kann.«*

Scherf ist auch abenteuerlichen Aktionen nicht abgeneigt. Bei einer Anti-Raketendemonstration auf dem Bremer Marktplatz sitzt er bei klatschendem Regen auf dem Pflaster und tröstet verzagte Demonstranten. Bei Demos will er mitlaufen, anstatt Adressat der Proteste zu sein. Auch bei Hausbesetzungen von Jugendfreizeitheimen, die sich Anfang der 1980er Jahre in Bremen ereignen, setzt er sich zu den Demonstranten und verspricht ihnen, dass er bei ihnen bleiben werde. *»Ich bleibe bei euch. Ich schlafe hier die Nacht mit euch im Haus. Die sagten, dass sie gegen mich demonstrierten. Ich habe dann gesagt: ›Nein, was ihr hier macht, das ist die intensivste Nutzung von Jugendfreizeitheimen. Das finde ich gut, und deshalb will ich das mit euch gemeinsam machen.‹ Natürlich hat man mir diese Haltung später vorgeworfen. Aber ich fand Jugendliche, die ihr eigenes Jugendfreizeitheim verteidigten, einfach super. Denn das war ihr Haus, und ich wollte gerne mithelfen, dass sie diesen Protest gut machten. Also, habe ich zu denen gesagt, lasst mich mal bei euch pennen.«*

Seine Mitarbeiter wollen schwören, dass Scherf bei diesen Aktionen das öffentliche Echo ziemlich gleichgültig war, weil er die Wirklichkeit kennenlernen wollte und seine Wahrnehmung von Realität vor jede mediale Inszenierung stellte. »Scherf paart Intellektualität mit Instinkt und kann Probleme der lokalen Politik in größere Zusammenhänge stellen«, lobt Klaus Sondergeld, der Scherf mehrere Jahre als Senatssprecher diente. Sein Chef habe einfach

Mut zum Risiko und ein unverbrüchliches Gottvertrauen, dass alles schon gut gehen werde. Und er habe eine unbändige Lust an den Menschen. Er erinnert sich an eine tagelange Sitzung während der Vulkan-Krise, als beide müde und graugesichtig in Richtung Rathaus gingen. Plötzlich sei Scherf verschwunden gewesen: Man entdeckte ihn später im Zelt einer karitativen Organisation, wo er selbstvergessen mit Kindern redete und ihnen beim Basteln zusah. Jede Art von Bedeutungshuberei sei ihm fremd, ja zuwider. Im Bremer Rathaus erzählte man sich die Anekdote, wonach er auf den Hinweis eines Beamten, er habe ein Loch in der Schuhsohle, lachend geantwortet habe, als Bremer Sozialsenator könne er sich das leisten. Und Berlins Regierender Bürgermeister Eberhard Diepgen, der mit heulendem Blaulicht, gepanzerten Limousinen und mehreren Bodyguards vor der NRW-Vertretung an der Hiroshima-Straße in Berlin vorfahren ließ, musste sich von dem vorbeischlendernden Bremer Ministerpräsidenten-Kollegen die Frage anhören: »Was macht ihr da? Dreht ihr einen Film für Hollywood?«

Wenn er nach einem langen politischen Tag, im Frust über Zank und Streit, einmal richtig Ermutigung brauchte, ging der überzeugte Anti-Alkoholiker ohnehin nicht in die Kneipe, wie dies im normalen politischen Betrieb fast üblich geworden ist. *Ich bin unangemeldet in unsere Behindertenwerkstatt gegangen, weil ich wusste, dass mir da so viel Herzlichkeit, Fröhlichkeit und Nähe entgegenkommt. Das hat mich gereizt, bis heute, dass diese vielen Behinderten, die wir ja in unsere Stadt integriert haben, nicht hinter hohen Mauern herumlaufen, sondern sich innerhalb unserer Stadt frei bewegen können. Die machen Theater und Musik, die treffe ich ständig. Für die bin ich einfach ›der Henning‹. Selbst die Obdachlosen sind mir nie eine Last gewesen, sondern ich kenne mehrere Obdachlose, zu denen ich einen Draht habe, weil ich sie in ihren Obdachlosenlöchern aufgesucht habe. Wo gibt es das, dass sich ein Minister ohne Apparate und Helfer mit Obdachlosen vertraut macht? Das geht so sicherlich nur in einem Stadtstaat wie Bremen.«*

Der Senator in seinem »gallischen Dorf«. Hier geht immer noch vieles anders als in größeren, unübersichtlicheren Gebietskörperschaften. Da kann man z. B. zu seinem Bürgermeister gehen und anbieten, dass man den Job ohne Bezahlung weitermachen wolle. Der verdutzte Koschnick lässt ein Gutachten anfertigen und kommt zu dem Ergebnis, dass dies in der Bremer Besoldungsordnung nicht vorgesehen sei. Auf diesen Gedanken war bisher noch niemand gekommen, auf das Monatsgehalt zu verzichten und stattdessen die zu erwartende Alterspension gegenzurechnen. *Ich dachte, dass meine Frau Luise und ich mit meiner Pension und ihrem Lehrerinnengehalt gut über die Runden kommen würden. Das habe ich dem Hans begeistert angeboten. Aber der hat es mit der Angst gekriegt und gesagt, dass ich damit nur die Preise verderbe. Von mir war das nicht tricky, sondern ehrlich gemeint. Ich habe nie öffentlich darüber geredet und tue dies heute das erste Mal.«*

Henning Scherf in der Güldenkammer des Bremer Rathauses, 2000

Mit Nelson Mandela 1987 in der Bremer Vertretung in Bonn ...

... und mit Samuel Nujoma, dem namibischen Staatspräsidenten, und
Staatsarchivdirektor Hartmut Müller in Bremen, 1997

Henning Scherf mit seinem Freund und Weggefährten, dem Publizisten und früheren Bundestagsabgeordneten Freimut Duve ...

... und mit Mercedes de Castro, der Bremer Leiterin des Instituto Cervantes, die mit Scherfs in Hausgemeinschaft lebte, im Bremer Rathaus 2005

Ein sicherer Redner in seinem Element – und am stärksten ohne Manuskript.
Henning Scherf bei einer Filmpremiere in der Bremer Böttcherstraße, 2003

Der Bremer Bürgermeister in der Debatte zur Insolvenz der Bremer-Vulkan-Verbund-AG im Deutschen Bundestag zu Beginn seiner Amtszeit 1995 ...

... und als Vorsitzender des Vermittlungsausschusses beim Bundesrat zwei Jahre vor seinem Ausscheiden aus der Politik 2004

Wer den Präsidenten des Bremer Senats kennenlernt, ...

... vergisst schnell alle Berührungsangst. Empfang im Rathaus im Rahmen des Ariane-Städtebundes, 2003

Besonders zu Kindern findet der mehrfache Großvater Henning
Scherf schnell den Kontakt, wie hier am Rande des Bremer
Antrittsbesuches von Bundespräsident Horst Köhler (2005) ...

... oder im Gewühl beim
Freimarktsumzug, 1997

»Eigentlich kann ich gar nicht Fußball spielen«, sagt Henning Scherf. Wenn er es trotzdem tut, dann mit Eifer und für eine gute Sache.

Mit seiner »Adelante« während der »Sail« in Bremerhaven, 2000

Sportreporter Rolf Töpperwien interviewt den Bürgermeister der Stadt, die im Mai 2004 Werder Bremens Gewinn von Meisterschaft und Pokal ausgelassen feiert ...

... und deren politisches Oberhaupt aus seiner Zuneigung zum Verein keinen Hehl macht – und damit einmal mehr viel Sympathie zu ernten versteht.

Schülerzeichnungen
von Henning Scherf.
Straßburg, vom Münster
aus gesehen, 1958

Straßburg, 1958

Straßburg, 1958

Straßburg, 1958

Straßencafé in Riga,
1993

Griechenland, Ferienhaus auf dem Peloponnes, 1994

Die sechs Scherf-Geschwister 1997 ...

... und die Großfamilie 2005 im Garten von Luise und Henning Scherf

Luise Scherf, 2000

Henning und Luise Scherf gemeinsam auf den Deichen im Bremer Umland ...

... und zu Hause, 2003. »Die vielen guten Ratschläge, nicht zu früh zu heiraten, kommen nicht von mir«, sagt Henning Scherf 2007.

Henning und Luise Scherf zu Hause in Bremen, 2005

Auf solchem Humus gedeihen Unabhängigkeit und Stärke: Als im Juni 2002 die Ergebnisse der PISA-Studie mit einem verheerenden Ergebnis für Bremen publiziert werden, sind Mut und Durchhaltewillen angesagt. Wieder gerät das finanzschwache Land in einen Hagel hämischer Schlagzeilen, die Bremen einen letzten Platz im bundesweiten Vergleich zuweisen. PISA als Bankrotterklärung für die SPD, die auf ihre Bildungspolitik mächtig stolz gewesen war. Überall auf dem letzten Platz, selbst bei der Förderung unterprivilegierter Kinder. Scherf nimmt die Herausforderung an, fast wie ein Fußballtrainer, dessen Mannschaft zwar auf dem letzten Platz rangiert, die sich aber langsam nach oben kämpfen wird. Die Vergangenheit war gestern. *»Ich bin ganz plötzlich, ohne dieses PISA-Gutachten überhaupt gelesen zu haben, vor die Presse gezerrt worden, und die haben mich dann mit diesen Nachrichten konfrontiert. Da habe ich gedacht, dass wir uns jetzt nicht mehr mit der Vergangenheit beschäftigen sollten. Das geht alles auf SPD-Kappe. Wir sind hier während vieler Jahre die Alleinregierenden gewesen und sollten uns jetzt nicht mit gegenseitigen Schuldzuweisungen beschäftigen. Ich fand es besser, sich jetzt auf diese gemeinsame Herausforderung zu konzentrieren, unverzüglich und mit aller Kraft einfach besser zu werden. Willi Lemke und ich ermutigen unsere Schulpolitiker und Lehrer immer, indem wir ihnen sagen: Guckt mal auf die Uni. Die Universität war in den Gründungsjahren zum fast ritualisierten Abschreckungsobjekt in der bundespolitischen Hochschuldebatte geworden. Und jetzt sind wir unter den zehn besten Universitäten des Landes, kämpfen uns weiter nach oben, sind ›Stadt der Wissenschaft‹ und werden mit Anerkennung nur so überhäuft. Das haben die Uni-Leute sogar unter rigorosen Sparbedingungen geschafft. Ich sage deshalb immer, schaut, wie die das gemacht haben, und versucht, das in euren Schulen auf eine andere Weise, aber mit einem ähnlichen Anlauf und ähnlicher Energie hinzukriegen.«*

# Ein Bremer Patriot –
# der Gang in die Große Koalition

## Nach dem Wahldesaster

Die Lage schien hoffnungslos. Bremen hatte eine Bürgerschaftswahl erlebt, die an diesem denkwürdigen 14. Mai 1995 kein klares Ergebnis brachte. Die SPD war von einstigen Traumnoten auf 33,4 Prozent der Stimmen abgestürzt und verbuchte das schlechteste Ergebnis der Nachkriegszeit. Die CDU hatte aufgeholt, kam auf 32,6 Prozent und machte sich begründete Hoffnungen, eine vier Jahrzehnte lange Daueropposition an der Weser endlich zu beenden. Die Bündnisgrünen verbesserten sich auf 13,1 Prozent, während die Liberalen an der Fünf-Prozent-Klausel scheiterten und aus der Bürgerschaft verschwanden. Klarer Gewinner dieser Wahl war die »Arbeitsgemeinschaft für Bremen und Bremerhaven«, ein patriotisches Schutz- und Trutz-Bündnis, das sich erst ein halbes Jahr zuvor etabliert hatte und mit 10,7 Prozent der Stimmen zwölf Mandate in der Bremer Bürgerschaft eroberte. In die Erleichterung über die rasche Demission Wedemeiers mischte sich noch am Abend dieser Schicksalswahl die Frage, ob das heterogene Protestbündnis hanseatischer Querköpfe nicht gründlich unterschätzt worden war. Ohne den Aufstand dieser Gruppierung hätte es jenes zwiespältige Wahlergebnis nicht gegeben, das den beiden großen Parteien plötzlich eine Schlüsselrolle zuwies. Wieder einmal zeigte sich, dass aus einem undurchsichtigen Gewusel von Voraussetzungen, Taten und Folgen ein Ergebnis hervorgehen kann, das sich erst im historischen Rückblick als entscheidende Wendemarke offenbart. Weil in Bremen die sorgsam austarierte Parteienlandschaft kräftig aus den Fugen geraten war, deutete sich ein Politikwechsel an, der über zehn Jahre Bestand haben sollte.

Klaus Wedemeiers Absturz war die zweite Niederlage in Folge gewesen. Acht Jahre zuvor hatte die SPD mit 50,5 Prozent der Stimmen zum letzten Mal die absolute Mehrheit gewonnen. Schon vier Jahre später hatte sich der Wind gründlich gedreht. Bei der Bürgerschaftswahl 1991 erreichte Wedemeiers SPD nur noch 38,7 Prozent; die CDU kletterte auf 30,6 Prozent und durfte sich rühmen, mit einem politischen Neuling, dem Sparkassendirektor Ulrich Nölle, einen Achtungserfolg errungen zu haben, der einer kleinen Sensation gleichkam. Der gut aussehende, aber politisch unerfahrene Nölle war erst ein halbes

Jahr zuvor in die CDU eingetreten und hatte im Wahlkampf unentwegt verkündet, »die SPD werde es niemals lernen, ordentlich mit Geld umzugehen«. Nölles Spruch über die angeblich liederlichen Sozis kam bei den Wählern offenbar gut an, wie sich am Wahlergebnis ablesen ließ. Überraschend nahm die rechtsextreme DVU, die einen Wahlkampf mit ausländerfeindlichen Parolen geführt hatte, die Fünf-Prozent-Hürde und zog mit einem Abgeordneten in die Bürgerschaft ein.

Nur wenige Tage vor der Wahl am 29. September 1991 war es im Bremer Parlament hoch hergegangen. »Schlamperei«, »Filz« und »Heuchelei«, so lauteten die Vorwürfe der Opposition aus CDU, Grünen und FDP, die den Abschlussbericht eines parlamentarischen Untersuchungsausschusses debattierten, der sich mit kriminellen und politischen Machenschaften bei einer vom Land Bremen kontrollierten Stiftung befasste. An geltendem Recht und Gesetz vorbei sei die Hans-Wendt-Stiftung zu einer »Ersatzkasse des SPD-Sozialsenators« geworden, so zürnte ein Abgeordneter der FDP. Gemeint war der damalige Sozialsenator Henning Scherf, der mit seinem Staatsrat Hans-Christoph Hoppensack über zehn Jahre im Vorstand der Stiftung amtiert hatte. Der Verein, der sich um benachteiligte Jugendliche kümmern sollte, war aus dem bremischen Staatshaushalt finanziert worden. Die CDU-Opposition hatte sogar einen Schaden in Millionenhöhe errechnet, der infolge laxer Kontrollen, durch Unterschlagung und einfache Schludrigkeit des geschäftsführenden Personals entstanden war. Der Verwaltungsleiter und eine Buchhalterin waren entlassen worden. Scherf kam unter Beschuss und musste sich vorwerfen lassen, seiner Aufsichts- und Kontrollpflicht nicht nachgekommen zu sein. »Alles, was mit der Stiftung passiert, einschließlich eventueller krimineller Handlungen Dritter, fällt mit in den Verantwortungsbereich des Vorstandes.« Dieser Satz, geschrieben von einem Abteilungsleiter der Bremer Innenbehörde, sollte, so hofften die Oppositionsparteien, dem Bürgermeister schwer zu schaffen machen. Es war kein Zufall, dass der parlamentarische Untersuchungsausschuss zu einem höchst brisanten Zeitpunkt, kaum drei Wochen vor dem Wahltag, seine Tätigkeit beendet hatte. Im Verlauf der Untersuchung, bei der zahlreiche Zeugen gehört worden waren, hatte sich die Kritik der Opposition immer wieder an Scherf und seinem Senatsdirektor festgebissen. Während die SPD-Abgeordneten versuchten, eine Wirtschaftsprüfungsfirma weitgehend für die Zustände in der Stiftung verantwortlich zu machen, attackierten die Vertreter der Opposition Scherf und Hoppensack als angeblich Hauptverantwortliche, die für die Misswirtschaft geradezustehen hätten. Nach Meinung der CDU lag ein eklatantes bürokratisches Versagen vor, das sich mit der Verletzung der politischen Aufsichtspflicht des zuständigen Senators addierte. Man drohte mit Schadensersatzklagen, weil ehrenamtlich tätige Senatsvertreter in Stiftungen bei Fehlern in der Geschäftsführung sogar finanziell haftbar gemacht werden konnten – auch bei »leichter Fahrlässigkeit«, wie es in einem Senatsbericht hieß.

Anfang des Jahres 1992 wurde gegen Henning Scherf, der inzwischen Senator für Bildung, Wissenschaft, Kunst und Justiz geworden war, ermittelt. Es ging um den Verdacht der Veruntreuung im Zusammenhang mit Vorgängen in der Hans-Wendt-Stiftung. Der Vorwurf lautet diesmal, das Vorstandsmitglied Scherf habe Gelder zweckentfremdet und für das ihm seinerzeit untergeordnete Sozialressort verwendet. Der Fall machte Wirbel auch über die Grenzen des Stadtstaats hinaus, weil sich die ungewöhnliche Situation ergab, dass die Staatsanwaltschaft gegen ihren eigenen Dienstherrn ermittelte. Die CDU forderte Scherf auf, seine Dienstgeschäfte als Justizsenator vorläufig ruhen zu lassen. Aber Scherf lehnte ein derartiges Ansinnen kategorisch ab. Wenn der Verdacht der Veruntreuung begründet gewesen wäre, so erinnert er sich viele Jahre danach, dann hätte er sein Amt als Justizsenator ruhen lassen. Aber weil er selbst und seine Berater davon überzeugt waren, dass an den Vorwürfen nichts dran war, wollte er geduldig abwarten, bis die Staatsanwaltschaft ihre Ermittlungen beendet hatte. Sobald im Senat über diese Angelegenheit gesprochen wurde, verließ er die Sitzung. Mit 59 zu 38 Stimmen bei zwei Enthaltungen lehnte die Bremische Bürgerschaft später den Antrag der CDU ab, den amtierenden Justizsenator aufzufordern, sein Amt ruhen zu lassen. Die Ermittlungen der Staatsanwaltschaft sind später ergebnislos verlaufen.

Bei einem Abstecher nach Bremen hatte ein Reporter der Hamburger »Zeit« schon vor dem Wahltag des Jahres 1991 einen tiefen Bewusstseinswandel bei all denjenigen registriert, die einst für ihre linken Ideen auf die Barrikaden gegangen waren. »Das Gesetz der Macht ist unerbittlich. Wo früher die Parteilinke gegen Rüstungsproduktion in Bremen wetterte, fördert die Landesregierung heute Industriebetriebe mit eben diesem Schwerpunkt. Wo die Jusos – weit vor den Grünen – für mehr städtische Lebensqualität fochten, setzte sich autofreundliche Verkehrsplanung durch. Wo früher Machtcliquen vor die Parteibasis zitiert wurden, werden heute Parteifreunde mit Vorstandsposten in Staatsbetrieben versorgt.« Aus dem politischen Ruhestand meldete sich Ex-Bildungssenator Horst-Werner Franke mit einer harten Philippika: »Klaus Wedemeier fehlt die Innovationskraft, die Lust am Denken auch verwegener Inhalte. Die Partei, die ihn hier fordern müßte, schweigt. Sie wird vermutlich noch eine ganze Weile schweigen. Erneuerung ist nicht in Sicht.« Nostalgisch erinnerte man sich an vergangene Jahre, in denen Parteiversammlungen noch überfüllt waren und eine neue Generation die alten »Machtcliquen« erfolgreich herausforderte. Damals seien Mauscheleien noch aufgedeckt worden, weil eine innerparteiliche Basiskontrolle funktioniert habe – eben mit denen, die heute zu Inhabern der Macht aufgestiegen seien. Anstelle solcher Debatten sei nun eine gähnende Friedhofsruhe getreten. Kritik gelte vielerorts als Verrat, überall sei Resignation zu spüren. Sogar ein SPD-Landesparteitag, auf dem ein Wahlprogramm verabschiedet werden sollte, musste damals abgebrochen werden – er war beschlussunfähig, weil zu wenige Delegierte gekommen waren. Die SPD schwankte nach Ansicht zahlreicher Kritiker fünf Jahre nach dem Antritt Wedemeiers zwischen »Basisapathie und Personalintrigen«, wie ein provokativer Aufsatz des Alt-Linken Horst-Werner Franke betitelt war. Die Partei sei praktisch tot, zehre nur noch von ihrer Vergangenheit und gebe sich einer neuen, sublimen Variante von »Boljahnismus« hin, wonach die Teilhabe an der Macht nicht mehr in innerparteilichen Aufstiegskämpfen wie früher erstritten werde. Ein dicht geknüpftes Netz von Aufstiegsangeboten wecke Hoffnungen, schaffe die notwendige Ruhe und Disziplin. Man arrangiere sich und passe auf, nicht in die fein gesponnenen Fäden des »bewundernswerten Machers« Klaus Wedemeier zu geraten, der für das tiefe Schweigen der Partei verantwortlich sei. »Die letzte große Kontroverse in der SPD war das Duell um Koschnicks Nachfolge zwischen Scherf und Wedemeier, von dem beide bis heute gezeichnet sind. ›Bleib, was du bist!‹ haben sie sich seitdem versprochen. Und keiner stört den anderen, jetzt und später!«

Diese Analyse des kritischen Genossen Franke traf zu. Beide Politiker saßen auf ihrem Tandem, loyal und diszipliniert, wie man es sich versprochen hatte. Keiner kam dem anderen in die Quere, wie sich Wedemeier heute entsinnt. Erst fünfzehn Jahre später hat Scherf öffentlich zugegeben, dass die wachsende Apathie unter Bremens Sozialdemokraten und der schwierige Spagat zwischen Grünen und Liberalen auch bei ihm markante Spuren hinterließen. »Damals habe ich mir immer wieder gesagt: Warum lässt du dir das gefallen? Du hast doch hier ein Mandat bekommen für konstruktive Arbeit, stattdessen wirst du in Schlachten hineingezogen, die gar nicht deine sind. Ich war mittendrin, hatte Verantwortung. Zu Beginn der Neunzigerjahre habe ich überlegt: Wie komme ich hier raus? Aber der Abschied aus der Politik ist mir fünfzehn Jahre später erst gelungen.« Zur Paradoxie der damaligen Regierungsbildung zwischen Sozialdemokraten, Liberalen und Grünen gehörte, dass schon seinerzeit eine Elefantenhochzeit zwischen SPD und CDU möglich gewesen wäre, die im Jahre 1995 als rettende Sanierungskoalition für das krisengeschüttelte Land Bremen gepriesen wurde. Für den heutigen Bildungssenator Willi Lemke wäre Klaus Wedemeier schon 1991 eine ideale Figur für ein solches Bündnis gewesen. »Er wollte, aber er durfte nicht«, meint er im Rückblick. Der Bremer CDU-Chef Bernd Neumann erinnert sich an ein Treffen mit Wedemeier im Bremer Park-Hotel, in dem sie die Möglichkeiten eines derartigen Bündnisses ausgelotet hätten, und zitiert seinen damaligen Gesprächspartner mit dem Satz: »Ich würde das auch gerne machen, aber Scherf und die anderen sitzen mir im Nacken.« Offenbar war die Chance für eine Elefantenhochzeit zwischen SPD und CDU sehr gering. Henning Scherf meint heute dazu: »*Wir haben das nie diskutiert. Ich vermute, dass Klaus das wirklich wollte. Wenn er das heute sagt, dann stimmt das auch. Aber ich erinnere mich an keine einzige Diskussion darüber. Ich erinnere mich an keine einzige Nachricht, an keinen Parteiantrag, an keinen kritischen Kommentar. Das müssen die wirklich geheim gemacht haben. Es war die Alternative zu rot-grün, das ja nur eine Stimme Mehrheit hatte oder zur Ampel, also zum Bündnis zwischen rot, grün und gelb.*« Viele Jahre später, am 12. Januar 2004, leben solche Erinnerungen bei der Feier zum sechzigsten Geburtstag Wedemeiers wieder auf, als sein Nachfolger in seiner herzlichen Laudatio daran erinnert, »*dass er es gerne gewesen wäre, was ich heute bin: Präsident einer Großen Koalition*«.

Das Wahlergebnis vom 29. September 1991 war auch für die CDU überraschend gewesen. In Bremen und Bonn freute man sich über den Wahlerfolg des CDU-Spitzenkandidaten Nölle, weil der Erfolg in Bremen von Niederlagen der CDU in Schleswig-Holstein, dem Saarland und Niedersachsen ablenken konnte. Vier Jahre zuvor, als Wedemeier zum letzten Mal eine absolute Mehrheit gewann, hatte Kohl noch von der »politischen Subkultur« gesprochen, gegen die seine CDU in Bremen keinerlei Chancen habe. Nun ging er mit den Bremer Christdemokraten Neumann und Nölle heimlich, aber doch unübersehbar daran, an einer Koalition der beiden großen Parteien zu basteln. Während Nölle vor der Wahl noch jede Mitarbeit im Senat »unter Klaus Wedemeier« ausgeschlossen hatte, hielt er sich plötzlich im Falle der Großen Koalition für eine Mitarbeit bereit. Neumann überbrachte aus Bonn die Botschaft des Kanzlers, in Bremen sei eine »Koalition der Vernunft« zu schmieden. Ein solches Bündnis werde die hoch verschuldete Hansestadt später nicht bereuen. Aber Kohl kalkulierte auch, dass der Eintritt der CDU in eine SPD-geführte Regierung in Bremen Ansatzpunkte für eine Annäherung zwischen SPD und CDU auf Bundesebene bringen konnte, wo im Asyl- und Abtreibungsrecht, ganz besonders aber bei der Pflegeversicherung Kompromisse gefunden werden mussten. Auch die FDP hätte man sich mit Umarmungen der SPD gefügiger machen können.

Auf der anderen Seite hatte Klaus Wedemeier nach seiner schweren Wahlschlappe allen Grund, nach einem tragfähigen Bündnis zu suchen. Seine Position war angeschlagen, die Parteibasis murrte, und hinter den Kulissen wurde nach seiner Ablösung gerufen. In Bonn brachte ein SPD-Hinterbänkler aus Rheinland Pfalz den Namen Henning Scherf als möglichen Nachfolger ins Spiel. Die Meldung wurde sofort durch den zuständigen Senatssprecher dementiert: »Bislang sind die beiden als Tandem aufgetreten. Da kann man nicht einfach runterspringen und sich nach vorne setzen.« In Bremen verlangte der bisherige Grünen-Fraktionssprecher Martin Thomas den Rücktritt des Bürgermeisters und brachte mit Frankfurts Oberbürgermeister Volker Hauff einen Kandidaten von außen ins Gespräch. Solche Spekulationen entpuppten sich rasch als Teil einer Drohkulisse, mit der Wedemeier von den mächtig auftrumpfenden Grünen unter Druck gesetzt werden sollte. Der SPD-Bundestagsabgeordnete Volker Kröning, der von 1983 bis 1994 Bremer Senator mit wechselnden Zuständigkeiten war, empfahl mit Blick auf die prekäre Finanzlage des Landes eine Große Koalition. Allen Zweiflern, die ein Abrutschen der SPD unter die Dreißig-Prozent-Marke und einen Anstieg der Rechtsextremen prophezeiten, hielt er entgegen: »Das sind alles Hasenfüße. Wir müssen uns auch weiterhin eine Führungsrolle in der Stadt zutrauen.«

Ging es um »Stabilität« oder um »Erneuerung«? Bald stellte sich heraus, dass die Diskussion um eine zukünftige Koalition um diese beiden Pole schwankte: Die Verfechter eines Bündnisses zwischen SPD und CDU hatten die wirtschaftliche Zukunft des Landes Bremen im Auge, warben für ein neues Klima und für einen radikalen Kurswechsel und hofften, dass mit einem Bündnis der beiden großen Volksparteien in Bonn mehr Hilfe zu erwarten sei. Mit »rot-grünen Spielereien« sei das nicht zu schaffen, meinte der damalige Präses der Bremer Handelskammer Josef Hattig und warnte, dass die nächsten vier Jahre für Bremens Zukunft von entscheidender Bedeutung seien, weil die hohe Staatsverschuldung den Stadtstaat in eine fast hoffnungslose Lage gebracht habe. Einsparungen im konsumptiven Bereich der Staatsausgaben, höhere Steuereinnahmen aus einem möglichen Wirtschaftsaufschwung sowie eine Teilentschuldung von Bund und Ländern seien dringend erforderlich. Die Umsetzung dieser Maßnahmen erfordere »höchste politische Anstrengungen, die nur von einer breiten Regierungsmehrheit zu erwarten seien«.

## Ungeliebte Ampel

Scherfs Rückblick auf die frühere Entscheidung von Klaus Wedemeier für eine Ampel-Koalition fällt eindeutig aus: »*Diese Ampel war schrecklich. Diese Ampel hat ihn ja umgebracht. Er hat gelitten. Ich habe auch gelitten, aber nicht so viel wie er. Er ist über diese Ampel richtig aus der Politik gedrängt worden; dass er jetzt wehmütig zurückblickt und denkt, Mensch, was Henning jetzt macht, das hätte ich auch machen können, sogar vielleicht viel erfolgreicher, das kann ich gut verstehen.*« Der damalige Bürgermeister von Hamburg, Henning Voscherau, hat seinem Bremer Amtskollegen einmal gebeichtet, dass er gerne Chef einer Großen Koalition geworden wäre; leider habe dies die SPD-Parteilinke verhindert. Ähnlich war es im Jahre 1991 in Bremen, wo eine stark emotionalisierte SPD-Linke jede Annäherung an die Christdemokraten kategorisch abgelehnt hatte. Im Übrigen riet auch der neue SPD-Bundesparteivorsitzende Björn Engholm von einer Großen Koalition dringend ab; aus Niedersachsen meldete sich Gerhard Schröder mit dem Rat, die Bremer sollten doch einmal einen Blick über die Landesgrenzen tun und in Niedersachsen nachschauen, »wie gut Rot-Grün dort funktioniere«. Nach Wedemeiers späterer Einschätzung war die Hälfte der SPD-Mitglieder damals für Rot-Grün, eine andere Hälfte plädierte für die Ampel. »*Nur keine Große Koalition*«, riet Henning Scherf in der »Bild-Zeitung«. »*Die Ampel ist derzeit die einzige Möglichkeit, um eine Große Koalition in Bremen zu verhindern.*« Und er fügte drohend hinzu: »*Ich werde alles tun, dass es zu keiner Großen Koalition kommen wird.*«

Der ehemalige Bürgermeister Hans Koschnick hatte eine Mitgliederbefragung empfohlen: »Fragt doch mal die SPD-Basis. Vielleicht denken die ja ganz anders.« Aber solche Ratschläge wurden überhört, ebenso die Warnung, das Ampel-Bündnis könne an einer Selbstblockade zerbrechen. Für die CDU, die sich nach ersten Sondierungen resigniert zurückgezogen hatte, war der Marsch in das Chaos ohnehin programmiert. Bernd Neumann winkt fünfzehn Jahre später bei diesem Thema fast angewidert ab, als habe er keine Lust mehr, sich an die damaligen Zeiten zu erinnern. Da ging ein politisches Bündnis auf die Reise, das von geringer Aufbruchstimmung geprägt war. Diese seltsame Ampel-Koalition, in der SPD, Bündnisgrüne und FDP vereint waren, sollte mehr als einmal gefährlich flackern. Ein Blick in die Protokolle des Koalitionsausschusses dokumentiert, wie unharmonisch das Verhältnis der hier eingespannten Partner war. Häufig findet sich die Ermahnung, im Umgang miteinander kooperativer zu sein; sogar an die Vertraulichkeit der Sitzungen wird schriftlich erinnert. »In der anschließenden Diskussion«, so das Protokoll vom 29. Juni 1992, also kaum ein Jahr nach dem gemeinsamen Stapellauf, »beklagten Vertreter aller drei Koalitionsparteien unfreundliches oder regelwidriges Verhalten der anderen Parteien, insbesondere auch bei der Bekanntmachung von Personalien.« Und man gelobte sogar schriftlich, sich bessern zu wollen. An solcher Bereitschaft hat es besonders bei den beiden kleinen Partnern gefehlt. Kleinkarierte Besserwisserei und eine fast chronische Nörgelsucht seien die Regel gewesen; Grundregeln des menschlichen Anstands wurden kaum beachtet, wie FDP-Innensenator Friedrich van Nispen notierte, der später von seinem Amt zurückgetreten ist. Nach Ansicht von Klaus Wedemeier, der fast ständig in die Rolle des Moderators gedrängt wurde, haben Wirtschaftssenator Claus Jäger (FDP) und Umweltsenator Ralf Fücks (Bündnis 90/Grüne) das Ampel-Bündnis zerstört. Beide Männer seien sich in herzlicher Abneigung verbunden gewesen; fast jede Entscheidung sei zum ideologischen Richtungskampf geworden. Man hatte zwar einen Koalitionsvertrag von über einhundert Seiten aufgeschrieben; das umfangreiche Papier verhinderte aber nicht, dass sich Jäger und Fücks bei ihren Auftritten ständig auf Kosten des jeweils anderen profilierten. Bald galten die beiden als stadtbekannte Streithähne, deren Verhalten die berechtigte Frage provozierte, ob in diesem Regierungsbündnis überhaupt eine gemeinsame Basis vorhanden war.

Der latente Widerspruch zwischen FDP und Grünen wurde meist unter den Stichworten »Gewerbeansiedlung« oder »Naturschutz« ausgetragen; als die »Hemelinger Marsch«, ein Wald- und Wiesengebiet im Osten der Stadt in der Größe von ca. fünfzig Hektar, per Gutachten als »ökologisch unbedeutend« eingestuft wurde, legte der Umweltsenator sein Veto ein und zwang einen zaudernden Bürgermeister, die Entscheidung in die nächste Legislaturperiode zu vertagen. In seiner Rolle als Moderator war der Präsident des Senats zu einem wandelnden Vermittlungsausschuss geworden, vor dem persönliche und sachliche Konflikte abgeladen wurden. Immer wieder wurde der Bruch zwar vermieden, aber der Kampf ums Überleben wurde nach Auskunft von Beteiligten zum eigentlichen Inhalt einer Koalition, die sich mühsam durch die Jahre schleppte und im Februar 1995 an einer Eigenmächtigkeit des grünen Umweltressorts zerbrach. Ohne Rücksprache mit dem Gesamtsenat hatte das Bremer Umweltressort bei der Europäischen Union sieben Vogelschutzgebiete angemeldet, die unter besonderen Schutz gestellt werden sollten. Der Streit um Kormorane, Rohrdommeln, Zwergschwäne, Kornweihen, Fischadler, Goldregenpfeifer, Kampfläufer und Wachtelkönige ging als »Piepmatz-Affäre« in die Bremer Lokalgeschichte ein und führte zum Bruch der Ampel-Koalition, weil FDP-Wirtschaftssenator Jäger die Eigenmächtigkeiten seines grünen Amtskollegen nicht hinnahm, der jetzt mit einem Misstrauensvotum der CDU-Opposition ein für alle Mal aus dem Amt gejagt werden sollte. In einem Brief an Klaus Wedemeier, der ihn vergeblich zur freiwilligen Demission aufgefordert hatte, rechtfertigte Ralf Fücks seine Position nicht nur mit dem Hinweis auf ökologische Grundsatzfragen. Er sprach von einer politischen Entwicklung nach rechts, was viel über die ideologisierte Grundstimmung des damaligen Ampel-Bündnisses offenbart. »Jetzt führt kein Weg mehr an dieser Zuspitzung vorbei, und ganz Bremen wird dies als Nagelprobe werten, ob die Inszenierung von CDU und FDP gelingt, an dieser Frage nicht nur die Koalition zu sprengen, sondern ein politisches Roll back nach rechts einzuleiten.«

Aber nicht nur der grüne Umweltsenator war gescheitert; auch Klaus Wedemeier hatte es erwischt, der immerhin Konstrukteur des heterogenen Bündnisses gewesen war. Im Rückblick wird er zur tragischen Figur, weil doch unter seiner Ägide wichtige Grundlagen zur Sicherung der Selbstständigkeit des Landes gelegt worden sind. Dazu gehörte das Urteil des Bundesverfassungsgerichts vom 27. Mai 1992, das er in einem mutigen Alleingang erstritten hat; damals gab es in Bremen auch viele Zweifler, die von dem Gang nach Karlsruhe abgeraten hatten. Mit Bundeszuweisungen von insgesamt zehn Milliarden D-Mark wurde die Finanzkraft des Landes gesichert. Mit pragmatischem Blick für das Machbare eröffnete Wedemeier den Bremer Stahlwerken eine Sanierungsperspektive und machte die »Hütte« wieder wettbewerbsfähig; lange vor der Großen Koalition setzte er sich dafür ein, Bremens Universitäts- und Wissenschaftsbetrieb den Makel einer linken Kaderschmiede zu nehmen und mit dem Technologiepark ein anerkanntes Zentrum für Forschung und Entwicklung weiter auszubauen. Das Sanierungsprogramm vom 13. Oktober 1992, der Beschluss der Bremischen Bürgerschaft einen Monat später und die opulente »Bremer Erklärung« vom 16. November 1992 nahmen praktisch jene »Alle-Mann-an-Bord-Philosophie« vorweg, mit der später die »Arbeitsgemeinschaft für Bremen« über zehn Prozent der Stimmen einfangen sollte. »*Das ist die Basis unserer jetzigen Arbeit*«, lobt ihn Henning Scherf. »*Ich möchte Dir für die langjährige und vertraute Zusammenarbeit danken. Es ist gut, wenn die Menschen um uns herum merken, wie offen und herzlich wir miteinander umgehen*«, heißt es in einem handgeschriebenen Brief zum sechzigsten Geburtstag Wedemeiers, der am 12. Januar 2004 mit einem festlichen Empfang in der Oberen Rathaushalle begangen wurde. Henning und Luise spielten in Anwesenheit von über vierhundert Gästen vierhändig Walzer von Johannes Brahms, das Geburtstagskind nahm gerührt die höchste Auszeichnung Bremens, die Ehrenmedaille in Gold, entgegen, und der »Weser-Kurier« bilanzierte: »Wedemeier war nie so beliebt wie sein Vorgänger. Sein Selbstwertgefühl litt darunter, kein Abitur zu haben. Er konnte nicht wie Scherf aus dem Rathaus gehen und im Volke baden. Er studierte die Senatsakten im Detail. Er war besser als sein Ruf.«

Dieser Bürgermeister hatte spätestens ab 1991 in die richtige politische Richtung gedacht und favorisierte mit realistischem Blick auf die Finanzmisere Bremens ein Bündnis aus SPD und CDU. Nun trat er nach zehn Jahren Amtszeit ab und musste erleben, dass ein anderer realisierte, was er sich politisch immer erträumt hatte: Ein Bündnis der beiden großen Volksparteien, das sich ohne ideologische Höhenflüge auf das konkret Machbare konzentrierte. »Ich hoffe, daß Henning die Koalitionsverhandlungen erfolgreich abschließen kann«, schreibt er damals an die Ministerpräsidentin von Schleswig-Holstein, Heide Simonis, und verspricht: »Ich werde ihn so gut es geht unterstützen.« Da geht einer fair aus dem Amt, fühlt sich fast erleichtert und freut sich darauf, endlich einmal zwei Wochen Urlaub zu machen. Aber dieser Abschied aus dem Amt ist auch bitter. Es gebe so etwas wie persönliche Würde, und die Grenze seiner Belastbarkeit sei überschritten, lässt er seine engsten Weggefährten wissen. Nun müsse er sich Gedanken darüber machen, was in Zukunft beruflich passieren könne. »Nun sortieren sich die Freunde, das ist vielleicht gut so.« Er trat in eine Hannoveraner Privatfirma ein und versprach seinem Nachfolger Henning Scherf: »Sehr geehrter Herr Kollege, [...] trotz meiner neuen beruflichen Tätigkeit werde ich auch in Zukunft alles in meiner Kraft Stehende tun, was dem

Lande Bremen und seinen beiden Stadtgemeinden dienlich ist.« Mit 51 Jahren war Klaus Wedemeier im besten Alter, um eine neue berufliche Betätigung zu finden; wer ihn heute in seinem modernen Büro im Zentrum von Bremen besucht, der bekommt den Eindruck, dass dieser Wechsel glückte. Er nutzte seine Chance, ein neues Betätigungsfeld zu finden, und genießt es sichtlich, nicht mehr von alten parteilichen Netzwerken abhängig zu sein. »Die Feier zu meinem Geburtstag war schön. Ich habe meinen Frieden mit denen gemacht.«

## Bündnis »Arbeit für Bremen«

Fast alle Senatoren waren über das Ende der Ampel erleichtert, allen voran FDP-Wirtschaftssenator Claus Jäger, der zu Recht die Konkurrenz einer neuen Wählergruppierung fürchtete, die unter dem Slogan »Arbeit für Bremen und Bremerhaven« eine Politisierung der bürgerlichen Mitte einleitete. »Unser Land ist in Gefahr«, lautete der besorgte Ausruf, mit dem sich die neue Wählerinitiative Anfang Januar 1995 vorgestellt hatte. Über sechzig Medienvertreter waren zur Premiere gekommen. Im Kreis der vierzehn Gründungsmitglieder saßen unter anderem der ehemalige Oberbürgermeister von Bremerhaven Werner Lenz, der einst Wirtschaftssenator des Stadtstaates gewesen war, sowie mit Sparkassendirektor Friedrich Rebers ein Mann, der noch zur Ära von Kaisen und Koschnick gehörte. Der Kulturschaffende Klaus Bernbacher von Radio Bremen war in dieser Runde ebenso dabei wie Elke Kröning, die Frau des amtierenden Finanzsenators, die sich nach vielen Skrupeln von ihrer jahrzehntelangen Bindung an die SPD gelöst und auf die Seite der neuen Initiative geschlagen hatte. Was sich da im Stillen anbahnte, war für Elke Kröning eine »Revolte der Verdrossenen«, eine populistische Form von hanseatischem Patriotismus, den man lange unterdrückt hatte und der sich nun im Zorn gegenüber sterilem Funktionärsdenken Bahn brach. Der Erfolg der Initiative, die rasch einen enormen Zulauf erhielt, schien ohnehin allen Beteiligten recht zu geben, die wie Klaus Bernbacher meinten: »Demokratie lebt vom Wechsel. Es fällt in Bremen kein Ziegel vom Dach, wenn die SPD für vier Jahre in die Opposition verbannt wird.«

Die Kritik an Bürgermeister Wedemeier und seiner Ampelkoalition, die als »Gehampel-Bündnis« verketzert wurde, einte sie alle, die da zusammengekommen waren. Er könne nicht länger ertragen, wie der Senat »schachere, anstatt seine Arbeit zu tun«, räsonierte Ludwig Hettling, ehemaliger SPD-Abgeordneter im Deutschen Bundestag; allen voran die Grünen seien die Bremser eines ökonomischen Fortschritts geworden, den der geliebte Stadtstaat so dringend nötig habe. Aber die Stoßrichtung ging gegen die SPD, mit der nicht länger Staat zu machen sei, weil sie in »Selbstgefälligkeit« und »Postenjägerei« abgeglitten war. »Diese Partei ist längst nicht mehr die größte und schönste in der Stadt«, grollte Sparkassendirektor Friedrich Rebers. Mit einem enttäuschten Brief an die SPD-Landesvorsitzende Tine Wischer war Rebers am 14. Februar 1995 aus der SPD ausgetreten:

»Leider hat die SPD in Bremen schmählich vergessen, daß sie nach dem Grundgesetz die Aufgabe hat, an der politischen Willensbildung mitzuwirken. Statt dessen hat sie sich den Staat angeeignet und denkt dabei zunächst an sich und erst dann an Bremen. Für mich ist es ein Stück Korruption, wenn fast alle wichtigen und gut dotierten Positionen, die der Staat zu vergeben hat, regelmäßig nur an Parteigenossen, in letzter Zeit auch Ampelkoalitionäre, zugeteilt werden. Die Folge: Von Ausnahmen abgesehen ist die Besetzung nur mittelmäßig. Die Konsequenzen dieser Staatsführung liegen offen zutage. Die schon lange handlungsunfähige Ampelkoalition ist jetzt kläglich gescheitert. Der Präsident des Senats, Herr Wedemeier, beschränkte sich zusammen mit der übrigen SPD-Führungsriege aus reinem Machterhaltungsinteresse auf die Rolle des Moderators dieser Koalition. Mut zur Entscheidung wichtiger Sachfragen für unser Land brachte die SPD nicht auf. [...] Schuldzuweisungen an Dritte, Wahlversprechen, das Gerede über Koalitionen nach der Wahl und das Beschwören der angeblich aussichtslosen Lage unseres Stadtstaates sollen von der eigenen Schwäche ablenken. Davon habe ich, wie viele Bremerinnen und Bremer, genug. Deshalb muß etwas ganz Neues kommen.«

Aber was sollte dieses »Neue« sein? Immer wieder wurde nach einer »Sanierungskoalition« gerufen, die parteiübergreifend, ohne »Wenn und Aber« die marode Lage der Stadt wieder verbessern sollte. Die Grundmelodie richtete sich nach vorn, beschwor Zusammenhalt und Harmonie, attackierte »feindselige Flügelkämpfe«, »engstirniges Denken« und »parteipolitische Zänkerei«. »Ohne Rücksicht auf egoistisches Parteiinteresse müsse das Bündnis aus Arbeitnehmern und Unternehmern – das ›Alle Mann-Manöver‹ im Sinne von Wilhelm Kaisen – erneut die Richtlinien der Politik bestimmen.« Kaisens langjähriges Bündnis zwischen Arbeitern und Kaufmannschaft war bekanntlich zur politischen Basis des Wiederaufbaus in Bremen geworden. Aber Kaisen hatte die Zusammenarbeit zwischen SPD und Bürgerlich-Liberalen niemals als eine Notlösung betrachtet, die von den Mehrheitsverhältnissen erzwungen wurde. Für ihn, dessen Pragmatismus bewundert und jetzt erneut beschworen wurde, war solche Zusammenarbeit eine erwünschte, ja unverzichtbare Voraussetzung für den Aufbau und Ausbau einer wichtigen Hafen- und Handelsstadt gewesen. Immer wieder hatte er in seinen zahllosen Reden jene gemeinsamen Interessen und Grundüberzeugungen beschworen, die von fairer Kompromissbereitschaft auf beiden Seiten und einer guten persönlichen Zusammenarbeit geprägt sein sollten. Als die Mehrheitsverhältnisse dies nicht mehr erforderten, hatte Kaisen immer wieder die Zusammenarbeit mit FDP und CDU gesucht. Daran wurde plötzlich erinnert; immer wieder wurde die Überzeugungskraft einer Persönlichkeit gerühmt, die eine geradezu intuitive Fähigkeit an den Tag gelegt habe, das zu sagen und zu tun, »was an der Zeit ist«. Dieser Mann, so wurde im Rückblick auf eine Blütezeit bremischer Geschichte kolportiert, brauchte weder eine Richtlinienkompetenz noch einen Koalitionsvertrag, um sich gegen seine Kontrahenten durchzusetzen.

Hat die SPD den Konkurrenten aus der politischen Mitte unterschätzt? War man nicht auf der »Höhe der Zeit« gewesen, wie Willy Brandt in seinen letzten Reden die SPD-Genossen immer wieder ermahnt hatte? Viele Jahre danach fällt auch die Antwort Scherfs auf diese Frage nachdenklich aus: »Die haben sich im Januar 1995 gegründet. Ich bin eine Woche vorher noch bei Friedrich Rebers gewesen und habe von ihm kein Wort darüber gehört. Hätte ich davon Wind gekriegt, dann hätte ich ihm gesagt, das machen wir anders. Aber dann sind die zur Bürgerschaftswahl plötzlich auf den Plan getreten. Zugegeben, Klaus Wedemeier hat wohl zu Anfang gedacht, die kriegen wir weg! Den Erfolg hat er nicht für möglich gehalten. Und dann sind die plötzlich über zehn Prozent gekommen, und da ist was passiert. Da war mit einem Male klar, dass sich da konservative bremische Sozialdemokraten zusammengetan hatten, die sich als Patrioten verstanden und die einfach sagten: Wir müssen Bremen retten! Aber nicht in dem Sinne, dass wir einfach die SPD killen wollen, sondern nach dem Motto, eine große Sammlungsbewegung zu organisieren. Da ist wieder der gleiche Fehler passiert, der auch unter Helmut Schmidt passiert ist. Schmidt hat es ja nie für möglich gehalten, dass sich die Grünen wirklich etablieren. Der hielt die alle für Leichtgewichtler, für studentische Spinner, und hat die enorm unterschätzt. Auch Klaus Wedemeier hat die AfB unterschätzt und nicht geglaubt, dass die einen solchen Erfolg hinkriegen würden. Ich habe während des Wahlkampfs nie gegen die polemisiert. Ich wollte eigentlich nie so eine Spaltung mitmachen. Aber im Nachhinein muss ich sagen, dass ich ohne die AfB nicht Bürgermeister von Bremen geworden wäre. Wenn es die nicht gegeben hätte, dann wäre Klaus Wedemeier Bürgermeister einer Großen Koalition geworden; ein solches Bündnis war ja die große Sehnsucht der AfB-Leute.«

Vor dem Hintergrund von Meinungsumfragen, die dem neuen Bündnis einen Anstieg über die Zehn-Prozent-Marke prophezeiten, freute sich CDU-Chef Bernd Neumann schon vor den vorgezogenen Neuwahlen am 14. Mai 1995, dass die Chance für eine Machtübernahme erheblich gestiegen sei. Die Gründung des lokalen Wahlbündnisses habe den bevorstehenden Urnengang zum ersten Mal zu einem »offenen Rennen« gemacht; am Wahlabend solle man auf deftige Überraschungen gefasst sein. Bereits nach Bekanntgabe der ersten Hochrechnungen saß der Schreck bei den Sozialdemokraten ganz tief. Bremen war einmal eine Hochburg der SPD gewesen und lag nach diesen Erdrutschwahlen mit der CDU gleichauf bei dreiunddreißig Prozent. Das wäre vor zwanzig oder dreißig Jahren undenkbar gewesen. Das hatte viel mit der Erosion der politischen Mitte zu tun, die von der neuen Wählergruppe um Werner Lenz und Friedrich Rebers erfolgreich umworben worden war. Offenbar wurde die SPD unter Wedemeier auch dafür abgestraft, dass man sich aus der klassischen Wiederaufbaupartei der 1970er Jahre in eine Art Staatspartei entwickelt hatte, wo smarte Karrieristen immer mehr das Sagen hatten. Die Leute hielten den wahlkämpfenden Sozialdemokraten vor, sie machten ihre Geschäfte nicht gut und wären kaum noch in der Lage, die Besorgten zu schützen. Diese wegbrechende Basis kam in Bewegung oder lehnte sich auf, um bei anderen Parteien ihr Kreuzchen zu machen. Parallel dazu passierte noch etwas anderes, ganz Gefährliches: Die Milieus entmischten sich besonders in den Neubauquartieren des sozialen Wohnungsbaus, die der Stolz der 1950er Jahre gewesen waren. Weil die neuen Mittelschichten auszogen, wurden diese Quartiere zwei Jahrzehnte später plötzlich schwierig. Viele hatten sich im Speckgürtel um Bremen ihre Häuschen gebaut, Migranten und andere sozial schwache Bevölkerungsteile, die ihre Miete oft nicht selbst bezahlen konnten, rückten nach. Die sozialdemokratische Erfahrung von »Solidarität« wurde brüchig und lieferte einen Grund dafür, dass die SPD hier ihre klassischen Stammwähler verlor.

Wedemeiers Absturz auf 33,3 Prozent besiegelte dessen längst fälligen Rücktritt; rechts von der SPD triumphierte eine CDU, die mit 32,6 Prozent so nahe an den Erzrivalen herangerückt war, dass zwischen beiden großen Parteien eine Pattsituation in der Bürgerschaft bestand: SPD und CDU hatten je 37 Mandate. Das war fast die rote Karte für die Regierungsbeteiligung. Die FDP schaffte die Fünf-Prozent-Hürde nicht mehr und fiel für CDU und AfB als möglicher Koalitionspartner aus. Nur einige Hundert Stimmen mehr für CDU oder das Protestbündnis, das sich mit einem Gewinn von 10,6 Prozent und zwölf Sitzen zu Recht als Sieger fühlen konnte, und die Beteiligung an der Macht wäre wohl für lange Zeit beendet gewesen. Henning Scherf hätte sich in den Ruhestand verabschiedet, und es hätte nie den legendären »spontifex maximus«, den »Omaknutscher« und allseits bewunderten »König von Bremen« gegeben. Zur Paradoxie dieses Wahlgangs gehörte, dass von den Ampel-Koalitionären nur die buntscheckige Realo-Truppe um den grünen Ralf Fücks als Gewinner gelten konnte. FDP und SPD waren für ihre zurückliegende Arbeit tief gedemütigt worden.

*»Wenn man verloren hat, darf man keine dicken Backen machen.«* Der Satz kam von Henning Scherf, der diese schwerste Niederlage der SPD seit Kriegsende auch als persönliche Schlappe betrachtete. Das so kläglich gescheiterte Ampel-Bündnis war bei aller nachträglichen Distanzierung auch Teil seines politischen Projekts gewesen; unter den Senatoren, die sich plötzlich aufatmend von dieser zerrütteten Ehe lossagten, blieb er noch der einzige, der im Rückblick auf diese

Regierung nachdenkliche Worte fand und daran festhielt, diese Ampel-Koalition sei besser als ihr Ruf gewesen. Vielleicht ließ sein Gefühl für politische Fairness einfach nicht zu, dass man im Augenblick des Scheiterns die ehemaligen Partner nur noch mit Hohn und Spott übergoss. Aber die Analyse schien klar: Die AfB hatte das Ampel-Bündnis für das ineffektive Streiten bestraft; als Senator und Mitglied der Koalition war er Teil dieses Ärgernisses gewesen und konnte jetzt nicht so tun, als ginge ihn das alles nichts an. Im Jammertal nach dieser Wahl musste rasch nach konkreten Lösungen gesucht werden.

## Der Hoffnungsträger Scherf

Was tun? Diese Frage richtete sich jetzt besonders an ihn, der wie ein symbolischer Leuchtturm im Trümmerland der SPD zurückgeblieben war. Nach einer stürmischen Sitzung des SPD-Landesvorstandes kündigte Henning Scherf an, dass er sich als Nachfolger des demissionierten Wedemeier bereithalten werde, der seinen ehemaligen Staatsrat Hans-Helmut Euler zum Kandidaten für das Amt des Bremer Senatspräsidenten vorgeschlagen hatte. Plötzlich erinnerte sich eine demoralisierte Partei, dass ihnen Scherf schon einmal seine Hilfe versprochen hatte. Bereits zwei Jahre zuvor hatte er seinen verzagten SPD-Parteigenossen zugesagt, dass er für den Landesvorsitz der SPD kandidieren werde, sofern die Partei dies wünsche. Seinen fast denkwürdigen Satz, dass man sich »in schwieriger Lage nicht zieren dürfe«, hatten die Spitzengenossen nicht vergessen, die nun im Schock der verheerenden Niederlage die politische Zukunft besprachen. Damals hatte er den Sozialdemokraten in Bremerhaven zugerufen, man dürfe sich nicht länger selbst zerfleischen; beim obligatorischen Händeschütteln auf dem Marktplatz und bei einer Ausflugsfahrt nach Helgoland waren ihm die Sympathien nur so zugeflogen. Immer wieder wurde er damals gefragt, ob er sich nicht als neuer SPD-Landeschef bereithalten wolle. Das Projekt scheiterte, weil Klaus Wedemeier seinen damaligen Bildungs- und Justizsenator nicht ziehen lassen wollte. Aber Scherfs Bereitschaft, die Partei zu führen und dafür aus dem Senat auszuscheiden, hatte Eindruck gemacht; wieder einmal hatte er demonstriert, dass Macht um der Macht willen für ihn nicht infrage kam. Habe er Angst, auf den undankbaren Posten eines SPD-Landesvorsitzenden verbannt zu werden, fragte ihn ein Reporter der »taz«. Seine damalige Antwort nahm bereits die kompromisslose Bereitschaft vorweg, mit der er jetzt die Kandidatur für das Amt des Bürgermeisters akzeptieren sollte. »Das darf nicht mein Hauptproblem sein. Wenn es der Partei so schlecht geht, dann habe ich die Sorge einer persönlichen Beschädigung nicht. Es gibt hier keine Zeit für Larmoyanz, die finde ich entsetzlich.

*Entweder wir arbeiten für die große Arbeiterbewegung und diese große Partei, oder wir lassen es!«*

Damals wollte er auf das Amt des Senators verzichten, um sich der Plackerei eines Parteiamtes zu widmen. Aber er willigte nur unter der Voraussetzung ein, dass keine neuen Personalschlachten entstehen oder neue Gräben ausgehoben würden. Er registrierte irritiert, wie die Bündnisgrünen fast ihre gesamte Gründergeneration mit Personaldiskussionen förmlich umgebracht hatten. Mit Petra Kelly und Gerd Bastian war er viele Jahre bekannt. *»Ich habe die beiden hier in Bremen erlebt und gehört, wie die über die grüne Führungsspitze hergezogen sind. Das erinnerte an Machtkämpfe in einer kriminellen Organisation.«* Er pochte auf Streit in der Sache, aber er verlangte auch Fairness und Solidarität. Er registrierte, wie Wedemeier in einer fast beispiellosen Häme diffamiert worden war; er blieb an der Seite des Umstrittenen bis zur Selbstaufgabe loyal, wie im Rückblick fast alle Weggefährten bestätigen. Gewiss hatte er die Niederlage beim Kampf um das Bürgermeisteramt nie vergessen und wartete auf seine Chance, die vielleicht irgendwann einmal auf ihn zukommen würde. In einer wirklichkeitsfernen Welt hatte er ohnehin nie gelebt; mit seinen Brüchen, Ecken und Kanten, der Neigung zum Spontanen und einem tief sitzenden Hang zum Widerspruch hatte er selten dem herkömmlichen Bild eines Politikers entsprochen. Er war stets mit beiden Beinen auf der Erde geblieben, weil er sich einen großen Teil der Funktionen und Ämter hatte hart erkämpfen müssen. Er konnte von sich sagen, nicht von einem starken Arm dauerhaft protegiert worden zu sein. Oft in der Opposition, zuweilen unberechenbar, war er den meisten seiner Genossen zu links, den Marxisten zu christlich, den Anhängern der Libertinage zu monogam und den Militaristen zu pazifistisch erschienen. Irgendwie war er immer Teamspieler und Außenseiter zugleich gewesen, auf jeden Fall ein Mann voller Widersprüche, der Sponti geblieben und darauf aus war, Neues kennenzulernen.

Ein Rücktritt vom Senatorenamt, das wollte er mit der damaligen Geste demonstrieren, war nicht nur Ende, sondern konnte auch ein neuer Anfang sein. Solch ein Amtsverzicht würde ihn nicht aus der Verantwortung entlassen, sondern ihn zwingen, diese Verantwortung anderswo in anderer Weise wahrzunehmen. Wer genau weiß, was er politisch will und was er definitiv nicht will, und wer bereit ist, für seine Überzeugungen einzustehen, der ist immer eine politische Adresse und manchmal auch eine politische Kraft. Das spürte er in jenem Frühsommer 1995, als die Parteifreunde ihn fragten, ob er sich für das Amt des Bürgermeisters bereithalten werde. Wer ihn später als »technokratische Charaktermaske« schalt, der sollte die bedrückende und keineswegs ermutigende Ausgangslage nicht verschweigen, unter der dieser zweite Anlauf begann. Alle waren plötzlich froh, dass es diesen unverdrossenen Brückenbauer und Menschenfischer noch gab, der seine Genossen und Weggefährten auf einen neuen Realismus verpflichtete und die Losung ausgab, aus den alten Schützengräben herauszukommen. Ein Jahr früher hatte er am 30. April 1994 bei einer Atlantiküberquerung mit dem Segelboot in sein kleines Bordtagebuch notiert: *»In der Nacht ist mir eingefallen, daß die positiven Grenzerfahrungen mühelos auf die Koalitionsarbeit im Senat übertragbar sind. Wir sind einander ausgeliefert. Aussteigen gilt nicht.«* Am Ende seines nicht ungefährlichen Segeltörns im Kreise von Menschen, die er vorher meist nicht kannte, steht die Niederschrift eines Traums, der fast eine Vorahnung war: *»Ich bewege mich in einer Art Filmkulisse, ohne zu wissen, ob und welche Rolle ich selber spielen soll. Ich versuche Menschen anzusprechen, die sich plötzlich in Büsche und Stauden verwandeln, einige sogar in tierähnliche Baum- und Buschkunstwerke. Ich habe, so gut ich konnte, mich selber dargestellt und in einer Mischung von Unsicherheit und Ratlosigkeit versucht, von den anderen herauszubekommen, ob ich mich richtig verhalte. Gesagt hat es mir keiner.«*

Nun spürte er plötzlich Zustimmung von allen Seiten, hörte die Leute sagen: »Du bist einer von uns, über dich können wir uns mit der Stadt identifizieren.« Er stand bereit, längst als »Allzweckwaffe des Senats« gerühmt, und gab die Losung aus: *»Meine Kandidatur soll signalisieren: Ich möchte etwas riskieren!«* Seine frühere Gewissheit, dass man nur eine Koalition mit den Grünen eingehen könne, war unter dem Eindruck der Wahlniederlage ohnehin zerbröckelt. Vor dem Hintergrund einer dramatisch verschlechterten Haushaltslage könne man sich eine Schmusepackung nicht länger leisten. *»Wenn es schief geht, dann muss man sich darauf einrichten, dann dürfen wir die Große Koalition nicht verteufeln. Das ist ein sensationeller Spagat. Den muss ich nicht nur in der SPD versuchen, sondern auch in Richtung Grün und Schwarz.«* Solche Sätze verrieten, wie stark sich die innerparteiliche Gefühlslage verändert hatte. Die Mehrheiten für das einst verpönte Bündnis mit der CDU waren gewachsen; aber auch die Anhänger von Rot-Grün waren stark, die im Blick auf andere Bundesländer und möglicherweise als Testlauf für Bonn eine solche Koalition eingehen wollten.

Als der SPD-Landesvorstand entschied, mit dem Ex-Staatsrat Hans-Helmut Euler und Henning Scherf zwei Kandidaten in eine Mitgliederbefragung zu schicken, stand der eine zwar offiziell für eine Koalition mit der CDU, während der andere für ein Bündnis mit den Grünen plädierte, aber dies galt nur mit Einschränkungen. Im Notfall, so ließ Scherf bei seiner Tingeltour durch Ortsvereine und Parteibezirke wissen, müsse man auch das Ungewohnte überdenken. Er ahnte, dass auf dem zweiten Stimmzettel mit der Frage nach der wünschbaren Koalition eine überraschende Antwort herauskommen konnte. Jetzt, nach dem Verlust von fast 18 Prozent der Wählerstimmen innerhalb eines Jahrzehnts, waren die Optionen dürftiger geworden. Als Mitglied der »alten Kameraden in der SPD« bespöttelte ihn die CDU, die das Ergebnis der

Mitgliederbefragung mit gemischten Gefühlen quittierte. Am 11. Juni 1995 stand nach einer Umfrage bei 9295 SPD-Mitgliedern, an der sich 74 Prozent der Befragten beteiligt hatten, endgültig fest: Der neue Regierungschef Bremens sollte Henning Scherf heißen, nachdem 64,9 Prozent für ihn und 35,4 Prozent für Hans Helmut Euler gestimmt hatten. Aber 50,4 Prozent plädierten für Rot-Schwarz, 49,6 Prozent für Rot-Grün. Das war umgerechnet ein Unterschied von genau 39 Stimmen. In zwei Unterbezirken hatte es sogar handfeste Überraschungen gegeben. Im traditionell linken Osten plädierte man im Verhältnis von 807 zu 737 Stimmen für Rot-Schwarz, im eher konservativen Westen mit 566 zu 517 Stimmen für Rot-Grün. Das zeigte, wie stark die Gesamtpartei in der Koalitionsfrage polarisiert war. Auch Scherf war überrascht, als die Mitgliederbefragung eine hauchdünne Mehrheit für die große Koalition brachte und ihm mit einer Zwei-Drittel-Mehrheit dieses Projekt, das er eigentlich gar nicht wollte, in die Hand drückte.

»Tine, was machen wir jetzt?«, fragte der verblüffte Scherf seine damalige Landesvorsitzende Tine Wischer, als der letzte Stimmzettel dieser erstaunlichen Befragung ausgezählt war. Die gemeinsame Antwort lautete: »Das müssen wir machen.« Da wartete eine Aufgabe, die nur mit Mut und Gottvertrauen zu bewältigen war. »Was an Henning Scherf so einzigartig ist, das ist sein ungeheurer Optimismus«, lobte der SPD-Fraktionschef und heutige Präsident des Senats, Jens Böhrnsen. Mit solcher Meinung stand dieser Sozialdemokrat nicht allein. Jedermann wusste, dass ab sofort hohe Nehmerqualitäten, Geduld und starke Nerven gefragt waren. »Wenn die Verhältnisse eben so sind, wie sie sind, dann weiß ein linker Protestant – jedenfalls wenn er so aufrecht auf dem Boden steht wie Henning Scherf –, daß aufgeklärter Pragmatismus angesagt ist«, lobte später die »FAZ Sonntagszeitung«. So war's. Voller Verve stand er zum Bündnis mit der CDU, mit Energie warb er um ein radikales Sparprogramm und bläute seinen Bremern ein, mit ihm gemeinsam die Zukunft zu meistern. Er merkte, dass der pragmatische und praktische Umgang funktionierte, sobald man die großen Linien und Ideologien ignorierte und sich an machbaren Entscheidungen orientierte. Oft wurde er in jenen Wochen gefragt, ob er nicht gewaltige Skrupel mit seinem Bekenntnis für ein Bündnis habe, gegen das er stets Sturm gelaufen sei. »Wenn man so dramatische Wahlverluste erlitten hat und dann bei einer Mitgliederbefragung den Auftrag erhält, eine Große Koalition zu machen, dann wird man nicht plötzlich umlackiert, sondern man muss seine Arbeit so machen, dass sich bessere Wahlchancen für die SPD ergeben. Das hat mit links oder rechts nichts zu tun!«

Das Votum der Parteibasis war ein doppelter Auftrag gewesen. Als exponierter Vorzeigelinker musste er die beiden widerstrebenden Lager der Gesamtpartei zusammenhalten; er sollte die SPD an der Seite der CDU aber auch so profilieren, dass sich ein Debakel wie das zurückliegende Wahlergebnis niemals wiederholen sollte. Aus dem fernen Mostar hatte Hans Koschnick den Rat erteilt: »Für Bremen geht nur eine Große Koalition. Aber dieses Bündnis muss ein Linker führen.« Im Rückblick auf dieses Wendemanöver bleibt erstaunlich, wie rasch sich die öffentliche Bewertung eines Politikers änderte, der bis dahin als »gefährlichster Linker Bremens« diffamiert worden war; er schien das Etikett »umstritten« zu tragen, als sei es schon ein verfassungsfeindliches Symbol. Plötzlich wurde er als »Pfadfinder«, »Brückenbauer« und als das letzte Aufgebot sozialdemokratischer Politiker gelobt, die Politik und Moral miteinander vereinbaren konnten. »Wir wußten, der wird das schaffen, weil er mit Menschen umgehen konnte. Ich kannte meinen Henning.« Wie Erhard Eppler dachten nicht alle, die damals nach Bremen blickten und sorgenvoll fragten, ob dieses seltsame Anlegemanöver gelingen könne. Große Koalitionen waren damals so wenig populär, wie sie es heute sind.

## Erste Umarmungen

Wenn Große Koalitionen erfolgreich sein wollen, dann muss die Chemie unter den Beteiligten stimmen. Besonders unter den Hauptbeteiligten dieser wundersamen Ehe muss das wechselseitige Vertrauen herrschen, sich auf gemeinsame Absprachen zu hundert Prozent verlassen zu können. Was ein Jahrzehnt später für die Große Koalition in Berlin galt, das wurde im Stadtstaat Bremen 1995 vorweggenommen: Es kam darauf an, nicht nur die Befürworter eines derartigen Bündnisses, sondern auch die Gegner der geplanten Elefantenhochzeit zu gewinnen, die allen Erklärungsversuchen zum Trotz bei Teilen des Parteivolks, bei intellektuellen Sympathisanten und in der linksliberalen Öffentlichkeit noch zahlreich vertreten waren. In einem Gespräch mit dem »Weser Kurier« sprach Neumann seine Zweifel deutlich aus: »Zunächst hielt ich Scherf für eine Hypothek. Aber man muß anerkennen, daß Leute sich verändern. Ich nehme ihm die Wandlung ab. Er steht dazu. Er unternahm den geglückten Versuch, gesellschaftliche Gruppen zusammenzuführen – Gewerkschaften, Bürgerliche, Kammern, Verbände. Die Wandlung wird allseits respektiert und akzeptiert. Das ist die Lichtseite des Henning Scherf.« Neumann schätzte dessen moralische Grundsatztreue, wie er im Briefwechsel über das Thema Nicaragua hatte anklingen lassen; Scherf wiederum vergaß nie, dass sein Gegenüber auch im schärfsten rhetorischen Getümmel das vereinbarte Schweigen über die ausgetauschten Inhalte gewahrt hatte.

»Damals begann Scherfs zweite Biografie«, meint Neumann im Rückblick auf jenen Abend, als beide Männer sich zu einem Tête-à-Tête trafen, das wenig mit einer Generalabrechnung im Stile eines verspäteten Showdown zu tun hatte. Neumann handelte nach einem Zitat des amerikanischen Philosophen Horatio W. Presser, das so etwas wie sein Lebensmotto ist: »Der ideale Tag wird nie kommen, der ideale Tag ist heute, wenn wir ihn dazu machen.« Die mit Büchern vollgestopfte Souterrain-Wohnung von Scherfs Mitarbeiter Manfred Halbscheffel in der Rembertistraße war der heimliche Treff; in der im Hintergrund mit einer alten DDR-Fahne geschmückten »Gruft«, wie die Bewohner der Hausgemeinschaft die Bleibe des Freundes nannten, kam man bei Wasser und Tee rasch zueinander. Zuerst die Sachfragen, dann die Ressorts. Die von einigen Christdemokraten erwogene »israelische Lösung«, nach zwei Jahren Rot eine schwarze Spitze zu installieren, scheiterte am Widerspruch Scherfs, der im Gegenzug das Amt des Parlaments-Präsidenten für den Christdemokraten Reinhard Metz hergeben musste.

Mit den Ressorts Bauen, Finanzen, Inneres und Wirtschaft wurde die CDU zur treibenden Kraft für den Bereich der Investitionen, die SPD hatte sich mit den restlichen Senatorenämtern zu begnügen. Seit vielen Jahren herrschte in Bremen die Diktatur einer Krise, die aus Politik ohnehin nur noch Wirtschaftspolitik machte. Aber es sollte sich zeigen, dass eine Sparpolitik, die auf Härte und Zumutungen setzte, populär sein konnte. In Zeiten um sich greifender Politikverachtung wartete man auf starke Signale der Hoffnung; die Kraft, größeren Streit auszuhalten, war verbraucht und ohnehin nicht populär. Jetzt waren Glaubwürdigkeit, Effizienz und die Bereitschaft, dem eigenen Land zu dienen, gefragt. Mit Scherf hatte Bremen einen Bürgermeister gefunden, der bei diesem patriotischen Akt die Rolle der vorwegstürmenden Kavallerie übernahm. Wie man diese vier Jahre gemeinsam meistern sollte, dafür gab es kein Drehbuch oder ausgefeiltes Programm. Im Hinblick auf Themenfindung, Strategie und Taktik verließ Scherf sich nicht nur auf seinen politischen Instinkt, sondern auch auf die persönliche Intuition. Die meisten, die damals mit ihm zu tun hatten, erkannten plötzlich einen Mann, der mit strahlendem Lächeln demonstrierte, dass ihm der Politikbetrieb weder Warmherzigkeit noch Liebenswürdigkeit ausgetrieben hatte. »*Eigentlich müsste ich jedem das Glück wünschen, einmal im Leben Bremer Bürgermeister zu werden; denn das Bremer Rathaus ist einer der schönsten Arbeitsplätze, die ich mir überhaupt vorstellen kann. Das, was ich gerade mache, ist genau das, was ich mir ein Leben lang gewünscht und erträumt habe. Es ist aus vielen kleinen Mosaiksteinchen entstanden und jetzt empfinde ich meine Lebensform – und zwar meine öffentliche und private – als einen Traum. Ich möchte nicht anders leben.*« Auch aus solchen Sätzen sprach sein Stolz, endlich Bürgermeister seiner geliebten Vaterstadt geworden zu sein.

Bei der ersten Sitzung der Bremischen Bürgerschaft am 4. Juli 1995 bemühte kein Geringerer als der mächtige AfB-Protagonist Werner Lenz das Pathos eines Wilhelm Kaisen, der in seiner Eröffnungsrede in der ersten frei gewählten Bürgerschaft nach 1945 ausgerufen hatte, dass in dieser verzweifelten Lage nur das eine helfen könne, die Arbeit anzupacken und sich unter der »Fahne der Einigkeit« zu sammeln. Für diesen inzwischen verstorbenen Ur-Bremer hieß Gemeinsamkeit, nicht in kleinkariertes Aufrechnen zu verfallen oder sich in politischen Eitelkeiten oder Besserwisserei zu verlieren. Jetzt gehe es um das Überleben Bremens, und dahinter habe alles, sogar das Recht der Opposition zur Kritik, vorerst einmal zurückzustehen. »Der Zwang zur Einigung überlagerte alles«, erinnert sich Neumann. Scherf war in Bremen geboren und aufgewachsen; bis dahin hatte er sich immer eingebildet, er kenne die ganze Stadt. Aber er hatte immer nur in einem bestimmten Teil der Gesellschaft gelebt, in der Welt kleinbürgerlicher Genossen, tatkräftiger Christen, gebildeter Intellektueller, querdenkender Grüner oder konservativer Gewerkschafter, die den Aktionsradius seines politischen Handelns bestimmten. Früher habe er, ohne es zu wissen, an der Spaltung der Bremer Stadtgesellschaft mitgearbeitet, weil er sich nur einem Teil der Bevölkerung zugehörig fühlte, meinte er nun im Rückblick.

War das eine Entwicklung nach vorn oder pure Resignation? In Bremen achtete man gegenseitig sehr darauf, wer mit wem umging. Dass er nie in das gutbürgerliche Schwachhausen ziehen und an der Schaffer-Mahlzeit teilnehmen dürfe – so lautete der Anspruch sozialdemokratischer Parteifreunde an den von Hannover nach Bremen wechselnden Uni-Gründungsrektor Thomas von der Vring Anfang der 1970er Jahre; an dieser gut sortierten Adressen-Demokratie hanseatischer Prägung hatte sich auch ein Vierteljahrhundert später nicht viel geändert. »Sie waren sich alle selbst genug.« Der Satz von Hans Koschnick klingt im Rückblick vernichtend für ein politisches Milieu, das sich lange Zeit daran ergötzte, übereinander anstatt miteinander zu reden. In dieser Stadt, die einen »Common sense« so dringend nötig hatte, lebten zwei Gesellschaften praktisch nebeneinander, die nichts miteinander zu tun haben wollten. Vor der traditionsreichen Schaffermahlzeit rotteten sich linke Demonstranten regelmäßig zusammen, um gegen ausbeuterischen Kapitalismus zu demonstrieren; drinnen wurde bei den Festreden ein sozialdemokratisches Politmilieu verprügelt, das aus dieser Frack tragenden Veranstaltung gut betuchter Manager und Leistungsträger in der Regel ausgesperrt war – und das sich immer wieder gerne hatte aussperren lassen. Aber die exklusive Herrenrunde, die sich traditionsgemäß jährlich am zweiten Freitag im Februar in der Oberen Rathaushalle traf, war seit vier Jahrhunderten ein Aushängeschild der Stadt. Auf das älteste »Brudermahl der Welt«, zu dem Gäste aus Politik, Wirtschaft, Kultur und Wissenschaft eingeladen werden, waren die Bremer insgeheim stolz, weil das fünfstündige Festessen mit seinen alten Ritualen die Geschichte ihrer stolzen Stadt symbolisierte. Welche Gründe gab es, dieses Ereignis mitten im Herzen der ältesten bestehenden deutschen Stadtrepublik zu torpedieren und den Gästen Transparente entgegenzuhalten, auf denen geschrieben stand: »Zum elitären Schaufressen wünschen wir guten Appetit!«

An dieser Spaltung war Scherf nicht unbeteiligt gewesen, weil er einen ökonomisch wichtigen Teil der Gesellschaft bewusst ignorierte, ja sogar politisch attackiert hatte. Wenn er von »den anderen« sprach, dann waren damit das CDU-Bürgertum, die Welt der Reichen hinter den hohen Hecken im Millionärsviertel Oberneuland, die »Smoking Society des Clubs zu Bremen«, die »Eiswette«, das »Schaffermahl«, das »Tabakskollegium« und die Instution der Handelskammer gemeint. Aus deren Perspektive galt der linke Scherf als notorischer Unruhestifter. Aber jetzt musste er gemeinsam mit einem Ex-Sparkassen-Direktor als CDU-Koalitionspartner diese andere Welt kennenlernen, die ihm bis dahin so herzlich egal gewesen war. *Die haben übrigens auch gestaunt, dass ich kein Menschenfresser bin«,* gibt er zu und sprach den Wunsch aus, dass sich solche Erfahrungen allmählich in der ganzen Stadt herumsprechen. *»Wir können es uns in unserem überschaubaren Land nicht leisten, dass jeder seinen Kral hat und keiner mit dem anderen redet. Wir können nur überleben, wenn wir zusammenhalten.«* Frühere Fehleinschätzungen wird er später im Nachdenken über seinen politischen Lebensweg als klassisches, persönliches Missverständnis einordnen. *»Ein Jusoleben habe ich gedacht, dass die im Bremer Rathaus mit ihren Wappen vertretenen früheren Bürgermeister die Kapitalisten gewesen seien, die den Stadtstaat mit ihrer Geldmacht regiert haben. Inzwischen weiß ich, dass es die Vertreter der bis ins Mittelalter zurückreichenden, bildungsbürgerlichen Familien waren, die über ihre Ausbildung und die Bereitschaft ihrer Familien, sie für die damals ehrenamtliche Arbeit im Stadtstaat freizustellen, die Freie Hansestadt Bremen vor Unbill bewahrt haben. Diese Art der Elitenbildung, verbunden mit Zugangsmöglichkeiten für leistungsstarke Aufsteiger, ist grundlegend auf dem Weg zu einer Zivilgesellschaft. Und darum rate ich, alles zu unterlassen, was mit Gleichheitspathos Dequalifizierung bewirkt.«*

Diese Koalition war, aus der Not geboren, ein reines Zweckbündnis gewesen; unter der dröhnenden Rhetorik ihres vitalen Vormannes wurde es rasch zum Überlebenspakt für das Not leidende Bremen, später zur persönlichen Mission eines Bürgermeisters, der seine wachsende Popularität und die traumhaften Sympathiewerte genoss.

*»Manchmal denke ich, ich sei die personifizierte Große Koalition. Und die Leute, die sich an diesem Bündnis konstruktiv beteiligen, sagen: Schau mal, da ist einer, der etwas artikuliert, was wir auch wollen. Das hat mir bei den Konservativen Reputation eingebracht und Skepsis bei den SPD-Linken, die ich so früher nie zu ertragen hatte. Denn die fragen mich, was machst du da eigentlich jetzt? Aber die traditionell rechten Sozialdemokraten finden das alle ganz toll, was ich da mache. Ich glaube, die sind inzwischen alle zu meinen Fans geworden. Nicht Mehltau über das Land bringen, sondern*

*diese Koalition als eine Einladung zum Mitmachen und zum Verständigen begreifen. Ich kann dabei auf Erfahrungen zurückgreifen, die ich früher einmal hatte. Als ich hier in Bremen in einer sehr angesehenen Sozietät als Anwalt gearbeitet habe, wollte man mich damals sogar zur Deutschen Bank vermitteln. Das begreift heute wohl keiner! Das war alles noch vor meiner politischen Karriere. Ich wusste auf jeden Fall, wie die miteinander umgehen und hatte deswegen überhaupt keine Anpassungsprobleme. Ich habe das couragiert versucht. Die haben plötzlich keinen Verräter mehr in mir gesehen, sondern Vertrauen zu mir entwickelt. Das ging wirklich ganz schnell, und das hält bis heute.«* Selbst die Gewerkschaften hielten sich zurück und gaben zunächst alte Vorurteile auf. *»Ich war ja lange bei den Gewerkschaften, besonders bei den linken Gewerkschaftern so eine Art Hoffnungsträger und bei dem rechten Gewerkschaftsflügel eine anstrengende Figur. Das hat sich alles gelegt. Da gibt es natürlich noch einige, die mich fragen, warum ich plötzlich auf der Arbeitgeberseite gelandet bin. So z.B. Frank Teichmüller, der kommt unangemeldet in mein Büro, wir nehmen uns in die Arme, und ich frage: ›Sag mal, Frank, hättest du dir das so vorgestellt?‹ Und er sagt: ›Nein, das ist alles unglaublich. Wie hältst du das nur aus?‹, und ich antworte: ›Das weiß ich nicht.‹ So reden wir miteinander. Aber diese Rolle ist natürlich ziemlich anstrengend. Nächste Woche haben wir hier eine furchtbare Personalversammlung mit ein paar Tausend Leuten; dann wird auf mir herumgehackt wie auf einem Feind, und ich werde mich grottenschlecht fühlen.«*

## Himpelchen und Pimpelchen

Mit Argusaugen wachte der eigene Anhang darüber, wie die Protagonisten ihre heikle Gratwanderung bestanden. Neumann hatte Scherf ermahnt, den politisch noch unerfahrenen Ulrich Nölle als gleichrangigen Partner zu akzeptieren. »Himpelchen« und »Pimpelchen«, so »Der Spiegel«, trafen sich zum regelmäßigen Plausch im Bremer Ratskeller, waren demonstrativ um ein gutes Klima bemüht und lobten sich gegenseitig über den grünen Klee. Ja, die gegenseitige Zusammenarbeit sei sehr gut, ungemein kollegial, viel besser als in der Ampel. *»Gott sei Dank wird nicht mehr gestritten.«* Für den Umgang miteinander gab es keine Patentrezepte. So lobte Scherf an Nölle dessen Integrität; der so Belobigte gab artig zurück, auf den Bürgermeister könne man sich hundertprozentig verlassen. Beide hatten Glück miteinander. Nölle erwies sich als umgänglicher, konsensorientierter Zeitgenosse, der die lange Leine seines CDU-Landesvorsitzenden Bernd Neumann bis zum späteren Bruch mit fast stoischem Gleichmut ertrug. Scherf wollte beweisen, dass diese Koalition kein Verrat war, sondern dass es zahlreiche Gestaltungsmöglichkeiten gab, die man einfach nutzen musste. Für ihn, der die Streitsucht in der Ampel-Koalition mit wachsendem Widerwillen ertragen hatte, erwies sich das Bündnis mit der CDU wie eine Selbsterfahrungsgruppe, in der geredet und gestritten wurde. *»Bergauf geht es nur, wenn man den Dauerstreit begräbt, nicht über die CDU herfällt, sondern das Konstruktive betont.«* So machte er sich Mut.

Den Journalisten Rainer Gausepohl erinnerte der ständig von Termin zu Termin eilende, mit dem Passanten auf der Straße und den Obsthändlern auf dem Marktplatz schnackende Bürgermeister damals an einen Oberhirten, der sich um seine verzagte Herde kümmert. Wenn er redete, bewegte er die Hände, ruderte, forderte und flehte, hob und senkte die Stimme, umarmte und drohte zugleich. *»Dieses gegenseitige Beschuldigen, dieses Anschwärzen ist so out, so alt, so müde, wie eingeschlafene Füße«,* ruft er im Hans-Böckler-Haus von Leherheide einer verzagten Genossenschaft zu, die bei den Wahlen von der CDU deklassiert worden war. Das hatte auf die Stimmung gedrückt, nun wurden Rat und Beistand gesucht. Also kein Wort über Reizthemen, über Solidarität oder soziale Gerechtigkeit, die den verzagten Haufen nur in Wallung bringen könnten. Henning serviert was Praktisches, redet über den Hafen und die Lage der Werften. Investieren und sanieren – so lautete das Signal für die neue Aufbruchstimmung in Schwarz-Rot. *»Die vor uns liegenden Probleme sind so groß, die Lösungen so schwierig, dass wir von der Öffentlichkeit für bloße parteitaktische oder gar rein persönliche Profilierungskämpfe kein Pardon erwarten dürfen«,* so lautete der Tenor seiner ersten Regierungserklärung, in der er einen Dialog mit den Bürgern forderte, weil sonst der Vertrauenskredit nachhaltig verspielt werden könne. Diese Koalition sei angetreten, vier Jahre lang glaubwürdige und erfolgreiche Politik für das Land Bremen zu machen. Die gemeinsamen Ziele waren klar: Das kleinste Bundesland musste beim Öffentlichen Dienst gewaltig abspecken und bis 1999 vier Milliarden D-Mark zur Stärkung der Wirtschaft investieren, um seine Selbstständigkeit zu bewahren. Mit dieser griffigen Formel wanderte Scherf durch sein kleines Land und gab die Parole aus: *»Verlasst das Jammertal und entwickelt ein neues Gemeinschaftsgefühl für Bremen! Mir liegt daran, dass das bei allen passiert. Mir liegt daran, dass das bei der Handwerkskammer und bei den Innungen passiert, bei den Kleingärtnern und den Geflügelzüchtern, im Sport, bei den Kirchengemeinden und in den Jugendgruppen, in den Schulen und Vorstädten. Meine muslimischen Freunde z.B., die angeblich eine Bedrohung für diese Stadt sind, die haben eine Sehnsucht, dass sie Teil dieser Gesellschaft werden. Mit ihren Eigenarten anerkannt und respektiert, mit ihren eigenen Glaubensinhalten, offen aufgenommen als Teil dieser Gesellschaft.«*

Mit solch »kritisch reflektiertem Konsens« hatte er sich zu einem »Bremer Patrioten« entwickelt, wie ihm Loki, die Frau des Altbundeskanzlers Helmut Schmidt lobend attestierte. *»Wenn ich daran denke, was unsere Eltern alles geschafft haben. Jetzt hilft kein Weglaufen mehr. Politik ist keine Schönwetterveranstaltung!«*

Auch dieser Rückgriff in die Aufbaujahre nach dem Krieg gehörte zu seinem rhetorischen Arsenal. Wo man sich dieser Offensivstrategie in den Weg stellte, konnte er höchst ungemütlich werden. Auf der Delegiertenversammlung im SPD-Unterbezirk Bremen-Ost las er den Anwesenden die Leviten, bevor sie gegen das ungeliebte Bündnis überhaupt stänkern konnten. »*Wer hier larmoyante Reden halten will, den springe ich an!*« Als ihn der Journalist Alfred Eichhorn fragte, wie er mit Aggressionen umgeht, gab er die selbstkritische Antwort: »*Ich habe die Angewohnheit, sie möglichst zu verdrängen. Wenn ich dann merke, dass ich nicht mehr ausweichen kann, dann werde ich aggressiv. Ich kann die Leute dann richtig niedermachen, sie fühlen lassen: Jetzt ist Schluss, jetzt habt ihr in mir keinen Spielpartner mehr, Punktum! Aber eigentlich setzte ich mich nicht gerne mit Aggressionen durch, sondern durch Überzeugen, manchmal auch Umarmen, manche nennen mich hier den gnadenlosen Umarmer. Ich gehe auf Leute zu und mute ihnen einfach meine Nähe zu.*«

Besonders die Grünen, die ihm diesen Kurswechsel bis heute übel nehmen, meist böse über ihn reden und Scherf für einen Opportunisten, gar für einen Verräter von früher gemeinsamen Prinzipien halten, bekamen solche Starrköpfigkeit zu spüren. Für die Initiatoren der in Bremen populären »Bürgerinitiative für die Erhaltung des Hollerlandes« galt er bald als rotes Tuch, weil er im Bremer Rathaus eine für den Bremer Grünlandgürtel gefährliche Koalition aus SPD, CDU und Handelskammer geschmiedet habe, in deren Wortschatz der Begriff »Naturschutz« eigentlich nicht vorkomme. Scherf habe sich persönlich mit herabwürdigenden Äußerungen gegen das europäische Naturschutzrecht gebrüstet und die Naturschützer regelrecht verhöhnt, weil sie »ständig neue schützenswerte Tiere erfinden würden«, wie einer der Initiatoren, der grüne Umweltschützer Gerold Janssen, in seinen »Erinnerungen eines Bremer Rebellen« notierte. Als ihn Janssen nach dem Bürgerschaftswahlsieg 1999 aufforderte, statt der Großen Koalition ein rot-grünes Bündnis zu schmieden, habe der Wahlsieger nur gelacht. »Henning Scherf war für mich ein Mann, der vieles nur für sein äußeres Erscheinungsbild tat, damit ihm möglichst viele Leute auf die Schulter klopfen. Vor allem jene, die keine Ahnung haben, was Politik wirklich ist und wer hinter ihm steht. Mit diesem Konzept ist er lange Zeit erfolgreich gewesen. Zur Rettung des Hollerlandes hat er indes kein Scherflein beigetragen.«

Tatsächlich hat er die Grünen während seiner Amtszeit als Bürgermeister politisch weitgehend ignoriert. Aber auch seine eigenen, linksgestimmten Genossen bekamen das neue Denken zu spüren. Zum Beweis für seine damalige Entschlossenheit kramt er in der eigenen Biografie. »*Mit Willy Brandt die ganze Welt umarmen? Geschenkt! Das habe ich mir auch mal gegönnt! Linke, welche die Realität nicht sehen, sind keine Linken, sondern Sektierer.*« Vom fatalen Selbstmitleid der SPD hatte er sich ohnehin nie anstecken lassen. Zwischen programmatischen Visionen und praktischer Regierungsarbeit hatte er sich klar entschieden: Die wahre Probe für eine Linke sei die Realität – das sagt ausgerechnet ein Mann, der die politische und ökonomische Realität mehr als einmal in seinen Visionen ausgeklammert hatte. Aber er ist auch ehrlich genug, solche Irrtümer öffentlich einzugestehen. *»Ich habe das alles aus Überzeugung getan. Es ist ein Stück von mir, und dazu stehe ich!«*

Mehrfach hingucken und sein Urteil nicht nur auf der Basis einer flüchtigen In-Augenscheinnahme fällen, Fehler revidieren und sich zu Irrtümern bekennen – auch dies vervollständigt die Wandlung vom »Saulus« zum »Paulus«, wie Senator Hartmut Perschau in seiner Festrede zu Scherfs 60. Geburtstag notiert. Plötzlich lieben ihn alle, verzeihen alte Fehler und reihen frühere Irrtümer in die Kategorie Jugendsünden ein. »Ein Mensch, der keine Dummheit macht, der macht auch nichts Gescheites«, zitiert der CDU-Senator ein walisisches Sprichwort. Vergeben und vergessen! Die »FAZ«, die ihn früher scharf kritisierte, rühmt plötzlich seine vermittelnden Talente und beschreibt ihn als einen Bürgermeister, dem man schon von Weitem ansehen könne, dass er sein Amt liebt. »Anpassungsfähigkeit hat er in den letzten Jahren bewiesen. So wie der Habitus des Aufbegehrens zumindest teilweise der Herkunft aus einer Familie geschuldet sein dürfte, die sich in dunklen Zeiten in der Bekennenden Kirche aufgehoben fühlte, verdankt sich Scherfs unübersehbares Wohlbehagen im Bürgermeisteramt seinem Lokalpatriotismus, ja der Liebe zu seiner traditionsreichen Heimatstadt. Sie ist nicht gespielt, man darf ihm glauben, was anderen zu glauben schwerer fiele: daß er am Ziel seines Ehrgeizes und seiner Träume angelangt ist. Es gibt kein höheres Amt, nach dem er noch strebt. Im Rathaus, dessen lange Geschichte aus jeder Fuge zu dünsten scheint, fühlt er sich daheim, und das gilt auch für die Straßen der überschaubaren Stadt, die er am liebsten zu Fuß durchschreitet, stets auf der Suche nach Zuneigung, die er im Wege des Vorschusses schon erwidert, bevor man sie ihm entgegenbringt. Breitbeinig, um den Kopf von der Zwei-Meter-Warte herabzubringen, steht er dann da, lauscht und lächelt. Scherf berührt und befingert jeden, er drückt und streichelt und umarmt, er muß damit leben und die anderen eben auch. Gestritten wird nicht mehr.«

## Patriotische Wallungen

Die Bremer Psychologin Sigrun Preuss, die Scherfs Regierungserklärung untersuchte, lobt ihn für die unverdrossene Art, in Bremen anti-depressive Kräfte zu mobilisieren. Die Psychologie sei der Lotse wirtschaftlicher Prozesse; angesichts der Bremer Finanzlage dürfe man nicht in Jammerei verfallen, sondern habe die

Losung auszugeben: »Bürger, seid stolz auf eure Stadt! Buten un binnen, wagen un winnen!« Auf diesen alten Wahlspruch der Bremer Kaufmannschaft sollten sich die Bremer wieder besinnen. Der neue Bürgermeister lieferte die Stichworte für ein Selbstwertgefühl, das sich allmählich wieder kräftigte. *»Wir sind seit über eintausend Jahren selbstständig. Die Menschen hier haben alles überstanden. Hochwasser, Brände, den Dreißigjährigen Krieg und die Nazis. Sie haben eine widerständige und trotzige Identität entwickelt.«*

Wo so viel Eintracht gefordert wurde und die politischen Unterschiede wie »Schiffe im Nebel« (»Frankfurter Rundschau«) verschwammen, war rasch von einer neuen Spielart des Patriotismus die Rede. Der Begriff ist in der SPD verpönt, seitdem sich die deutsche Sozialdemokratie 1914 zur Hüterin des nationalen Pathos ernannte. Aber es war der SPD-Linke und damalige Berater von Willy Brandt, Albrecht Müller, der 1972 im Bundestagswahlkampf zur Verblüffung seiner eigenen Genossen die Parole wählte: »Deutsche – ihr könnt stolz sein auf euer Land.« Patriotismus ist als Produkt der Französischen Revolution auch ein Geschöpf der europäischen Linken, ein Begriff, der mit »Gefühlswert« verbunden ist und sich mit der Idee von »Freiheit und Glück« verbindet.

*»Bremischer Patriotismus ist Bürgergesellschaft, heißt, dass ich etwas für meine Stadt tun will. Ich gebe etwas ab. Ich strenge mich an, dass es nicht nur mir gut geht. Bremer Patriotismus bedeutet, dass die Reichen diskret sind und ihren Reichtum nicht wie die Neureichen zur Schau stellen, sondern auch etwas abgeben und Stiftungen gründen. Sie machen mit und finanzieren zum Beispiel den Bürgerpark, ganz alleine. Das ist bremischer Patriotismus. Den muss man aufwerten, nicht abwerten. Das ist ein kostbares Gut in unserer Freien Hansestadt, der ältesten Stadtrepublik in ganz Deutschland. Helmut Kohl hat mir einmal gesagt: Ihr Hansestädter, ihr seid vielleicht diejenigen, die uns davor bewahren, dass wir wieder ›Schwarzbraun ist die Haselnuss‹ singen und angesoffen durch Peking ziehen. Kohl wünschte sich eine Außenpolitik, die so wie die Hansestädter vom gegenseitigen Respekt lebt, mit anderen Ländern Partnerschaften und Niederlassungen gründet und niemals überzieht.«*

Wenn es um die Bremer Selbstständigkeit ging, war mit Scherf ohnehin nicht zu spaßen. Schon als junger SPD-Landesvorsitzender hatte er interveniert, als sich in der SPD eine Mehrheit für die Neugliederung der Bundesländer abgezeichnet hatte. Willy Brandt hatte in seiner Regierungserklärung unter anderem Initiativen zur Fortentwicklung der bundesstaatlichen Struktur, zur Neugliederung des Bundesgebietes sowie zur Reform der Verwaltung und des öffentlichen Dienstes angekündigt. Gegen eine Neugliederung der Bundesländer hatte besonders der eng mit Bremen verbundene Innenminister Hans-Dietrich Genscher Bedenken. »Sollten etwa die geschichtlich gewachsenen Stadtstaaten Bremen und Hamburg in einem Nordstaat aufgehen?«, fragt Genscher in seinen »Erinnerungen«. Deshalb schlug er Brandt vor, zunächst eine Kommission einzusetzen, die unter dem Vorsitz des früheren Staatssekretärs Professor Werner Ernst 1973 ihren Vorschlag präsentierte: Die Zahl der deutschen Bundesländer sollte auf fünf oder sechs verringert werden. Genscher hat daraufhin zusammen mit dem damaligen FDP-Vorsitzenden Wolfgang Mischnick erfolgreich versucht, die Forderung nach einer Neugliederung des Bundesgebietes abzuwehren. Er bewunderte die identitätsstiftende Wirkung des deutschen Föderalismus und hielt das Argument der Ernst-Kommission, man brauche etwa gleich große Länder, für vordergründig und mechanisch. Der in Halle geborene Genscher hatte nach der Flucht aus Thüringen in Bremen seine juristische Ausbildung absolviert und war später Sozius in einer renommierten Anwaltspraxis der Stadt geworden. Den Bremer Bürgersinn hatte er immer wieder gelobt. Mit Koschnick hatte er im Amtszimmer des Bürgermeisters Gespräche geführt, an die er sich gerne erinnerte; natürlich ging es dabei auch um die Selbstständigkeit Bremens.

Wie Koschnick war auch der junge Henning Scherf über die Neugliederungspläne alarmiert, die das Ende des kleinen Stadtstaates bedeutet hätten. Dem damaligen SPD-Vorsitzenden und Bundeskanzler Willy Brandt schrieb er am 30. November 1972 einen geharnischten Brief: »*Wir haben in Bremen gerade auch in den letzten Jahren darum soviel Zustimmung unter den Wählern gefunden, weil wir in der Selbständigkeitsfrage ohne jede Einschränkung gemeinsam argumentiert haben. Dies war bei allen gegensätzlichen Positionen in der parteiinternen Auseinandersetzung ein nachdrücklich wirksamer Indikator für die Bereitschaft aller Bremer Sozialdemokraten, in entscheidenden Fragen zusammenzustehen [...]. Du mußt Dich darauf einrichten, daß wir hier in Bremen bis zu 15 Prozent verlieren werden, wenn die Selbständigkeit Bremens durch Sozialdemokraten abgeschafft werden sollte. Die Verdienste Wilhelm Kaisens und Hans Koschnicks werden dann lediglich historisch sein, auf die wir nicht mehr zurückgreifen können!*«

## Streit um den Lauschangriff

Als Scherf diesen Brief an seinen Parteivorsitzenden schrieb, stand er am Beginn seiner politischen Karriere. Ein Vierteljahrhundert später war er am Ziel: Er war in das Amtszimmer seiner beiden Vorgänger Kaisen und Koschnick eingezogen, lobte deren Leistungen und erinnerte in vielen offiziellen Reden an die stolze Tradition seiner Heimatstadt.

Am 6. Februar 1998 stand er am Rednerpult des Bundesrates in Bonn; hinter ihm lag eine monatelange publizistische Auseinandersetzung, die ihn weit über Bremen hinaus bekannt gemacht hatte. Er war als der letzte Verteidiger von Bürgerrechten gelobt und als gewiefter Taktiker gescholten worden.

Wieder einmal hatte er sich stur, dickköpfig und in einer fast unerschütterlichen Selbstgewissheit für eine Sache engagiert, die sicher der eigenen politischen Moral, aber auch dem streitlustigen Geist seiner bremischen Zivilgesellschaft entsprach. »Wir Bremer streiten und sind streitbar, aber uns leitet keine andere Rücksicht als die auf das gemeine Beste.« Auch dieser Satz stammte von einem seiner Vorgänger im Amt, von Theodor Spitta, einem der bedeutendsten Vertreter des politischen Liberalismus in Deutschland, der von 1920 bis 1933 und von 1946 bis 1955 Senator für Justiz und Verfassung und Bürgermeister in Bremen gewesen war. Spätestens an diesem Vormittag, in der angespannten Stille des voll besetzten Deutschen Bundesrates, war Scherfs Metamorphose vom bürgerrechtsorientierten Linken zum Bremer Verfassungspatrioten abgeschlossen. Er war ein Bürgermeister, der sich in der stolzen Tradition seiner Vorgänger sah und sogar den Mut aufbrachte, den Rest der Republik in Gestalt der versammelten Länderchefs mit dieser Tradition zu konfrontieren. »Dass die Schlüsselrolle Bremens in der heutigen Abstimmung die Tür dazu aufstößt, wird am Ende, da bin ich sicher, als ein seiner besonderen liberalen Tradition entspringender Beitrag zum ›Glück für das Ganze‹ gewürdigt werden.«

Zum Zeitpunkt dieses Auftritts war er bereits drei Jahre Bürgermeister und Chef einer Großen Koalition. Aber das Motiv für seine staatspolitische Philippika lag schon länger zurück. Als die SPD 1993 auf ihrem Bundesparteitag vorsichtig grünes Licht für den großen Lauschangriff, also die akustische Wohnraumüberwachung, gab, hielt der linke Sozialdemokrat Scherf engagiert dagegen. In einem Beitrag für »Die Zeit« forderte er im Juni 1994 die eigene Partei auf, in der Diskussion um die innere Sicherheit Maß zu halten. Das Mitglied im SPD-Bundesvorstand und der amtierende Justizsenator ging mit den Vorschlägen zum »Verbrechensbekämpfungsgesetz« hart ins Gericht. Die SPD könne den Wettbewerb um law and order nur verlieren; wenn die beiden großen Parteien weiter um die innere Sicherheit in solchem Ausmaß streiten würden, werde das heraufziehende Superwahljahr 1998 von Diskussionen um die Abschaffung des Folterverbots und um die Wiedereinführung der Todesstrafe beherrscht sein. »Kriminalitätsfurcht lässt sich herbeireden, und jede neue Diskussion in Bonn, jeder neue Gesetzesvorschlag treibt sie voran und bietet sogleich Anlass für den nächsten. Für die Forderungen der Exponenten des ›starken Staates‹ gibt es nämlich keine Sättigungsgrenze.« Dieser Vorwurf ging nicht nur an die regierende Koalitionsregierung aus CDU/CSU und FDP, sondern auch an die eigenen Genossen, die das lästige Thema vor Beginn des Bundestagswahlkampfs loswerden wollten. Ein nervöser SPD-Rechtsexperte Otto Schily hatte Seite an Seite mit dem CDU-Rechten Rupert Scholz für einen starken Überwachungsstaat plädiert. Der Geist der Verfassung müsse geschützt werden, hatte die grüne Abgeordnete Kerstin Müller gerufen, und der Liberale Burkhard

Hirsch hatte gerügt: »Wer Freiheit mit Sicherheit erkaufen will, wird beides verlieren.«

Aber der Störenfried hieß wieder einmal Henning Scherf. »Lauschangriff – nicht mit mir!« Dieses kategorische Veto ertönte wenige Tage vor der entscheidenden Sitzung im Bundesrat. Bliebe es bei diesem Nein, dann würde Bremen im Bundesrat, der einer Verfassungsänderung zustimmen muss, das Zünglein an der Waage sein. Für den Bremer Bürgermeister höhlte der Gesetzentwurf viele Verfassungsrechte aus; so sei das Zeugnisverweigerungsrecht von Ärzten, Priestern, Anwälten und Journalisten unzureichend geschützt. Man müsse sich davor hüten, im notwendigen Kampf gegen das organisierte Verbrechen die Verfassung einzureißen. Er werde sich »*persönlich dafür stark machen*«, betonte er in zahlreichen Interviews immer wieder, dass so etwas nicht geschehe. Für ihn bedeutete der Lauschangriff in seiner vom Bundestag ratifizierten Form, einen spektakulären Eingriff in die Unverletzlichkeit der Wohnung, die als eines der wichtigsten Güter der demokratischen Verfassung unbedingt geschützt werden müsse.

Noch nahm man derartige Äußerungen nicht ganz ernst. Bei den übrigen Bundesländern wurde erwartet, dass Bremens Regierungschef in seiner großen Rathaus-Koalition von der CDU eingefangen werde. Vorsorglich hatte CDU-Chef Bernd Neumann, der nicht nur auf bremischem, sondern auch auf dem Bonner Parkett wirkungsvoll agierte, mit einer schweren Belastungsprobe für die Große Koalition an der Weser gedroht. Ohnehin saß Scherf mit seinem Widerstand wie so oft zwischen allen Stühlen. Während die CDU/CSU unter dem Druck eines kompromisslosen Innenministers Manfred Kanther, der ohne Wenn und Aber für den vorliegenden Gesetzentwurf plädierte, den publizistischen Druck gegen Scherf erhöhte, war man bei den Sozialdemokraten dafür und dagegen. Die Bremer SPD-Fraktion widersprach Scherf energisch, verwies auf gleichlautende Beschlüsse von Parteitag, Parteirat und Parteivorstand; lediglich der SPD-Unterbezirk Stadt signalisierte Beifall für Scherfs Haltung und meinte, auch völlig unverdächtige Bürger liefen plötzlich Gefahr, abgehört zu werden; im Übrigen sei der gesetzlich verbriefte Richtervorbehalt nicht lückenlos, rechtliche Regelungen zum Zeugnisverweigerungsrecht für Ärzte, Rechtsanwälte oder Journalisten seien dringend erforderlich.

Aber der große, ermutigende Beifall kam aus anderen Teilen der Gesellschaft, die dem couragierten Widerspruch des Henning Scherf immer stärker applaudierten. Mit einem offenen Brief versuchten siebzig renommierte deutsche Juristen dem Bürgermeister den Rücken zu stärken. »Mit Anerkennung und Respekt« habe man registriert, dass Scherf sich gegen die geplante Grundgesetzänderung ausgesprochen habe. Man wolle ihn ermutigen, bei seiner Haltung zu bleiben, weil nur durch solchen Widerstand ein Stück Rechtsstaatlichkeit bewahrt werden könne. Die Vorsitzenden der Ärzte- und der Anwalts-kammer protestierten mit scharfen Erklärungen gegen das Gesetz; die Grünen fordern ihn auf, standhaft zu bleiben; die Mitglieder der Gustav-Heinemann-Initiative appellierten an den Bundesrat, die geplante Grundgesetzänderung zu stoppen. In der Bundeshauptstadt Bonn sympathisierte eine überwältigende Mehrheit der in der Bundespressekonferenz akkreditierten Journalisten mit dem Vorstoß des Bremers und hoffte, dass der Große Lauschangriff gekippt oder über den Vermittlungsausschuss konkrete Verbesserungen erreicht werden könnten. Längst hatten die Zeitungs- und Zeitschriftenverleger, der Deutsche Presserat, die ständischen journalistischen Berufsorganisationen sowie die Gewerkschaften gegen das geplante Gesetz protestiert. Henning Scherf war ein gesuchter Gesprächspartner und bewegte sich zwischen öffentlichem Beifall und innerparteilicher Kritik. Auch der neue SPD-Bundesvorsitzende Oskar Lafontaine bekam den renitenten Bremer zunächst nicht auf Kurs. Der wendige SPD-Vorsitzende war in den zurückliegenden Monaten nicht gerade als Hüter der Pressefreiheit aufgefallen, weil er das Presserecht im Saarland empfindlich verschärft hatte. Im Zweikampf mit Schröder um die Kanzlerkandidatur hängte er nun seinen Mantel in den Wind und kämpfte sehr zum Verdruss des Nieder-sachsen um einen Vertrauensschutz für Journalisten, der ihm wenige Monate zuvor noch ziemlich gleichgültig gewesen war. Aber Lafontaine und sein Rivale um die Kanzlerkandidatur, Gerhard Schröder, fürchteten einen Wahlschlager für die Unionsparteien, falls die SPD den kleinsten Landesfürsten nicht auf Linie bringen konnte. Deshalb umgarnte Lafontaine den Bremer Querkopf mit dem Hinweis, Scherf habe mit seinen rechtsstaatlichen Vorbehalten nur an die Einhaltung der auf dem Hannoveraner SPD-Parteitag beschlossenen Linie gemahnt; skeptische Genossen köderte er mit der Aussicht, nach einem »unech-ten Vermittlungsergebnis« im Bundesrat, bei dem sich die Mehrheit der SPD-geführten Länder gegen die Union durchsetzt, könne man eine in dieser Frage tief gespaltene FDP vorführen – eine Prognose, die sich später bewahrheiten sollte. Aber für Scherf, dem sich inzwischen der SPD-Landesvorsitzende Detlev Albers angeschlossen hatte, ging es nicht um taktische Spielereien, sondern um einen »Nervenstrang der Demokratie«, den man nicht wegen opportunistischer Überlegungen beschädigen dürfe. Sein ausgeprägtes Gerechtigkeitsgefühl bäumte sich wieder einmal auf. Darf der Staat seine Bürger auch im Privaten belauschen? Das war die Frage, auf die er eine klare Antwort suchte. Für ihn war das nicht eine Frage von gestern, wie Otto Schily allen Kritikern vorwarf, die eigentlich ihren Frieden mit dem Staat noch nicht gemacht hätten. Während Schily Anfang 1998 in einem neo-konservativen Politikverständnis von einem Grundrecht der Bürger auf Sicherheit redete, das der Staat zu schützen habe, hielten ihm seine Kritiker die Sätze seines einstigen Vorbildes Adolf Arndt entgegen: »Der belauschte Bürger ist der geängstigte Bürger. Er ist der aus dem Dunkeln geröntgte Mensch, der von Blicken durchdrungen wird, die er nicht sieht. Sein Staat ist nicht mehr verlässlich im Hellen.«

Für den Schily-Biografen Stefan Reinecke ist mit der Debatte um den Großen Lauschangriff Schilys Metamorphose vom bürgerrechtsorientierten Liberalen zum sicherheitsfixierten Konservativen lange vor der Übernahme eines Ministeramtes abgeschlossen. Für Schilys Gegenspieler Henning Scherf ist diese Kontroverse ein Test auf die eigene politische Glaubwürdigkeit. Wäre diese Auseinandersetzung schief gegangen, so erinnern sich noch heute Vertraute aus seinem engsten politischen Umkreis, dann hätte er »am nächsten Morgen nicht mehr in den Spiegel schauen wollen«. Seine Entschlossenheit war groß, und das Risiko, das er mit dieser Machtprobe einging, war nicht unbeträchtlich. Mit seiner Intervention hatte er die Ziele der Bundesregierung erheblich durchkreuzt; andererseits war Bremen auf die finanzielle Hilfe des Bundes angewiesen. Hatte er nicht dem Interesse Bremens geschadet? Über diese Frage hat er damals fast ununterbrochen mit seinen engsten Mitarbeitern, den Staatsräten Reinhard Hoffmann, Erik Bettermann und Ulrich Mäurer, nachgedacht. Wenn er den Zuspruch dieser drei Berater nicht gehabt hätte, so gesteht er später, wäre seine Zuversicht in Zweifel umgeschlagen, weil man nicht wissen konnte, ob die notwendige Mehrheit tatsächlich zustande kommen würde. Natürlich durfte man derartige Alleingänge nicht oft wiederholen, weil man damit den Föderalismus arg strapazierte. Aber Scherf verteidigte seine Meinung, dass man seine bundesstaatlichen Rechte nutzen musste. Gegen den Vorwurf, dass sich Bremen als kleinstes Bundesland mit seinen drei Stimmen im Bundesrat nicht einfach der Mehrheit der Länder und einer Zwei-Drittel-Mehrheit im Bundestag entgegenstellen dürfe, blieb er stur: »*Das ist unser Recht. Wir sind doch nicht irgendeine Bananenrepublik.*« Wenige Tage vor der entscheidenden Abstimmung im Bundesrat fragt die »taz«: »Umarmer als Wendehals – hält sein Rücken?« Die »Berliner Zeitung« zitierte einen Freund des Bürgermeisters: »Henning Scherf ist ein Überzeugungstäter. Wenn der sich etwas in den Kopf gesetzt hat, dann zieht der das durch!«

Aber es ging ja nicht um die persönliche Mutprobe eines Politikers, sondern um das Schicksal einer seit Langem kontrovers diskutierten Verfassungsänderung, mit der ein Einsatz von Wanzen in Wohnungen zur Beweissicherung legalisiert werden sollte. Die erforderliche Zwei-Drittel-Mehrheit war nur möglich, wenn Bremen zustimmte. Scherf konnte auf eine beträchtliche Gegnerschaft unter den Sozialdemokraten spekulieren. Bei der Abstimmung im Bundestag über die Änderung des Artikels 13, der die Unverletzlichkeit der Wohnung uneingeschränkt garantierte, hatten drei der aus Bremen in den Bundestag entsandten Abgeordneten mit Ja gestimmt, drei mit Nein. Es war in Bonn zu einem viel beachteten Patt gekommen: Gegen den Lauschangriff waren die grüne Abgeordnete Marie-Luise Beck und die beiden SPD-Abgeordneten Konrad Kunick und Ilse Janz. Für eine Änderung des Grundgesetzes hatten die beiden CDU-Abgeordneten Bernd Neumann und Michael Teiser sowie der SPD-Abgeordnete Volker Kröning votiert. Weil die erforderliche Zwei-Drittel-Mehrheit nur mit einem Vorsprung von vier Stimmen zustande kam, hätte bereits ein »Nein« von Kröning und drei anderen SPD-Abgeordneten die erforderliche Mehrheit verhindern können. Auch dieses Patt erhöhte die Spannung, mit der man sich vor der entscheidenden Abstimmung im Bundesrat fragte, ob der Bremer Bürgermeister seinen Bedenken Taten folgen lassen, sich der Stimme enthalten und damit den Großen Lauschangriff verhindern würde.

Scherf kritisierte besonders eine Regelung des Gesetzentwurfs, wonach bei der geplanten Überwachung zwischen »Vertrauenswürdigen« und »Vertrauensschutzlosen« unterschieden wurde. So durften Journalisten abgehört werden, Abgeordnete aber nicht. *»Wir müssen die freie Presse vor staatlichen Eingriffen schützen. Wer meint, das gehe leider nicht mehr wegen der Mafiosi, der knackt unsere Gesellschaft an einem der sensibelsten Punkte. Auch das Abhören von Ärzten finde ich unmöglich. Und wie kann es angehen, dass wir Strafverteidiger vor Wanzen bewahren wollen, die übrigen Anwälte aber nicht? Diese Regelungen sind allesamt missraten. Wir müssen jetzt die Chance nutzen, das missglückte Ding auf den letzten Metern zu korrigieren«*, meinte er in einem Gespräch mit dem »Spiegel«. Wieder versuchte er sich als Moderator, Brückenbauer und Vermittler. Es ging ihm darum, unter den SPD-geführten Bundesländern eine Mehrheit für die Anrufung des Vermittlungsausschusses zu bekommen und gemeinsam mit dem SPD-Vorsitzenden Oskar Lafontaine einen neuen Konsens zu organisieren. Unverdrossen setzte er darauf, dass ihm dieses schwierige Vorhaben gelingen würde. Auch für ihn war das nicht irgendeine Abstimmung, sondern ein großer innenpolitischer Konflikt, bei dem er sich sehr vorsichtig bewegen musste, um die Bremer Koalition nicht zu gefährden. Ohnehin wurde dort nicht mit dem Bruch des Bündnisses gedroht. Aber insgeheim hatten auch die Christdemokraten ihre Zustimmung signalisiert, falls noch einmal über den Vermittlungsausschuss nachgebessert würde. Es gab auch in ihren Reihen zahlreiche Mitglieder, die einen emotionalisierten Wahlkampf um die Innere Sicherheit fürchteten und die darauf verwiesen, dass man vom zentralen Thema Arbeitslosigkeit nicht ablenken dürfe.

Erik Bettermann, damaliger Staatsrat beim Senator für Bundesangelegenheiten in Bonn, erinnert sich an ein hektisches Pokerspiel vor und hinter den Kulissen. »Ja, aber – so lautete damals die Devise. Die SPD wollte nicht, die CDU bäumte sich auf, weil bereits ein Gesetzespaket ausgehandelt war.« Bei einem Dreiergespräch mit Otto Schily, das nach Bettermanns Erinnerung »sehr ungemütlich verlief« kam es zu keiner Einigung. Erst in einem späteren Vier-Augen-Gespräch mit Oskar Lafontaine sei dem Lauschangriff-Gegner Scherf die Zustimmung zur Grundgesetzänderung unter der Bedingung abgerungen worden, dass in einem abschließenden Vermittlungsverfahren bei den notwendigen Ausführungsgesetzen nachgebessert und das Beweiserhebungsverbot auch auf die Berufsgruppen der Ärzte, Anwälte und Journalisten ausgedehnt würde. Geschickt setzte sich Lafontaine auch mit Blick auf die öffentliche Meinung, die sich längst in Richtung des »rechtsstaatlichen Überzeugungstäters aus Bremen« drehte, an die Spitze der Bewegung für notwendige Nachbesserungen und schwor die Parteigremien auf ein Vermittlungsverfahren im Bundesrat ein. Als Scherf in einem ZDF-Interview vom Moderator Alexander Niemetz danach gefragt wurde, ob er zwischen der Großen Koalition in Bremen und der eigenen persönlichen Moral wählen müsse, poltert er los: »*Nun fangen Sie doch nicht an, Mätzchen zu machen. Ich versuche hier, Verfassungsrecht und Verfassungspolitik zu machen. Fragen Sie mal Ihren Intendanten, was der über den Lauschangriff öffentlich gesagt hat, dann merken Sie, dass Sie selbst ein Problem beim ZDF haben. Ich nehme hier ein öffentliches Mandat für Pressefreiheit ein, und ich mache nicht eine Arbeit, die meine individuelle Moral nach vorne bringen soll. Für dieses Mandat stehe ich, bin ich gewählt und hoffe, auch in Ihrem Medium dafür fair behandelt zu werden [...]. Es geht hier um Verfassungsrecht, und das hat was mit Verfassungspatriotismus zu tun.*« Das kleine Bundesland Bremen hatte sich mit einem Paukenschlag auf der politischen Bühne zurückgemeldet. Das war jedenfalls die Ansicht von zahlreichen Beobachtern, die das Kräftemessen mit wachsender Spannung verfolgten und einen Henning Scherf erlebten, der auf den Titelseiten der überregionalen Tageszeitungen, in den »ARD-Tagesthemen«, im »Focus« sowie in Interviews mit »Zeit« und »Spiegel« erschien. Die Frage, ob des langen Henning Rücken halten oder ob Bremens Regierungschef vor der Übermacht der zweifelnden Gegner doch noch einknicken würde, bewegte fast die ganze Nation.

»Deutschland starrt gebannt auf die Meinungsbildung in einem kleinen Staatsgebilde«, so verzeichnete nicht ohne Anflug von Bewunderung Joachim Fahrun in der »taz«, »dem noch vor wenigen Wochen nicht wenige den Geldhahn zudrehen wollten. In der Debatte um den Lauschangriff bringt sich der kleine Stadtstaat wie selbstverständlich als integraler Bestandteil der föderalen Bundesrepublik in Erinnerung. Und siehe da: Kein Kommentator spricht den Bremern das Recht ab, das Zünglein an der Waage in einer heiklen politischen Entscheidung zu spielen [...]. Henning Scherf transportiert in der Debatte, ob mit Vorsatz oder nur als Nebeneffekt auch ein bestimmtes Bremer Image: Liberal, für bürgerliche Freiheitsrechte, unerschrocken auch gegen eine große Übermacht [...]. Die Lauschangriff-Diskussion wird das Gewicht Bremens verändern. In den existentiellen Verhandlungen über weitere Sanierungsmilliarden aus Bonn und die Zukunft des Länderfinanzausgleichs steht plötzlich ein Stadtstaat da, dessen politische Daseinsberechtigung gerade eben eindrucksvoll belegt worden ist. Henning Scherf sammelt auch innenpolitisch Punkte. Der Mann ist wer, denken die Menschen, auch wenn sie Scherfs Einwände in der Sache nicht teilen. Der Bürgermeister kann die Union genüßlich unter Druck setzen. Denn ein Scheitern der Koalition und Neuwahlen könnten die CDU aus ihrer nach langem Sehnen endlich erlangten Regierungsverantwortung spülen. Und ganz nebenbei macht Scherf eine Image-Werbung für Bremen, die weitaus wirksamer ist als alle Anzeigenkampagnen.«

Das heikle Pokerspiel geht auf: Am 6. Februar 1998 stimmt der Bundesrat mit einer Stimme Mehrheit der Verfassungsänderung zu. Aber Bremens Bürgermeister Henning Scherf lässt sich seine Zustimmung nur über einen Kompromiss abringen; er erzwingt, dass die sozialdemokratisch und rot/grün-regierten Länder für die Ausführungsgesetze zum Lauschangriff ein Vermittlungsverfahren verlangen. Als der Bundestag am 5. März zu seiner entscheidenden Sitzung zusammentritt, wird allgemein erwartet, dass ein Vermittlungsversuch an der Regierungsmehrheit von CDU/CSU und FDP scheitern und die SPD-Mehrheit sich dahinter verstecken wird, zumal sich der inzwischen zum SPD-Kanzlerkandidaten ernannte Gerhard Schröder demonstrativ zum alten Gesetzentwurf bekannt hat. Doch plötzlich kommt alles anders: Eine rot-grüne Mehrheit im Vermittlungsausschuss verlangt, außer Geistlichen, Strafverteidigern und Abgeordneten alle Berufsgruppen mit Zeugnisverweigerungsrecht vom Belauschen auszunehmen – obwohl die Sozialdemokraten vorher mit Unionschristen und Liberalen darüber einig gewesen waren, diese Ausnahmeregelungen nicht zu akzeptieren. Künftig darf nur bei schweren Straftaten gelauscht werden, aber der Kreis der Ausnahmen ist weit gefasst: Nicht nur Strafverteidiger und Pastoren, sondern auch Journalisten, Hebammen, Steuerberater, Apotheker und Drogenberater werden ausgeklammert. Das ist das Verdienst von Henning Scherf und Hans-Jochen Vogel, der auf dem SPD-Bundesparteitag in Nürnberg Alarm geschlagen hatte, aber auch von Hans-Dietrich Genscher und Otto Graf Lambsdorff, die mit den Sozialdemokraten gegen die CDU/CSU stimmten und damit einen handfesten Koalitionskrach riskierten. Otto Graf Lambsdorff, den Schily im Flick-Ausschuss noch als Prototyp eines Politikers vorgeführt hatte, der es mit dem Rechtsstaat nicht so genau nahm, hat Schily wenige Wochen zuvor im Bundestag attestiert: »Schily präsentiert sich immer als großer Vorkämpfer des Rechtsstaats und der Bürgerrechte; nichts ist davon übrig geblieben.« Nun sind gleich neun FDP-Bundestagsabgeordnete ausgeschert und haben für den erweiterten Kreis der geschützten Berufe gestimmt; die Bündnisgrünen und die PDS schließen sich aus taktischen Gründen an, obwohl sie prinzipiell gegen jeden Lauschangriff votieren. Die Bonner Regierungskoalition erleidet mit 322 zu 329 Stimmen eine Abstimmungsniederlage, die ihr schwer zu schaffen macht. Einen Tag später wird der Beschluss im Bundesrat besiegelt.

Aber der scheinbare Erfolg wird mit einem tiefen Einschnitt in den Grundrechts-Artikel 13 erkauft, weil Ausnahmeregelungen möglich sind. Mit seinem unkonventionellen Vorstoß hat Henning Scherf nur Schlimmeres verhütet. »Hand aufs Herz: Damit haben wir nicht gerechnet«, lobt »taz«-Kolumnist Klaus Wolschner. »Scherfs starke Nerven und sein politischer Instinkt, der immer auf die Bauchschmerzen führender FDP-Politiker mit dem Lauschangriff gesetzt hatte, hat mehr bewirkt als den Schutz von zwanzig Berufsgruppen vor staatlichen Wanzen. Nach der Wahlschlappe in Niedersachsen ist dies ein zweiter Schlag gegen den Bundeskanzler und diesmal auch gleich gegen seinen Kronprinzen und Fraktionsvorsitzenden Wolfgang Schäuble, dem die Fäden im Bundestag aus der Hand geglitten sind. Die Sache, für die Scherf erfolgreich gefochten hat, war es allemal wert.« Bis heute ist der damals Umstrittene davon überzeugt, dass er im Streit um den Lauschangriff Anerkennung für sein kleines Bundesland sammelte und den Ruf Bremens nicht beschädigte, sondern in einer zentralen rechtsstaatlichen Frage eher verbesserte. Das öffentliche Echo auf sein Vorgehen war allgemein positiv, obwohl ihn einige Kommentatoren bezichtigten, am Ende doch noch umgefallen zu sein. Bayerns Ministerpräsident Edmund Stoiber hatte ihm vorgehalten, ein Stück »Politikunfähigkeit« inszeniert zu haben. Aber der temperamentvoll streitende Henning Scherf konnte sich am Ende dieses Verfahrens mit höchst ungewissem Ausgang zugute halten, die wachsende Zustimmung der Öffentlichen Meinung gewonnen und eine politische Mehrheit dafür aktiviert zu haben, doch noch den Vermittlungsausschuss anzurufen und für substanzielle Verbesserungen zu sorgen. Die von ihm ersehnte »republikanische Mobilisierung« gegen den Großen Lauschangriff war am Ende doch noch erfolgreich. Er konnte sich in seiner Haltung bestätigt fühlen; noch nie in seinem Leben hatte er bei einer politischen Kontroverse so viel Unterstützung gefunden. Die Ärztekammer, die Rechtsanwaltskammer, der Verleger- und der Journalistenverband sowie zahllose Bürger aus der ganzen Republik hatten ihn gebeten, standhaft zu bleiben. Er hatte seine verfassungsrechtliche Überzeugung nicht geopfert. Er war streitbar gewesen und hatte gestritten; aber er konnte von sich sagen, dabei keine »andere Rücksicht als die auf das gemeine Beste« genommen zu haben, wie sein Vorgänger im Amt des Bremer Bürgermeisters Theodor Spitta gemahnt hatte. Damals gab es in seiner Umgebung nicht wenige, die mit Blick auf die bevorstehenden Bürgerschaftswahlen prophezeiten, dass Scherf mit seiner Schlacht um Bonn einen Platzvorteil für die Landtagswahlen errungen hatte. Nicht nur der traditionell linksliberale, auch der patriotische Stadtvater hätten bei dieser Auseinandersetzung über alle Zweifler gesiegt.

## Ich bin das neue Bremen

Vor Beginn des Wahlkampfs im Jahre 1999 ist Scherf überall im Lande ungemein populär. Die SPD verteilt Postkarten, auf denen das Konterfei des Bürgermeisters und dahinter ein wenig undeutlich ein anderer Mensch abgebildet ist. Darunter die Frage: Wer ist der Mann neben Henning? Eine der Karten zeigt den Pop-Star Michael Jackson, die andere Bundeskanzler Gerhard Schröder. Sein Slogan: »Ich bin das neue Bremen!« Die Blumenfrauen auf dem Marktplatz winken ihm zu, wenn er auf dem Hollandrad gen Rathaus strampelt, oft im hellen Trench, auf dem Gepäckträger eine speckig-braune Ledertasche. Er paddelt im Einer-Kajak bei der Weser-Tiden-Rallye und gibt erst bei Kilometer dreißig auf. Auf dem Höhepunkt der Vulkan-Krise kommt er in alten Laufschuhen und neuem T-Shirt zum Start eines Halbmarathons, der aus Solidarität zu den Beschäftigten des Konzerns gelaufen wird. Er gibt den Startschuss und läuft gleich mit. Den neuen Flügel des Bremer Staatsorchesters weiht er persönlich ein: Mit dem Menuett in G-Dur aus dem Klavierbüchlein für Anna Magdalena Bach. Irgendwie scheint dieser sportliche Mann mit dem breiten Siegerlächeln zu einer Stadt zu passen, die sich nach Auskunft ihrer Protagonisten im nachhaltigen Aufstieg befindet. Er scheint vorwegzunehmen, was Berliner Hauptstadtjournalisten vier Jahre später als neue These propagieren. In Zeiten der Globalisierung bekommen die deutschen Bundesländer zu ihrer Identitätswahrung Ministerpräsidenten, die zu ihnen passen: Hamburg den netten, weltläufigen Ole von Beust, Berlin den schwulen Party-Löwen Klaus Wowereit, das Saarland den lebensnahen Peter Müller, Niedersachsen den liebenswerten Schwiegersohn Christian Wulff, Schleswig-Holstein den volkstümlichen Seebären Peter Harry Carstensen und Baden-Württemberg nach Erwin Teufel mit Günter Oettinger einen Ministerpräsidenten, dessen trockene Geschäftigkeit an den Habitus eines Steuerberaters erinnert.

Henning Scherf möchte in die bremische Nachkriegsgeschichte als derjenige Bürgermeister eingehen, der das kleinste Bundesland wieder fit gemacht hat, lobt die Zeitung »Die Welt«. Er und seine Große Koalition werden dafür gerühmt, moderne Industrien angesiedelt, die Abhängigkeit von traditionellen Wirtschaftszweigen abgeschüttelt, an den Universitäten Spitzenforschung etabliert und die Ansiedlung einer Privat-Universität gefördert zu haben. Endlich seien die Zeiten einer fast kritiklosen Staatsgläubigkeit vorbei, auch traditionelle Ressentiments gegenüber der Bremer Handelskammer endlich verschwunden. Die dramatische Verschuldung konnte gemildert werden. Auf den Zusammenbruch der Bremer Vulkanwerft reagierte die Koalition schon im zweiten Jahr ihres Bestehens mit der Gründung einer Beschäftigungs- und Qualifizierungsgesellschaft, die sich überraschend erfolgreich erwies: Im Herbst 1998 hatten

2.900 ehemalige Vulkanmitarbeiter, etwa zwei Drittel der Belegschaft, wieder eine Beschäftigung. Auch eine groß angelegte Mittelstands- und Existenzgründerinitiative, die Förderung von Dienstleistungs- und technologieorientierten Unternehmen sowie die Erschließung neuer Gewerbegebiete fanden ein positives Echo. Im Jahre 1998 rückte Bremen mit einem Wirtschaftswachstum von 3,4 Prozent auf den zweiten Platz in der Rangliste der Bundesländer. Der häufig beklagte Abwanderungstrend konnte gestoppt und umgedreht werden, die Kriminalität ging deutlich zurück. Die Zinsaufwendungen, im Jahre 1995 mit rund 30 Prozent der Steuereinnahmen fixiert, gingen bis Mitte 1999 auf 24 Prozent zurück. Im aufgeblähten öffentlichen Dienst wurden innerhalb von vier Jahren rund 2000 Stellen gestrichen, für Beamte wurde wieder die Vierzig-Stunden-Woche eingeführt.

»Die große Koalition hat sich als ein gesellschaftliches Bündnis erwiesen, das weit über die Mauern dieses Hauses wirksam geworden ist«, so der neue und alte Bürgermeister in seiner Regierungserklärung am 20. Juli 1999 vor der Bürgerschaft, »Daher die Aufbruchstimmung, daher das neue Selbstbewusstsein, daher der Optimismus, mit dem wir auch schwierigste Probleme meistern können.« So optimistisch und hoffnungsfroh hatte vor dem Bremer Parlament noch selten ein Regierungschef gesprochen; Erneuerung, Strukturwandel und Zukunftsfähigkeit hießen die Chiffren für einen Aufbruch, der immer wieder unter dem Zentralthema »Sanierungspolitik« abgehandelt wurde. »Umdenken! Wir werden die Verhältnisse ändern, die Probleme lösen, unser Land voranbringen können, wenn sich in den Köpfen etwas ändert!« Auch dies gehörte zum grundlegend neuen Stil, den Begriff »Stadtpolitik« als Angebot an alle Bürgerinnen und Bürger zu definieren, sich aktiv einzumischen und zu beteiligen. »Stadtpolitik ist auch die Anforderung an alle, in der eigenen Arbeit, im eigenen Engagement zunächst das Wohl der Stadt zu bedenken und erst dann zu fragen, ob auch die eigenen Interessen zum Zuge kommen.« Das klang wie eine Kampfansage an alle diejenigen, die sich in den letzten Jahrzehnten selten den Kopf darüber zerbrachen, wie ein finanziell maroder Stadtstaat seinen zahllosen Fürsorge- und Sozialverpflichtungen nachkommen könne; ein wenig erinnerte der Satz auch an John F. Kennedy, der in seiner legendären Botschaft zu seinem Amtsantritt alle Amerikaner aufgefordert hatte, nicht nur danach zu fragen, was sie für sich selbst, sondern was sie auch für ihr Land tun könnten.

»Innovation – das fängt bei uns selbst an!«, mahnt der stolze Stadtvater. Im Amtszimmer des Rathauses führt er seine Besucher zu einer üppig wuchernden Zimmerpflanze, die er als Bildungssenator aus dem Müll gefischt hat. Damals war die Pflanze nur ein Stock ohne Blätter. »Ich habe mir gesagt, die kriege ich wieder hin. Jetzt erinnert mich der kleine Baum daran, dass man niemals aufgeben soll.« Das klingt kitschig, passt aber zu dem selbst gewählten Wahlkampfmotto:

*»Die Befreiung Bremens aus lähmender Angst.«* Besucher des Rathauses, das er für alle Mitglieder der Stadtgesellschaft öffnet, loben seinen offenen, demokratischen Stil. Schon als Senator hatte er einen runden großen Tisch für die täglichen Beratungen bevorzugt; nun wird das große Möbel in sein Amtszimmer bugsiert, wo der Holztisch das gravitätische Mobiliar des Vorgängers Klaus Wedemeier ersetzt. Ein runder Tisch als Symbol: Abstimmungen möglichst im Gespräch, ohne bürokratischen Firlefanz oder Aktenberge, keine Tischordnung, wenig Protokoll. Verständigung mit einem klaren Blick nach vorn. In den ersten Jahren der Großen Koalition entsteht auf diese Weise eine »vertrauensstiftende Nähe«, die in der Öffentlichkeit als gute Botschaft angenommen wird. Kurz vor den Bürgerschaftswahlen 1999 findet Elke Kröning, eine der Initiatorinnen der »Arbeitsgemeinschaft für Bremen und Bremerhaven«, in die SPD zurück, »weil sie für etwas Politik machen wollte«, wie sie im Rückblick auf diese Entscheidung konstatiert. Sie konzediert Scherf und dem Bündnis der Großen Koalition, dass viele Themen aufgenommen worden seien, die 1995 von der AfB angemahnt wurden. Der Erfolg gab allen Beteiligten recht. Schon vor den Bremer Bürgerschaftswahlen im Juni 1999 hatte sich Scherf als Befürworter einer Fortsetzung der rot-schwarzen »Sanierungskoalition« gegeben und befand sich damit in Übereinstimmung mit den meisten Wählern. Der Anstieg der SPD auf 42,6 Prozent, der Zugewinn der CDU und das Desaster der »Arbeitsgemeinschaft für Bremen und Bremerhaven«, die nach vier Jahren von der politischen Bildfläche in Bremen verschwindet, zeigen bei diesen Bürgerschaftswahlen 1999 den Wandel in der Bremer Parteienlandschaft an: Hier gibt es mit einem Mal jene »neue politische Mitte«, von der Schröder noch in Bonn als Kanzler einer rot-grünen Regierungskoalition zu träumen beginnt. Ohnehin ist im Umkreis der SPD-Bundespartei die Verwunderung über den neuen Bremer Hoffnungsträger groß, den viele bis dahin unterschätzt hatten und dem im Jahre 2003 sogar das Kunststück gelingt, seinen Wahlsieg zu wiederholen. Bei der Bürgerschaftswahl am 25. Mai 2003 kommt die SPD auf 42,3 Prozent, die CDU fällt auf 29,9 Prozent, während die oppositionellen Grünen um 3,9 Prozentpunkte auf 12,8 Prozent zulegen können. Der Wahlerfolg wird in erster Linie Scherf zugeschrieben, der im Vorfeld dieser Wahlen einer mosernden Parteibasis noch mit einer Rücktrittsdrohung klarmachen musste, dass er weder für eine rot-grüne noch für eine CDU-dominierte Regierung zur Verfügung stehen werde. Für 65 Prozent der Bremer waren nach einer Studie der »Forschungsgruppe Wahlen« landesspezifische Aspekte für die Stimmabgabe entscheidend, bundespolitische Themen spielten kaum eine Rolle. In der Bundeshauptstadt Berlin, wo die rot-grüne Regierung unter Schröder eine ihrer schwersten Krisen durchlebte, akzeptierte man das Ergebnis als »Scherf-Wahl« und tröstete sich, dass die SPD nach einer schwarzen Serie verlorener Landtagswahlen noch gewinnen könne.

CDU-Chefin Angela Merkel gratulierte dem Wahlgewinner Scherf zu seinem »persönlichen Erfolg«. Die herben Verluste von 7,2 Prozent schob man bei den Christdemokraten dem populären Bürgermeister in die Schuhe: Viele Unionswähler hätten »aus Angst« vor dem Ende der Großen Koalition die SPD gewählt. Nur Scherfs persönliche Leistung sei für diesen Erfolg verantwortlich. Ein Sieg für ihn – nicht aber für die SPD.

Tatsächlich widerlegte der andauernde Erfolg der Großen Koalition ein Argument, mit dem stets gegen ein Bündnis der beiden großen Parteien gefochten worden war: Der Anstieg rechtsextremer oder linkradikaler Protestparteien blieb aus. Beide große Volksparteien bedienten sich aus dem Wählerpotenzial von AfB und Grünen, die irritiert feststellen mussten, dass ein ehemals verpöntes Regierungsbündnis erhebliche Popularität bei der Bevölkerung genoss. Innerhalb von vier Jahren war die Zahl der Nichtwähler um 8,5 Prozent gestiegen, fast zweihunderttausend Wahlberechtigte waren zu Hause geblieben. Aber solche Zurückhaltung musste nicht unbedingt ein Hinweis auf politische Verdrossenheit sein. Der Leiter des Bremer Statistischen Landesamtes, Jürgen Dinse, interpretierte solche Zurückhaltung auch mit einer »Tendenz zur Rationalität«, die sich mit Zustimmung für die Lösungskompetenz der Parteien verbindet: »Das geht in die richtige Richtung.« Die Stichworte »Sanierungs-Koalition« und »Sparen und Investieren« seien von den Wählern als richtige Botschaft aufgenommen worden. Schon vier Jahre nach Beginn der Großen Koalition ging es Bremen nach Ansicht von SPD und CDU tatsächlich besser. Der Bund hatte viele Milliarden für die Sanierung ausgegeben. Von der für zehn Jahre bewilligten Rate über knapp zehn Milliarden D-Mark zweigten die Senatoren gut fünf Milliarden für ein »Investitionssonderprogramm« ab, was für ein Bundesland mit 680.000 Einwohnern eine nahezu gigantische Summe bedeutete. Anfang des Jahres 1999 hatte Bonn eine weitere Zuweisung in Höhe von 7,7 Milliarden D-Mark genehmigt, verbunden mit harten Auflagen zum Schuldenabbau. Im Jahre 2005 sollte mit dieser großzügigen Förderung Schluss sein. »Diese Stadt bleibt uns lieb, auf absehbare Zeit leider auch teuer«, hatte Bundeskanzler Gerhard Schröder bei einem Wahlkampfauftritt in Bremen mit süffisantem Unterton gesagt. »Bremen, überall an der Spitze, frage ich mich, wozu braucht ihr unsere Kohle eigentlich? Aber da werden die schon eine Ausrede finden […]. Ich gehe davon aus, dass das tatsächlich zur Sanierung verwandt wird; denn wir haben festgelegt, dass ab 2004 nichts mehr kommt. Bis dahin müsst ihr fertig sein.«

# Das Ganze noch einmal

»Das Ganze noch einmal«, hatte 1999 der Rundfunkjournalist Christian Siegel geschrieben. Der versierte Kenner Bremer Politik fragte schon damals, ob dieser zweite Anlauf zu einer Großen Koalition zugleich als Modell für Deutschland herhalten könne. Die bereits zwei Wochen nach der Juni-Wahl fixierte Koalitionsvereinbarung zwischen CDU und SPD habe sich so feierlich wie ein Gelübde für die nächsten vier Jahre gelesen: »Die mit Abstand wichtigste Aufgabe der kommenden Legislatur-Periode ist die konsequente Fortführung der erfolgreich begonnenen Sanierung. Diese Politik ist in gemeinsamer Regierungs-Verantwortung zum Maßstab allen Handelns und Entscheidens zu machen.« Was zum Auftakt im Jahre 1995 ein strategisches Kalkül zur Machtsicherung gewesen war, verwandelte sich vier Jahre später zu einem Bündnis gemeinsamer Überzeugung, danach wurde es im dritten Anlauf »fast schon zur Mission«, wie CDU-Chef Bernd Neumann zufrieden konstatiert, der das Bündnis mit der SPD bis heute als einen »Segen für Bremen« bezeichnet. Neumann und Scherf waren bis zum Rücktritt des amtierenden Bürgermeisters im Herbst 2005 die unverdrossenen Architekten eines Bündnisses, das möglichst reibungslos funktionieren sollte. Man traf sich an den Senatoren vorbei, oft ohne lästigen Koalitionsausschuss, löste fachliche und personalpolitische Probleme im Vier-Augen-Gespräch, informierte die Öffentlichkeit, sobald es nach Meinung beider Protagonisten angezeigt war. So hatte Neumann, der immer wieder mit Rekordergebnissen zum CDU-Landeschef gewählt worden war, Hartmut Perschau als Wirtschaftssenator nach Bremen geholt, was sich als Glücksfall herausstellen sollte. Auch die Berufung des Präses der Handelskammer, Josef Hattig, in die Bremer Senatsriege gehorchte Neumanns geschickter Regie, der zunächst aus Bonn und später aus Berlin als Strippenzieher fungierte. Neumann führt als einer der wenigen Politiker, die Kohls lange Polit-Ära überlebten, immer wieder zusammen, vermittelt, schützt, motiviert, rät und flankiert. Er hält dem alten Kanzler die Treue und schlägt sich frühzeitig auf die Seite der neuen Vorsitzenden Angela Merkel – ein Spagat, der später mit dem Aufstieg belohnt werden sollte.

Aber lag diese fast zehnjährige Ehe bei näherem Hinsehen nicht längst in Agonie? »Bremen ist das abschreckendste Beispiel dafür, was passieren kann, wenn SPD und CDU einander allzu nahe kommen, wenn beide Seiten politische Ziele auf dem Altar der Harmonie opfern und es weder linksrum noch rechtsrum vorangeht«, befand »Der Spiegel« im September 2005. »Weil der Streit bei solchen Bündnissen in der Regel unter der Oberfläche schwelt, sind sie manchmal zwar bei den Bürgern beliebt. Doch an die Macht kommen sie eigentlich immer als Notlösung: wenn angesichts überbordender Schwierigkeiten die Wähler keinem Lager wirklich zutrauen, die Probleme lösen zu können.« Auch Scherf war mit fast notorischen Alleingängen häufig in einen Konflikt mit der Partei gekommen. So beschwerten sich die Genossen, als er im November 2000 eigenmächtig die Privatisierung der bremischen Hafenbehörde durchsetzte, ohne diese Frage parteiintern vorher zu diskutieren. Weil die SPD einem privatwirtschaftlich organisierten Hafenamt skeptisch und teilweise ablehnend gegenüberstand, wurde Scherf vor die Landes- und Bezirksvorstände zitiert – ein bis dahin einmaliger Vorgang. Mit seiner Forderung, eine sachlich orientierte Politik vor parteitaktische Interessen zu stellen, biss er bei den zornigen Genossen jedoch auf Granit und kassierte sogar eine Rüge. Nach Scherfs wütendem Auszug konstatierte der damalige SPD-Landeschef Detlev Albers zufrieden: »Gewitter können auch reinigend sein.« Immer wieder sollte die Parteilinke den Sanierungs- und Wirtschaftskurs des Senats kritisieren, weil Investitionen zu oft in Großprojekte geflossen seien. »Wolken über dem Regierungschef«, kommentierte am 6. November 2000 »Die Welt«: »Keine Frage, Partei und Fraktion besitzen ein ausgeprägtes Selbstbewußtsein. Das mag im Sinne innerparteilicher Demokratie sein. Doch wie sollen die Bremer Bürger verstehen, warum die SPD ihren ersten Mann im Senat derart vorführt? Ein Dilemma, bei dem nicht nur Scherf, sondern auch die große Koalition Schaden nimmt.« Noch deutlicher wurde die Journalistin Silke Hellwig im »Weser Kurier«. »Die Partei ist es, die in der Klemme steckt. Auf den Volkstribun Scherf als Erfolgsgaranten mag sie nicht verzichten. Aber daß ein Volkstribun fast immer Monarch ist, widerspricht ihren Grundsätzen. Weil sie Scherf Paroli bieten will, aber nur so viel, daß er ihnen nicht abhanden kommt, blieb ihr als Ehrenrettung nur, viel Lärm um fast nichts zu machen. Solange Scherf in der Wählergunst ganz oben steht, kann er neben oder über der Partei oder sonstwo stehen. Der SPD fehlt der Mut zum Bekenntnis. Was will sie sein? Eine SPD mit Scherf und ohne echte Basisdemokratie? Eine SPD mit konsequent basisdemokratischen Strukturen, aber ohne Scherf? Oder was sie bisher ist? Eine Partei, die erbärmlich herumeiert, weil sie offenbar Unvereinbares partout vereinen will und nicht die Kraft hat, Konsequenzen zu ziehen?«

Ende Juni 2003 hatten sich beide große Parteien zwar noch einmal auf die Fortsetzung der Großen Koalition geeinigt; zuvor war es innerhalb der SPD jedoch zu scharfen Auseinandersetzungen gekommen, weil zahlreiche Parteimitglieder im Koalitionsvertrag eine klare sozialdemokratische Handschrift vermissten und die Unterzeichnung ablehnten. Henning Scherf hatte vor der Vertragsunterzeichnung wieder einmal mit Rücktritt gedroht, falls die Vereinbarung scheitern sollte. War die Drohung mit dem Rücktritt das letzte Disziplinierungsmittel, das einem Parteigranden trotz aller vorzeigbaren Erfolge blieb? »Das geht nicht anders«, meint Bernd Neumann, der seit 1979 die Bremer CDU-

Geschäfte führt und am 11. Juli 2004 bei seinem 25-jährigen Dienstjubiläum von über fünfhundert Gästen im Beisein von Angela Merkel und Helmut Kohl als unumstrittener Landeschef gefeiert wird. Ein Jahr später wird Neumann mit 94,3 Prozent der Delegiertenstimmen wiedergewählt, avanciert mit 97,5 Prozent der Stimmen zum Spitzenkandidaten der CDU für die Bundestagswahl und stellt im Mai 2006 einen kleinen Rekord in der langen Nachkriegsgeschichte der CDU auf: Seit 27 Jahren steht der damals Vierundsechzigjährige der Bremer CDU vor und darf zu jenem Zeitpunkt von sich behaupten, dass er seine Partei nahezu unangefochten beherrscht. In der traditionellen SPD-Hochburg Bremen knüpfte er schon vor den Bürgerschaftswahlen im Jahre 1983 einen heimlichen Kontakt zum damaligen Bürgermeister Hans Koschnick, um die Möglichkeiten einer Großen Koalition zu erkunden. Die Sache ging schief, weil die Christdemokraten in Bremerhaven vehement gegen diese Liaison mit der SPD protestierten. Danach seien mit Scherf und Neumann aus »kongenialen Gegnern kongeniale Partner« geworden, lobt Koschnick heute und rühmt den langjährigen CDU-Vorsitzenden dafür, immer wieder für das gemeinsame Bündnis geworben zu haben: Tatsächlich hatte Bernd Neumann, für den Regieren besser war als in der Opposition zu bleiben, seinen sozialdemokratischen Mitstreiter immer wieder zum Durchhalten und Weitermachen ermuntert. Der Ruf nach einer stabilen »Sanierungskoalition« war stets auch seine Idee; als Juniorpartner der SPD sollte die CDU dabei mitwirken, das Not leidende Bremen wirtschaftlich wieder auf die Beine zu bringen und es in der Kultur- und Wissenschaftspolitik von einem jahrzehntelangen ideologischen Ballast zu befreien. Trotz aller Schwierigkeiten hält er auch nach dem Abgang seines langjährigen Bundesgenossen an der Großen Koalition mit der SPD fest, warnt vor Experimenten und warnt die Sozialdemokraten unter ihrem neuen Bürgermeister Jens Böhrnsen, ein Spiel mit Rot-Grün sei ein »Spiel mit dem Feuer«.

»Versöhnen statt spalten« – das Lebensmotto seines verstorbenen Freundes Johannes Rau war die politische Generallinie, für die Scherf bis zu seinem überraschenden Rücktritt im Herbst des Jahres 2005 gestanden hat. Seine Beliebtheit war bis zuletzt ungebrochen, obwohl die Ergebnisse bei näherem Hinsehen keineswegs berauschend waren. Die Schulden des kleinen Landes waren von acht Milliarden auf dreizehn Milliarden Euro gestiegen, die Arbeitslosenquote lag immer noch höher als in allen westlichen Bundesländern, teure Prestigeprojekte wie das Erlebnis- und Einkaufszentrum »Space Park« erwiesen sich als Flop, und bei der PISA-Studie liegen Bremens Schüler bis heute auf dem letzten Platz. Scherf versprach, sich noch intensiver als bisher um eine Reform der Bildung zu kümmern. Doch auch solche Rückschläge konnten seine Popularität nicht beeinträchtigten: Am 31. Oktober 2003 wollten ihn 68 Prozent aller Bremer laut einer Umfrage direkt zum Bürgermeister wählen. Für den allseits beliebten Bürgermeister ist bis heute klar, dass damit sein Eintreten für Authentizität und Ehrlichkeit belohnt wurde. Bis zuletzt wird er als der große Kommunikator und als Bürgermeister zum Anfassen verehrt, als personifizierte Große Koalition zwischen Bürgertum und Arbeitnehmerschaft, als Garant für die Eintracht in Bremen.

## Nachdenken über den Abschied

Ahnte auch Scherf die Gefahr einer politischen Lähmung, die seinem Bündnis bei aller öffentlichen Zustimmung innewohnte? Trotz aller hohen Sympathiewerte wurden in seinem engeren Umkreis jene Stimmen stärker, die dem über siebenundsechzig Jahre alten Politiker einen allmählichen Abschied von der Politik empfahlen – er selbst hatte Spekulationen über seine Amtsmüdigkeit freimütig geschürt. Schon 1999, also nach seinem ersten triumphalen Wahlsieg, schien sein Entschluss festzustehen, vorzeitig aus dem geliebten Amt zu scheiden. »Ich will mich nicht einfach aus dem Rathaus verdrücken«, ließ er alle Welt wissen; ab 2003 wollte er »meine Enkel knutschen«. Dann verkündete er plötzlich, dass er sich für die sechzehnte Legislaturperiode doch noch einmal vor den roten Karren spannen lassen wolle. In einem Interview mit dem »Weser Kurier« ließ er den Zeitpunkt seiner Demission völlig offen und meinte, zwischen ihm und der SPD sei noch nichts entschieden. »Wir haben noch so viel Zeit. Wir werden in einem Jahr eine Halbzeitbilanz ziehen. Dann sehen wir weiter. Wir überlegen, ob es wirklich klug ist, wenn ich mit der Wahlperiode aufhöre und der Kronprinz ins kalte Wasser springen muss. Erben haben es ohnehin schwer, sich zu emanzipieren. Meine Idee, nur noch freundlicher Begleiter im Hintergrund zu sein, ist nicht attraktiv für Nachfolger. Sie müssen eine Chance haben, früh genug auf sich aufmerksam zu machen. Es ist richtig, dass ich große Erwartungen auf mich gezogen und mit der Koalition die Kärrnerarbeit übernommen habe, das Land zu sanieren. Das muss bis 2005 zu Ende gebracht sein. Dann wird ein neues Kapitel aufgeschlagen.«

Prominent und beliebt, auf dem Gipfel seiner politischen Karriere und weit über Bremen hinaus geachtet – so begeht Henning Scherf am 31. Oktober 2003 seinen 65. Geburtstag, zu dem er Freunde und Weggefährten, aber auch alle Bürger in das Rathaus einlädt. Längst ist er mit 25 Amtsjahren dienstältestes Mitglied im Bremer Senat, wo er Finanzsenator, mit Leib und Seele Senator für Jugend, Soziales, Sport und Gesundheit, Senator für Bildung, Wissenschaft und Kunst sowie für Justiz, Verfassung und kirchliche Angelegenheiten war. Seit über acht Jahren ist er Regierungschef im kleinsten Bundesland; im Kreise der deutschen Ministerpräsidenten ist er neben dem Bayern Edmund Stoiber und dem Rheinland-Pfälzer Kurt Beck längst einer der dienstältesten. Fröhlich gibt er zu, dass er sich im Kreise seiner meist jüngeren Amtskollegen zuweilen wie ein »Methusalem« fühle. Mit 65 Jahren hat er zwar das gesetzliche Rentenalter erreicht; doch ans Aufhören denkt der sportlich wirkende Bürgermeister immer noch nicht. Wenige Wochen später wird der geschickte Moderator an die Spitze des Vermittlungsausschusses berufen, um die Vertreter von CDU/CSU-Opposition und rot-grüner Politik auf den Weg zum Kompromiss zu bringen. Wieder wird er dafür gerühmt, durch seine freundliche Art das verstockte Geschäftsklima aufgeweicht zu haben. Selbst Helmut Kohl und Edmund Stoiber loben ihn dafür, wie er zwischen den Reihen vermittelt und am Ende einen tragfähigen Konsens gezimmert habe.

Durch Bremens ehrwürdige Rathaushalle wehte an jenem Festtag des 31. Oktober 2003 das Gefühl ehrlicher Zustimmung für einen Mann, der seine Ecken und Kanten nie verborgen hatte und selten einen Hehl daraus machte, ein wenig anders, ehrlicher, glaubwürdiger und damit authentischer zu sein. Aus allen Teilen der Bremer Stadtgesellschaft, aber auch aus den Zentralen des deutschen Föderalismus regnete es Glückwünsche. Man rühmte ihn wie so oft als lernfähigen und nimmermüden Vermittler; fast nebenbei wurde daran erinnert, dass Bremens politische Harmonie auch Dissonanzen erlebte. Wieder war es die SPD, die gegen ihren »König Henning« aufgemuckt und gegen den mit der CDU ausgehandelten Koalitionsvertrag votiert hatte. Erst ein Landesparteitag hatte schließlich grünes Licht für eine Neuauflage von Rot-Schwarz an der Weser gegeben. Waren dies bereits Vorboten für eine neue, unruhige Zeit, untrügliche Anzeichen für den Anfang vom Ende, für den drohenden »Herbst des Patriarchen«? »Ich wünsche Herrn Scherf die Kraft, zum richtigen Zeitpunkt aufzuhören«, schreibt ihm zum Geburtstag der ehemalige Kultursenator Horst Werner Franke; nichts sei für einen Politiker schlimmer, als den Gipfel seiner Karriere zu überleben. Der langjährige Freund und ehemalige Staatsrat im Sozialressort Hans-Christoph Hoppensack mahnt: »Ich wünsche Herrn Scherf, dass er in den nächsten anderthalb Jahren einen guten Nachfolger findet. Dann kann er das machen, was er eigentlich schon im vergangenen Jahr hat machen wollen. Seine Zeit für andere schöne Dinge als die Politik zu nutzen.«

Es gibt viele Berichte vom schwierigen Abschied in der Politik. Vom Leiden der Politiker nach dem Entzug von Macht, nach ihrem Rückzug aus der Öffentlichkeit und dem Abschied vom Apparat hat der verstorbene »Zeit«-Publizist Rolf Zundel in einem langen Aufsatz berichtet. Der scharfsinnige Kenner deutscher Innenpolitik erinnerte an den 87-jährigen Konrad Adenauer, der einem Journalisten anvertraut hatte, dass er »nicht leichten Herzens« aus dem Amt gehe. Es gebe kaum ein Beispiel dafür, dass da einer, lebenssatt, aus der öffentlichen Verantwortung zurücktreten wolle; das heimliche Ideal normaler Politiker scheine zu sein, in den Sielen sterben zu müssen. »Sogar der alte Wilhelm

Kaisen, legendärer Bremer Landesvater, Urbild eines Mannes, dem Glanz und Karriere wenig bedeutet haben, mußte daran erinnert werden – und natürlich geschah es nicht eben zartfühlend –, daß seine Zeit nun um sei. Auch er hatte das Gefühl, ein klein bißchen Zeit hätte sein Abschied noch.«

Die Frage der Macht war Scherfs Lebensthema gewesen; niemand brauchte ihn daran zu erinnern, welch typische Deformationen einem Machtmenschen drohen können: Die meisten von ihnen wollen nicht loslassen und pflegen den Realitätsverlust, dass Politik nach ihnen einfach nicht weitergehen könne. Vielleicht ist besonders bei denen, die Jahrzehnte im öffentlichen Rampenlicht standen, die Angst vor dem Absturz in die Dunkelheit größer als bei normalen Bürgern. »Und was wird jetzt aus mir?«, hatte eine egozentrische Heide Simonis bei ihrem Kampf um den Machterhalt in Schleswig-Holstein öffentlich gefragt. Wilhelm Kaisens langsamer Abschied oder Hans Koschnicks stolpernder Rücktritt, die Legenden um den alternden Willy Brandt, das Auf und Ab um Hans Apel, der sich nach dem Rücktritt als Minister in diversen Parteiposten versuchte, die Tragödie um den Kieler Ministerpräsidenten Uwe Barschel, das Gezerre um Kurt Biedenkopf in Sachsen und Erwin Teufel in Baden-Württemberg, – das waren Beispiele, an denen Scherf sich nicht orientieren wollte. Alternde Politiker wurden nur allzu gerne »Sündenböcke vom Dienst«, wie Willy Brandt dies formuliert hatte: All das, was den Erfolg zu hemmen schien, werde ihnen plötzlich aufgepackt. Nur wenige der deutschen Kanzler waren frohen Herzens aus ihren Ämtern gegangen. Die meisten gingen verbittert, mit dem Gefühl, allein gelassen, ungerecht behandelt und verraten worden zu sein. Nur von Brandt ist ein großer Satz zur Kunst der Abdankung überliefert. Kurz vor seinem Ende sagte er in einem Streitgespräch mit Herbert Wehner: »Wer sind wir denn, wir Mächtigen? Wir sind doch nur Schatten …«

Auch Scherf, der die guten und schlechten Abschiede in seiner politischen Umgebung hellwach verfolgte, machte sich in dieser Frage nichts vor: Das Spiel der Macht kannte keinen bequemen Ausstieg, und die Umwelt machte es einem populären Politiker wie ihm schwer, von heute auf morgen aufzuhören. Man muss ihm glauben, dass er sich im Gegensatz zu vielen Politikern seiner Generation nicht für unersetzlich hielt und durchaus Angst davor hatte, im Kreise seiner erheblich jüngeren Ministerpräsidenten-Kollegen den ewigen Regierungschef zu geben oder gar durch einen Schlaganfall oder Herzinfarkt im Amt gefällt zu werden. *»In meinen letzten Berufsjahren wollte mich die Politik nicht loslassen. Ich wollte schon. Während meine gesamte Generation bereits in Rente war, saß ich immer noch da und unterschrieb Pensionsurkunden für Leute, die jünger waren als ich. Das war grotesk. Ich will etwas ganz Normales, ganz Alltägliches: Einen geordneten Rückzug und dabei versuchen, fähige Nachfolger möglich zu machen, ohne dabei larmoyant zu sein. Ich will einfach wieder Bürger dieser Stadt sein. Vor dem Übergang habe* *ich keine Angst, aber ich fürchte mich davor, den richtigen Zeitpunkt nicht zu finden.«* Sein Vorbild blieb Thüringens Ministerpräsident Bernhard Vogel, der sich fast über Nacht aus dem Amt verabschiedet und mit Dieter Althaus einen fähigen Nachfolger gefunden hatte. Weil er in der Politik alt geworden war, wusste er um die richtigen und falschen Freunde und ahnte die Gefahr, dass man am Ende nur noch denen vertraut, die eifrig nach dem Munde reden. Nur wenigen war der Abgang in bewundernswerter Weise gelungen. Dazu gehörte Gustav Heinemann, der zuletzt regelrecht bedrängt worden war, für weitere fünf Jahre als Bundespräsident zu kandidieren. Heinemann hatte dies bekanntlich abgelehnt. Auch der damalige Ministerpräsident von Nordrhein-Westfalen, Heinz Kühn, hatte die Machtübernahme an seinen Nachfolger Johannes Rau fast vorbildlich hinbekommen. Aber es gab auch viele, die den richtigen Zeitpunkt nicht gefunden hatten: In den 1950er Jahren war es Adenauer, der zu spät gegangen war. Danach galt der Vorwurf eines verpatzten Abschieds Willy Brandt, dem eigentlich das Amt des Bundespräsidenten gebührt hätte – und der im zweiten Anlauf um das Kanzleramt über die Guillaume-Affäre stolpern sollte.

Gegner, Feind, Parteifreund: Die Steigerungsformel solchen Misstrauens war dem Bremer Regierungschef bekannt, der den Groll von Willy Brandt, die Häme eines Herbert Wehner, den Zynismus Helmut Schmidts und später die Ranküne um Scharping, Lafontaine und Schröder aus unmittelbarer Nähe erlebt hatte. Die beleidigte Kaltschnäuzigkeit, mit der Oskar Lafontaine aus seinen Ämtern davongelaufen war, saß ihm lange in den Knochen und erzürnt ihn bis heute. Er hatte sich die Vorstellung von Lebensrhythmen zu eigen gemacht, die er beachten wollte: Irgendwann würde der richtige Zeitpunkt kommen, wo er sich nach Rücksprache mit seiner Frau und den engsten Freunden auf einen Termin einigen konnte. Wer ihn Anfang des Jahres 2005 danach fragte, wann für ihn die Zeit des Rücktritts gekommen sei, der bekam eine deutliche Antwort: *»Seit meinem Wahlerfolg 1999 brüte ich öffentlich darüber, wie ich hier aus meinen Ämtern kommen kann. Ich habe in der Wahlnacht noch gesagt, dass ich diese vier Jahre machen werde; danach sei endgültig Schluss. Das habe ich deswegen öffentlich gesagt, weil ich plötzlich merkte, dass sich die Partei auf meinen persönlichen Erfolg und das Projekt der Großen Koalition richtig eingelassen hatte. Ich hatte das Gefühl, dass ich da nie wieder rauskommen würde. Dann wurde gesagt, ich könne nicht am Ende einer Legislaturperiode gehen, weil dann die Zeit fehle, um einen Nachfolger aufzubauen. Du lässt uns alleine! Da habe ich mich mit Mühe revidiert. Als wir dann die zweite Wahl im Jahre 2003 noch deutlicher gewonnen haben, dank meiner persönlichen Reputation, habe ich wieder gefragt, wann ich nun endlich gehen könne. Da kam Neumann und meinte, dass ich bloß kein Datum nennen solle, weil man davon nicht mehr herunterkomme. Da habe ich gesagt, dass ich einen geeigneten Zeitpunkt finden werde. Ich werde hier nicht als Leiche aus dem Rathaus getragen, sondern auch* *ich habe das Recht auf ein Leben nach der Politik.*« Er wusste, dass eine Abdankung als rechtzeitiger Verzicht auch die Vermeidung einer Niederlage bedeutete, mit der man einem langsamen politischen Siechtum zuvorkommen konnte. Noch standen die Wahlerfolge dagegen; allen voran der Koalitionspartner CDU und die eigenen Genossen hatten das Gefühl, ihr populärer Bürgermeister sei in den besten Jahren.

Aber war es nur die große Loyalität zur SPD, die ihn seit 1999 daran hinderte, aus dem Netzwerk der Politik herauszukommen? War er nicht auch wie Helmut Kohl, Kurt Biedenkopf oder Otto Schily süchtig nach der »Droge Macht« geworden, wie es der mit ihm seit Langem befreundete Jürgen Leinemann beschrieben hatte? Nach Ansicht des »Spiegel«-Kolumnisten sind lebendige, offene Kontakte zu Menschen außerhalb der politischen Szene Barrieren gegen den süchtig machenden Sog der Wichtigkeiten im täglichen Betrieb der Politik. Aber kaum jemand bemerke selbst, wann die Deformation beginne und das eigene Leben zur Fassade werde. Scherf hatte auf die Frage, ob das Gespräch mit den Bürgern wie eine Droge für ihn sei, stets mit seiner *»Lust auf normale Leute«* geantwortet und *»mit dem tiefen Wunsch, gekannt und angesprochen, einbezogen, geachtet und ernst genommen zu werden«.* Ob Macht, Erfolg, Arbeit, Alkohol, öffentlicher Applaus – an Auslösern für den Höhenrausch normaler Politiker besteht nach Meinung Leinemanns kein Mangel. Dieser Autor, der in der Sucht die spezifische Krankheit unseres Zeitalters erkannt haben will, machte auch dem alten Weggefährten Henning Scherf die Rechnung auf. Natürlich ist diese Haltung, die der harmoniesüchtigen Natur des über zwei Meter großen Christenmenschen absolut entspricht, auch Kalkül. Scherf braucht die Nähe zu seinen Mitmenschen, auch den körperlichen Kontakt als Hilfe gegen den »Totalitätsanspruch des Politikbetriebs«. Das Ehepaar Scherf wohnt in einer Hausgemeinschaft mit fünf Parteien, die er als Wohngemeinschaft bezeichnet. Der enge Kontakt zu dieser Gruppe von Freunden und der zu seiner Familie ist für Scherf ein Widerlager zum Verschleiß im Amt, von dem er gleichwohl nur schwer loskommt. In seiner WG bedrängen ihn alle, sich endlich in den Ruhestand zurückzuziehen. *»Ich bin der Exot und ständig in Erklärungsnot, warum ich nicht aufhöre.«* Inzwischen schwant ihm, dass er mehr aufgeben muss, als nur ein Amt.

Das war ziemlich gut beobachtet. Brauchte auch Scherf die öffentliche Aufmerksamkeit wie eine Droge? War die öffentliche Wirkung im Medienzeitalter nicht doch eine wichtiges Mittel, um die eigene Existenzberechtigung zu entwickeln? Hatte Scherf, der in Bremen unangefochten regierte, seine Rolle nicht überzogen, selbst auf die Gefahr hin, sich lächerlich zu machen? Noch wenige Monate zuvor hatte Scherf signalisiert, dass er in spätestens zwei Jahren, also 2005, von seinem Amt zurücktreten werde. Nun machten plötzlich Spekulationen über bundespolitische Ambitionen des Bremers die Runde: Das Amt des Bundespräsidenten, die Nachfolge für den geschassten Florian Gerster als Chef der Bundesagentur für Arbeit, Verkehrsminister an Stelle des amtsmüden Manfred Stolpe, sogar Kanzlerkandidat und Wegbereiter einer großen Koalition in Berlin – wer, mit welchen Motiven auch immer, solche Gerüchte lancierte, der handelte sich in Bremen nur halbherzige Dementis ein. Beim Personalkarussell um die Nürnberger Bundesanstalt war Scherf tatsächlich in der engeren Wahl; noch im Februar 2004 hat er die Frage nach dieser beruflichen Alternative nicht verneint. Aber er gestand auch ein, dass diese Spekulationen seinem Ruf schadeten. *»Seit Monaten werde ich völlig willkürlich als Alternative zu Schröder, Stolpe oder Eichel genannt«*, meinte er in einem Interview mit der »FAZ«. *»Die haben mich da durchgereicht. Fürchterlich!«* Die Nervosität in seiner Bremer Umgebung war offenbar so groß, dass sich sogar CDU-Chef Bernd Neumann zu einer Stellungnahme herausgefordert fühlte. »Das ändert sich ja schnell: Mal aufhören, mal sich um die Enkel kümmern, mal Chef der Bundesagentur für Arbeit werden, dann fürs Kabinett gehandelt werden, jetzt wieder hier bleiben – ich weiß gar nicht, was die Enkel eigentlich denken sollen.«

Dennoch darf man vermuten, dass Neumann als engster Mitstreiter Scherfs über dessen innere Zerrissenheit im Bilde war. Er analysierte bei seinem Koalitionspartner eine »Diskrepanz zwischen Vernunft und Gefühl«, gemeint war eine Stimmung, die zwischen der Einsicht, auf der Höhe des politischen Erfolgs abtreten zu können, und einer tief verankerten Verantwortlichkeit hin und her schwankte. Scherf habe mit dem Ausstieg nicht nur kokettiert, so Bernd Neumann, und wäre einem echten Angebot aus Berlin vielleicht am Ende doch gefolgt. »Er war noch nicht so weit, wie er glaubte. Dann machte er das einzig Richtige und trat die Flucht nach vorne an.« Dass der damalige Wirtschaftssenator Hartmut Perschau wegen schwerer Erkrankung von seinem Senatorenamt zurücktreten musste, stellte die rot-schwarze Koalition 2004 vor ein besonders schwerwiegendes Problem. Wo Neumann im Hintergrund die Fäden zog und den eigenen Laden zusammenhielt, agierte der Ruhe und Kompetenz ausstrahlende Wirtschaftssenator ganz vorne auf der politischen Bühne: Perschau war ein loyaler und fähiger Kombattant bei der Realisierung des Sanierungsprogramms gewesen. Längst war er ein überzeugter Streiter für die Eigenständigkeit des Stadtstaats an der Weser geworden: Bei der Neukonstruktion des Länderfinanzausgleichs hatte er wie ein Löwe gegen den »Wettbewerbsföderalismus« der süddeutschen Länder gekämpft, der Bremen finanziell den Garaus gemacht hätte. Beide Politiker gingen respektvoll miteinander um. Für Perschau war Scherf ein »hoch professioneller Politiker«, selbst was die politische Inszenierung anging. »Henning Scherf ist sehr unkonventionell. Er hat mir mal gesagt, dass er eigentlich noch so ein bisschen Sponti sei, das sei er früher schon gewesen, und das stimmt wohl auch. Wir haben uns ja in elf Jahren aneinander gewöhnen müssen und mussten unabhängig von ideologischen Vorgaben oder den Wünschen Dritter das Richtige entscheiden. Wir mussten einfach gemeinsam überlegen, was muss passieren und was machen wir jetzt? Dann wurde unsere Zusammenarbeit sehr konkret und verlässlich, wie ich dies nur ganz selten in meiner langen politischen Karriere erlebt habe. Wenn wir uns auf etwas verständigt hatten, dann konnte man sich bei ihm darauf verlassen, dass er dazu steht. Das ist in der Politik und auch im privaten Leben nicht immer ein durchgängiges Erlebnis. Er geht auf Menschen zu und investiert Vertrauen, was ja viele Menschen überhaupt nicht können, weil sie zu misstrauisch sind und sich dann wundern, dass ihnen kein Vertrauen zuwächst. Aber wer Vertrauen investiert, dem vertraut man auch leichter.«

## Der vertrackte Kanzler-Brief

Auch Scherf ließ auf Perschau, mit dem er manches Problem bewältigt hatte, nichts kommen. Aber die angebliche Zusage des Bundeskanzlers, dem kleinsten und hoch verschuldeten Bundesland nach dem Ende der Bundeshilfen im Jahre 2005 jährlich 510 Millionen Euro zukommen zu lassen, lag wie ein Damoklesschwert nicht nur über dem Kopf des CDU-Senators, sondern auch über dem Haupt des Bürgermeisters und Präsidenten des Senats: Am 3. Juli 2000 hatte es in Berlin ein Gespräch der Bürgermeister Scherf und Perschau, des Bundesbevollmächtigten Erik Bettermann und des CDU-Landesvorsitzenden Bernd Neumann mit Bundeskanzler Schröder gegeben, bei dem die Bundesleistungen für Bremen bei einem möglichen Zustandekommen der Steuerreform erörtert worden waren. Am 13. Juli sagte Schröder in einem Schreiben an Scherf und Perschau zu, dass sich die rot-grüne Bundesregierung dafür einsetzen werde, den gegebenen finanziellen Status Bremens zu erhalten – auch im Hinblick auf die Steuerreform und die geplante Neuordnung des bundesdeutschen Finanzausgleichs. Für Scherf war diese Zusage ein »historischer Moment« gewesen; die existentielle Basis für Bremens Sanierungspolitik sei für die Zukunft gesichert. »*Wir haben das Wort des Bundeskanzlers. Darauf verlassen wir uns, und darauf können wir uns verlassen*«, so Scherf am 9. Juli 2003 in der Bremischen Bürgerschaft. Noch glaubte er fest daran, dass die Bundesregierung niemals zulassen würde, dass Bremen durch die Auswirkungen der Steuerreform erneut in eine extreme Haushaltsnotlage geraten könne. Der Kanzler habe mehrfach zugesagt, dass Einnahmeausfälle infolge der Steuerreform durch den Bund kompensiert würden. »*Diese Zusage ist ein absolut unverzichtbarer Eckpfeiler für die weitere Konsolidierung unseres Haushalts [...], der Kanzlerbrief ist eine belastbare*

*Säule unseres Sanierungskurses.«* Mit solchen Sätzen, an die er freilich selbst auch glaubte, vertröstete er seine Anhänger fast bis zuletzt und versicherte, dass der Kanzler sein Versprechen ganz sicher einlösen werde. Scherf ging sogar so weit, die Vorlage eines verfassungskonformen Haushalts bis 2005 als »großes Ziel meiner persönlichen Lebensplanung« zu bezeichnen, wie er in einer Debatte in der bremischen Bürgerschaft formulierte. Er schien so sehr vom guten Willen der Berliner Gesprächspartner überzeugt zu sein, dass er kritische, auch gut gemeinte Einwände nicht akzeptierte. Dass die Bremer Große Koalition auf der Philosophie basiere, alle Bremer würden gemeinsam in einem Boot sitzen und hätten »dem großen Kapitän Henning Scherf zu vertrauen« – auch an dieser ironisierenden Bemerkung der Grünen-Abgeordneten Karoline Linnert war ja viel Wahres: Der Bürgermeister stand fast allein auf der Brücke, stemmte sich gegen alle Unbill und nahm Erfolg wie Scheitern des Kanzlerbriefs allein auf die Schultern. Die CDU, die in Gestalt von Perschau und Neumann an der Berliner Unterredung teilgenommen hatte, sah Scherfs Mannhaftigkeit nicht ungern und assistierte mit markigen Durchhalteparolen. Dieser Kanzlerbrief sei nicht irgendeine Luftnummer oder gar unverbindliche Absichtserklärung, sondern eine konkrete Zusage des Regierungschefs, die man unbedingt ernst nehmen müsse, assistierte der Bremer CDU-Fraktionsvorsitzende Jörg Kastendiek. Auch aus den Reihen der Bremer Genossen schallte es aufmunternd in Richtung Rathaus zurück, wo Scherf sehnsüchtig auf ein Signal aus Berlin wartete. Es sei ein Glücksfall, dass mit Henning Scherf ein Mann an der Spitze des Senats stehe, der bundesweit höchstes Ansehen genieße, ermunterte SPD-Fraktionschef Jens Böhrnsen alle Wankelmütigen: »Wenn es jemandem gelingen kann, die anderen Länder und vor allem den Bund von weiteren Hilfen für Bremen zu überzeugen, dann ihm.«

Aber war es nicht pures Wunschdenken, angesichts der katastrophalen Haushaltslage in Berlin daran zu glauben, über mehrere Jahre hinweg mehr als eine halbe Milliarde Euro vom Bund zu bekommen, nur so, weil es der Kanzler zugesagt hatte? Längst war durchgesickert, dass Finanzminister Hans Eichel angesichts der eigenen Milliardenlöcher im Bundeshaushalt nicht gewillt war, das keineswegs rechtsverbindliche Versprechen seines Chefs auch einzulösen. *»Eichel wollte nicht. Der war in seiner ganzen Zeit als Finanzminister nicht bereit, auch nur einen Millimeter an Verhandlungen zuzulassen. Der hat mich behandelt wie einen Querulanten. Wenn der eine bessere Haushaltskasse gehabt hätte, dann hätten wir einen wunderbaren Vertrag gehabt! Wir haben uns damals für etwas breitschlagen lassen, was uns anschließend praktisch umbringen sollte. Das war bitter!«*

Aber die Zeit drängte und die CDU drückte. Wenn Neumann von dringend notwendigen Schularbeiten sprach, die vor einem möglichen Abgang Scherfs noch erledigt werden mussten, dann war immer die Einlösung jenes ominösen

»Kanzlerbriefs« gemeint: Bequem zog man sich auf die Rolle des Zuschauers zurück. Nur Scherf könne mit seiner Autorität bei der Bundes-SPD bewirken, dass Berlin Bremen nicht im Stich lassen würde. Für den finanzpolitischen Durchbruch zu Gunsten des Stadtstaates könnten nur der Bürgermeister und der Bundeskanzler sorgen. Gelänge Scherf dieses Kunststück nicht, die schon im bremischen Landeshaushalt eingeplanten Gelder loszueisen, dann wäre das Land faktisch pleite und müsste beim Bundesverfassungsgericht in Karlsruhe um neue Finanzhilfen klagen. *Der Kanzlerbrief war nötig, damit die CDU in der Großen Koalition dem Steuerkompromiss der Rot-Grünen zustimmte. Die haben wir gebraucht. Ich hätte diese Zustimmung mit einer allein regierenden SPD in Bremen niemals bekommen. Aber als es dann mit dem Verhandeln immer schwieriger wurde, ist alles zu meinem persönlichen Problem geworden. Nun war es nicht mehr der Kanzlerbrief, der von SPD und CDU ausgehandelt worden war, sondern es wurde zu meiner ureigenen Sache: Der Scherf, der schafft das schon. Er ist der Einzige, der daraus noch was machen kann. Der kann gut mit Schröder, nun soll er mal allen zeigen, was man da noch herausholen kann. Ich wurde so richtig vors Rohr geschoben. Ich hatte zwar immer gehofft, dass wir das zusammen zu Ende bringen konnten. Das klappte leider nicht. Zum Schluss musste ich ganz allein den Leuten erklären, dass einfach nicht mehr herauszuholen war. So wurde dieses Gezerre nicht eine Niederlage der Großen Koalition, sondern meine persönliche. Und ich kenne sehr gute Freunde, die mir damals gesagt haben, dass ich nun eigentlich zurücktreten könne. Damit habe ich schwer gekämpft. Aber dann habe ich mir gesagt: Du darfst jetzt nicht einfach gehen, du kannst das nicht einfach alles sausen lassen.«*

Einfach aufhören, die Tür hinter sich zumachen und alle Segel streichen – dieser Rücktritt nach dem Muster von Oskar Lafontaine, der sich mit drei Abschiedsbriefen an den Kanzler, den Parteivorstand und den Bundestagspräsidenten sang- und klanglos verabschiedet hatte, war seine Sache nicht. Eine Demission mit dem Hinweis auf den Wortbruch aus Berlin wäre ein Rücktritt aus Überzeugung gewesen, der vielleicht in der Öffentlichkeit Verständnis gefunden hätte. Aber ein solcher Schritt hätte der schwer angeschlagenen rot-grünen Regierung in Berlin geschadet, weil der Eindruck entstanden wäre, ein erfolgreicher SPD-Ministerpräsident habe nur aus Frust über die regierenden Genossen alle Brocken hingeschmissen. *»Ich kann mich nicht einfach so vom Acker machen«* – dieser Satz gehörte zum Wortschatz eines Bürgermeisters, der noch im Sommer 2004 stark den Eindruck vermittelte, dass er Bremen in schwieriger Lage nicht allein lassen werde.

# Ein Segeltörn nach Spitzbergen

Das waren ungünstige Voraussetzungen, um einen seit Langem geplanten Urlaub zu verbringen. »*Ich wünsche mir drei Wochen Unterbrechung, drei Wochen Natur und Einsamkeit*«, notiert Scherf am 6. August 2004 in sein Bordtagebuch, das sich in den Reiseutensilien für einen Segeltörn befand, der von Tromsö nach Spitzbergen führen sollte. »*Ich erhoffe mir, in diesen Tagen Zeit zum Klären wichtiger, aufgeschobener Fragen zu finden. Es könnte eine Reise am Ende meiner Berufstätigkeit, am Ende meiner politischen Arbeit werden. Es könnte aber auch eine Reise am Beginn eines neuen Lebensabschnitts, einer neuen politischen Anstrengung sein.*« Das waren Erwartungen und Hoffnungen, die ihn während der gesamten Reise nicht mehr loslassen sollten. Plötzlich wirkte der kommunikativ-leutselige Scherf wie ein Mann, der sich aus den Strapazen des politischen Geschäfts in das Alleinsein flüchtet. Aber der Vorsatz schien gefasst, von der Reise ins ewige Eis mit einer klaren Entscheidung zurückzukommen.

Die Strapazen einer solchen Reise waren groß. Das wusste er, seitdem er im Frühjahr des Jahres 1994 zum ersten Mal mit der Segelkameradschaft »Wappen von Bremen III« vom amerikanischen Fort Lauderdale nach Bremen gesegelt war, vierundzwanzig Tage bei zuweilen schwerer See, als Anfänger in einer Crew von erfahrenen Seebären unter der Obhut eines Skippers, der einmal Walfänger und Nautik-Professor gewesen war. Das damalige Abenteuer wollte er wiederholen, weil ihn »*das Andere, das Besondere*« an dieser nicht gefahrlosen Expedition reizte. Beim traditionellen Hochseeseglerabend der Segelkameradschaft hatte einer der Teilnehmer dem damaligen Jugendsenator signalisiert, dass man demnächst über den Atlantik »von Amerika nach Europa« segeln wolle. Die begeisterten Berichte der Segler über die zurückliegenden Abenteuer »*weckten in mir den alten Traum seit Kindestagen von einer Atlantiküberquerung*«, wie er später in sein Bordbuch notierte. »*Ich sagte zu, ohne die Crew zu kennen.*« Seit seiner Kindheit bedeutet ihm Sport nicht, sich auf der Jagd nach Rekorden zu verausgaben, sondern möglichst für sich mit Freude und Ausdauer etwas zu tun. Und er hatte seine Träume, seitdem Vater Heinrich von einem kinderlosen Bauern ein Stück Land vor dem Deich geschenkt bekommen hatte und die Familie dort ein kleines Häuschen bezog, an dem im Sommer große Segeljachten und die Boote der Segelkameradschaft »Wappen von Bremen« vorbeizogen. Der Wunsch, mit einer Gruppe Gleichgesinnter über Nordsee und Atlantik zu entfernten Ländern zu segeln, verließ ihn seit jenen Kindheitstagen nie.

Hochseesegeln bedeutete für ihn ein Sich-Einlassen auf eine völlig neue Welt und die Chance einer Auszeit, um sich selbst neu zu sortieren. So exotisch dieses Abenteuer war – der Polit-Prominente aus Bremen erlebte dabei auch manche kleine Odyssee: Kurz nach Beginn des Törns von der Karibik nach Cherbourg befiel Scherf bei hohem Wellengang die Seekrankheit. Als er sich über die Reling beugte und das Bordessen wieder von sich gab, löste sich seine Oberkieferprothese und sank in die Tiefe. Die sorgfältige Reisevorbereitung seiner Behörde bewahrte ihn vor weiterem Ungemach: Seine Sekretärin hatte ihm empfohlen, das in ihrem Schreibtisch für Notfälle bereitliegende Ersatzgebiss einzupacken. »Ich bin immer noch krank. In der Nacht lag ich in der Koje und machte mir Vorwürfe, warum ich an dieser Idee so sehr festgehalten habe. Mir fielen die vielen Aufgaben ein, die ich jetzt vernachlässige. Ich wußte auch keine Rechtfertigung für diese Selbstquälerei.« Es war ein harter Ritt, den der damalige Senator am 12. April 1994 gestartet hatte: Gefahr und Einsamkeit, Angst und das Ausgeliefertsein an das Meer, tiefe Selbstzweifel und Momente des Glücks lagen dicht beieinander. »Ich habe mehrere Male in der Koje gelegen und mich selber beschimpft. Dann wieder, beim Steuern im Sturm, in der Nacht, aber auch bei diesen endlosen Meeransichten und bei vielen Gesprächen mit der Crew habe ich gedacht, das gibt es nur zu diesem Preis, es ist wohl auch dieses erneute ›An die Grenze Kommen‹, das mich reizt. In dem vertrauten Alltagsbetrieb ist es viel schwieriger, sich selber auszuprobieren. Der heftige Reiz der Anstrengung, aber auch der Überanstrengung, verschafft mir eine neue Erfahrung.« Am meisten hatte es ihn überrascht, dass er von den Erfahrungen mit der Segelcrew neue Eindrücke erhielt. Das waren Männer, »über die ich mich in jeder Wahlveranstaltung freuen würde«, die ihn freundlich und ohne Vorurteile behandelt hatten und von deren Erfahrungen auch ein prominenter Politiker profitieren konnte. »Ich fand diese Mischung von fast drei Generationen sehr reizvoll. Sollen mir doch die vielen gestohlen bleiben, die von Sprachlosigkeit zwischen den Generationen fantasieren! Miteinander unter Stressbedingungen auskommen, das ist das Zukunftskonzept! Urlaub, der sich auf die Wiederholung bisheriger Erfahrungen konzentriert, oder Urlaub, der die eigene Rolle nur in andere Landschaften versetzt, oder Urlaub, der das kommerzielle Angebot ausreizt, ist meine Sache nicht. Alles andere, einschließlich der Seekrankheit und der verlorenen Zähne, ist so, wie ich es mir ausgemalt habe: Eine Grenzerfahrung mit großer Distanz zu meinem Arbeitsalltag.«

Sein Enthusiasmus für solche Grenzerfahrungen war ungebrochen, die Distanz zum politischen Geschäft schien nötig, um zu klaren Entscheidungen zu kommen: Am 7. August des Jahres 2004 startete die Reise ins ewige Eis. Mit dem üblichen Luxustourismus hatte auch dieser Trip wenig zu tun. Zu sommerlicher Jahreszeit gab es in der arktischen See scharfe Winde und hohe Wellen; beim Navigieren musste auf gefährliche Eisberge aufgepasst werden. Allen voran die Barentsee war wegen ihrer Strömungen und Stürme berüchtigt, die mit viel Regen und Nebel einhergingen. Die erfahrenen Skipper wussten, dass das Wetter jederzeit ohne Vorwarnung umschlagen konnte. Was treibt Segler dazu, in hohen nördlichen Breiten Erfahrungen zu sammeln? »Bei Eismeerfahrten entfaltet das gefrorene Wasser jenen Zauber, der Menschen sprachlos werden lässt, überwältigt aus Kälte, Licht und nie gehörter Stille«, sagt einer der damaligen Mitsegler, Klaus Schürmann, der das Segeln in arktischen Gewässern als seine größte Passion bezeichnet. In drei Wochen wurden bei zwei Hafentagen über 2000 Seemeilen zurückgelegt; man schlief in schmalen, zwei Meter langen Schiffskojen und war aufgefordert, sich in alle Dienste am Schiff einteilen zu lassen, vom Wachgänger bis zum Koch. Der Kapitän der »Wappen von Bremen« rühmt bis heute Scherfs nimmermüde, fast jugendliche Begeisterung während der Fahrt: Der Bürgermeister sei »aufgeregt wie ein Schüler vor der Abfahrt in das Schullandheim« gewesen. »Wir erleben hier etwas Eigenes, wir erarbeiten uns eine Grenzerfahrung, aus der jeder machen kann, was er will. Mir geht es so, daß ich neuen Mut fasse. Die Lust am Leben, die Lust, mich neu auszuprobieren, die Neugier auf Kommendes.« Die damaligen Eintragungen im Bordtagebuch sind untrügliche Seismografen für die ambivalente Stimmung jener Tage. Auch hungrige Eisbären, meterhohe Wellen, eisige Stürme und riesige Gletscher konnten ihn nicht davon ablenken, über seine politische Zukunft nachzudenken. Hin und her gerissen in der Frage, ob er nun im Amt bleiben solle oder nicht, erfüllt von Zweifeln, sich dem politischen Geschäft überhaupt noch unterwerfen zu müssen, zum Schluss offenbar gestärkt, wieder anzutreten und es allen Kritikern noch einmal zu beweisen – diese selbst auferlegte Einsamkeit wirkte beflügelnd. Segeln bedeutete für ihn, der den normalen Urlaubstourismus hasste, ohnehin mehr als nur von einem Ort zum anderen zu kommen. Segeln, allem voran Hochseesegeln, war für ihn die Begegnung mit dem Meer und damit mit dem Globus auf eine höchst ungewöhnliche und nachdenkliche Weise. »Wir sind Teil, winziger Teil der Schöpfungsgeschichte, und wenn wir es gut machen wollen, dann bleiben wir so bescheiden wie möglich. Unsere Zeit ist kurz bemessen, was bleibt, sind nicht wir, sondern vielleicht das, was wir weitergegeben haben.«

Er fühlte sich innerhalb der Crew, die über mehr Segelerfahrung als ihr prominenter Gast verfügte, zuweilen wie ein »›Exot‹, ja sogar wie einer der ›Dümmsten‹ an Bord«. Aber die tägliche Zusammenarbeit mit den anderen Männern, die er jetzt erst kennengelernt hatte, wurde auch zur neuen Herausforderung. »Es ist wie eine erneute Probe auf Teamfähigkeit. Wer das nicht immer neu ausprobiert oder soll ich besser sagen, wagt, der läuft Gefahr, einzurosten, alte Verhaltensmuster stur durchzuhalten ohne zu merken, dass der Wind inzwischen von wo ganz anders weht.« Aber so sehr er sich an springenden Delfinen, am schwimmenden Eis und den riesigen Gletschern von Spitzbergen freute – die Frage nach der Zukunft der SPD und der eigenen beruflichen Lage ließ ihn nicht mehr los. »Vieles ist mir durch den Kopf gegangen. Ich habe mir klarzumachen versucht, warum ich selber so lange mitmache. Was waren und sind die Gründe der anderen und warum gilt das plötzlich nicht mehr? Wie kommt man zur Politik? Gibt es eine Krise nationaler politischer Identität? Haben uns die Massenmedien kaputt gemacht?« Je länger die

Fahrt dauert, umso konkreter werden die Fragen. »*Ich beschäftige mich in meinen Wachträumen sehr mit meiner politischen Entscheidung, entgegen mehrfachen Ankündigens nun doch noch vier Jahre länger im Rathaus zu bleiben. Ich befrage mich, ob ich nicht die Lage des Landes und der SPD zu kritisch sehe, um meine Entscheidung zu heroisieren. Ergebnis dieses Grübelns ist: Wenn alle das von mir verlangen und ich mir selbst das auch zutraue, dann würde doch ein Nein ganz allein auf mich zurückfallen, dann wäre meine persönliche Laune wichtiger als das massive Interesse derjenigen, für die ich fast mein ganzes Berufsleben gearbeitet habe. Das bin ich nicht.*«

Noch ahnte man in Bremen nicht, dass sich der weitab in der Arktis urlaubende Bürgermeister in der Frage seines Abschieds aus dem Amt wieder einmal anders entscheiden sollte. Da bahnte sich ein bemerkenswerter Schwenk an, mit dem vorher niemand gerechnet hatte: Ohne Rücksprache mit seiner Frau, den Freunden oder engsten Mitarbeitern, gegen das selbst auferlegte Postulat, in zwei Jahren aufzuhören und einem Nachfolger Platz zu machen, traf er am Ende seines Sommer-Segeltörns eine einsame Entscheidung, die er in einem Interview mit dem Nordwestradio noch vor der Rückkehr in die Heimat sogar persönlich verkündete. »*Wenn Bremen und die Lage es erforderlich machen, dann kann ich auch weitermachen*«, so lautete der entscheidende Satz, der in Bremens publizistischer Sommerflaute wie ein Blitz einschlug. »*Ich will mich nicht zu einem schwierigen, komplizierten Zeitpunkt vom Hofe stehlen.*« Mit der Kehrtwendung stellte er sich fast automatisch als Spitzenkandidat für die nächste Bürgerschaftswahl auf, was bei den eigenen Genossen prompt zu Irritationen führte. Die SPD-Spitze zeigte sich überrascht und forderte ein Treffen mit den Parteigremien. Scherf werde zwar weiter gebraucht, so hieß es lapidar, aber es gebe auch nicht wenige, die einer neuerlichen Kandidatur sehr kritisch gegenüberstünden.

In Bremen sei »einiges los«, meinte der für den Bordfunk zuständige Segelkamerad Klaus Schürmann nach der Ausstrahlung des Interviews zu seinem prominenten Mitsegler, der sich über die Reaktionen angeblich gewundert haben soll. Dabei hatte er seine Ankündigung nach reiflicher Überlegung und mit der strategischen Absicht platziert, mit der Parteibasis ausführlich über seinen Schwenk zu diskutieren. Kurz vor der Rückkehr nach Bremen schrieb er am 23. August, nach zweitägiger schwerer See, die er meist in der Koje verbrachte, in sein Bordtagebuch: »*Mir geht immer wieder die Landesdelegiertenversammlung in der nächsten Woche durch den Kopf. Wenn es gut geht, dann kommen vierhundert bis fünfhundert und reden mit mir. Alles ohne Rednerpult auf einer Höhe, vielleicht um einen großen Tisch. Ich möchte die Lage benennen: Land vor Partei. Keine Festlegungen und keine Dämonisierung von Koalitionen, dafür Bürgergesellschaft mit Integrationsehrgeiz: Jeder, den wir gewinnen, ist für die Zivilgesellschaft gewonnen. Ich mache mit: Ob als Bürgermeister oder als Bürger, das entscheidet dann der Wähler.*«

Noch ahnte er nicht, dass diese Parteikonferenz eine seiner letzten großen Schlachten sein würde. Die Delegierten erlebten einen Mann, der sich fast beschwörend dafür zu rechtfertigen suchte, doch noch im Amt zu bleiben und bis 2008 weiterzumachen. Der Rücktritt des Finanzsenators Hartmut Perschau sei auch für ihn eine kleine Katastrophe gewesen, die nach Zeichen der Kontinuität verlange. Die Wähler hätten ein Recht darauf, von ihrem Bürgermeister und den Parteien der Großen Koalition eine klare Antwort zu erhalten, wohin in den nächsten Jahren die Reise gehen solle. Nach Perschaus Demission sah sich Scherf als Garant für die Große Koalition, die vor neun Jahren gezimmert worden sei. Jetzt sei der falsche Zeitpunkt, sich zurückzuziehen. Fast erleichtert nahmen die Delegierten zur Kenntnis, dass Scherfs Ankündigung zum Weitermachen alle Gerüchte beendete, ihr Bürgermeister könne doch noch politischen Lockrufen aus Berlin zum Opfer fallen. »*Ich bin eigentlich Freiwild gewesen, was Personalspekulationen angeht. Das Ganze hat mich genervt.*«

## Der Herbst des Patriarchen

Aber der Herbst des Patriarchen hatte begonnen. Die warme Sympathie, die ihm entgegenschlug, konnte nicht verdecken, dass die Delegierten viel selbstbewusster auftraten und eine neue Grundsatzarbeit einforderten, die auf den christdemokratischen Koalitionspartner deutlich weniger Rücksicht nehmen sollte. Nur ein einziger Delegierter hatte zwar den Mut, dem großen Hoffnungsträger der SPD öffentlich den Rücktritt nahezulegen. Aber der starke Beifall für die innerparteilichen Reformer signalisierte, dass die Begeisterung für die Große Koalition nach neun Jahren rapide gesunken war. »Die Lesart ist vordergründig eine andere«, kommentierte der »Weser-Kurier«: »Sie heißt nach der Parteikonferenz: Wir mögen uns noch und wollen gemeinsam an der Zukunft arbeiten. Dahinter aber transportiert die kommende Generation Unruhe und Unzufriedenheit und verlangt eine neue Grundsatzarbeit. Scherf kann das nur schwerlich ignorieren, sollen nicht die nächsten drei Regierungsjahre durch parteiinternes Hickhack erschwert werden. Henning Scherf genießt eine enorme Popularität. Er weiß das. Und die SPD weiß nach wie vor, daß sie ihn bei der nächsten Wahl dringend braucht.« Noch einmal hatte sich eine überwältigende Mehrheit der Anwesenden für eine neue Spitzenkandidatur Scherfs entschieden; aber in der zentralen Frage nach der Bremer Wunschkoalition wollte sich die Partei nicht wie bisher vor vollendete Tatsachen stellen lassen: Man schlug eine Mitgliederbefragung nach der nächsten Bürgerschaftswahl vor und forderte, dass die SPD ohne klare Koalitionsaussage in den Wahlkampf ziehe. Ein Jahr zuvor war es in dieser Frage noch zum Eklat gekommen, als die

Delegierten des SPD-Unterbezirks Stadt in geheimer Abstimmung gegen den Koalitionsvertrag stimmten und ihrem strahlenden Wahlsieger eine schallende Ohrfeige verpassten. Damals hatte er wortlos und sichtlich düpiert die Parteiversammlung verlassen.

In einem langen, bilanzierenden Aufsatz kam die »FAZ« am 15. Oktober 2004 zu dem Ergebnis, dass Scherf seinen Parteifreunden mehr als bisher das Gefühl geben müsse, dass er ihre Vorschläge und Initiativen ernst nehmen und nicht nur auf das Wohl des Koalitionspartners und eine harmonische Zusammenarbeit im Senat achten müsse. Aber der überzeugte Verfechter einer Großen Koalition wollte sich auch in dieser Frage von seinen Genossen nicht verbiegen lassen. Immer wieder verwies er auf das Gemeinsame des Bündnisses, verteidigte den schmerzhaften Sparkurs des hoch verschuldeten Stadtstaates und signalisierte, dass ein Schwenk zu Rot-Grün mit ihm nicht zu machen sei. Doch sein Regierungsstil wurde zunehmend als autoritär und selbstherrlich empfunden. »Zustände wie im Königreich Scherf«, titelte die »taz« und warf ihm vor, populistischen Neigungen nachzugeben. »Er kennt keine Parteien mehr, allenfalls Gremien, doch auch die berühren ihn nicht. Im Reiche Scherf herrscht Sonnenschein.« Eine von Scherfs Senatskanzlei ohne Rücksprache mit der Bürgerschaft weitergereichte Zuwendung von fünfhunderttausend Euro an die Günter-Grass-Stiftung erboste nicht nur die parlamentarische Opposition, sondern auch den SPD-Parlamentspräsidenten Christian Weber, der sich bei seinem Bürgermeister eine geharnischte Abfuhr einhandelte: »*Entscheidend ist, was Bremen gut tut. Wir werden gemeinsam an dem gemessen, was unter dem Strich herauskommt. Und ihr, liebe Abgeordnete, habt auch kein grenzenloses Mandat. Einige übrigens haben es über mich gekriegt.*« Es war besonders dieses herrische Bonmot, das im Herbst des Jahres 2004 die Wogen der Empörung in Bremen hochgehen ließ und »taz«-Kolumnist Klaus Wolschner zu dem sarkastischen Satz veranlasste. »Abgeordnete, die damit zufrieden sein sollen, daß sie sich in seinem Licht sonnen dürfen. Abgeordnete von des Königs Gnaden. In seiner Verblendung ignoriert Scherf sogar die Bremische Landesverfassung: Die kennt das Kollegialprinzip von Senatoren.« Dass Scherf mit seiner Bemerkung über die eigene, wahlentscheidende Rolle nicht nur die Gefühle der Abgeordneten verletzt und wieder einmal mächtig überzogen hatte, gab er später freimütig zu. »*Ich habe mich über mich geärgert; ich hätte besser den Mund halten sollen.*«

War es nicht nur der wachsende Unmut der Parteibasis, sondern auch ein zunehmender Mangel an Teamfähigkeit, die seine letzten Etappen im Amt des Bürgermeisters so beschwerlich machten? Das Tauziehen um den Kanzlerbrief, dessen Versprechungen nicht eingehalten und mit einem finanziellen Linsengericht vergolten wurden, ein immer schmerzhafter empfundener Spar- und Sanierungskurs, der nicht nur die Parteibasis, sondern in wachsender

Zahl Personal- und Betriebsräte provozierte, eine auftrumpfende CDU, deren Umweltsenator öffentlich über eine schwarz-grüne Koalition in Bremen räsonierte – im Frühjahr 2005 wird die Vereinsamung eines Mannes spürbar, der zehn Jahre früher als erfolgreicher Menschenfischer angetreten war. Schon in den ersten Wochen des neuen Jahres hatte das Rumoren in der SPD unüberhörbar begonnen. Hier sah man die Große Koalition in der Hansestadt plötzlich durch die CDU gefährdet, weil sich das Klima zwischen den beiden großen Parteien durch das Agieren der Christdemokraten verschlechtert habe. Man kritisierte »Illoyalitäten und Profilierungsgelüste von CDU-Senatoren«. Der SPD-Landesvorsitzende Carsten Sieling und Fraktionschef Jens Böhrnsen, der neben Willi Lemke längst als Kronprinz gehandelt wurde, forderten in einem Grundsatzpapier eine »Neubestimmung der Sanierungspolitik« und diagnostizierten, der Bremer Senat sei nicht in der Verfassung, große politische Herausforderungen zu meistern. »Was ist los mit Henning Scherf, dem großen Kommunikationstalent?«, fragt die linke »taz« in einem Kommentar, der viel über die Stimmung der damaligen Wochen aussagt. »Für Sachentscheidungen war er nie verantwortlich, aber kommunizieren konnte er. Er umarmt rhetorisch noch jeden politischen Gegner. Scherf erscheint sprachlos. Wenn nicht einmal mehr die Kommunikation klappt, dann ist klar: Er ist am Ende. Es gibt kein Ziel mehr, das für ihn in den nächsten zwei Jahren erreichbar wäre, keine Begründung für ›Pflicht‹. Bleiern hängt ihm der Kanzlerbrief um den Hals. Die Wahlen kann er nur verlieren. Was ihm bleibt, ist der Rücktritt.«

Mag sein, dass er in jenen Wochen gespürt hat, wie seine einstige Strahlkraft verblasste. Zur Paradoxie seines Abgangs gehört, dass ihm die Entscheidung über seinen immer wieder aufgeschobenen Rücktritt plötzlich von einem Kanzler abgenommen wurde, dessen Machtbasis gefährlich erodierte. Der spektakuläre Wahlsieg der CDU bei den Landtagswahlen in Nordrhein-Westfalen, der tiefe Fall der Sozialdemokraten, der Ruf von Bundeskanzler Gerhard Schröder nach Neuwahlen und der Austritt von Oskar Lafontaine aus der SPD: Die Nachrichten, die das politische Deutschland im Mai 2005 in Bewegung brachten, kamen damals Schlag auf Schlag – und sie waren geeignet, sorgsam austarierte Rücktrittsszenarios noch einmal zu überdenken. Der gut informierte Scherf mag geahnt haben, dass Schröders Verweis auf die schwarze Bundesratsmehrheit und die Größe des NRW-Wahlverlusts nur vorgeschobene Gründe für den Blitzwahlkampf um einen neuen Bundestag waren. Schröder war nach Auskunft seiner engsten Berater entschlossen, auch bei einem weniger dramatischen Wahlausgang in Nordrhein-Westfalen den komplizierten Notausgang der Neuwahlen zu benutzen. In Berlin wurde längst kolportiert, dass die Neuwahlforderung des Kanzlers auch eine schwere Misstrauenserklärung an die eigene Truppe war, die dem Kanzler nur widerwillig auf seinem

Reformkurs folgen wollte. Schröder war längst zur Zielscheibe einer diffusen Opposition geworden, die weitgehend aus den eigenen Reihen kam und deren Ausmaß und Heftigkeit selbst den Kanzler überraschte. »Die schlechten Umfragewerte für die SPD und den politischen Druck, der auf mir lastete, wollten Teile der Gewerkschaftsführung ausnutzen, indem sie systematisch auf meinen Sturz hinarbeiteten«, schrieb Schröder später in seinen Erinnerungen. »Dem IG-Metall-Vorsitzenden Jürgen Peters und dem Ver.di-Vorsitzenden Frank Bsirske ging es nicht nur um Änderungen an Details der Agenda 2010, vielmehr wollten sie das Reformprogramm als solches und damit verbunden mich als Bundeskanzler zu Fall bringen.«

Wenige Tage vor dem Urnengang in Nordrhein-Westfalen hatte die SPD-Bundestagsfraktion ihre Legitimation für weitere Steuergeschenke entzogen: Die vom Regierungschef gegenüber der CDU/CSU-Opposition zugesagte Reform von Erbschafts- und Körperschaftssteuer werde man so nicht mittragen, hatten die führenden Köpfe des Widerstands ihrem Kanzler ausrichten lassen.

Nach dem Debakel des Wahlsonntags in NRW wurde von mehreren Landesvorsitzenden, aber auch von einer linken Abgeordnetengruppe in der SPD-Bundestagsfraktion kategorisch eine Änderung der Schröderschen Agenda-Politik gefordert. »Wenn wir jetzt weitergemacht hätten, wären wir auf der Strecke gestorben«, zitierte »Der Spiegel« den damaligen Wirtschaftsminister Wolfgang Clement und SPD-Fraktionschef Franz Müntefering sekundierte: »Es wäre fraglich gewesen, ob man in der Lage gewesen wäre, über fünfzehn Monate den eigenen Laden zusammenzuhalten.« Und Schröder bilanzierte: »Ich bleibe dabei – es war eine staatspolitisch notwendige Entscheidung. Zu viel hatte auf dem Spiel gestanden, als dass es nach den verheerenden Wahlniederlagen an Rhein und Ruhr und der ausgebauten Mehrheit der unionsgeführten Länder im Bundesrat für meine Regierung oder gar für mich als Regierungschef möglich gewesen wäre, weiterzumachen. Wir hätten nichts mehr wirklich bewegen können.«

## Bruch mit Hans Eichel

Wer mit Scherf im Frühsommer 2005 über jene dramatischen Ereignisse spricht, der bekommt einen selbstkritischen Politiker zu spüren. Hinter ihm liegen Koalitionsverhandlungen, die zu den schwersten seiner zehnjährigen Amtszeit gehören. Bei den Verhandlungen über ein neues Investitionsprogramm hatte er sogar mit Rücktritt gedroht. »*Wir hätten das nie zusammengebracht, wenn ich nicht gesagt hätte: ›Leute, entweder so, oder das ist es gewesen‹. Ich habe das wie ein Berserker* zusammengehalten und mit meiner persönlichen Energie bei meiner Partei und der CDU durchgesetzt.« Immer wieder kommt das Gespräch auf den Kanzlerbrief, also auf die Zusage, die Steuerausfälle auch nach Auslauf der Bundeshilfen auszugleichen, die wegen der schlimmen Kassenlage in Berlin nicht eingehalten werden konnte. Hat man in Bremen nicht viel zu lange auf die vage Zusage vertraut? Hätte man nicht viel stärker an die Solidarität von Kanzler und Finanzminister appellieren müssen? »Eichel wollte nicht. Nur Schröder war einigermaßen konziliant und setzte durch, dass wir den Autobahnring und die Anbindung des Containerterminals in Bremerhaven vom Bund finanziert bekommen. Niemand anders hat mir dabei geholfen.« Fast triumphierend fügt er solcher Analyse hinzu: »Aber der Witz liegt auch darin, dass die Berliner jetzt auf die Bretter gehen und nicht wir. Das möchte ich ausdrücklich vor der Bundestagswahl einmal sagen.« Seit dem 26. Januar 2005, als in Sachen Kanzlerbrief Klarheit herrschte, ist Scherfs Beziehung zu Eichel »on no speaking terms«, wie er unumwunden zugibt. »Eichel hat nicht nur gebremst, sondern er hat sich verweigert. Der hat sich richtig destruktiv verhalten. Das hat unsere Freundschaft belastet. Wir sehen uns nicht mehr, wir laufen uns nicht mehr über den Weg. Er hat sich gar nicht für Bremen eingesetzt, sondern er hat uns Bremer bekämpft.« Aus Scherfs Worten ist die Enttäuschung eines Politikers zu spüren, der mit tiefem Vertrauen in die Verhandlungen um die Ausgleichszahlungen gegangen war und der nun maßlos irritiert war. »Das war der in die Ecke getriebene Bundesfinanzminister, der merkte, dass ihm seine Felle überall davonschwammen. Der immer weniger Durchsetzungskraft hatte und der sich in dieser Sache einfach nicht erweichen lassen wollte. So hat das stets auf mich gewirkt. Das war nicht persönlich. Obwohl er doch damals der Nutznießer dieses Kanzlerbriefes war und seinen größten Erfolg, die Steuerreform, mit unserer Hilfe nach Hause fahren konnte, hat er nicht geholfen. Hans Eichel ist für mich eine große Enttäuschung, mit seinem Vorgänger, dem inzwischen in der SPD nicht mehr so beliebten Oskar Lafontaine, war das völlig anders. Wir haben uns immer gut verstanden; wir haben die zweite Phase des Sanierungsprogramms gemeinsam beraten und auch gemeinsam durchgesetzt. Der war das Kontrastprogramm!«

Mag sein, dass das Neuwahlabenteuer für den amtsmüden Bundeskanzler willkommener Anlass war, die Widrigkeiten der Politik endgültig abzustreifen. In der Hauptstadt Berlin wusste man, dass Schröder die Lust am Regieren schon lange vergangen war, seitdem der Staatshaushalt implodierte, die Beliebtheitswerte seiner Minister dürftiger wurden und die Medien fast auf Frontalkurs gegen Rot-Grün geschwenkt waren. Über den Ausgang der für den 18. September 2005 festgesetzten Neuwahlen waren sich die Wahlforscher in einer fast grotesk anmutenden Fehleinschätzung einig: Man sah die Unionsparteien vorn, prognostizierte für die SPD einen Rückstand weit unter dreißig Prozent und kalkulierte, dass sich Grüne und FDP bei acht und sechs Prozent etablieren könnten. Was immer bei diesen Wahlen herauskommen würde: In

Bremen sahen Henning Scherf, seine Frau Luise, ein Kreis enger Freunde und Mitarbeiter den Zeitpunkt endlich gekommen, »*den dritten Versuch endlich zu schaffen, und einen Ausstieg als eine ganz verständliche, alltägliche, menschliche, millionenfach durchexerzierte biografische Entscheidung zu organisieren*«, wie Scherf an einem schwülen Sommerabend auf der Terrasse seines Bremer Hauses formulierte. Natürlich wünschte er sich, den Zeitpunkt selbst bestimmen zu können, wann und unter welchen Bedingungen er sich aus seinem Amt zurückziehen konnte. Für seinen Abgang hatte er nur zwei Möglichkeiten: Entweder er sagte klipp und klar, dass er für die Bürgerschaftswahlen im Mai 2007 nicht mehr zur Verfügung stehen würde oder er kündigte möglichst in einem Überraschungscoup an, dass er sein Amt sofort und vor Ablauf der Wahlperiode abgeben wolle. Sein Entschluss stand spätestens am Wahlabend des 22. Mai 2005 fest, als die rot-grüne Regierung in Nordrhein-Westfalen haushoch verlor. »*Mir ist an diesem Wahlabend klar geworden, dass damit eine politische Dekade, in der ich mit aller Kraft Politik gemacht hatte, zu Ende ging. Es musste einen Neuanfang geben. Warum sollte ich diese Gelegenheit nicht nutzen, um auch in meiner eigenen Sache Klarheit zu schaffen?*«

## Beschimpft, bedroht und ausgepfiffen

Aber nicht nur in Berlin, sondern auch in Bremen waren die Vorboten einer politischen Demontage unübersehbar. »Die Unzufriedenheit mit dem System Scherf wächst«, notierte am 21. Juli 2005 die »Zeit«, während die in Bremerhaven erscheinende »Nordsee-Zeitung« sogar eine wachsende »Untergangsstimmung« in der Großen Koalition ausgemacht haben wollte. Unter der Dunstglocke der Großen Koalition sei die Vitalität einstiger Polit-Diskurse erstickt; zehn Jahre Sachzwang unter dem Diktat von SPD und CDU seien mehr als genug. Da deutete sich ein allmähliches Ende an, bei dessen Vorbereitung niemand so richtig die Regie übernehmen wollte. Viel lief hinter vorgehaltener Hand, wobei die Person des Bürgermeisters immer stärker zur Zielscheibe einer sanft anschwellenden Protestbewegung wurde. Es wurde ein Sündenbock gesucht, der bald in Henning Scherf gefunden war. Am 28. Juni 2005 fand in der Bremer Stadthalle eine Personalversammlung aller im bremischen Dienst Beschäftigten statt, die es in solcher Geschlossenheit lange nicht mehr an der Weser gegeben hatte. Die denkwürdige Veranstaltung trug alle Merkmale einer gut organisierten, von langer Hand vorbereiteten Widerstandsaktion, bei der dem Bremer Senat und dem populären Bürgermeister ein saftiger Denkzettel verpasst werden sollte. Rund 11.000 Beschäftigte, das waren mehr als ein Drittel aller eingeladenen Mitglieder(!), wollten gegen Gehaltskürzungen und Arbeitszeitverlängerungen in Bremen demonstrieren. In Bremen waren einen Tag lang die Ämter dicht, Schulen und Kindergärten schlossen früher, weil die Veranstaltung bereits am frühen Vormittag begann. Von einer »beeindruckenden Resonanz« sprachen später die Veranstalter, zu denen Ver.di-Chef Frank Bsirske gehörte. Er und seine Mitstreiter hatten unmissverständlich dafür gesorgt, dass in Bremen der Unmut gegen die Regierung der Großen Koalition und deren Sparpolitik, aber auch die Diffamierung der Agenda 2010 als unsozial eskalierte.

Viel stärker als in anderen deutschen Kommunen regiert im traditionell »roten Bremen« der Öffentliche Dienst: In der Fraktion der Bürgerschaft ist während der letzten Wahlperioden der Anteil der Beamten auf über ein Drittel gestiegen; schon 1987 hatten von 126 Bremer Spitzenfunktionären zwei Drittel ihre prägenden Berufserfahrungen im nichtindustriellen Bereich gemacht. Über die Hälfte war im Öffentlichen Dienst beschäftigt, dazu kam noch einmal fast zwanzig Prozent aus benachbarten »gesellschaftlichen Institutionen«. Wer im kleinen Stadtstaat Karriere machen will, der sollte sich mit den Regeln der Interessenoligarchien von Partei und Gewerkschaften vertraut machen. Selbst Ortsvereinsfunktionäre werden in Bremen als bildungsbewusste und aufstiegsorientierte Männer und Frauen beschrieben, die gewerkschaftlich organisiert sind. Natürlich kannte Scherf das protestierende Milieu um die Duzfreunde Edmund Mevissen und Frank Bsirske gut. Viele Gesichter der Zuschauer im weiten Rund der voll besetzten Stadthalle waren ihm vertraut. Aber der Verlauf der Veranstaltung sollte zeigen, dass er im unübersichtlichen Konglomerat von SPD-Parteigenossen, DGB-Funktionären und Apparats-Zöglingen ursprüngliche Sympathien verspielt hatte. Einsam und isoliert versuchte hier ein Politiker um Verständnis zu werben, an die gemeinsame Verantwortung zu appellieren und die dramatische Finanzlage des Landes als eine Herausforderung zu beschreiben, die nur durch radikale Sparpolitik gemeistert werden könne. Vergeblich sprach er der organisierten Lobby sogar das Recht ab, sich zwischen ihn und das Wahlergebnis zu stellen. »*Sie haben kein Mandat, das Wählervotum von vor zwei Jahren zu korrigieren. Da überschätzen Sie sich!*«

Beschimpft, bedroht und ausgepfiffen: Die Kindergärtnerinnen der ÖTV hatten ein Modell gebastelt, auf dem Bremens Stadtmusikanten in umgekehrter Reihenfolge montiert waren: Der Esel ganz oben. Am anderen Tage berichtete die »taz«: »Der Esel des Tages heißt Henning Scherf. Er sitzt in der ersten Reihe, neben ihm Frank Bsirske. Die beiden wechseln nicht viele Worte; denn die werden Scherf von den Personalräten an den Kopf geworfen. Einer nach dem anderen erklimmt das Rednerpult und präsentiert austauschbare Botschaften. Scherf stützt den Kopf schwer auf seine Hand, schaut abwechselnd zur Decke und auf den Boden. Mehr Reaktionen gibt es nicht – auch nicht, als der Vorsitzende des Gesamtpersonalrats, Edmund Mevissen, einen Politikwechsel fordert. Sein Kollege Willi Hinners vom Personalrat der Polizei geht weiter […]. Allein in den vergangenen zehn Jahren seien 300 Mitarbeiter entlassen worden. Das zerre an den Nerven des Personalrats. Und dann ruft Hinners in den Saal: ›Verhaltet euch nicht wie im Mittelalter: Köpft nicht den Überbringer der Nachricht, köpft den Urheber.‹« Henning Scherf bleibt äußerlich gelassen, doch die Angriffe treffen ihn persönlich. Und als er nach mehreren Stunden kritischen Trommelfeuers ans Rednerpult darf, wirkt er alles andere als souverän. »Sie können mir den Kopf abschlagen, wie Herr Hinners fordert, aber das wird nichts ändern«, sagt der Bürgermeister. »Komm zur Sache«, ruft einer. »Hau doch ab«, eine andere. Einige Beschäftigte lassen ein Transparent mit Luftballons über dem Bürgermeister aufsteigen: »Weiter so, Herr Scherf! Für den Öffentlichen Dienst plätten, dann sich selbst in die sichere Rente retten!«, steht darauf. Scherfs einziger Versuch, auf die Protestierenden einzugehen, scheitert jämmerlich. »*Ich stelle mich vor den Öffentlichen Dienst*«, sagt der Bürgermeister. Der zweite Teil des Satzes geht in schallendem Gelächter des Publikums unter. Nach wenigen Minuten geht Scherf unter Pfiffen wieder an seinen Platz, lehnt sich zurück und lauscht der Rede von Frank Bsirske. »Was Henning Scherf gesagt hat, war der letzte Müll«, sagt der Sozialpädagoge Ingo Neuhaus. Und Henning Scherf? Ob ihn die Versammlung beeindruckt habe, fragt ein Reporter. Scherf zuckt die Schultern und sagt: »*Ja, aber ich habe das schon häufiger erlebt.*«

Niemand in der Bremer Stadthalle hat damals geahnt, dass Scherfs Entscheidung zum Rücktritt längst gefallen war. Unmittelbar nach den verlorenen Landtagswahlen in Nordrhein-Westfalen hatte der amtsmüde Bürgermeister intensive Gespräche mit seinen möglichen Nachfolgern Jens Böhrnsen und Willi Lemke geführt. Dabei wurde vereinbart, dass die Entscheidung und Verkündigung des Rücktritts unmittelbar nach der Bundestagswahl zu fallen habe. Natürlich war auch der CDU-Landesvorsitzende Bernd Neumann über das geplante Abgangsszenario ins Bild gesetzt worden. Im geschwätzigen Bremen wurde eisern geschwiegen; selbst aus Unionskreisen wurde nicht kolportiert, dass Henning Scherf in naher Zukunft zurücktreten würde.

## Der Abschied

Mag sein, dass der Bremer Bürgermeister, der da mit langen Schritten aus der Stadthalle in Richtung Rathaus stapfte, erst an jenem 28. Juni 2005 die Erosion seiner Machtbasis richtig eingeschätzt hat. Noch konnte er zwar darauf verweisen, dass ihn die eigene Partei eindringlich und fast gegen seinen eigenen Willen zum Weitermachen aufgefordert hatte. Aber jene frühere Mitgliederversammlung der Bremer SPD, bei der er kategorisch zum Weitermachen aufgefordert worden war, blieb in seiner Erinnerung stets eine »schrille Veranstaltung«, die er so rasch nie mehr vergessen würde. »Ich saß in der Mitte, gewissermaßen als armer Sünder, und musste erklären, warum ich gehen wollte. Ich musste mir anhören, dass, wer für vier Jahre gewählt sei, auch die Pflicht habe, diese vier Jahre zu regieren. Damals bin ich nach Hause gegangen mit der Botschaft, nur ein Arzt könne mich von diesem Amt erlösen, nur wenn ich krank genug sei, dürfe ich gehen. Nicht, dass ich missverstanden werde, ich habe meine Arbeit immer mit Leidenschaft gemacht. Aber ich konnte doch nicht auch noch das Ende meines beruflichen Lebens per Mehrheitsbeschluss bestimmen lassen.«

Aber seinen Entschluss, mit dem Auszug Ernst zu machen, hat der damalige Protest der Personalversammlung eher bestärkt. Daran änderte auch nichts, dass Frank Bsirske wenige Tage nach seinem Auftritt in Bremen persönlich angereist kam, um sich für die unflätigen Angriffe seiner aufgebrachten Gewerkschafter zu entschuldigen. Scherf erzählt auch diese Anekdote im Rückblick mit Genugtuung und freut sich fast diebisch, dass seine Rücktrittspläne bis zuletzt geheim geblieben sind: Er, der nicht als gekränkter Egomane aus dem Amt gejagt werden wollte, litt zwar sichtlich unter der Geheimniskrämerei, mit der seine Demission begleitet wurde. Aber er war auch froh, endlich den richtigen Zeitpunkt für einen geordneten Rückzug erwischt zu haben. Bis zuletzt hatte er Sorge, ob ihm der geplante Abschied auch gelingen würde. Wie der ehemalige Außenminister Hans-Dietrich Genscher oder Thüringens Ex-Ministerpräsident Bernhard Vogel wollte Scherf das Heft in der Hand behalten, selbst bestimmen, wann und unter welchen Umständen er sein Amt aus der Hand geben wollte. Aus dem eingeweihten Kreis der engsten Mitwisser sickerte nichts durch. Am Tag, an dem er seinen Rückzug aus der Politik verkünden wollte, wurde »business as usual« demonstriert: Bremens Bürgermeister arbeitete wie an einem normalen Arbeitstag einen vollen Terminkalender ab, sprach auf der Geschäftsführer-Tagung des Caritas-Verbandes in Berlin und setzte sich fast zu spät in den Zug, um im letzten Moment beim Parteitag in Bremen anzukommen. »Ich weiß bis heute, wie ich mir im Zug immer wieder klargemacht habe: Du musst frei reden, du darfst nicht ablesen, du musst ohne Bitterkeit und Gram, ohne Pathos und Zittern sagen, dass es mit siebenundsechzig Jahren Zeit ist zu gehen.«

Wie erwartet reagierte seine Partei völlig überrascht, als Scherf am 28. September 2005 auf einem Landesparteitag der Bremer SPD seinen Rücktritt ankündigte. Im voll besetzten Saal der »Vegesacker Strandlust«, wo man sich in den vergangenen Jahrzehnten so oft getroffen hatte, herrschte eine fast andächtige Stille. Und dann stand er oben am Rednerpult, wirkte für Momente fast verlegen, rieb sich die Hände, guckte auf die Delegierten hinunter, geradezu überrascht von der Betroffenheit, die beinahe mit Händen zu greifen war. »Ja, *nun seid ihr ganz still«*, sprach er in den Saal, in dem man eine Stecknadel hätte fallen hören können, schrieb nicht ohne Anflug von Wehmut die Zeitung »Weser Kurier« und zitierte Scherf mit dem Bekenntnis »*Ich will nicht ausreißen, aber ich möchte jetzt ein Leben ohne Arbeit – ich will nicht mit den Füßen zuerst aus dem Rathaus getragen werden.*« Auch dieser Satz passte zu einem Mann, der seit vielen Jahren über seinen Abgang öffentlich gegrübelt und jetzt, nach 27 Jahren im Senat, nach zehn Jahren im Amt des Bürgermeisters und einer fast fünfzigjährigen Tätigkeit in der Politik endlich die Konsequenzen gezogen hatte. Lange, stehende Ovationen der Delegierten dankten ihm, der von seinen Vorgängern Wedemeier und Koschnick mit warmen Lobreden und Blumen verabschiedet wurde. Aber Schreck und Überraschung waren allen Teilnehmern in die Glieder gefahren; der Coup war geglückt. »*Als ich die Rede hinter mir hatte, war ich wie befreit.*« Anders als Genscher, der sein Ministeramt vergeblich an die von ihm auserkorene Irmgard Adam-Schwaetzer weitergeben wollte und dabei übersah, dass sein Stern in den eigenen Reihen bereits im Sinken war, hielt sich Scherf aus der sofort aufbrechenden Diskussion um seinen Nachfolger strikt heraus. Auch im Kontrast zu Bernhard Vogel, der bis zu seinem Abgang alle Fäden in der Hand behielt, gab der scheidende Bürgermeister für keinen der konkurrierenden Bewerber ein Votum ab.

In einer SPD-Mitgliederbefragung setzte sich schließlich der Bremer SPD-Fraktionsvorsitzende Jens Böhrnsen mit einer deutlichen Mehrheit gegen Bildungssenator Willi Lemke durch. »Ein selbstbewusster Ausstieg«, lobte die »Süddeutsche Zeitung«. In ihrer faktenreichen Chronologie »Endstation Rücktritt« kommen Pascal Beucker und Frank Überall zu dem Ergebnis, dass Scherfs Demission im schillernden Rücktrittspanorama der deutschen Innenpolitik fast vorbildlich war, weil der Protagonist seinen Zeitpunkt und Spielraum richtig erkannte, um sein Amt an einen jüngeren Nachfolger abzugeben: Mitten in der Legislaturperiode, nach einer Bundestagswahl, die ein gutes Ergebnis für die SPD in Bremen und Bremerhaven brachte, zwei Jahre vor den Bürgerschaftswahlen, so dass sich ein Nachfolger gründlich einarbeiten konnte. »*Politik muss verstärkt lernen, los zu lassen*«, mahnte der scheidende Bürgermeister in seinem langen Abschiedspapier, das er an die eigenen Parteimitglieder adressierte. Und im Stile eines Patrioten, der sich auch weiterhin für seine geliebte Vaterstadt engagieren will, appellierte er noch einmal an die Mitglieder seiner eigenen, älter gewordenen Generation. »*Eine Bitte an die Älteren, die aus dem Berufsleben ausgeschieden sind, aber über Kraft, Erfahrung, Vitalität verfügen. Wir brauchen euch! Wir sind auf euer Wissen und auf eure Mitarbeit angewiesen! Anders als frühere Generationen habt ihr heute noch viele, gesunde Jahre vor euch. Wir bitten euch, einen Teil dieser Zeit guten Zielen und lohnenden Aufgaben in unseren beiden Städten zu widmen.*«

Seine Parteifreunde hatte er gebeten, »*nicht viel Kram*« um seinen Abgang zu machen. So kam es zu kleinen, spontanen »Lebewohls«; selbst die Würdigung in der Bremischen Bürgerschaft, wo er im Oktober 1971 seine Karriere begonnen hatte, hielt sich in bescheidenem Rahmen. Der SPD-Parlamentspräsident Christian Weber rühmte ihn als einen Mann, der es sich und anderen nicht immer leicht gemacht habe; aber das könne man von einem unabhängigen Kopf und ungeduldigen Menschen auch nicht erwarten. »Sie sind politisches Urgestein und Fels in der Brandung, ein Vollblutpolitiker, der sich nicht unterkriegen lässt und der auch zurückschlägt.« Noch einmal erinnerte Scherf an das »*verantwortliche Umgehen mit dem uns allen übertragenen Gemeinsamen*«, bevor er seinen letzten Auftritt vor den Bremer Abgeordneten mit den Sätzen schloss: »*Dass ich hier nicht in ganz wunderbaren Zeiten ausscheide, weiß jeder. Dass wir ein entsetzliches Problem mit der Arbeitslosigkeit und der Überschuldung dieses Stadtstaates haben, ist allen klar […]. Trotzdem gibt es kein Vertun: Wir müssen weiter arbeiten, wir müssen uns zusammenreißen und das Beste daraus machen. Dazu wünsche ich Ihnen Gottes Hilfe!*«

# Leben unter einem Dach – Luise, Henning und die Bremer Freunde

## Kindheit wie in Büllerbü

Noch immer wirkt sie wie eine gebildete höhere Tochter, angenehm emanzipiert, gelassen und charmant. Luise Scherf, geborene Siebert-Meyer, stammt aus einer konservativen Familie mit langer bäuerlicher Tradition. Der Vater, Mitglied der NSDAP und Soldat, war nach 1945 mit ihrer Mutter aus dem thüringischen Ilmenau vor den Russen nach Niedersachsen geflohen. Er gehörte zum Gründungspersonal der jungen Bundesrepublik. In kaum sechs Jahren avancierte er vom Regierungsrat im Kreis Osnabrück zum Oberkreisdirektor in der Kreisstadt Syke. Luise Scherf erinnert sich an eine Jugend, die mit vielen Privilegien der damaligen Wohlstandsgesellschaft ausgestattet war. Von Geld wurde nicht gesprochen, das hatte man. Eine große, hochherrschaftliche Dienstwohnung in einem großen Park mit alten Bäumen, ein fast idyllisches großbürgerlich-ländliches Ambiente, wo die musisch begabte Luise mit ihrer Schwester unter der Obhut der Eltern aufwuchs.

Sobald die Frau des Bremer Bürgermeisters von ihrer Kindheit und Jugend erzählt, springt sie auf und holt ein Foto des Elternhauses von der Wand, als müsse sie dem Gast diese versunkene Idylle dokumentieren. »Ich hatte eine wundervolle Kindheit, wie in Büllerbü, mit vielen Menschen und Tieren auf dem Hof bei Osnabrück!« Auch die im Jahre 1938 in Berlin Geborene gehört zu jener Generation von Kriegskindern, deren prägendste Lebensjahre von den Traumata des Krieges überschattet wurden. Aber geredet wurde darüber selten. Als im September 1939 der Krieg begann, waren die Mutter und ihre kaum zweijährige Tochter nach Ilmenau gezogen, wo die Familie der Mutter lebte. Der Krieg tobte weit irgendwo im Osten und Westen, der Vater kam irgendwann zum Fronturlaub nach Hause, der Glaube an den Führer war beharrlich und stark. Man lebte in der Horst-Wessel-Straße. Bei der Einschulungsfeier im Jahre 1944 brüllten die Sechsjährigen »Heil Hitler«. *Ich bin in einem Hause groß geworden, das auf der Nazi-Seite stand. Mein Vater war in der Nazi-Partei. Der war Soldat, ich kannte ihn kaum. Wir beteten abends für den Führer, und ich habe ein ganz merkwürdiges Weltbild gehabt. Zum Beispiel nach dem Krieg wusste ich nicht, sind die Faschisten eigentlich die Guten oder sind das die Bösen? Ich habe gemerkt, da ist irgendein Bedeutungswandel vor sich gegangen. Aber ich habe nicht gefragt. Wahrscheinlich gab es Signale, dass man das nicht tut. Daran erinnere ich mich. Ich habe mich später nie aufs hohe Ross gesetzt und gesagt, ich hätte alles besser gewusst. Sondern ich habe mich gefreut, dass ich endlich irgendwann so alt sein würde, BDM sein zu können.«*

Der Gedanke an Mitschuld kam ihr später, im Alter von vierzehn Jahren, nach der Lektüre des »Tagebuchs der Anne Frank«. *»Ich habe Sprüche in Erinnerung wie zum Beispiel: ›Das kann man alles nicht schnell genug vergessen‹, oder ›Schwamm drüber‹, und ›das fand ich alles völlig richtig‹. Da muss etwas Fürchterliches passiert sein, also weg damit. Wir gucken jetzt nach vorne. Erst später, als Heranwachsende, habe ich angefangen, nach der Vergangenheit zu fragen.«* Das führte fast zwangsläufig zu Auseinandersetzungen mit dem Vater, dessen Haltung von der Vergangenheit geprägt war. Als die politisch interessierte Tochter begann, ihrem Vater Vorwürfe zu machen, wurde ihr der Mund verboten und Funkstille über ein heikles Thema verordnet. *»Dann hat er langsam wohl gemerkt, dass er mich verliert, wenn er sich da nicht bewegt.«* Erst viel später bekannte der 1989 verstorbene Vater gegenüber der Tochter, dass er auf einen Staatssekretär-Posten im niedersächsischen Innenministerium verzichtet hatte. Mit seiner politischen Vergangenheit habe er sich nicht über das einmal erreichte berufliche Niveau erheben wollen. Das gehörte sich einfach nicht. *»Ich weiß gar nicht, ob ich ihm diesen Schritt hoch angerechnet habe. Ich kann auch nicht sagen, ob ich das für selbstverständlich hielt; denn ich habe ihn ja auch lieb gehabt und dachte, na ja, immerhin, das ist doch was. Und dann haben wir immer wieder darüber geredet. Ich habe eine sehr heftige Auseinandersetzung in Erinnerung. Im Jahr 1968, bei den Olympischen Spielen damals, guckte Henning irgendwas im Hause meiner Eltern im Fernsehen, da hatten die Westdeutschen gewonnen und die Hymne wurde gespielt. Henning murmelte so vor sich hin: Blöde Nazi-Hymne! Und mein Vater kam zu mir. Er hat nie mit Henning darüber geredet; denn Hennings Familie war in der Bekennenden Kirche gewesen, die waren also auf der anderen Seite. Aber mein Vater protestierte und meinte: ›Das ist ja unglaublich, das ist unsere Nationalhymne!‹ Dann habe ich ihn erst einmal ausreden lassen, wir waren allein im Zimmer, und ich habe ihm gesagt: ›Du, mit dieser Melodie verbinden sehr viele Menschen auf dem Globus Mord und Totschlag, Unrecht und Flucht. Ich kann mir vorstellen, dass es viele Menschen auf der Welt gibt, die eine solche Überlegung mit unserer Hymne verbinden. Das finde ich legitim.‹ Da hat er erst einmal geschluckt und gesagt: ›Na ja, aber ich bin stolz darauf, ein Deutscher zu sein!‹ Da sagte ich ihm, dass ich so nicht antworten könne; denn mir sei das eigentlich ziemlich egal. Ich könnte auch Engländerin oder Französin sein. Was? Das war ihm völlig neu und klang unglaublich. Sein geliebtes Kind sagte so etwas! Aber dann war er doch fähig, darüber nachzudenken, und hat meine Meinung akzeptiert. Ich habe gesagt, das mit dem Stolz, das könne man ruhig weglassen. Du kannst auf einiges stolz sein, meinetwegen, aber es gibt andere*

*Nationen, die haben auch ihren Stolz, und das, was du mit Stolz bezeichnest, das kann ich überhaupt nicht erkennen. Wir sind da immer weiter im Gespräch miteinander geblieben. Er hat mir einmal gesagt, dass das größte Versagen in seinem Leben war, ›das mit den Juden‹ – wie er sich damals ausdrückte, ›nicht erkannt zu haben‹. Und dann sagte er noch: ›Ich bin doch Jurist gewesen und habe das nicht gesehen. Das ist doch furchtbar!‹«*

Die geliebten Eltern haben der heranwachsenden Tochter viel Orientierung mitgegeben. Sich selten beklagen, anpacken, solidarisch sein. »*Ich bin autoritär erzogen worden. In Osnabrück bin ich ins Konservatorium gegangen und habe immer geübt, aus Pflicht und Gehorsam. Mit vierzehn habe ich festgestellt: Das macht ja Spaß! Dann habe ich das selber gewollt, und mit achtzehn habe ich mich gefragt: Was tust du denn wirklich gern? Musik, Klavierspielen, das Schönste! Ich wusste längst, dass das schwer war. Aber trotzdem wollte ich das gerne machen und habe Schulmusik studiert. Das war auch diese preußische Erziehung: Was du anfängst, das machst du zu Ende. Ich hatte das Studium angefangen und wollte das mit einem Examen abschließen.*«

## Eine bürgerliche Preußin

Enge Freunde bewundern an ihr die Fähigkeit, unauffällig zu lenken, Wogen zu glätten, Fehlurteile zu korrigieren und Kompromisse zu finden. Diszipliniert und diskret verspricht Luise Scherf nichts, was sie nicht auch halten könnte. »Außerordentlich zuverlässig, eine bürgerliche Preußin«, lobt der alte Weggefährte Klaus Hübotter. Der polyglotte Architekt und Bauinvestor schätzt ihren Stil beim Redigieren von Texten, der dann »frei von Phrasen sei«. Sie sei eine gebildete, unabhängig denkende Frau, die sich eine Rolle als »nachplappernde Bürgermeister-Gattin« entschieden verbiete. Verkrampfte Emanzipationsgestik habe diese Frau nicht nötig. Am liebsten würde Luise Scherf überall »kleine Hoffnungspflänzchen eingraben«. Beweise praktischer, vorgelebter Solidarität, Symbole von Mitmenschlichkeit und Chiffren einer tief empfundenen Verantwortlichkeit, was man getrost als Nächstenliebe übersetzen dürfe. Sie wirkt wie die ideale Partnerin an Scherfs Seite. Mit ihrem pflichtorientierten Mann teilt sie die Überzeugung, dass man im Zweifel weniger für sich, mehr für andere tun könne. Und überhaupt: Die Begegnung mit dem Schüler Henning Scherf an einem Tag des Jahres 1957 hält sie bis heute für ein Ereignis, das ihr damaliges Leben veränderte und auf den Kopf gestellt hat.

Luise Scherf war als 16-jähriges Mädchen zum ersten Mal nach Bremen gekommen, weil sie auf dem angesehenen Kippenberg-Gymnasium, das damals eine reine Mädchenschule war, Abitur machen sollte. Die Schule war während des Krieges ausgebombt und in den ersten Nachkriegsjahren nach und nach wieder aufgebaut worden. Nun sollte ein neuer Pavillon mit einem großen Schulfest eingeweiht werden, zu dem die Schulsprecherin Luise Scherf eine kleine Rede halten musste. Auch der fast gleichaltrige Schulsprecher des Knabengymnasiums an der Dechanatstraße war an jenem Abend zugegen, sah die junge Schöne bei ihrer kurzen Ansprache und meinte am nächsten Morgen zu seiner Mutter: »*Ich weiß nicht, wer das ist. Ich weiß noch nicht einmal, wie sie heißt und wo sie wohnt. Ich weiß nur: Das wird später einmal meine Frau.*« Der baumlange Schüler hatte sich an jenem Abend restlos verknallt. Mit großer Zielstrebigkeit machte sich Henning daran, seine Angebetete wiederzufinden. Viele Jahre später hat er ihr gebeichtet, dass er ratlos und schrecklich verliebt mit dem Fahrrad allein nach Holland gefahren sei und unterwegs wie der einsame Schimmelreiter auf dem Deich an einer Strategie getüftelt habe, um seine Unbekannte vom Mädchengymnasium noch einmal zu treffen. Schon ihr Wohnsitz war schwer zu finden, weil die Angebetete eine Fahrschülerin war und nach Schulschluss in Richtung Niedersachsen entschwand. Aber er nahm sich vor, im »Arbeitskreis Bremer Schülerringe«, wo sich alle Bremer Schulsprecher einmal im Monat trafen, einen Misstrauensantrag gegen den damaligen Vertrauenslehrer zu stellen. Das war es, das sollte helfen. »*Ich habe Henning zum ersten Mal wahrgenommen, als er im Arbeitskreis Bremer Schülerringe einen wahnsinnig fulminanten Misstrauensantrag stellte gegen den damaligen Vertrauenslehrer. Und da fiel er mir auf. Und auch Jahre später habe ich erfahren von ihm, das war es, was er wollte. Er wollte, dass ich ihn wahrnehme, und deswegen hat er diesen Misstrauensantrag gestellt. Und dann hat er mir irgendwann ein Kärtchen geschrieben, wollte mich mal zum Schulfest einladen, ob ich mich denn an den langen Kerl – er war damals schon zwei Meter vier – erinnere? Natürlich habe ich mich sofort erinnert. Und dann hat sich das so langsam angebahnt, dass wir uns ein paar Mal getroffen haben, aber damals, Ende der Fünfzigerjahre, war das keineswegs üblich. Wir waren beide so schüchtern und verklemmt, dass man noch nicht einmal zueinander sagen konnte: Ich mag dich. Es wurde von Kriegsdienstverweigerung und vom indischen Ashram geredet, wo Henning so gerne hinwollte. Und ich habe von meinen Musikplänen erzählt, und dann haben wir Abitur gemacht. Ich habe immer gedacht, der kümmert sich um mich nur, weil er so ein edler und christlicher barmherziger Mensch ist. Er weiß, dass ich das hässlichste Huhn von der ganzen Welt bin. Ich fand mich zu dick. Ich fand mich hässlich und blöd, und ich wusste eigentlich nur, ich kann ganz gut Klavier spielen. Das mache ich gut, das mag ich gerne, aber sonst habe ich nichts von mir gehalten, und ich hatte natürlich auch keinen Freund. Mit siebzehn oder achtzehn ist das schon ein Manko, und ich dachte, der merkt das, dieser Henning Scherf.*«

Beide machten ihr Abitur und gingen getrennte Wege. Henning nach Freiburg, Luise zum Musikstudium in ihre Geburtsstadt Berlin.

Wie trifft ein junger Student seine Angebetete in der Großstadt Berlin? Am 9. November 1959 hatte es am Steinplatz, dem damaligen Treffpunkt der linken West-Berliner Boheme, eine Demonstration des Sozialistischen Deutschen Studentenbundes gegen den wachsenden Rechtsdrall in der Bundesrepublik gegeben. Die revoltierenden SDS-Mitglieder protestierten gegen ehemalige NSDAP-Mitglieder, die in der neuen Bonner Republik Karriere gemacht hatten: Reinhard Gehlen, Kurt-Georg Kiesinger, Hans Globke und Theodor Oberländer; das Schlagwort von der »Restauration« machte die Runde. Bei der Demonstration in Berlin wird Henning Scherf zeitweilig festgenommen, kommt nach Vorlage seines Studentenausweises wieder frei und beschließt, seiner geliebten Luise wie damals bei der Sitzung der Bremer Schülerringe mächtig zu imponieren. Inhaftiert nach einer Demo gegen den Rechtsdrall in der Republik, das war es! Henning marschiert in die Berliner Musikhochschule und besorgt sich die Adresse von Luise, die inzwischen längst gemerkt hatte, dass sie weder das hässlichste noch das dümmste Huhn in der Stadt war. »Da tauchte er irgendwann wieder auf, rief mich an, und wir haben uns verabredet. Und da hat es sehr schnell gefunkt, und da haben wir nach einem halben Jahr auch nichts Besseres zu tun gehabt, als das erste Kind auf Stapel zu legen.«

Im gemütlichen Plüsch-Ambiente der Fünfzigerjahre, in denen Mütter von »Sissy«-Filmen, der »Familie Hesselbach« oder dem Filmschauspieler O.W. Fischer träumten, wurde eine Muss-Ehe der noch studierenden Kinder immer noch als schlimmer Betriebsunfall empfunden. Unter der Fuchtel meist autoritärer Eltern hatte man gefälligst rasch sein Studium zu beenden, eine ordentliche Verlobungszeit zu absolvieren und anschließend mit dem ersten selbst verdienten Gehalt um die Hand der Geliebten anzuhalten. Das entsprach dem konfliktlosen, auf guten Ruf und gesellschaftliche Anerkennung erpichten Grundkonsens der Zeit. Auch für das frisch verliebte Paar Henning und Luise war klar, dass man heiraten wollte und zusammenbleiben würde. Aber es war peinlich, dass wegen einer Schwangerschaft geheiratet werden musste. »Vater Scherf hat als Erstes gesagt, wenn ich der Vater von dem Mädchen wäre, dann würde ich dich rausschmeißen. Als ich in Freiburg war und feststellte, ich bin schwanger, da musste Henning zu meinen Eltern in diesen Ort in der Nähe von Bremen und hat sich da angemeldet, und sie haben sich zusammengesetzt. Dann sind die beiden Männer im Wald spazieren gegangen. Da hat Henning gesagt: ›Luise kriegt ein Kind!‹ Mein Vater hat völlig die Contenance verloren. Er hat ihn einfach stehen gelassen und ist hinaufgelaufen zu seiner Frau. Und die kam die Treppe hinunter. Frauen sind dann erwiesenermaßen sehr viel praktischer und verfügen über mehr Geistesgegenwart. Sie kam also die Treppe hinunter, hat ihn geduzt, Pläne gemacht und mich in Freiburg angerufen. Dann war plötzlich alles in Butter, nach dem großen Schreck am Anfang. Schon nach einem halben Jahr, als ich hochschwanger war, hat mein Vater zu mir gesagt: ›Weißt du was, in fünf*

*Jahren kräht kein Hahn mehr danach, wann das Kind im Vergleich zur Eheschließung geboren ist. Sei doch einfach froh, dass du Kinder kriegen kannst.‹ Unter diesem Blickwinkel hatte ich das noch nie gesehen. Aber damit hatte er natürlich recht.«*

## Ehe und Familie

Im Jahre 1960 hatten die Studenten Henning und Luise geheiratet; kurz darauf kam Tochter Caroline zur Welt. »Wir haben alles geteilt«, sagt Luise Scherf heute im Rückblick auf diese Zeit, »wickeln und studieren, Küchenarbeit und das Klavier. Das war damals noch sehr ungewöhnlich.« Im Rollenspiel der heraufziehenden 1960er Jahre dominierte bei karriereorientierten Männern die patriarchalische Herablassung. Es wurde fast als natürlich betrachtet, dass die Frau zugunsten des Mannes auf die eigene Karriere verzichtete, ihn bei der Kindererziehung entlastete und dem Ernährer der Familie auf diese Weise den Rücken frei hielt. Im Studentenhaushalt dieses jungen Paares herrschte völlige Gleichberechtigung nach der Devise: Jeder hilft dem anderen, so gut er kann, Beruf und Familie wurden solidarisch geteilt. Drei Jahre später machten beide fast zeitgleich ihr Examen in Hamburg, wechselten nach Villigst, durchlebten materiell beschwerliche Jahre, in denen sich Henning als Referendar, Rechtsanwalt und Regierungsassessor beruflich nach oben boxen musste. Nach Caroline wurden Sohn Christian und Tochter Julia geboren. *»Als ich dann mein Examen hatte, da war ich froh und habe die Uni-Tür hinter mir zugemacht und habe gesagt: Bloß noch Kinder! Weil ich eben so aufgewachsen war: Es gibt nichts Schöneres für eine Frau, als Mann und Kinder zu haben. Und als ich dann erst zwei und dann drei entzückende, wunderbare, tolle Kinder hatte, da habe ich plötzlich gemerkt: Irgendetwas stimmt da nicht. Die Familie oder die Verwandtschaft sagte: Rabenmutter, was willst du eigentlich mehr? Aber ich habe gemerkt, das reicht mir nicht. Die Decke fiel mir zu Hause auf den Kopf. Ich habe das einmal auf den Nenner gebracht: Der einzige Satz, den ich manchmal mit Erwachsenen den ganzen Tag über rede, bezieht sich darauf, dass ich ein viertel Pfund Leberwurst kaufen möchte. Also wollte ich gerne berufstätig werden, und da war es von hohem Gewinn und Wert, dass ich das Examen hatte. Als wir die jüngste Tochter dann in den ersten Bremer Kinderladen geben konnten, den ich im Übrigen mitbegründet hatte, konnte ich berufstätig sein.«*

In jenen Jahren hat sich die fünfköpfige Familie gern in der schönen ländlichen Umgebung des Hauses der Schwiegereltern erholt. »Wochenend-Höhepunkte« wurde das im Familienjargon genannt, wenn die Kinder nebenbei die Vorteile eines Drei-Generationen-Alltags erlebten. Henning Scherf: *»Mein Schwiegervater meinte, erst damals lernte er, wie schön es sei, Kinder aufwachsen zu sehen. Als seine Töchter klein waren, war er Soldat gewesen. Wenn unsere drei erwach-*

senen Kinder heute mit unseren Enkelkindern zu uns kommen, dann erlebe ich das genauso. Kinder aufzuziehen ist etwas anderes, als sich über Enkelkinder zu freuen. Ich danke dafür, dass ich nach meinen durch zu viel Arbeit versäumten Vaterchancen trotzdem diese große Freude erleben darf. Ich empfinde das als großes, fast unverdientes Geschenk. Nach meiner Ehe das größte Geschenk meines Lebens.«

Nach sechsjähriger Wartezeit beginnt Luise Scherf, die mit ihrem Mann und den drei kleinen Kindern mittlerweile in der Bremer Neustadt wohnt, endlich berufstätig zu sein. »Ich habe zuerst beim Schulrat die Bedingung gestellt, dass ich alles unterrichten möchte, bloß nicht Musik, weil ich felsenfest davon überzeugt war, ich würde das nicht können. Ich konnte ja Kontrapunkt schreiben und wusste auch viel über Musikgeschichte, natürlich, wann Beethoven geboren ist. Aber was das alles mit Kindern zu tun haben sollte, davon hatte ich leider keine Ahnung. Der Schulrat war einverstanden und meinte: ›Gut, dann machen Sie eben etwas ganz anderes.‹ Ich habe dann alles Mögliche unterrichtet, bis ich eines Tages im Lehrerkollegium feststellte: Was die Musiklehrer machen, das kann ich längst! So habe ich allmählich damit begonnen, meine eigenen Sachen zu entwickeln. Ich spürte, mein Musikunterricht wurde richtig gut. Die Kinder haben Spaß gehabt.«

Siebzehn Jahre lang hat Luise Scherf an einer Grundschule unterrichtet, wo sie eigene musikpädagogische Konzepte entwickelte. »Zuhör-Erziehung« nennt sie das: Mozarts Zauberflöte als Puppenspiel, ein Bachpräludium mit Seifenblasen. Damit versuchte sie unkonventionelle Unterrichtsformen. »Meine verehrte Klavierlehrerin Edith Picht-Axenfeldt sagte einmal während einer Unterrichtsstunde: ›Wer nie in einer Tanzbar war, der kann nicht Bach spielen.‹ Das war vor fünfunddreißig Jahren, und heute würde sie vielleicht statt der Bar das Wort Disco erwähnen – aber die Aussage wäre die gleiche: Stellt den großen Sebastian Bach nicht bewegungslos und unzugänglich auf einen Denkmalssockel, sondern hört und spielt den tänzerischen, rhythmischen, swingenden Bach! Dieser Hinweis war damals fast ein Sakrileg, hatte doch die bisherige Rezeptionsgeschichte dafür gesorgt – und teilweise macht sie das noch bis heute – dass die Bachsche Musik mit Ernst, Schwere und grüblerischer Nachdenklichkeit gleichgesetzt wurde. Solch einseitige Vermittlung in der Schule führt beim Nachwuchs zu Kommentaren zwischen ›langweilig‹ und ›doof‹; man erreicht die Schüler und Schülerinnen nicht, und die Musik bleibt ihnen fremd. Um dies zu vermeiden – es scheint mir ein Gewinn für das ganze Leben, wenn bereits bei Kindern das Ohren-Öffnen für Bach gelingt –, suche ich am Anfang einen freundlichen Bach aus, also einen, der nach meiner Erfahrung auch für Grundschüler und Schülerinnen der dritten und der vierten Klasse zugänglich und gut überschaubar ist. Gute Erfahrungen habe ich zum Beispiel mit dem Kleinen Präludium in C-Moll gemacht. Ich erleichtere ihnen das Zuhören durch Zuhilfenahme der Augen und wende einen zusätzlichen visuellen Trick an: Vom Anfang des Stückes bis zum Ende werden Seifenblasen gepustet. Die zwei oder drei Kinder, die das machen, stehen je auf einem Stuhl, sodass die bunten Zaubergebilde *lange abwärts schweben. Die Wirkung ist immer die gleiche: Alle sind fasziniert und verlangen ›noch mal‹. Nach einiger Zeit mögen sie die Musik so gern, dass sie auch ohne Seifenblasen still zuhören.«*

Als Ehefrau des Bürgermeisters leistete Luise Scherf ihren Beitrag zur Arbeit ihres Mannes, meist sehr diskret und unsichtbar, wie überall beteuert wurde. Sie nahm Repräsentationspflichten wahr, begleitete ihn bei Besuchen und war als Schirmherrin aktiv. Luise Scherf sitzt im Förderkreis eines Kinderkrankenhauses und ist seit 1996 Vorsitzende des Vereins »Freunde und Förderer der Villa Ichon« in Bremen. Der Verein übernimmt die Betreuung der unter Denkmalschutz stehenden Villa Ichon am Goetheplatz, organisiert Veranstaltungen und kümmert sich darum, dass die schöne Gründerzeitvilla im Herzen der Altstadt eine lebendige Begegnungsstätte für Bremens Bürgergesellschaft bleibt. *»Es gibt inzwischen sicherlich eine ganze Reihe Menschen, die mich kennen, weil ich mit diesem Mann verheiratet bin, und die mich mit nichts anderem in Verbindung bringen. Aber es gibt eine Menge Leute, die wissen, dass ich eben als Ehefrau von Henning Scherf noch ganz viele andere Sachen mache, die nicht direkt etwas damit zu tun haben.«* Neben der Bürgermeisterei ihres Mannes musste Luise Scherf nur fortführen, was sie ohnehin schon seit vielen Jahren getan hatte: Eine engagierte Frau im öffentlichen Leben sein, die sich ihre Themen und Fragestellungen suchte, ohne Rücksicht auf Etikette oder Protokoll. *»Ich habe immer gedacht, es ist richtig und wichtig, was er tut. Und ich habe mein Leben, das mich ausfüllt.«* Neben den bereits erwähnten Ehrenämtern ist sie seit Langem Mitglied der deutschen Sektion von »Amnesty International« und war zwei Jahre im deutschen Bundesvorstand. *»Auf der ganzen Welt ist es schwer, den Widerspruch zwischen der Idee von menschenwürdigem Leben und der Wirklichkeit zu ertragen. Es kommt wohl darauf an, nicht bei dieser Einsicht stehen zu bleiben, sondern etwas zu tun.«*

## Musik machen in Nicaragua

Ähnlich wie ihr Mann, der sich sein ganzes politisches Leben lang für Unterprivilegierte engagierte und Nächstenliebe vorzuleben suchte, hat sich auch Luise Scherf dem großen Thema ihres Lebens pragmatisch genähert: In einem der ärmsten Länder von Lateinamerika praktische Hilfe zu leisten. Seit 1982 ist sie mehr als ein Dutzend Mal in Nicaragua gewesen. *»Mein Ursprungsantrieb war: Ich will einmal raus. Wenn Sie fünfundzwanzig Jahre lang Präsenzpflichten erfüllt und wunderbare Kinder großgezogen haben und als junges Mädchen den Wunsch hatten, einmal ins Ausland zu gehen, und das nicht hingekriegt haben, weil Sie eben mit dem Kinderkriegen zu früh angefangen haben, dann ist das einfach toll: Ich will jetzt mal raus, die Gören sind groß, ich bin nicht mehr verpflichtet, hier zu bleiben. Und wenn Sie* neunzehn Jahre lang Lehrerin waren, dann haben Sie das Gefühl, ›ich kann das jetzt‹, und ich möchte gerne einmal etwas Neues ausprobieren. Und ich wollte Spanisch lernen, und zwar sprechen lernen. Ich hatte es vorher im Kurs gelernt und dabei gemerkt, dass ich die Klappe nie auf bekam, solange ich nicht einmal in einem spanisch sprechenden Land leben würde. Ich wollte nach Lateinamerika, nicht nach Spanien, einfach in eine andere Welt. Ich hätte nach Argentinien gehen können, da waren die Mütter von der ›Plaza de Mayo‹, die nach ihren Kindern und Enkelkindern suchten, die nach der Diktatur verschwunden waren. Aber auch nach Nicaragua, wo meine Tochter gewesen war und wo wir viele persönliche Kontakte hatten. Natürlich hegte ich viel Sympathie für die Sandinistische Revolution, die an der Mitte ihrer Regierungszeit angekommen war. Ich habe allen gesagt: ›Ich will etwas tun!‹ Ich war bereit, im Kindergarten oder im Krankenhaus irgendwelche Hilfsdienste zu machen, aber da sagten die Nicas: ›Nee, nee, nee, also komm, ungelernte Leute haben wir selber genug. Was hast du denn gelernt?‹ Ich sagte, dass ich Musiklehrerin sei. Klavier. ›Das ist ja toll! Dann gehst du an die Musikschule und bist Klavierlehrerin‹, und das habe ich dann anderthalb Jahre lang gemacht.«

Nach Nicaragua der Musik wegen, so dachte Luise Scherf im Flugzeug nach Managua sitzend, das könne doch einfach nicht wahr sein. »Zum ersten Mal bin ich 1982 in Nicaragua gewesen. Der Sieg der Revolution über eine furchtbare Diktatur lag drei Jahre zurück, und es gab viel Hoffnung – auch bei uns Europäerinnen –, dass das Land sich auf einem zwar schweren, aber doch geraden Weg aus den Fesseln der Ungerechtigkeit und Massenarmut befreien würde. Als ich zum ersten Mal rüberflog, war ich mit sehr vielen, sehr jungen, von den Nicas immer so genannten ›Sandalistas‹ im Flugzeug, die alle aus der Solidaritätsbewegung kamen und der sandinistischen Revolution helfen und vier Wochen Kaffee pflücken wollten oder so was. Wenn ich da sagte, ich bin Musiklehrerin und will mal sehen, vielleicht ist da auch etwas mit Musik zu tun, dann zogen viele die Augenbrauen hoch. Dahinter verbarg sich immer so ein Misstrauen gegenüber einer nicht mehr ganz jungen Frau, das danach fragte, was soll das? Die Nicas brauchen Schulen, technisches Know-how, Straßen und noch vieles andere, aber doch keine Musiklehrerin aus Europa! Ich bin der Meinung, dass das wie Wasser zum Leben gehört, dass ich etwas mit Musik, mit Kunst, mit Literatur mache und zumindest die Chance bekomme, damit etwas zu tun zu haben. Mein Leben wird ausgefüllter, mein Leben wird schöner, und speziell der Umgang und das Aufwachsen mit Musik heißt, dass ich mich in einer Gruppe bewegen kann. Sich Melodien merken zu können ist nicht nur schön, es macht auch Spaß, und es bedeutet einen ganz tollen Lernprozess. Alle diese Dinge spielen eine Rolle, wenn ich sage: Leute, wenn ihr Musik macht, dann macht das nicht nur Spaß, sondern ihr tut auch etwas ganz persönlich für euch!«

Es war Ernesto Cardenal, der ihr Mut machte. Der damalige Kulturminister Nicaraguas war in Bremen gewesen und hatte von dem großen Lehrermangel an der Musikschule in Managua erzählt. In seinen Appellen an die Intellektuellen und der Forderung nach einer Demokratisierung der Kultur hatte der

Minister und spätere Freund der Familie Scherf immer wieder auf die desolate Lehrer-Situation in Nicaragua hingewiesen und arbeitslose Musikpädagogen aufgefordert, sich zu engagieren. »*Wie recht Cardenal hatte, wurde mir schnell klar, als ich dort lebte und arbeitete. Trotz Armut und Krieg ist für viele Nicas – wie sich die Nicaraguaner selbst nennen – Musik ein ganz wichtiger Bestandteil ihres täglichen Lebens. Sie wird zwar auch in Nicaragua häufig als Geräuschkulisse benutzt. Beeindruckend und neu war für mich aber, wie viele Nicas selbst singen und ein Instrument spielen.*«

Natürlich spielten auch politische Überlegungen bei der Entscheidung eine Rolle, den Wohnsitz Bremen mit Managua zu vertauschen. Damals schieden sich die Geister in Deutschland, Europa und den USA schon bei der bloßen Erwähnung des Namens Nicaragua. Für die einen gehörte das kleine Land in Lateinamerika zum »Reich des Bösen«, wie US-Präsident Reagan später die Sowjetunion bezeichnen sollte. Für andere war es ein Land der Hoffnung, wo sich nach den gescheiterten Revolutionen in Chile oder Portugal neue Hoffnungen auf ein irdisches Paradies artikulierten. Luise Scherf ist eine ruhige, sachlich argumentierende Frau, die sich auch im Rückblick von revolutionärem Überschwang distanziert. Vereinfachende Schwarz-Weiß-Malerei war ihre Sache nie: aber auch übertriebene Romantik ließ sie nicht an sich heran. »*Ich habe mehrfach beobachtet, wie Deutsche, die für vier Wochen im Land waren und wieder abreisten, den Nicas Vorträge darüber hielten, wie diese ihre Revolution zu machen hätten. Das war mir peinlich.*«

Ein Kamerateam des WDR fängt ihren Alltag in Nicaragua ein, zeigt Tropen, Palmen und das blaue Meer; aber der Film trägt den beziehungsreichen Titel »Die Frau an seiner Seite« und zeigt die hochgewachsene Lehrerin aus Bremen, die sich weit weg vom bürgerlichen Bremen, ohne Hilfe und Zuspruch des zurückgebliebenen Ehemannes, durch ein bedürfnisloses Leben schlägt, wo oft das Nötigste fehlt. Kinder, die nicht wissen, was sie essen sollen, aber froh sind, dass eine Musiklehrerin aus Deutschland in ihrer ärmlichen Klasse sitzt, um die Schülerinnen und Schüler auf die bevorstehende Aufnahmeprüfung in der Musikschule vorzubereiten. Alle leiden im Sommer unter der infernalischen subtropischen Hitze. »*An meinem Arbeitsplatz in der Musikschule von Managua gab es einige Ventilatoren an den Zimmerdecken. Sie waren defekt und konnten nicht repariert werden, weil nach dem amerikanischen Embargo gegen Nicaragua nötige Ersatzteile fehlten. Was funktionierte, fiel nach Stromsperren auch noch aus. Also schwitzten wir alle geduldig. Ich beobachtete bei mir, dass ich viel schneller als bisher erschöpfte.*«

Die Kinder und Jugendlichen, die sie einzeln oder in großen Gruppen unterrichtet, leben in dürftigen Bretterhütten. Weil Luise Scherf in einem stabilen Steinhaus wohnt, gehört sie zu den Privilegierten. »*Was das bedeutet, wurde mir während der ersten Regenzeit klar. Fast gewalttätig stürzten die Wassermassen vom*

*Himmel. Ich werde nie das wunderbare Gefühl von Sicherheit vergessen, das mich jedes Mal überkam, wenn ich mich vor diesen Wassermassen retten und wieder ein festes Wohnhaus betreten durfte. Die Hausangestellte, die bei uns arbeitete, kam einmal nach einer Regennacht zu mir und erzählte, dass sie mit ihren vier Kindern mehrere Male in der Nacht von einer Stelle ihrer Hütte zur anderen gezogen sei, weil das Wasser durch das Dach spritzte.«* Von revolutionärer Romantik keine Spur. Die Putzfrau in der Musikschule erzählt, dass sie von Pontius zu Pilatus laufen musste, um die nötige Milch für ihre Kinder aufzutreiben. Eine Klavierschülerin stürzt weinend auf sie zu und stammelt, dass ihr Vater das geliebte Klavier aus Geldnot verkaufen müsse. Eine befreundete Lehrerin, die mit Überzeugung für die Revolution kämpfte, freut sich über neue Lebensmittel und ärgert sich maßlos über eine blödsinnige Bürokratie, die im Gefolge des Umschwungs den Alltag zu erdrücken beginnt. Der Tankstellenwart an der Ecke wartet auf amerikanische Dollars von seiner Tante aus Miami und zählt die Tage, bis er mit seiner Familie endlich ins gelobte Kanada auswandern kann.

Viele Familien schicken ihre Söhne ins Ausland, weil sie ihnen den Militärdienst in Nicaragua ersparen wollen. Luise Scherf geht zu Beerdigungen, wo Mütter und Väter den Tod ihrer Kinder beklagen. Sie staunt über den Lebensmut der Bewohner, ärgert sich über Unzulängliches und kleine Widrigkeiten des Alltags, freut sich über die Gelegenheit, irgendwo ein Brot für den täglichen Bedarf auftreiben zu können. Frühere, fest gefügte Meinungen kommen ihr immer stärker abhanden. *»Ich kann hier nicht die Welt umkrempeln. Aber wo ich bin, kann ich ganz einfach etwas tun.«* Die herbe norddeutsche Bürgermeister-Frau mit den preußischen Tugenden. Pünktlichkeit gibt es in Managua nicht, weil Straßenbahnen und Busse oft nicht funktionieren. Das Telefon steht tagelang still, weil die Leitungen defekt sind. In brütender Hitze fährt sie mit dem Fahrrad durch die Stadt. »Mi pueblo triunfo – queremos pan y dignidad – Mein Volk triumphierte, wir wollen Brot und unsere Würde!«, singen die Leute. Aber nicht die Revolution, sondern der Alltag mit seinen drückenden Sorgen beschäftigt die Leute. *»Von Europa hatte es immer so ausgesehen, als wenn es für die Nicaraguaner nur dieses einzige Thema gäbe, für das sie von morgens bis abends kämpfen wollten. Aber es gab mir zu denken, dass sich die meisten Leute, allen voran die Armen, dann doch herzlich wenig oder gar nicht für Politik interessierten. Ich habe die Hoffnung nicht aufgegeben, allen Menschen, die sich dort im Schweiße ihres Angesichts um Verbesserungen bemühen, mit meiner eigenen Arbeit praktische und moralische Unterstützung zu geben. Die Menschen müssen die tiefe Kluft zwischen ihren Hoffnungen und der Realität aushalten. Und da soll ich mich als reiche und privilegierte Europäerin mit gramvoller Miene zurückziehen und sagen: ›Das hat doch alles keinen Zweck?‹«*

Ob sich seine Frau verändert habe, wird ihr Mann zu Hause gefragt, der die Abwesenheit seiner Frau längst als eine besondere Stress-Erfahrung begreift.

*»Sie hat sich durchgesetzt, um mit anderen Verhältnissen klarzukommen. Das macht auf eine neue Art selbstständig.«* Für die in Managua als Musikpädagogin arbeitende Luise Scherf bleibt immens wichtig, dass sie die Welt aus einer anderen Perspektive betrachten und eine Standortbestimmung erleben konnte. *»Die Freude an den kleinen Dingen, das Vertrauen in die Zukunft – das geben die Menschen in Nicaragua nicht auf. Trotz Bürgerkrieg und Naturkatastrophen.«* Der Satz stammt von der Schriftstellerin Gioconda Belli, die mit Luise Scherf seit Jahren befreundet ist; diese couragierte Frau, die sich in den 1970er Jahren am Sturz der Somoza-Diktatur beteiligte, unterstützt gemeinsam mit der deutschen Freundin das Projekt »Musica en los barrios«, das inzwischen zahlreiche Kinder in den ärmsten Vierteln des Landes erreicht. Die kleinen Anfänger bekommen Sopranflöten aus Plastik; wer sich durch fleißiges Üben bis zum Gruppenspiel hochgearbeitet hat, der darf die Flöte als Geschenk behalten; einmal in der Woche wird in Unterkünften unterrichtet, die oft nur Bretterhütten sind. Zwar halten nicht alle Kinder durch; aber viele andere singen die Lieder und spielen die Tänze, die Luise Scherf in Lateinamerika und Spanien gesammelt hat. *»Gusanito medidor. Das Lied vom kleinen Wurm, der den Körper hochkriecht. Die Kinder machen damit herrliche Sachen. Die fangen dann unten am Fuß an und krabbeln mit ihren eigenen Fingern so den Körper hoch. Und dann ist der Witz in dem Lied, dieses ›eihihi, eihoho‹, das sind nämlich Kitzeleien, Cosquillas tengo yo, also es kitzelt mich, wenn es den Körper hochkriecht. Und das ist bei den Nicas nicht so einfach, zuzugeben, dass das nett ist, wenn es kitzelt. Denn das Reden über den eigenen Körper, über alles, was mit dem Körper zusammenhängt, ist so ziemlich tabu. Und wenn ich in den Lehrer-Fortbildungskursen solch ein Lied anbiete, dann gucken die alle zuerst ein bisschen geschamig, als würden sie fragen, muss das denn sein? Nur die Tatsache, dass der Vorschlag von so einer – wie sie das nennen – ›Chela‹, einer Blonden aus dem Norden kommt, die sowieso alles besser kann, weil sie besser ausgebildet ist, animiert sie dann dazu. Reich sind die ja sowieso alle, die aus dem Norden kommen, denn die können ja diese lange Reise bezahlen, wenn die das also macht, dann fällt auch mir kein Zacken aus der Krone, wenn ich das mal probiere. Und dann merken die Lehrerinnen und Lehrer in den Fortbildungskursen, die nie Gelegenheit hatten, so etwas zu lernen, dass das ganz viel Spaß macht, und sie lachen sich kaputt. Nun stellen Sie sich einmal vor, wir haben sechzig bis achtzig Kinder pro Klasse. Da müssen Sie sich schon etwas einfallen lassen, um diese ganze Bande dazu zu bringen, überhaupt mitzumachen.«*

Aber sie spürt, dass sie hier nicht ein Leben lang bleiben kann. *»Mir wurde immer auch schmerzhaft bewusst, wie tief verwurzelt ich in meiner norddeutschen Welt bin. Ich hatte Sehnsucht nach Menschen, die mir nahe sind, nach einem vertrauten, kulturellen Umfeld, nach der deutschen Sprache, sogar nach dem Wechsel der Jahreszeiten und dem täglichen Kleinkram, den ich plötzlich aus einer anderen Perspektive betrachtete.«* Sie geht zurück, aber kommt wieder, um sich der Musikpädagogik zu widmen. Sie trifft die alten Freunde. Sie hat ihre eigene Realität von Nicaragua gefunden. »*Es wird gelernt und studiert, es werden Feste gefeiert, der Alltag mit seiner Bitternis wird immer wieder mit Mut und bewundernswerter Kraft, mit Humor bis zum Galgenhumor bewältigt und gepackt. Die Menschen müssen eine tiefe Kluft zwischen Hoffnung und Realität überwinden.*« Ihre praktische Vernunft verbietet allzu idealistische Höhenflüge und fragt, was zu tun sei. Das verbindet sie mit Henning, ihrem Mann. Beide haben sich auf einen Satz des deutschen Philosophen Jürgen Habermas geeinigt: »Wenn geschichtlicher Fortschritt darin besteht, Leiden einer versehrbaren Kreatur zu mildern, abzuschaffen oder zu verhindern, und wenn die historische Erfahrung lehrt, daß den endlich erzielten Fortschritten ein neues Unheil auf dem Fuße folgt, liegt die Vermutung nahe, daß die Balance des Erträglichen einzig dann erhalten bleibt, wenn wir um der möglichen Fortschritte willen unsere äußersten Kräfte aufbieten.«

## Korrektur-Erfahrungen

Das Leben seiner Frau in Nicaragua nennt Henning Scherf eine »Korrektur-Erfahrung«, die er für die eigene politische Arbeit nutzen möchte. »*Da bin ich ja nicht hingefahren, weil ich meine Karriere fördern, sondern weil ich etwas lernen wollte. Das gilt auch für die Projekte, die ich mitgemacht und unterstützt habe. Wenn ich mich bemühe, von den Menschen in Nicaragua zu lernen, wie schwer das Leben ist, sobald man nach dem Kaffeepflücken in seiner Hütte sitzt, wo einen die Moskitos beißen, wo das Wasser schlecht ist und die Ratten herumlaufen, dann werde ich plötzlich ganz klein. Dann fangen wir alle gemeinsam an, diese Lage zu verstehen. Das ist für mich gut gewesen, daraus habe ich viel gelernt. Oder wenn ich kubanische Ärzte in den letzten Höhlen im Dschungel von Nicaragua erlebe, die wie Priester alles mit den armen Leuten teilen, da habe ich gelernt: Auch das ist Leben, da kann ich für mich meine eigene Rolle korrigieren.*«

Er nennt es ein großes Glück, dass er viele dieser Erfahrungen mit seiner Frau Luise teilen und immer wieder mit ihr über alles sprechen konnte. »*Luise hat das alles versucht mitzutragen und mit zu denken und hat mir auch oft zugesetzt.*« Aber auch die lange Trennung von fast zwei Jahren war eine Erfahrung, die beide als eine Art »Wundergeschichte« empfinden. »*Ich bin sicher, dass wir dadurch unsere Beziehung lebendig gehalten haben. Sie hatte nicht mehr das Gefühl, immer hinter diesem Typen herzurennen, nach dessen wunderbaren Berufsperspektiven sie ihre zu definieren hätte. So eine tragfähige Basis in der Ehe musst du aber immer wieder neu erarbeiten. Patentrezepte gibt es nicht. Wir glauben, dass es nur daran liegt, dass wir uns miteinander anstrengen und gegenseitig belasten. Nur wenn man sich etwas zumutet, bleibt es spannend. Es gibt zwar immer wieder schwierige Phasen, aber* es entstehen auch gemeinsame Erfahrungen, die uns in fast fünfzig Ehejahren belastbar gemacht haben.«

Ihre drei Kinder sind stark und selbstbewusst eigene Wege gegangen. Die älteste Tochter Caroline, die für die jüngeren Geschwister früh Verantwortung übernehmen musste, war am Bremer Vorstadt-Gymnasium Huckelriede eine überdurchschnittlich gute Schülerin und machte schnell das Abitur. Ihr damaliger Klassenkamerad Mike Neumeyer, der unter Scherf zum CDU-Bausenator avancierte, erinnert sich an ihre Dominanz und »bewundert sie bis heute«, wie der Vater stolz berichtet. Aber auch Sohn Christian und die jüngste Tochter Julia zieht es früh aus Bremen hinaus: Schon während der Schulzeit wollen beide über Auslandsaufenthalte ihre eigenen Erfahrungen sammeln. »In bewusster Distanz zu meinen politischen Aufgaben. Ich habe gelernt, dass es gut für die Kinder ist, wenn sie nicht bei jeder Gelegenheit vom öffentlich wahrgenommenen Vater instrumentalisiert werden. Sie wollten ihre eigenen Wege finden, und ich sollte sie möglichst wenig dabei stören.«

Die Eltern beobachten, wie ihre flügge gewordenen Kinder in alle Himmelsrichtungen davonziehen. Tochter Julia geht bereits nach der zehnten Klasse als 15-Jährige für ein Jahr nach Nicaragua, ohne Hilfe einer Organisation, und das obendrein im politisch riskanten Folgejahr der sandinistischen Revolution 1981. Sie geht zur Schule, unterstützt junge, revolutionäre Sandinisten, arbeitet im Krankenhaus und hilft bei Ernteeinsätzen. Auch Sohn Christian, der als Schüler Mitglied des deutsch-amerikanischen Austauschprogramms »American field service« wird, geht nach dem Abitur für drei Monate nach Costa Rica, arbeitet in Flüchtlingslagern und engagiert sich später in Nicaragua. Alle drei Kinder haben sich wie einst ihr Vater in freiwilligen »work camps« verpflichtet, um irgendwo in der Welt Aufbauhilfe zu leisten.

## Dialog mit Sohn und Töchtern

Die polyglotte Internationalität aller drei Kinder ist erstaunlich. Die älteste Tochter arbeitet heute als Gynäkologin im britischen Cardiff und leitet die Abteilung einer Klinik, nachdem sie zuvor zwei Jahre als Ärztin im afrikanischen Gambia lebte, wo sie heiratete und Mutter einer Tochter wurde. Inzwischen wurde Sohn Anton geboren, und die Mutter nennt sich »ökonomische Migrantin«, weil sie nach dem Medizinstudium Deutschland den Rücken gekehrt und Großbritanien wegen der besseren Arbeits- und Verdienstmöglichkeiten angesteuert hat. Ihre Schwester Julia arbeitete fünf Jahre lang bei der Heinrich-Böll-Stiftung in Israel und koordiniert heute für die Stiftung von Berlin aus deren Arbeit in Asien. Sohn Christian lebt mit seiner Familie in Hamburg und arbeitet als

Geschäftsführer bei der international ausgerichteten Forschungseinrichtung DESY. *»Dass unsere Kinder so international leben, hat wohl auch damit zu tun, dass in Bremen der eigene Vater zu dominant war. Wir sind zu einer globalisierten Familie geworden, mit festen Orten über weite Entfernungen. Wir haben gemeinsame Freunde in vielen Ländern gefunden. Diese Entfernungen haben uns nicht auseinandergebracht, eher im Gegenteil. Wir haben in internationalen Fragen oft gemeinsame Einschätzungen. Das ist eine gute Botschaft, dass man mit flügge gewordenen Kindern so viel Nähe erleben kann.«*

Es gehört zum Älterwerden, dass man intensiver und kritischer über Vergangenes nachdenkt und nach Fehlern und Versäumnissen fragt, für deren Beantwortung früher keine Zeit war. Animiert von Lars Brandt und dessen Buch »Andenken«, in dem die Geschichte zwischen Vater und Sohn, zwischen Politik und Privatleben, zwischen Zuneigung und Distanz beschrieben wird, setzt sich Henning Scherf im Juni 2007 hin und schickt seinen drei Kindern einen 22-seitigen handgeschriebenen Brief. *»Es ist das erste Mal, dass ich überhaupt versuche, mit meinen Kindern öffentlich darüber nachzudenken. Bisher war zwischen uns klar, das geht niemanden außer uns selbst etwas an.«*

Hintergrund war der Wunsch, in der vorliegenden Biografie etwas mehr über die Kinder, über das Zusammenleben der Familie und deren Existenz im Schatten des prominenten Vaters zu erfahren, den die gegen solches Ansinnen heftig opponierende Luise Scherf als »häufig entfernten Übervater und starke Figur« bezeichnet. Aber war die Frage überhaupt legitim, ob es aus dem Blickwinkel der erwachsenen Kinder einen Unterschied zwischen dem öffentlichen und dem privaten Vater gab, so wie Lars Brandt in seinem Vater ein »siamesisches Widerspruchsgebilde« gesehen hatte, irgendwie zwischen Licht und Schatten verdoppelnd, zusammengewachsen an ungewisser Stelle, mit einer »konkreten und einer abstrakten Hälfte«?

Bei näherem Hinsehen ist der väterliche Versuch, mit seinen drei Kindern einen Dialog über das zurückliegende gemeinsame Leben zu führen, nur halbwegs gelungen. Der Vater schreibt über Höhen und Tiefen, über Glück, Niederlagen und kleine Schicksalsschläge; ihm gelingt es aber nicht, das latente Misstrauen der Kinder gegenüber dem öffentlichen Übervater abzubauen und einen gemeinsamen Dialog zu beginnen. »So subjektiv Dein Bericht auch ist«, schreibt die älteste Tochter Caroline, »er stellt Deine Position und die Rolle, die wir für Dich spielen, dar. Reflektiert er nicht auch ein bisschen ›Vaters Stolz‹, den ich Dir gar nicht absprechen will?« Die Schwester Julia sekundiert mit dem Hinweis, dass ein Buch über das Leben der Mutter ganz anders aussähe. »Und ein Buch über mein Leben würde gänzlich andere Geschichten über uns und Euch erzählen.« Interessanterweise ist es Sohn Christian, der sich mit dem Vater in einen beherzten Dialog über dessen öffentliche und private Rolle einlässt und der ihm sogar vorwirft, mithilfe seiner Kinder »ein Denkmal zu bauen«, um mit dem eigenen Leben ein öffentliches Beispiel für eine ganze Generation zu geben. »Ist nicht viel wichtiger, wie jeder von uns mit einem Vater umgegangen ist, der berühmt und in der Familie wenig präsent gewesen ist?«

Zwei Themen sind dem Sohn wichtig: Die Abwesenheit und die Berühmtheit des Vaters. Das eine sieht er als den Preis des anderen. »Wenn ich von Abwesenheit spreche, dann meine ich nicht nur Deine fehlende Zeit für uns. Vielleicht habe ich das erst sehr spät begriffen, aber es geht hier um die Abwesenheit der aktiven Anteilnahme an den Sorgen und Nöten, Hoffnungen und Wünschen Deiner Kinder. Es muss einen Grund haben, warum Du vor allem und gerne von Dir und Deinen Erlebnissen erzählst, aber nicht die Chance nutzt, im Angesicht Deiner Kinder von ihnen zu erfahren, was sie mit sich herumtragen und wo sie gerade sind.« Der Sohn will vom Vater, mit dem ihn in seinen Worten eine »ungewöhnliche Vater-Sohn-Beziehung« verbindet, nicht aus einer »verklärten Nähe« gesehen werden, sondern fordert Ehrlichkeit und Realismus. »Dein Brief zeigt, wie Du Dir die Welt erklärst, und er ist dabei authentisch. Aber ist da nicht noch viel mehr zu sagen? Hinterfragst Du Dich, ob Du etwas verpasst hast, als Preis für Deine Karriere? Bist Du eine Zumutung oder ein Segen für heranwachsende Kinder gewesen? Kann man aus Deinen Erfahrungen lernen? Es ist spannend, nicht nur Positives zu beschreiben, sondern Fehler zu benennen, Chancen zu erkennen und an unserem Verhältnis zu arbeiten.«

Solche Sätze müssen einen Vater nachdenklich machen, der nicht nur den Antagonismus von Macht und Moral, sondern auch das Verhältnis zwischen Öffentlichkeit und Privatheit stets kritisch reflektierte. Es sei entscheidend, dass *»öffentliche Menschen wie ich nicht zu gespaltenen Persönlichkeiten werden. Ich mache keine Geheimniskrämerei um mein Privates, und gerade dadurch gelingt es, so vieles privat zu halten!«* Galt dieses Bekenntnis aus dem Jahre 2004 für den Ex-Bürgermeister und aktiven Ruheständler überhaupt noch? Zur Paradoxie des älter werdenden Scherfs gehört es, dass ihm nach dem Ausscheiden aus dem öffentlichen Amt eine Bekanntheit zuwuchs, mit der er nicht rechnen konnte. Plötzlich wurde aus dem Politiker, der seine Grenzen zwischen Politik und Öffentlichkeit stets klar markiert und sich den Gesetzen der Medienindustrie misstrauisch entzogen hatte, der gefeierte Bestseller-Autor und Medienstar, der sich von Rundfunk und Fernsehen umwerben ließ. Mit seinem im September 2006 erschienenen Buch »Grau ist bunt – Was im Alter möglich ist« hatte er die eigene Privatheit, nämlich den Kreis der Familie, der Freunde und Weggefährten aus der Hausgemeinschaft zum öffentlich bestaunten Ereignis gemacht. Ausgerechnet er, der sich als Politiker oft rar machte, wurde nun zum Gesprächspartner, der freimütig aus dem privaten Nähkästchen plauderte. Sogar die »Bild-Zeitung« widmete dem Buchprojekt mehrere knallige Seiten, während sich Freunde bestürzt fragten, was ihn zu dieser Wandlung bewogen habe. War er süchtig nach Öffentlichkeit oder drängte er danach, mit seinem Leben ein Beispiel für die ganze Nation zu geben, wie Sohn Christian vermutete?

## Grau ist bunt

Aber wie sollte man gemeinsam alt werden? Eher sporadisches Nachdenken über das richtige Altern wird noch in Scherfs Amtszeit als Bürgermeister und Präsident des Bremer Senats öffentlich und konkret. *»Das Buchprojekt über Altern«* notiert er am 24. August 2004 an Bord der »Wappen von Bremen«, mit der er über Tromsö und Spitzbergen bis an die Packeisgrenze segelt. *»Natürlich möchte ich Lust aufs aktive Altwerden verstärken. Natürlich möchte ich dafür ein positives Beispiel sein. Aber was ist daran spannend?«* Noch müssen ihn der Freiburger Herder-Verlag und seine Mitarbeiterinnen fast mühsam zu einem Projekt überreden, das seit dem Erscheinen des Bestsellers »Das Methusalem-Komplott« von Frank Schirrmacher Hochkonjunktur hat: Der demografische Wandel wird als fast unabwendbare Katastrophe beschrieben, die Zukunft wird meist in den dunkelsten Farben geschildert. Landauf und landab werden Kongresse veranstaltet und Vorträge gehalten, die meist düstere Untergangsvisionen verbreiten. Man diskutiert über die »Zeitbombe Bevölkerungsschwund«, über eine »demografische Zeitenwende« oder über das »Aussterben der Deutschen«, das mit nationalem Pathos beschworen wird. »Kassandra hat Konjunktur«, schreibt »Der Spiegel«, das Bild einer freudlosen Zukunft hat sich in den Köpfen der Menschen festgesetzt – leere Wiegen, volle Pflegeheime. Der umworbene Scherf soll nach dem Wunsch des Herder-Verlages dagegenhalten und möglichst die Chancen einer alternden Gesellschaft beschreiben. Aber noch ziert er sich beträchtlich; in seinem Bordbuch finden sich die Sätze. *»Ein Programm für eine vitale alte Gesellschaft will ich nicht schreiben. Ein Horrorszenario à la Schirrmacher mit Krieg der Generationen auch nicht. Aber was?«* Eine klare Antwort liefert bald der Freiburger Verlag, dessen Mitarbeiterin Uta von Schrenk den zaudernden Scherf in die Spur bringt und über Gespräche, Interviews und viele nachdenkliche Fragen ein Manuskript zu erstellen hilft, das eine klare Stoßrichtung gegen alle Untergangsszenarios pessimistisch-konservativer Kulturkritiker enthält. *»Leider wird das Alter überwiegend als Angst und Panikthema vermittelt«*, so der Beginn des Vorworts zu seinem Buch »Grau ist bunt«, das im Herbst 2006 auf dem deutschen Buchmarkt erscheint und rasch die Bestsellerlisten erobert. Sechs Monate nach der ersten Auflage sind über 100.000 Exemplare verkauft. Jung im Kopf, rüstig und voller Tatendrang: Möglicherweise ist es der unverbrüchliche, schulterklopfende Scherf-Optimismus, der sein autobiografisch gewürztes Durchhaltebuch für viele Leser zu einer Lektüre macht, die Trost in ratlose Senioren-Zirkel bringt. Natürlich trägt zur Glaubwürdigkeit des Autors bei, dass er den Honeymoon als Polit-Pensionär mit vielen Beispielen vorleben kann. Der rüstige Ruheständler ist im ehrenamtlichen Dauereinsatz und figuriert als Präsident des Deutschen Chorverbandes, als Präsidiumsmitglied des Deutschen Evangelischen Kirchentages oder als Vorsitzender im Kuratorium des Evangelischen Studienwerks Villigst, das ihm einst das Studium ermöglichte. »*Wir leben in einer auf Eigeninitiative angewiesenen Zivilgesellschaft. Hier will ich mitmachen, so gut ich kann und solange ich gefragt werde. Wir haben unsere Jobs an den Nagel gehängt, nicht unser Leben.*«

Die Botschaft kommt an. Um auch anderen »*Senioren Mut zu machen und sie hinter dem Ofen hervorzulocken*«, entwickelt er Strategien, was im Alter möglich ist, erzählt, wie seine Eltern und Großeltern alt geworden sind und wie er selbst alt werden will. Am Ende des Lebens steht ein neuer Anfang. Ab wann ist man alt? Und woran merkt man das eigentlich? Sex im Alter? Erotische Sehnsucht nach strafferen Körpern? Altwerden kann bedeuten, Namen zu vergessen und Dinge zu verlegen, Verluste zu erleiden, Krankheiten zu überstehen und zu wissen, dass die Zeitspanne, die bleibt, allmählich immer kürzer wird. Für Scherf geht nach seinem Ausscheiden aus dem Amt manches besser als vor zehn Jahren. »*Mich jagt keiner mehr!*« Aber der landläufigen Angst vor dem eigenen Altern und der Panik vor einer immer älter werdenden Republik stellt er ein neues Altersbild entgegen. »*Mit diesem Endzeitgejammer über die alternde Republik, mit diesen Schreckensbildern von Massen an pflegebedürftigen Greisen, die mit ihren Rollstühlen uns alle in Bedrängnis bringen, muss Schluss sein!*«, so donnert der Autor im Vorwort seines Buches. Wie ein Wanderprediger reist er durch Kirchengemeinden, Seniorenheime und Kommunalverbände, gibt über zweihundert Radio-, Fernseh- und Zeitungsinterviews, die er sich auf Bitten von Gattin Luise teilweise vergüten lässt. Das Geld wandert, wie auch das Autorenhonorar für »Grau ist bunt«, in die Stiftung Pan y Arte, deren Vorsitz Scherf aus den Händen des Gründers Dietmar Schönherr übernommen hat: Vor neun Jahren hatte der Schauspieler und Regisseur Dietmar Schönherr für ein Projekt in Nicaragua geworben, nachdem der Hurrican Mitch 1998 weite Teile des Landes verwüstet hatte. »Die Bewohner schlafen mit ihren Kindern in Erdlöchern, mit Bananenblättern notdürftig zugedeckt«, so Schönherr in seinem Aufruf in der »Zeit«, mit dem er für seine Hilfsorganisation 700.000 D-Mark einsammelte. Von dem Geld wurde in Nicaragua ein Dorf gegründet, das zunächst 1300 Menschen ein neues Heim in windfesten und erdbebensicheren Häusern aus Stein gab – die Bewohner nannten es »Los Angeles«. Der inzwischen achtzigjährige Schönherr hat dem fast siebzigjährigen Scherf die Schirmherrschaft über sein Projekt gegeben, das sich inzwischen zu einem florierenden Dorf entwickelt hat, dessen

Bewohner Bienenhonig und Papier aus Palmenfasern verkaufen. Es gibt Wasser-leitungen, eine Schule, ein Krankenhaus und neues Land in der Größe von sech-zig Hektar, auf denen die Bewohner in Zukunft Feldfrüchte anbauen wollen, um damit zu handeln und sich selbst zu ernähren. Nicaragua sei immer noch das »zweitärmste Land der Erde« und sein Dorf lediglich der »Tropfen auf dem heißen Stein«, so der auf Ibiza lebende Schönherr, der sein Projekt bei Henning und Luise Scherf in guten Händen weiß.

## Hausgemeinschaft Rembertistraße

Die beiden gingen auch in Sachen Altern mit gutem Beispiel voran und gründe-ten mit fünfzig eine Alten-Hausgemeinschaft, die in der ergrauenden deutschen Republik immer stärkeres Interesse findet. Für die »Frankfurter Allgemeine Sonntagszeitung« gilt das Bremer Prominenten-Paar schon als Avantgarde für ein Lebensmodell mit Zukunft. Gut möglich, dass Bremens Bürgermeister seiner Zeit abermals voraus ist. In knapp drei Jahrzehnten wird jeder dritte Deutsche älter als sechzig Jahre alt sein. Ist das »Modell Scherf die Wohnform zum demografischen Wandel?«, fragt die Zeitung und überschreibt ihre Repor-tage mit dem provokanten Titel: »Zum Henker mit der Einsamkeit!« Man sollte sich zunächst mit dem Architekten und Bauberater Klaus Hübotter über das Wagnis unterhalten, das Anfang der Achtzigerjahre in Gesprächen mit Freun-den vorgedacht und als psychologischer Kraftakt gegen die Einwände des Architekten-Freundes durchgesetzt wurde, der sich noch heute über das gute Gelingen des damaligen Experiments wundert. Normalerweise würden seine Vorhersagen eintreffen, meint Klaus Hübotter und erinnert in seinem hellen Bremer Büro an die endlosen Gespräche, die er mit dem Bauherrn Henning Scherf über das Projekt Rembertistraße 70/71 geführt hat. Er habe dem Sena-tor und Bürgermeister die Idee ausreden wollen, gemeinsam mit zwei Ehepaa-ren und einem Freund ein Haus zu bauen, in dem man eine »Alterskommune« errichten könne. Immer wieder habe er einen holländischen Spruch zitiert, der diesem Projekt als Warnung dienen sollte: »Baue dein Haus weit von deinen Verwandten, nahe an einem Wasserlauf.« Aber man habe sich von solchen Ratschlägen nicht abhalten lassen. Aktuelle Umfragen belegen, dass mehr als ein Drittel der über Sechzigjährigen gern etwas Neues ausprobiert, das Leben genießen will und den Gedanken an Alter und Tod kategorisch verdrängt. Dass man schon im Alter von fünfzig Jahren darüber nachdachte, wie man fünfzehn Jahre später in die Rente, den Ruhestand oder eine »nachberufliche Lebens-phase« eintreten wolle, schien bei diesem Bremer Projekt ebenso ungewöhnlich wie der mutige Vorsatz, nicht allein, sondern gemeinsam mit seinen Freunden alt werden zu wollen. Immerhin standen Scherf und seine Freunde noch voll im Saft, als sie sich auf schwellenlose Türen, rollstuhlbreite Flure und ein Fahrstuhlgehäuse verständigten. *»Jeder von uns hatte WG-Erfahrung. Und wir wollten nicht alte Fehler wiederholen. Also war uns klar: Wir müssen Platz haben, sodass man sich nicht ständig über den Weg läuft. Unser Haus hat fünf Ebenen und auf jeder eine Küche, mindestens zwei Toiletten und eine Dusche, sodass man nicht Schlange stehen muss. Nähe und Distanz müssen stimmen. Viele Studenten-WGs gehen in die Hose, weil die Leute zu nahe aufeinanderhocken. Es geht dann dort überhaupt nicht, dass man auch mal alleine ist und wirklich in Ruhe gelassen wird.«*

Genau besehen, ist das Zusammenleben der Bremer Scherf-Freunde keine Wohngemeinschaft, sondern eine »Hausgemeinschaft«, ein Unterschied, auf den seine Mitbewohner großen Wert legen. Dennoch: Das Interesse an dieser Form des Alterns nimmt rapide zu. Bei den Scherfs häufen sich die Anfragen, wie die Hausgemeinschaft im Alltag funktioniert. Von vielen Freunden werden sie beneidet. Immer wieder müssen sie darlegen, wie sie ihr Wohnmodell verstehen: als eines der »distanzierten Vertrautheit«. Man lebt verbindlich, auf Dauer und auch mit dem Blick auf gegenseitige Fürsorge zusammen. Eine Bewohnerin erkrankte an Krebs und starb im Kreis der Hausgemeinschaft; später starb der Sohn, der nach der Mutter erkrankt war. Sich selbst darum zu kümmern, dass sich später jemand um einen kümmert: Die ursprüngliche Idee der Hausgemeinschaft wurde plötzlich zur traurigen Realität. *»Als wir uns zusammentaten, waren wir Freunde. Nach dieser Zeit waren wir eine Familie. Das wird man, wenn man Kummer gemeinsam aushält.«*

Als »Greisenkommune zum Abpflegen« hatte man das in den Anfangsjahren verspottet, weil man noch glaubte, dass die gegenseitige Pflege erst mit Anfang achtzig anfangen würde. Es gab mühselige Klärungsprozesse: Wie viel Nähe halten wir aus? Wie viel Gemeinschaft muss sein? Soll man einen gemeinsamen Raum haben oder lieber separat auf verschiedenen Etagen bleiben? Das Ergebnis ist ein lockerer Verbund als Hausgemeinschaft mit separaten Wohnbereichen, mit je eigener Küche und eigenem Bad. Völlig klar, dass man sich gegenseitig hilft. *»Wenn meine Frau nicht da ist, bin ich sehr darauf angewiesen, dass die anderen für mich einkaufen. Dann esse ich mich durch. Zuerst esse ich meinen eigenen Kühlschrank leer und dann den nächsten.«* Als Henning Scherf nach diesem Bekenntnis vom Interviewer der Jugendzeitschrift »Jetzt« gefragt wird, ob seine Mitbewohner mit solchem Verhalten einverstanden sind, kommt die entwaffnende Antwort: *»Die amüsieren sich über mich, weil ich derjenige bin, der sich meistens darauf verlässt, dass die anderen den Einkauf für mich mitgemacht haben.«* Man kann für sich sein, ohne alleine zu sein. Am Samstagmorgen gibt es als festes Ritual ein gemeinsames Frühstück, einmal im Jahr ein großes Spargelessen, sonst trifft man sich nach Lust und Laune.

Die Direktorin des Bremer »Instituto Cervantes«, Mercedes de Castro, kam im März 2004 als neues Mitglied in die Hausgemeinschaft und hatte keine Schwierigkeiten, sich einzuleben. »In kurzer Zeit habe ich mich gezeigt, wie ich bin. Ich hätte niemals gedacht, dass ich über meine Gefühle und Gedanken so offen reden kann«, sagt die Spanierin, die ihren Mann und die beiden erwachsenen Töchter für die Dauer ihrer neuen beruflichen Tätigkeit in Madrid zurückließ. Jetzt ist sie glücklich darüber, mit der aktiven Mithilfe des Bremer Freundeskreises den deutschen Alltag bewältigen und ihre Mitbewohner um Rat fragen zu können. »Morgens, wenn ich aus dem Haus gehe, sitzt Luise bereits in ihrem Zimmer und arbeitet an ihrer Korrespondenz. Zusätzlich zum normalen Deckenlicht hat sie immer eine Kerze an. Die leuchtende Kerze gibt dem Raum eine bessere und angenehmere Stimmung. Dies finde ich sehr gut, obwohl ich am Anfang immer ein schlechtes Gewissen bekam und bei mir dachte: Diese Protestanten! Aber inzwischen halte ich das für einen guten Anfang des Tages, weil ich schon am Morgen Eindrücke mit Luise austauschen kann.« Als Mercedes mit Grippe im Bett liegt, wird sie von den Freundinnen gepflegt. »Sie haben mich mit offenen Armen aufgenommen. Wegen ihrer Hilfe ist mein Leben in Bremen ohne meine Familie sehr viel einfacher gewesen.«

Von den Annehmlichkeiten, die das deutsche Leben erleichtern, zählt sie auf: »Das gemeinsame Frühstück am Samstag, Filmabende und Einladungen, Geburtstage feiern, die Enkelkinder der Familie Scherf, die kleinen Notizen von Luise, neue Bekanntschaften, frische Eindrücke, andere Lebensgeschichten, die Beschäftigung mit der deutschen Vergangenheit, ein morgendlicher Schnack mit Luise, die Mischung von Katholiken und Protestanten, das zufällige Treffen mit den Nachbarn im Treppenhaus, der Ahorn vor meinem Fenster.« Auch das Frühstück hat für die Spanierin eine völlig neue Bedeutung bekommen. In Madrid geht man auf dem Weg in das Büro in eine Bar oder Cafeteria, trinkt den obligatorischen Cortado oder Café con leche und blättert in der Morgenzeitung. In der hektischen Metropole ist man immer in Eile. Im beschaulichen Bremen ist das samstägliche Frühstück für Mercedes de Castro eine Art Kontrastprogramm, das fast die Bedeutung spanischer Tapas-Abende besitzt: sich treffen, miteinander kommunizieren und gemeinsam Pläne schmieden. Jedes Wochenende ist ein anderer aus der Hausgemeinschaft für das Frühstück verantwortlich, was für die ungeübte Spanierin zunächst eine komplizierte Herausforderung bedeutete. »Die Brötchen müssen von einer bestimmten Bäckerei sein, wo ich schon am Vortag meine Bestellung aufgebe. Als ich hier einzog und meiner Sekretärin vom gemeinsamen Frühstück erzählte, bekam ich von ihr sechs Eierbecher. Ahnungslos musste ich feststellen, dass mir die dazu gehörenden Eierlöffel und auch eine Eieruhr fehlten, die ich in Eile besorgen musste.«

# Leben heißt zu altern

Es sei ein Glück, dass man schon früh mit einer gemeinsamen Bewältigung des Alltags und dem gegenseitigen Einüben angefangen habe, meinen Henning und Luise Scherf im Rückblick auf die Anfangsjahre. Das Modell des gemeinsamen Wohnens und Alterns können beide nur weiterempfehlen, weil sich einigeln und allein leben doch allzu trostlos sei. »Ich kenne so viele paranoide Alte, die der Überzeugung sind, der Verfassungsschutz bohrt sie an. Die sagen immer zu mir: Herr Bürgermeister, hören Sie es nicht knacken?« Das Problem des Alterns ist die Einsamkeit: Aus einer Studie des Berliner Bundesministeriums für Familie und Senioren geht hervor, dass 97 Prozent aller über 75-Jährigen in einem Privathaushalt leben – drei Viertel der Frauen und ein Drittel der Männer von ihnen allein. Solche Vereinsamung braucht der inzwischen 68-jährige Henning Scherf nicht zu fürchten. Er ist 47 Jahre mit seiner Frau Luise verheiratet, hat drei Kinder und sieben Enkel. Bis zu seinem freiwilligen Rücktritt begann sein Arbeitstag morgens um halb sieben und endete in der Regel eine Stunde vor Mitternacht. Wenn er zu müde zum Einschlafen war, lief er nachts durch den Bremer Bürgerpark oder schwamm eine lange Runde im nahegelegenen Uni-See. So banal wie wahr: Auch bei ihm, dem erstaunlich jung und gesund Gebliebenen, hat das Altern viele Gesichter.

»Das Älterwerden will ich eigentlich nicht bemerken. Ich mache viel Sport, um fit zu bleiben. Ich fahre Rennrad, mache Langlauf, habe ein Sportanglerkanu, mit dem ich große Ralleys mitpaddeln kann, und ich mache Sporthochseesegeln. Aber natürlich bin ich den jungen Leuten nicht mehr gewachsen. Das muss ich aushalten. So ist der Lauf der Zeit. Andererseits ist es ein Geschenk, dass ich überhaupt noch so fit bin. Mein Vater ist mit achtundfünfzig Jahren gestorben. Ich lebe jetzt schon viel länger und spüre, es könnte noch eine ganze Reihe Jahre andauern, weil ich eben mit meiner Gesundheit Glück habe. Ich bin sehr belastbar und werde unter Stress immer besser, ich suche richtig Stress. Manchmal bin ich traurig, wenn ich Bilder von mir sehe, auf denen ich ein müdes, altes, schlappes Gesicht habe, und dann bin ich, wahrscheinlich ist es Eitelkeit, wieder ganz glücklich, wenn mich mal einer lachend und gestrafft erwischt hat. Es gibt gegenwärtig eine Plakatserie hier in Bremen an den Säulen, mit einem großen Bild von mir, nur der Kopf und ganz ernst. Ich mag das Bild überhaupt nicht, ich finde dieses Gesicht zu streng. Trotzdem habe ich es laufen lassen. Es ist so ein Einüben einer anderen Rolle, und ich denke: Es ist doch okay, du wirst eben älter, und deinem Gesicht sieht man das an, das ist doch das Natürlichste von der Welt. Aber ich will natürlich nicht als alter Mann wahrgenommen werden. Ich will neugierig bleiben, beteiligt werden, ernst genommen und belastet werden, ich will auch wissen, was junge Leute denken. Ich will mich nicht im Alter zurückziehen, sondern mittendrin sein. Dann bin ich einverstanden, alt zu sein. Ich freue mich darauf, Kammermusik machen zu können, wenn ich Zeit habe, und ich habe zwei dicke Buchprojekte im Kopf. Ich habe mir auch vorgenommen, bis ins hohe Alter ehrenamtlich tätig zu sein. Ich will so richtig präsent sein und voll teilnehmen, bis mich der Schlag holt. Wir wohnen ja mitten in der Stadt, ich brauche also kein Auto. Ich kann alles selbst organisieren. Ich hoffe, dass ich mit den vielen Menschen zusammenbleibe, sie ins Altwerden mitnehmen kann. Bei Rose und Klaus habe ich Jahre des Sterbens erlebt. Sie hatten eine mehrtägige Komaphase, wir wussten nicht, ob sie uns noch wahrnehmen, wir alle, auch die Kinder, haben um sie herum gesessen, mit ihnen geredet und sie gestreichelt. Wir haben uns neben sie gelegt, damit sie das Gefühl von Nähe hatten. So wünsche ich es auch für mich, dass ich nicht allein bin, wenn ich sterbe. Ich möchte zwischen lieben Menschen sein, die mir vertraut sind, die fröhlich weiterleben, vielleicht singen und vorlesen und etwas erzählen. Ich möchte bewusst sterben, mich bewusst verabschieden. Ich glaube nicht, dass das Leben begrenzt auf diesen Geburts- und Sterbezeitraum ist. Ich lebe in den Köpfen meiner Kinder und anderer Menschen weiter, aber nicht irgendwo im Jenseits.«

Zu leben heißt zu altern. Aber wie gehe ich damit um, dass ich alt werde? Will ich meine Angelegenheiten bis zum Tod selber regeln? Wie entgehe ich Vereinsamung und Langeweile? Die Idee für das bis heute ungewöhnliche Bremer Hausprojekt war entstanden, nachdem die drei Kinder der Scherfs ausgezogen waren. Besonders der Auszug der jüngsten Tochter aus dem gemeinsamen Haus war entscheidend, weil die Eltern spürten, dass ein wichtiger Lebensabschnitt für immer zu Ende war. Manchmal hatten sie sich Gedanken darüber gemacht, ob die Eltern nicht gemeinsam mit den Kindern alt werden könnten. Aber Sohn Christian und die Töchter Caroline und Julia lebten längst weit weg von Bremen, in Hamburg, Cardiff und Berlin ihr eigenes, selbstbestimmtes Leben. Wieder war es Luise, die Henning davor warnte, die eigenen Wünsche ungefragt auf die Kinder zu projizieren; stattdessen schlug sie vor, allmählich Pläne für ein gemeinsames Altern zu machen.

Die Kinder haben das Wohnprojekt der Eltern und Freunde mit Vergnügen und wachsender Neugier verfolgt. In der Anfangsphase wurde der Plan als postpubertär und anachronistisch verspottet; inzwischen erleben die Kinder die Gemeinschaft als erweiterte Familie. Die kleine Gruppe kannte sich seit vielen Jahren. Man war sich gegenseitig sympathisch, hatte miteinander über Gott und die Welt diskutiert, natürlich auch über die Kinder, die nun ihr eigenes Leben führten. Der damalige Sozialsenator Henning Scherf erschien als munterer Zeitgenosse, der ehrlich, offen und spontan war und immer wieder das Projekt mit allen Beteiligten diskutierte. Allen voran der ursprüngliche Initiator dieser Idee ließ sich weder von Hübotters Skeptizismus noch von den steigenden Kosten abbringen. »Die treibende Kraft war Scherf«, erinnert sich der Bremer Architekt, »mit Engelszungen habe ich versucht, ihn von diesem verrückten Plan abzubringen: Das kann nicht gut gehen. Ein solches Vorhaben wird die Bauherren so schrecklich strapazieren, wie sie es sich vorher nicht vorstellen können.« Es werde zum Dauerstreit über Räumlichkeiten, Kosten und geschmackliche Fragen kommen. »Ich garantiere dir, Henning, wenn dieser Bau halb fertig ist, könnt ihr eure Freundschaften gleich in den Wind schreiben und das Haus mit.« Natürlich gab es Misshelligkeiten und Diskussionen, einen Haufen fauler Kompromisse und kleinere Fehlentscheidungen. Aber das Haus wurde fertig, und die Freundschaften hielten.

Der langjährige Freund und Wegbegleiter Hans-Christoph Hoppensack hat an Henning Scherf vier Eigenschaften gerühmt, die bei der Realisierung des Wohnprojektes eingesetzt werden konnten. Sich gut in Menschen einfühlen zu können, an positive Kräfte des Menschen zu glauben, eine hohe Vermittlungskompetenz zu besitzen sowie über »Hennings Fröhlichkeit zur beherzten, frischen Tat« zu verfügen. Tatsächlich empfindet der zum Bestseller-Autor avancierte Hausherr, der zum Ärger seiner Mitbewohner viel zu viel Aufheben von der gemeinsamen Lebensform macht, auch Jahre nach der Gründung der Hausgemeinschaft die neue private Lebensform als Traum. Aber er will allen zeigen, was im Alter möglich ist und wie man sich in die öffentlichen Angelegenheiten einmischen kann. Unverdrossen hofft er, dass die Menschen über Generationen hinweg beieinander bleiben, aufeinander achten und zusammenrücken. Schon baut die Bremer Heimstiftung ihre Altenwohnanlagen mitten in Wohnviertel, verpflanzt alte zwischen junge Familien, alleinerziehende Singles und Studenten. Er träumt von der polyglotten Stadtgesellschaft, schwärmt von neuen Lebenszusammenhängen, abseits von klassischen Familienrastern, in denen sich neue Formen der zivilen Stadtgesellschaft bilden könnten. Vor dem Altern scheint dieser Mann keine Angst zu haben. »*Altwerden ist ein Geschenk des Himmels. Ich bin doch ein Glückspilz, kann mit meinen achtundsechzig Jahren noch Radrennen fahren, Hochseesegeln. Meine Vorfahren hätten das nicht gekonnt, die waren in meinem Alter längst schon tot. Und da wir alle älter werden, müssen wir in der Gesellschaft die Rollen ändern, müssen die Älteren einbeziehen, dürfen sie nicht auf Musikdampfer abschieben. Das sind doch richtige Schätze von Lebens- und Berufserfahrung, die wir nur richtig nutzen müssen.*«

Selbst vor dem Ende scheint sich Henning Scherf nicht zu fürchten. Der Journalistin Anja Jardine sagt er. »*Ich will dem Tod in die Augen sehen. Alle sagen, tot umfallen sei das Schönste. Das finde ich nicht. Ich möchte mich mit ihm vertraut machen. Ich fürchte keine schweren Krankheiten. Ich hoffe nur, dass ich nicht allein sein werde. Dass da welche sind, die sagen:* ›*Komm, wir machen das jetzt mit dir, kannst alles sagen ...*‹ *Sich nach einem reichen Tag so richtig erschöpft langmachen, alles noch mal durch den Kopf gehen lassen und dann in den Schlaf fallen. Das ist keine Katastrophe.*«

Als er nach 27 Jahren im Bremer Senat zurücktritt, hat er das Gefühl, endlich ein großes Tor zu einem weiteren Lebensabschnitt aufgestoßen zu haben. Man darf ihm glauben, dass er sich darauf seit Langem gefreut hatte.

# Die Jahre danach – ein Gespräch mit Henning und Luise Scherf über Abschied und Altern in der Politik

**VM:** Frau Scherf, Sie haben über vier Jahrzehnte einen Vollblutpolitiker an Ihrer Seite ertragen, der nicht nur einmal Getriebener des Terminkalenders war. Sein Tag begann früh und endete am späten Abend, Wochenende inbegriffen. Wie war das, als Henning Scherf nicht mehr pünktlich im Büro sein musste? Haben Sie das als Chance genutzt oder ist der Terminstress geblieben?

**Luise Scherf:** Ich glaube, eher Letzteres, obwohl die freudigen Momente natürlich vorhanden waren, nicht mehr jeden Morgen pünktlich im Büro sein zu müssen. Auch für ihn war das schön, einfach bis halb acht im Bett bleiben zu können und nicht schon zu dieser Zeit im Rathaus zu sein. Auch für mich hat das durchaus etwas Entspannendes gehabt.

**VM:** Herr Scherf, Sie haben sich zuweilen danach gesehnt, rechtzeitig aufzuhören und Zeit für andere Dinge zu haben. Hat es für Sie das berühmte Loch gegeben, in das angeblich jeder fällt, der aus dem Stress eines übervollen Arbeitslebens in das ruhigere Fahrwasser des Ruhestands verabschiedet wird?

**Henning Scherf:** Also, dieses Loch hat bei mir nicht stattgefunden. Das lag einmal daran, dass ich mich sehr lange damit vertraut gemacht habe, ja sogar herbeigesehnt habe, dass ich das endlich einmal schaffe. Es hat vielleicht geholfen, dass wir mit unserer jüngsten Tochter Julia eine mehrwöchige Reise in den Libanon, nach Syrien und Israel gemacht und so eine klare Trennung vollzogen haben. Und dieser Schnitt ist bis heute geblieben. Es hat kein Nachtreten nach dem Rücktritt gegeben und keine nachträglichen Vorwürfe. Das hat mich bis heute glücklich gemacht. Aber es kam hinzu, dass ich sofort in ein neues und spannendes Leben gestartet bin, sodass ich gar keine Übergangsprobleme hatte. Gemeint ist mein Buch »Grau ist bunt« über das Altern, das plötzlich zum Erfolgsbuch wurde, über das alle Welt mich hören will. Das gefällt mir, dass ich da ein Medium gefunden habe, über das ich sehr, sehr sympathische Leute erreichen kann. Früher war das ja anders. Früher musste ich mir gefallen lassen, dass sich jemand mal richtig auf meine Kosten abreagieren und seinen ganzen Frust loswerden wollte. Da stand ich oft für das ganze System, wurde angegriffen und musste Schläge einstecken. Das gibt es jetzt, Gott sei Dank, nicht mehr.

**VM:** Frau Scherf, hat sich Ihr Mann mit dem Buch über das Altern nicht ein neues Ventil für öffentliche Akklamation gesucht? Früher ging er als Senator und

Bürgermeister ins Büro, jetzt tourt er wieder durch die Gegend, hält Vorträge, liest in Buchhandlungen und Bibliotheken oder redet in Rundfunk und Fernsehen. Mehr denn je ist er bekannt, fast populär. Ist das anders als bisher?

**Luise Scherf:** Nein, ich glaube nicht, dass er damit eine Lücke füllen muss; denn das hat sich einfach so ergeben. Wenn er selber sagen würde, dass er anders nicht leben könnte, dann wäre das etwas anderes. Ich sehe, dass es ihm einfach großen Spaß macht. Statt Politik kommentiert er jetzt dieses Thema. Alle Menschen werden alt; das ist jetzt so eine Zielgruppe, die er für sich entdeckt hat und die ihm ungemein positive Rückmeldungen gibt. Ich glaube manchmal sogar, dass dies noch ein Crescendo ist; denn es wird mehr und mehr. Obwohl ich ihm oft rate, den einen oder anderen Termin abzusagen, kommt das nicht vor. Sofern er Zeit hat, sagt er zu.

**VM:** Herr Scherf, wo liegt der Unterschied zwischen einem Bürgermeister und dem Buchautor, der seinen Lesern Chancen für das Altern erläutert? Fühlen Sie sich als Politiker in einer neuen Rolle?

**Henning Scherf:** Regierungschef eines Stadtstaates zu sein, ist noch etwas anderes als Privatmann, der über seine augenblickliche Lebenssituation erzählt. Als Regierungschef muss man die Gesamtheit aller Fragen, auch Nöte und Ängste, der Gesellschaft akzeptieren. Man kann nicht sagen, dass einen das nicht interessiert, sondern muss sich ganz unangenehmen Fragen stellen. Sonst ist man kein Regierungschef. Das muss man aushalten! Man muss sich auch vor andere stellen und sagen: Ich halte hier den Laden zusammen! Man muss sich auch vor seinen Koalitionspartner stellen, denn sonst funktioniert das nicht. Jetzt ist das ganz anders. In solchen Rollen bin ich nicht mehr gefragt, weil kein Mensch mehr von mir erwartet, dass ich mich vor irgendjemanden stelle, mit dem ich keine direkte, gemeinsame Erfahrung habe. Aber jetzt kann ich von meiner Befindlichkeit erzählen und über das, was ich persönlich denke. Dabei muss ich nicht wie bisher auf Parteibeschlüsse schielen und mich fragen, ob ich auch richtig auf Linie bin. Nein, die Leute wollen etwas Persönliches und Authentisches! Die wollen keine Propagandasprüche von mir und sind froh, wenn ich das nicht liefere. Ich bin sogar froh, wenn sie mich nicht als SPD-Politiker sehen, sondern spüren, dass auch ich in einer neuen Freiheit angekommen bin. Das gefällt mir sehr.

**VM:** Herr Scherf, Sie haben sich mit dem Zeitpunkt Ihres Abschieds sehr gequält. Hat die familiäre Umgebung am Ende den Ausschlag für den Rücktritt gegeben oder war es die Stimmung in Ihrer Partei, die Ihren Abgang beschleunigte?

**Henning Scherf:** Meine Frau und ich haben natürlich schon lange darüber geredet. Dann haben wir das mit unseren Kindern besprochen. Besonders die älteste Tochter hat mir zugesetzt und gesagt: Mach endlich Schluss, du hast noch ein Leben nach der Politik, lass dir das nicht aus der Hand nehmen! Das habe ich auch in meinem Freundeskreis gespürt, wenn z.B. Christoph Hoppensack sagte, »Henning, krieg endlich die Kurve, rede nicht nur darüber, sondern mach es«. Das waren für mich ganz wichtige Ratschläge. Aber mir lag auch sehr daran, dass ich zu einem Einvernehmen mit meinen potenziellen Nachfolgern, Jens Böhrnsen und Willi Lemke, kam. Beide habe ich lange vorher mit einbezogen; natürlich habe ich auch mit Bernd Neumann gesprochen und ihm meine Gründe klargemacht. Alle drei haben meine Gründe respektiert. Das Wunderbare ist, dass sie alle nicht darüber geredet haben, sondern dass das ein Dreivierteljahr lang geheim blieb und ich mit der Ankündigung meines Rücktritts völlig überraschend kam. Das war eine gute Erfahrung, dass alle, mit denen ich vorher geredet hatte, meinen Entschluss nicht herausposaunt haben.

**VM:** Die Preisgabe eines politischen Amtes ist mit dem Ende von Einfluss und Gestaltungsmöglichkeit verbunden. Ist das für Sie ein Problem, dass Sie nicht mehr die Möglichkeit haben, Dinge direkt zu beeinflussen und zu gestalten?

**Henning Scherf:** Wenn man in der Politik Ämter bekommt, dann muss man sich mit den Aufgaben, mit der Macht, die man in der Hand hat, auseinandersetzen. Das ist für mich selten eine Frage der Lust, eher der Pflicht gewesen. Ich dachte, das musst du machen, packen und gestalten, aber das darf kein Selbstzweck für dich sein. Was mich wirklich gehalten und in all den Jahren bei Laune gehalten hat, war die Neigung und die Nähe zu den Menschen. Dass ich überall die Menschen erreichte, das war mir wichtig; mir ging es nie nur darum, das Problem zu lösen und gut in der Zeitung zu stehen, sondern die Leute nicht aus den Augen zu verlieren, für die ich das Mandat übernommen hatte. Für die habe ich mich angestrengt, und von ihnen wollte ich verstanden werden.

**VM:** Herr Scherf, Sie haben zugegeben, dass Sie ein neues Leben führen – wer Sie gegenwärtig beobachtet, der kann dem nur zustimmen. Wer Ihnen in diesen Wochen begegnet, der könnte sogar sagen: Der trägt das Hemd des Glücklichen!

**Henning Scherf:** Ich finde das ein sehr liebenswürdiges Bild mit dem Hemd des Glücklichen. Ich komme mir so vor, das stimmt, das will ich akzeptieren. Manchmal denke ich sogar: Das kann doch gar nicht immer so anhalten, irgendwann muß das doch mal vorbei sein, dann erwischt dich die große Katastrophe oder das große Unglück. Aber die erwischt mich eben nicht, zurzeit nicht, und darum stimmt das mit dem Hemd des Glücklichen wohl. Ich glaube, dass ich Glück mit meinen Eltern gehabt habe, die mich so haben aufwachsen lassen. Besonders meine Mutter, die immer zu mir gehalten hat, als ich wirklich schlecht in der Schule war, sitzen blieb, zu stottern begann und ein Suizidkandidat wurde. Da hat sie immer zu mir gehalten, und ich wusste, dass ich mich auf sie verlassen konnte. Dann habe ich, so glaube ich, ganz, ganz großes Glück mit meiner Luise gehabt. Wir haben uns ja mit siebzehn zum ersten Mal getroffen, und ich wusste vom ersten Augenblick: Das wird deine Frau. Das geht ja eigentlich gar nicht. Mit siebzehn kann man das gar nicht wissen, erst recht nicht, wenn man nur einmal hingeguckt hat. Ich habe da einfach Glück gehabt. Dann kommt dieser Beruf, den ich hatte, und das Glück, dass ich nicht Pastor geworden bin. Dann habe ich Glück mit den Kindern gehabt, das liegt natürlich auch an Luise, und ich halte es für einen Glücksfall, dass ich heute Leute in der Stadt treffe, die mir sagen: Wir haben Sie kennengelernt, als wir als Jugendliche gegen Sie demonstriert haben, und wie Sie damals mit uns umgegangen sind, das fanden wir ganz super! Das passiert mir ständig, dass mir jemand sagt, dass er mich da oder dort erlebt hat. Das trägt mich ganz stark und ich denke, dass doch nicht alles durch den Schornstein gegangen ist, sondern manches ist bei den Leuten angekommen. Ich hatte Glück, von Hans Koschnick beschützt zu werden. Manche müssen sich unentwegt behaupten und werden bekämpft. Ich dagegen hatte in Hans Koschnick einen wirklich gütigen Freund, der mir bis heute verbunden ist. Das ist doch ein Glücksfall!

**VM:** Sie haben ein ambivalentes Verhältnis zu den Medien gepflegt. Einerseits wurden Sie mithilfe der lokalen Medien in Bremen populär, andererseits sind Sie den Medien selten hinterhergelaufen. Manchmal haben Sie die Öffentlichkeit sogar vorsätzlich ignoriert. War das der Versuch, Ihre Authentizität als Politiker den Wählern gegenüber zu verteidigen?

**Henning Scherf:** Ja, davor hatte ich Angst. Ich beobachte bis heute, dass Politik am liebsten über Personen vermittelt wird. Es muss immer ein Gesicht her, und wenn es den Leuten nicht mehr passt, dann wird das Gesicht dämonisiert, nicht aber das Thema dahinter. Da habe ich mir geschworen, aufzupassen, um nicht ständig von Leuten instrumentalisiert zu werden, die in ihren Redaktionsstuben machen, was sie wollen. Man muss sich nicht für jedes Ding zur Verfügung stellen. Das ist natürlich nicht einfach, weil das zickig oder geziert wirkt. Manche wurden richtig sauer, und berühmte Ladys im ARD-Fernsehen waren richtig gekränkt, dass ich nicht in ihre Talkshow kam. Aber das muss man aushalten, diese Balance ist lebenswichtig. Man gewinnt seine Identität nicht dadurch, dass man sich ohne Wenn und Aber dem Bedürfnis irgendwelcher Redaktionen ausliefert, die mal wieder eine Frontsau für ein provokantes Thema brauchen. Man muss sich wirklich auf Distanz halten und nicht auf jeden Leim gehen, den sich Journalisten ausgedacht haben, um Auflage zu machen oder die Einschaltquote zu erhöhen. Das ist mir vielleicht im Ansatz gelungen. Regional habe ich diese Balance hinbekommen, überregional ist das ein bisschen schwieriger.

**VM:** Der peruanische Romancier Mario Vargas Llosa hat über die Rolle der Medien geschrieben: ›Die Kultur unserer Zeit fördert und schätzt alles, was unterhält und vergnügt, in allen Domänen des menschlichen Lebens, und deshalb sind auch die Kampagnen und die Wahlkämpfe immer weniger ein Wettstreit der Ideen und Programme, sondern Werbe-Events und Spektakel.‹ Haben Sie beide eine ähnlich negative Meinung wie der peruanische Dichter?

**Luise Scherf:** Nein, ganz so skeptisch bin ich nicht. Mich nervt natürlich, dass inzwischen alles zum »event« gemacht wird. Aber Politiker und Bürger brauchen die Medien, um bekannt zu werden oder zur Publizierung ihrer politischen Inhalte. Ich bin ganz froh, wenn die Medien meinem Anliegen, das ich vermitteln will, freundlich gesonnen sind.

**Henning Scherf:** Ich habe ja das große Glück gehabt, mich in einem Stadtstaatmilieu bewegen zu können. Hier ist nicht alles über die Medien vermittelt, sondern es besteht die Chance, sich auf der Straße zu verständigen. Ich bin manchmal aus Sitzungen rausgelaufen, weil ich die ständigen Reden meiner Mitstreiter nicht mehr ertragen konnte. Auf der Straße oder auf dem Marktplatz habe ich dann versucht, mich mit den Leuten zu verständigen. Das klappte und war etwas anderes, als Vargas Llosa das beschreibt. Eine solche Zivilgesellschaft gibt es ja in Lateinamerika nicht, das gibt es dort nur in der Literatur.

**VM:** Frau Scherf, Ihr Mann hat Sie oft »sein linkes Gewissen« genannt. Hat es im Rückblick Situationen gegeben, in denen Sie ihm ernsthaft widersprochen haben? Bei den dramatischen Ereignissen während der Gelöbnis-Feiern im Weser-Stadion oder beim umstrittenen Gang in die Große Koalition hätte man sich solche Einwände denken können. Wäre er Ihnen gefolgt, sobald Sie konkreten Widerspruch eingelegt hätten?

**Luise Scherf:** Das weiß ich nicht. Manchmal hat er ernst genommen, was ich sagte; manchmal ist er bei seiner Meinung geblieben. Also, konkret zum Eklat im Weser-Stadion. Ich war vollkommen dafür, dass er versucht hat, die friedliche Seite der Demonstranten zu verstärken. Es hatten zwar ein paar Leute gesagt, dass das gewalttätig werden könnte; aber ich habe das für Zweckpropaganda gehalten, um das Ganze zu Fall zu bringen. Ich fand es wichtig, hier Zeichen zu setzen und zu sagen, dass eine solche Vereidigung ganz schlechter Stil ist. Man konnte vorher nicht ahnen, dass das hinterher so gewalttätig wurde; frühere Erfahrungen gab es damals im Jahre 1980 noch nicht. Das zweite Konkrete war die Große Koalition. Da hatte ich ja vorher eine ganze Menge von Problemen und Schwierigkeiten in den früheren Koalitionen mitbekommen, die einen nicht gerade begeistern konnten. Deshalb fand ich es richtig, mit dicken Mehrheiten wichtige Entscheidungen durchzusetzen. Sonst wäre das ein Schrecken ohne Ende geworden.

**VM:** Das war in Bremen fast ein Kulturbruch. Haben Sie die Große Koalition damals als eine Art Zwangsehe oder gar Joch empfunden? Die erste Annäherung hat es in Ihrem Haus in der Rembertistraße gegeben. Wenn Sie sich beide an jenen Abend erinnern: War das nicht seltsam, als der einstige Klassenfeind CDU in Gestalt von Bernd Neumann das Haus betrat und mit Ihnen über eine gemeinsame Regierung verhandelte?

**Henning Scherf:** Also, dieses wunderbare Gespräch mit Bernd Neumann ist nach der Entscheidung der sozialdemokratischen Mitglieder für eine Große Koalition gewesen. Wir beide sind schon am nächsten Tag zusammengekommen und haben gesagt, dass wir jetzt etwas daraus machen müssen. Weil die Alternativen so entsetzlich waren und die Gefahr drohte, dass politisch gar nichts mehr lief, wollten wir uns nicht nur beschnüffeln, sondern den Auftrag der SPD auch in die Tat umsetzen. Wir sind uns an jenem Abend ja einig geworden und haben alles unter Dach und Fach gebracht. Das haben wir die ganze Zeit durchgehalten; denn bis zu meinem Ausscheiden hat die Vereinbarung mit dem heutigen Kulturstaatsminister gehalten. Das ist sicher eine ungewöhnliche Sache, so etwas über Landtagswahlkämpfe und Bundestagswahlkämpfe durchzuhalten. Wir haben das beide richtig ernst genommen und beschlossen: So, jetzt machen wir das! Da würde ich nicht von Zwangsehe oder gar Joch, sondern von der Annahme eines politischen Auftrags reden, der Gestaltungskraft verlangte. Da muss man rangehen und versuchen, das Beste daraus zu machen. Das habe ich bei Bernd Neumann gespürt, das spürte er bei mir, und das hat uns lange getragen.

**VM:** Für mich als Biografen war es schwierig, die Figur Neumann einzuordnen. Einerseits war es Neumann, der Sie in den Siebziger- und Achtzigerjahren zum Bürgerschreck stempelte, andererseits suchte er einen Dialog hinter den Kulissen, wie der Briefwechsel über Nicaragua beweist. Bei unserem Gespräch war Bewunderung zu spüren, als habe sich bei aller traditionellen Gegnerschaft sogar gegenseitiger Respekt aufgebaut.

**Henning Scherf:** Das hat schon ganz früh angefangen. Schon beim Bürgerschaftswahlkampf im Jahre 1971, als wir beide ganz junge Leute waren, haben wir aufeinander geachtet. Er hatte ja eine anstrengende Aufgabe als Fraktionsvorsitzender und später als Landesvorsitzender der CDU, wo sie 23 Prozent schon als Erfolg ausgeben und immer gegen die absolute Mehrheit der SPD ankämpfen müssen. Da muss man viel Kraft und Frustrationstoleranz haben, um seinen Anhang zusammenzuhalten; klar, dass da polemische Töne kommen. Das hilft zwar nicht immer, weil die Bürgerlichen auch nicht immer nur wütende Kritiker und geifernde Oppositionelle, sondern auch konstruktive und staatstragende Beiträge hören wollen. Aber ich habe ihm das persönlich nicht übel genommen, weil ich mir immer dachte, welche Rolle Neumann da oft spielen musste. Als wir miteinander mit der Koalition ernst machten, haben wir keinen einzigen polemischen Satz zitiert. Wir wussten, dass wir einen Vorschlag entwickeln mussten, bei dem wir beide gut aussahen. Ich musste das Interesse haben, dass er nicht wie ein über den Tisch Gezogener aussieht, und er hatte sich darum zu bemühen, dass auch ich gut aussah. Das war uns beiden klar, das hat uns zusammengehalten, und das kann ich jedem Koalitionär nur empfehlen: darauf zu achten, dass auch der Partner gut aussieht, damit es anschließend weitergehen kann. Wer immer nur die Niederlage des jeweiligen Partners im Kopf hat, der wird eine ganz anstrengende Koalitionspraxis erleiden.

**VM:** Große Koalitionen sind ungeliebte Bündnisse. Genügt es, dass die Führungsleute dieses Vertrauensverhältnis intensiv pflegen oder gehen Große Koalitionen an menschlichen Schwächen des einen oder des anderen kaputt?

**Henning Scherf:** Ich glaube, das ist nicht nur für Große Koalitionen typisch. Ich bin davon überzeugt, dass jede Art von Koalition einen Vorrat an Gemeinsamkeiten braucht und von der Gewissheit getragen werden muss, dass man sich aufeinander verlassen kann. Ich muss einfach sicher sein, dass der andere nicht ständig hinter dem Rücken gegen mich kämpft und nur darauf lauert, mich zu verletzen. Das gilt für jede Partnerschaft, und Koalitionen sind ja auch nichts anderes als Partnerschaften. Bei uns hat das einfach gut geklappt. Es war übrigens hilfreich, dass Neumann nicht immer in Bremen gearbeitet hat, sondern entweder in Bonn oder in Berlin war. Er musste nicht mit jedem Thema in der Zeitung sein, und ich kam ihm mit seinen bundespolitischen Themen nicht in die Quere. Wir belauerten uns nicht jeden Tag mit der Frage: Wer sieht besser aus, der eine oder der andere? Auch das hat uns zusammengehalten.

**VM:** Wer hatte es schwerer, den Laden zusammenzuhalten: Bernd Neumann mit der CDU oder Sie mit der SPD?

**Henning Scherf:** Bernd Neumann hatte eine gesicherte Basis in seiner Partei. Die waren froh, nach Jahrzehnten in der Opposition endlich einmal in der Regierung zu sein. Das war sein großer Erfolg. Er hatte die CDU in Bremen wieder an die Regierung geführt und deswegen keine innerparteiliche Opposition gehabt. Dagegen hatte ich von Anfang an auf dem Parteitag eine Mehrheit gegen mich. Bei den Sozialdemokraten wollten ja nur die Mitglieder nach dem Mitgliederentscheid eine Große Koalition; die Delegierten haben eigentlich das Ganze nur mit zusammengebissenen Zähnen ertragen und wünschten sich, möglichst bald wieder rauszukommen. Was die Parteien angeht, hatte ich sicherlich den schwereren Part.

**VM:** Bei den letzten Bürgerschaftswahlen hat die SPD ihr zweitschlechtestes Ergebnis in der Nachkriegsgeschichte erzielt. Die Grünen und die Linke um

Oskar Lafontaine und Gregor Gysi haben triumphiert. Dämmern neue politische Zeiten herauf?

**Henning Scherf:** Ja, das könnte sein. Das ist so ähnlich wie damals, als sich die Grünen im Wesentlichen auf Kosten der Sozialdemokraten gegründet haben. Ich habe schon damals von der Anti-Helmut-Schmidt-Partei gesprochen. Meine Einschätzung war, dass es die Grünen nicht gegeben hätte, wenn Willy Brandt an der Macht geblieben wäre. Der hätte die alle integriert, während Helmut Schmidt verkündete, dass wir diese bürgerlichen intellektuellen Kinder nicht nötig haben. Schmidt hat die einfach aus der Partei getrieben und keine ordentlichen Angebote gemacht. Darunter haben wir damals gelitten. So gibt es jetzt vielleicht eine Fortsetzung. Die Grünen sind nicht nur hier in Bremen Regierungspartei geworden, sondern lange vorher im Bund, und es gibt in der SPD eine starke Opposition gegen das, was von oben kommt. Da sind viele nicht zufrieden, fühlen sich als Verlierer und als Opfer, und das spürt die SPD, weil diese Klientel nicht integriert werden kann. Hier sahnt jetzt dieser Oppositionsopportunist Oskar Lafontaine ab, der das eigentlich alles viel besser weiß, weil er ja lange Praxis in der Regierung hat und weil er diese oppositionellen Sprüche, die er heute draufhat, ein Leben lang angriff und karikierte. Aber der sagt sich jetzt: ›Hauptsache, ich krieg die Stimmen‹, und die sammelt er bei Ausgegrenzten und Frustrierten.

**VM:** Sie waren ein Gefolgsmann von Lafontaine, der Sie als Minister in ein Bundeskabinett holen wollte. Sind Sie persönlich enttäuscht?

**Henning Scherf:** Er hat seinen Rücktritt als Parteivorsitzender und Bundesfinanzminister einfach nicht ausgehalten. Er wollte wieder in die Politik zurück. Mir hat er damals gesagt: »Ich will einen Bauernhof aufmachen und Schafe züchten. Ihr glaubt mir zwar nicht, dass ich das kann, aber ich werde euch das beweisen.« Jetzt beweist er genau das Gegenteil, weil ihm das mit dem Bauernhof und den Schafen nicht reicht, weil er in der Öffentlichkeit agieren und bekämpfen muss, was er früher einmal gut gefunden hat. Ich war wirklich ein dicker Freund von ihm, habe immer gerne mit ihm gearbeitet und fand ihn brillant bei dem Versuch, Reformen zu organisieren. Er war ja ein Reformer, kein Traditionalist, und er wollte wirklich in die Moderne. Aber plötzlich fällt er aus Opportunitätsgründen zurück und geht ein Bündnis mit PDS-Leuten ein, die ich über die ganzen Jahre hinweg als eher nostalgische Truppe erlebt habe. Man kann zwar verstehen, dass sich nach einem Leben im DDR-Sozialismus solch eine Art nostalgischer Schutzbund bildet; aber ausgerechnet Oskar Lafontaine verbündet sich mit denen und macht ein Sammelbecken für Frustrierte auf!

**VM:** Frau Scherf, teilen Sie die Meinung Ihres Mannes? Sie haben Oskar Lafontaine ja sicherlich privat erlebt. Haben Sie beide noch Kontakt zu ihm?

**Luise Scherf:** Nein, so privat war der Kontakt nie. Ich habe ihn einmal persönlich kennengelernt, aber das war kein freundschaftliches Verhältnis. Ich mochte ihn sehr gern; was er politisch sagte, fand ich gut, obwohl ich seinen Rücktritt als ausgesprochen pubertär empfunden habe. Ich finde das mit dem Oskar sehr bedauerlich, ja enttäuschend, und was er jetzt macht, das halte ich für puren Opportunismus, weil er nicht aus den Schlagzeilen herauskommen und weiter seine öffentliche Rolle spielen will. Das scheint schon irgendeine Sucht zu sein.

**VM:** Herr Scherf, in der SPD gibt es Leute, die vor einer dauerhaften Spaltung der Partei warnen und sich vorstellen, dass die Linke und die SPD noch einmal zusammenfinden.

**Henning Scherf:** Es gibt da unterschiedliche Erfahrungen. Wenn man auf die skandinavische Sozialdemokratie schaut, wäre ein solcher Bruch ganz unwahrscheinlich gewesen, weil die Skandinavier sich immer wieder aus sich selbst und aus der Opposition heraus erneuert haben. Italiener und Franzosen haben dagegen gemacht, was einige in der SPD heute anregen: Die waren gespalten, sogar heftig, bis zur absoluten Bedeutungslosigkeit, bis man allmählich merkte, dass der lachende Sieger die politischen Gegner, also die Konservativen waren. Aus der Niederlage heraus kam man dann wieder zusammen. Ich habe gegenwärtig keine große Neigung, eine lockere Prognose über die Zukunft der SPD abzugeben. Das müssen sie am Beispiel ihrer gegenwärtigen Regierungsbeteiligung demonstrieren. Man kann nicht in der Regierung sein und gleichzeitig die Opposition überholen! Im Augenblick halte ich solche Spekulationen für hinderlich, weil sie die Beteiligung an der Regierung beschädigen und das tägliche Arbeiten schwerer machen, als es ohnehin schon ist.

**VM:** Auch die Gewerkschaften sympathisieren mit der Linken. Laufen sie der Entwicklung hinterher?

**Henning Scherf:** Die Gewerkschaften haben es extrem schwer, ihren Mitgliedern die neue Lage zu erklären. Ich kann als Gewerkschafter nicht verhindern, dass Firmen ihren Sitz in Billig-Lohn-Länder verlegen; aber es geht um eine neue Solidarität, weil ich als Gewerkschafter auch für die Interessen derjenigen kämpfen muss, deren Arbeitsplätze in Indien, Russland oder China bedroht sind. Heute bin ich Teil einer internationalen, solidarischen Gewerkschafts-Weltbewegung! Wir brauchen Antworten für diese Welt, nicht nur regionale oder nationale Rezepte. Das ist sehr kompliziert, diese Welt-Innenpolitik zu gestalten, aber der heutige Gewerkschafter muss sich diesen Fragen stellen. Es gibt einen echten Paradigmenwechsel, der die Gewerkschaften nicht überflüssig, sondern bitter notwendig macht. Deswegen bleibe ich ein treues Mitglied bei den Gewerkschaften.

**VM:** Woher kommt dieser ungebrochene Optimismus? Vertrauen Sie auf die Vernunft, auf die Lernfähigkeit der Menschen oder gar auf den Glauben?

**Henning Scherf:** Wir sind ganz alternativlos darauf angewiesen, diese globalisierte Entwicklung zu gestalten. Dabei nach hinten zu schauen, alles wieder zurückzudrehen oder sich gar in nationalistische Lösungen zu verirren, wäre ein Verliererkonzept. Wie geben wir den Menschen insgesamt eine Perspektive? Das ist unsere Aufgabe, und dafür lohnt es sich, in die Politik zu gehen, den Mund aufzumachen, sich international zu orientieren, Sprachen zu lernen und sich zu qualifizieren. Das ist die Zukunft.

**VM:** Sie sind oft für bundespolitische Aufgaben ins Gespräch gebracht worden. Hätte Sie das wirklich gereizt?

**Henning Scherf:** Das stimmt, ich bin oft gehandelt worden. Da haben Journalisten ihren Spaß gehabt, die mich für alle möglichen Ämter vorgeschlagen haben. Offen gesagt, war das anstrengend, weil mich das mehr gequält als meine Eitelkeit bedient hat. Unter dem Strich bin ich heute froh darüber, dass das nie mit mir passierte, weil ich mir nicht sicher war, wie ich auf dieser nationalen Bühne, ohne mein vertrautes Bremen im Kreuz, tatsächlich gewirkt hätte.

**VM:** Was bleibt nach einem langen gemeinsamen, politischen Leben für Sie beide noch offen? Gibt es dringende Wünsche an die Zukunft?

**Luise Scherf:** Ja, natürlich! Der alte Brecht-Spruch: Der Vorhang zu und alle Fragen offen! Das geht immer weiter. Wir haben noch nichts gelöst, höchstens schrittweise versucht. Und die alte Frage nach Ungerechtigkeit und Gerechtigkeit, nach Miteinander und Gegeneinander ist nach wie vor aktuell und wird aktuell bleiben. Für die Zukunft wünsche ich mir, dass sich möglichst viele Menschen verantwortlich fühlen.

**Henning Scherf:** Diese täglichen Nachrichten über Hunderte, Tausende unschuldiger Menschen, die im Irak, in Afghanistan und anderen Ländern in die Luft gesprengt werden – daran könnte man doch verzweifeln und sich fragen, warum machen die das eigentlich, warum können wir das nicht verhindern? Wir erleben doch mittelalterlich anmutende Gewalttaten des Wahnsinns und es trifft immer wieder die Unschuldigen, die keine Chance haben, sich von dieser Gewalt abzusetzen oder sich wenigstens erfolgreich zu wehren. Über diese täglichen Nachrichten könnte man verzweifeln; da braucht es Hoffnungssätze wie den von Jürgen Habermas, der zu unserem Lebensmotto wurde, und worüber ich mich freue, dass Sie ihn auf der ersten Seite Ihres Buches abgedruckt haben.

Bremen, im Juni 2007

# Dank

Mein Dank gilt zuerst dem Archiv der sozialen Demokratie der Friedrich-Ebert-Stiftung, das mich bei diesem Projekt unterstützte, allen voran Gertrud Lenz und Christoph Stamm, aber auch den freundlichen, stets hilfsbereiten Mitarbeitern des Archivs und der Bibliothek. Ohne ihre tatkräftige Mithilfe wäre das Sichten des schier endlosen Materials nicht möglich gewesen. Bei der Suche nach Quellen aus der Studienzeit Scherfs in Villigst waren Klaus Holz, Margret Lohmann und Christina Zubrytzki vom Evangelischen Studienwerk eine große Hilfe. Joachim Eisenberg, Albrecht Müller und Wolfgang Piepenstock steuerten eigene Erfahrungen aus ihrer Zeit in Villigst bei. Gerd Benner und Hans Graewe sowie Hans und Roswitha Kotzbauer berichteten über Scherfs erste Jahre in der dortigen SPD.

Besonderer Dank gilt den Mitarbeitern des Zeitungsarchivs von Radio Bremen, allen voran Elena Behrens, Natalie Schleufe und Christina Fink, die alles erreichbare Material seit 1970 zusammengestellt haben. Jörg Dieter Kogel stellte mir die umfangreiche Tondokumentation des Senders zur Verfügung, half mit wertvollen Tipps und stand wie gewohnt unbürokratisch zur Seite. Dank gilt den Mitarbeitern des Pressearchivs des Deutschen Bundestages und im Berliner Willy-Brandt-Haus, die mich mit umfangreichem Material versorgten. Beim Staatsarchiv Bremen halfen Konrad Elmshäuser und Veronika Landsiedel mit Dokumenten aus der bremischen Landesgeschichte, ebenso wie die Mitarbeiter der Bibliothek der Bremischen Bürgerschaft, die nicht müde wurden, auch die entlegensten Protokolle zu besorgen.

Besonderer Dank gebührt Hans Koschnick, der mir nicht nur sein umfangreiches Aktenmaterial beim Archiv der sozialen Demokratie in Bonn überließ, sondern stets mit Rat zur Stelle war. Seine Einschätzungen des jungen Scherf, aber auch Koschnicks Beurteilung der späteren politischen Entwicklung in Bremen waren unschätzbar wichtig. Wertvolle Hinweise erhielt ich von Klaus Wedemeier, der mir Einblick in die Akten seiner Regierungszeit gewährte. Bernd Neumann stand zu einem langen Gespräch zur Verfügung. Volker und Elke Kröning erhellten mit ihren Analysen schwierige Kapitel der bremischen Landesgeschichte ebenso wie Detlev Albers, Ursel Kerstein, Willi Lemke, Carsten Sieling und Thomas von der Vring. Diether Koch half mit Dokumenten aus der Zeit der Bekennenden Kirche in Bremen und war ein kritischer Leser des ersten Kapitels. Guten Rat, viele Hinweise und Unterstützung erhielt ich von Werner Blinda, Rainer Gausepohl, Gerald Sammet, Gaby Schulenburg, Christian Siegel, Eckart Stengel, Christine Krause-Plagemann, Jürgen Leinemann und Hartmut Palmer, ebenso von Erik Bettermann, Margot Dolls, Manfred

Halbscheffel, Viola Hammeter, Hans-Christoph Hoppensack, Klaus Hübotter, Waldemar Klischies und Kerstin Kießler. Klaus Schloesser war ein loyaler Gesprächspartner, der wichtige Hinweise gab. Heinz Fricke und Thomas Schaaf nahmen sich viel Zeit, um über Bremens Fußballlandschaft zu informieren. Freimut Duve, Erhard Eppler, Klaus Sondergeld, Alexander Künzel, Reinhard Metz und Heidemarie Wieczorek-Zeul verdanke ich wertvolle Informationen. Gunter Huonker, Helmut Kohl, Hartmut Perschau, Helmut Schmidt, Elmar Schreiber, Moritz Thape, Bernhard Vogel, Günter Wallraf, Richard von Weizsäcker und Patrick Wendisch steuerten eigene Einschätzungen bei oder stellten sich geduldig längeren Interviews.

Mein besonderer Dank gilt Henning Scherfs Verwandten und Weggefährten. Michael Scherf stand zu einem ausführlichen Gespräch über seinen Bruder zur Verfügung ebenso wie die Schwester Traute Meier, geborene Scherf. Christiane und Georg Boomgaarden erhellten den zeitgeschichtlichen Hintergrund des Nicaragua-Kapitels ebenso wie der Kollege Gonzalo Cáceres. Klaus Schürmann steuerte Anekdoten und Schriftliches aus dem nautischen Ambiente bei. Die Hausgemeinschaft in der Rembertistraße nahm sich einen Vormittag Zeit, um über das gemeinsame Wohnprojekt zu informieren. Mercedes de Castro danke ich für ihre schriftlichen Eindrücke. Den drei Kindern Caroline, Christian und Julia sei Dank dafür gesagt, dass sie mir Einblick in den Dialog mit ihrem Vater gewährten. Alle hier namentlich Aufgeführten haben sich viel Zeit für mich genommen und unterstützten ein langjähriges Projekt, wofür ich ganz herzlich danken möchte.

Ohne die selbstkritische Bereitschaft von Henning und Luise Scherf, sich hinter ihre private und berufliche Fassade blicken zu lassen und mit Fotos, Dokumenten und Gesprächen zu helfen, wäre diese Biografie nicht möglich gewesen.

Der ehemalige Leiter des Bremer Staatsarchivs, Hartmut Müller, war ein kritischer Korrektor und machte Mut. Ich danke ganz besonders Hartwig Struckmeyer und Daniel Tilgner als geduldigen Brückenbauern und souveränen Lektoren, Daniel Tilgner auch für die Zusammenstellung und Betextung der Bildteile. Christoph Schottes und besonders dem Verleger Horst Temmen sei Dank, dass sie mich zu diesem Buchprojekt ermuntert haben. Last but not least gilt mein Dank auch Ingrid Ponce Cabrera, die alle Interviews mit gewohnter Sorgfalt übertrug.

Meine Kinder Mathias, Anna und Julia klopften ihrem Vater oft ermunternd auf die Schulter. Meine Frau Ulrike hat wach und engagiert das Entstehen dieses Buches begleitet. Auch bei ihnen möchte ich mich sehr herzlich bedanken.

# Quellen und Literatur

## Im Schatten des Krieges – Familie und Jugend

Archiv des Evangelischen Studienwerks Villigst: Handakte Henning Scherf. Briefwechsel mit Studienwerk Villigst, 1957-1968

Archiv der sozialen Demokratie der Friedrich-Ebert-Stiftung: Landesorganisation Bremen. Henning Scherf. Korrespondenz 1977. Brief an Frau Lydia Dröscher

Eichhorn, Alfred: Zwei Meter Eigensinn – Gespräch mit einem etwas anderen Politiker. In: RADIO Rundfunk Berlin-Brandenburg, 8.2.2004, Sendereihe: DAS FORUM

Bode, Sabine: Die vergessene Generation. Die Kriegskinder brechen ihr Schweigen. Stuttgart 2004

Gräfin Dönhoff, Marion: Ritt gen Westen. In: Die Stunde Null. 8.5.1945. Teil 1. Was das Kriegsende für die Deutschen bedeutet. April 2005

Heye, Uwe-Karsten: Vom Glück nur ein Schatten. Eine deutsche Familiengeschichte. München 2004

Greiffenhagen, Gustav: Reden und Schriften 1931-1961. Hrsgg. von Diether Koch. Hospitium Ecclesiae. Forschungen zur Bremer Kirchengeschichte, Bd. 20. Bremen 1995

Ders.: Erinnerungen an Magdalene Thimme. Maschinenschriftliches Manuskript. Bremen o.J. (um 1951)

Greiffenhagen, Martin: Jahrgang 1928. Aus einem unruhigen Leben. München 1988

Klemperer, Victor: Ich will Zeugnis ablegen bis zum Letzten. Tagebücher 1933-1941. 6. Auflage, Berlin 1996

Koch, Diether: Die Haltung der St. Stephani-Gemeinde in Bremen zum Antisemitismus und zu ihren Gliedern jüdischer Herkunft nach 1933. In: Festschrift für Günther van Norden. Köln 1993

Leinemann, Jürgen: Höhenrausch – Die wirklichkeitsleere Welt der Politiker. München 2004

Lorenz, Hilke: Kriegskinder – Das Schicksal einer Generation. 3. Auflage, München 2003

Mauersberger, Volker: Hitler in Weimar – Der Fall einer deutschen Kulturstadt. Berlin 1999

Meyer-Tollitsch, Almuth: Nationalsozialismus und Evangelische Kirche in Bremen. Veröffentlichungen aus dem Staatsarchiv der Freien Hansestadt Bremen, Bd. 51. Bremen 1985

Scherf, Henning: Bei Adenauer müsste ich mich entschuldigen. Gespräch mit der Frankfurter Allgemeinen Sonntagszeitung, 19.2.2006

Ders.: Grau ist bunt. Was im Alter möglich ist. Freiburg 2006

Stengel, Eckard: Wie viel Verständigung darf sein? In: Frankfurter Rundschau, 24.10.2001

Stern, Carola: Zwei Christen in der Politik. Gustav Heinemann und Helmut Gollwitzer. München 1979

Winkler, Heinrich August: Der lange Weg nach Westen – Deutsche Geschichte vom Ende des Alten Reiches bis zum Untergang der Weimarer Republik. München 2000

## Etwas mehr als Karriere – Der Geist von Villigst

Archiv des Evangelischen Studienwerks Villigst: Depos. Henning Scherf. Briefwechsel mit dem Studienwerk Villigst, 1958-1967

Bismarck, Klaus von: Aufbruch aus Pommern – Erinnerungen und Perspektiven. München 1996

Koeppen, Wolfgang: Das Treibhaus. Roman, Süddeutsche Zeitung Bibliothek. München 2004

Krupa, Matthias: Beißt nicht, spart nur. In: Die Zeit, 7.7.2005

Müllender, Bernd: Umarmer und Omaknutscher. In: Berliner Zeitung, 9.2.2004

Nayhauß, Dirk von: Ich will Orgel spielen lernen. Interview mit Henning Scherf. In: Cicero – Magazin für politische Kultur, November 2005

Prantl, Heribert: So etwas tut man nicht. In: Süddeutsche Zeitung, 12.7.2005

Schelsky, Helmut: Die skeptische Generation – Eine Soziologie der deutschen Jugend. Düsseldorf 1957

Scherf, Henning: Die zwangsweise Unterbringung Gefährdeter nach dem Bundessozialhilfegesetz (BSHG), zur näheren Präzisierung des § 73, Abs. 2 BSHG. Diss. Universität Hamburg. Gutachter Prof. Sievert, Hamburg. Tag der mündlichen Prüfung: 28.11.1968

Ders.: Ein Villigster tut ein Übriges. In: Bildung – Welt – Verantwortung. Festschrift 50 Jahre Evangelisches Studienwerk Villigst. Hrsg. von Manfred Faßler, Margret Lohmann, Eberhard Müller. Gießen 1998

Ders.: Dieser Bürgermeister putzt nach Plan. Ein Gespräch. Süddeutsche
    Zeitung, 9.8.2003
Süskind, Martin E.: Johannes Rau. In: Die Bundespräsidenten. Von Theodor
    Heuss bis Johannes Rau. Stuttgart, München 2003
Villigst – Ein Dorf stellt sich vor. Hrsg. zum 40-jährigen Bestehen des SPD-
    Ortsvereins. Villigst 1987

## Der sanfte Rote – Ein Juso wird Parteichef

Archiv der sozialen Demokratie der Friedrich-Ebert-Stiftung: Depos. Henning
    Scherf. Landesorganisation Bremen II. Stichwort: Korrespondenz 1972-
    1978. Depos. Scherf, LO Bremen II. Stichwort: Einladungen und Proto-
    kolle. Depos. Scherf, LO Bremen II. Stichwort: Schriftwechsel Scherf,
    1972/1973. Depos. Scherf, LO Bremen II. Stichwort: Schriftwechsel Scherf
    1975/76. Depos. Hans Koschnick, 1982. Stichwort: Schriftverkehr ab 1981
    bis 31.12.1982, Hier: Briefwechsel Scherf
Dinné, Olaf: Fünfzehn Jahre SPD in Bremen, dann Grün. Ein Beitrag zur
    Bremischen Geschichte unserer Vergangenheit. Bremen 1979
Kaisen, Wilhelm: Zuversicht und Beständigkeit. Eine Dokumentation. Bremen
    1977
Köhne, Helgard: Hans Koschnick – Der Bürgermeister. Bremen 1985
Lösche, Peter / Franz Walter: Die SPD – Klassenpartei. Volkspartei. Quoten-
    partei – Zur Entwicklung der SPD von Weimar bis zur deutschen Vereini-
    gung. Darmstadt 1992
Mauersberger, Volker: Wie links dürfen Jusos sein? Vom Bürgerschreck zur
    Bürgerinitiative. Hamburg 1974
Merseburger, Peter: Willy Brandt 1913-1992. Visionär und Realist. Stuttgart
    2002
Walter, Franz: Die SPD – Vom Proletariat zur Neuen Mitte. Berlin 2002

## Gelöbnis für die Bundeswehr – Ein Senator zwischen den Fronten

Apel, Hans: Der Abstieg – Politisches Tagebuch 1978-1988. 4. Auflage. Stuttgart
    1990
Archiv der sozialen Demokratie der Friedrich-Ebert-Stiftung. Hier: Carstens,
    Karl: Brief an Klaus Wedemeier, 20.9.1985. In: Depos. Handakte Bürger-
    meister Klaus Wedemeier, Glückwunschschreiben zum Amtsantritt.
    Depos. Hans Koschnick. Stichwort: Gelöbnis

Bischoff, Jörg: Die SPD und die Bundeswehr. In: Stuttgarter Zeitung, 14.5.1980

Duckwitz, Arnold: Denkwürdigkeiten aus meinem öffentlichen Leben 1841-1866. Bremen 1877

Ehler, Helge: Senat macht sich unglaubwürdig. In: Bremer Nachrichten, 12.5.1980

Großer Popkarton. Sendung von Radio Bremen vom 6.5.1980. Originalmanuskript

Grunenberg, Nina: Sozialdemokraten sagen »Ohne uns«. Der verpönte Zapfenstreich und die Debatte über Krieg und Frieden. In: Die Zeit, 16.5.1980

Herzog, Uwe / Margarete Krüger / Andreas Steinsiek / Ulla Vespermann / Jutta Herzdin: Wer provozierte in Bremen die Gewalttätigkeiten? In: Die Neue, 14.5.1980

Regener, Sven: Neue Vahr Süd. Berlin 2004

Rundschau am Mittag, Radio Bremen. Sendemitschnitt vom 7.5.1980, mit Beiträgen von Walter Langlott, Sabine Markert, Christian Siegel u.a.

Scherf, Henning: Brief an einen jungen Polizeibeamten. In: Friedenszeichen, Lebenszeichen. Bremerhaven 1982

Ders.: Was war? Nachdenken über eigene politische Fehleinschätzungen. In: Das Plateau. Februar 2007

Scholz, Günter / Martin E. Süskind: Die Bundespräsidenten – Von Theodor Heuss bis Johannes Rau. Stuttgart, München 2003

SPD-Report. Information der SPD-Bürgerschaftsfraktion. Dokumentation zu den Ereignissen am 6.5.1980. Bremen 1980

Weinsheimer, Lilo: Eklat im Bremer Untersuchungsausschuß. In: Stuttgarter Zeitung, 16.6.1980

## Zwischen Bremen und Nicaragua – Henning, der Bürgerschreck

Archiv der sozialen Demokratie der Friedrich-Ebert-Stiftung: Depos. Hans Koschnick. Hier: Parteiakten 1978-1984. Depos. Klaus Wedemeier. Hier: Parteiakten 1978-1979. Nicaragua-Schriftwechsel zwischen Bernd Neumann und Henning Scherf. In: Depos. CDU-Landesorganisation Bremen, 1974-1985

Bahr, Egon: Zu meiner Zeit. München 1996

Brandt, Willy: Die Spiegel-Gespräche. 1959-1992. Vorwort von Rudolf Augstein. Stuttgart 1993

Bremische Bürgerschaft, Landtag, 11. Wahlperiode, Drucksache 11/779. Stichtag: 24.11.86. Mißtrauensvotum gegen den Senator für Jugend und Soziales, Dr. Henning Scherf

Brief von Richard von Weizsäcker an den Verfasser, April 2005

Brief von Helmut Schmidt an den Verfasser, 29.3.2005

Brief von Bernhard Vogel an den Verfasser, 31.3.2005

Gespräch Henning Scherf mit Radio Bremen, 24.11.1986

Gorholt, Martin / Karsten Voigt / Ruth Winkler (Hrsg.): Wir sind die SPD der Achziger Jahre. Zwanzig Jahre Linkswende der Jusos. Marburg 1990

Hoell, Joachim: Oskar Lafontaine – Provokation und Politik. Frankfurt a.M. 2004

Jäger, Wolfgang / Werner Link: Republik im Wandel. 1974-1982. Die Ära Schmidt. Geschichte der Bundesrepublik Deutschland in fünf Bänden, Band 5/II. Stuttgart 1987

Oberpriller, Martin: Jungsozialisten – Parteijugend zwischen Anpassung und Opposition. Bonn 2004

Vogel, Hans-Jochen: Politik und Anstand – Warum wir ohne Werte nicht leben können. Im Gespräch mit Heribert Prantl. Freiburg 2005

## Das Erbe des großen Manitou – Kampf um die Nachfolge Koschnicks

Archiv der sozialen Demokratie der Friedrich-Ebert-Stiftung: Handakte Bürgermeister Klaus Wedemeier. Stichwort: »Bürgerhof«. Handakte Bürgermeister Klaus Wedemeier. Stichwort: Amtswechsel Koschnick/ Wedemeier, 1985. Handakte Bürgermeister Klaus Wedemeier. Stichwort: Kamin 1979-1980. Handakte Bürgermeister Klaus Wedemeier. Stich- wort: Glückwünsche zum Amtsantritt. Handakte Bürgermeister Klaus Wedemeier. Stichwort: Presse 1984/1985

Bremische Bürgerschaft, Landtag – 11. Wahlperiode, 38. Sitzung am 18.9.1985

## Zwischen Fußball, Finanzen und PISA-Schock – Der Senator und sein »gallisches Dorf«

Archiv der sozialen Demokratie der Friedrich-Ebert-Stiftung: Depos. Hans Koschnick (Nr. 838 ). 1978-1979. Stichwort: Bremen-Plan (1980-1983). Depos. Hans Koschnick (Nr.1007). Stichwort: Schriftverkehr Bürgermeis- ter. Depos. Hans Koschnick (Nr. 845). Stichwort: Landesverband SPD (1979-1984)

Bremische Bürgerschaft:

Sitzung am 27.9.1978

Sitzung am 3.12.1978

Sitzung am 14.12.1978

Sitzung am 7.11.1979

Sitzung am 11.12.1991

Sitzung am 6. 9.1995

Sitzung am 20.7.1999

Sitzung am 9.7.2003

Baustelle Bewerbung. Projekt Kulturhauptstadt Europa 2010. 2. Auflage. Bremen 2004

Billerbeck, Rudolf: Parteien und Wahlen im Lande Bremen. In: Handbuch der Bremischen Verfassung. Hrsg. von Volker Kröning u.a. Baden-Baden 1991

Bruhn, M. von / E. Jox: Gänsehautgefühl rauscht durch die City. In: die tageszeitung, 17.5.2004

Dannemann, Günter: Bremen im System der Finanzverteilung. In: Handbuch der Bremischen Verfassung. Hrsg. von Volker Kröning u. a.

Gertz, Holger: Am anderen Ende der Welt. In: Süddeutsche Zeitung, 10.5.2004

Heller, Martin: Flashs auf die Stadt, die Kulturhauptstadt werden will. In: die tageszeitung. Spezial, 11.10.2003

Holl, Thomas: Meister der leeren Taschen. In: Frankfurter Allgemeine Zeitung, 17.5.2004

Kliese, Harro: Eintragungen in der Bremischen Chronik zu Dr. Scherf und Ehefrau. Staatsarchiv Bremen, 1972–2005

Lemke, Willi: Die Spielregeln des Erfolgs – Erfolgsprinzipien in Spitzensport und Management. Redemanuskript im Besitz des Verfassers

Marwedel, Jörg / Ralf Wiegand: Er kann Englisch. In: Süddeutsche Zeitung, 29.5.2004

Meininghaus, Felix: Der Spielfühler. In: Die Zeit, 19.5.2004

Wedemeier, Klaus (Hrsg.): Gewollt und durchgesetzt. Die SPD-Bürgerschaftsfraktion des Landes Bremen von der Jahrhundertwende bis zur Gegenwart. Opladen 1983

Wiegand, Ralf: Ein Käfig voller Narren. In: Süddeutsche Zeitung, 10.5.2004

Zeigler, Arnd: Das Meisterbuch 2004. Die Geschichte einer wunderbaren WERDER – Saison. Bremen 2004

Ders.: Lebenslang grün-weiß. 2. Aufl., Bremen 2007

Zorn, Roland: Meister des Bürgersinns. In: Frankfurter Allgemeine Zeitung, 8.5.2004

## Ein Bremer Patriot – Der Gang in die Große Koalition

Bauer, Peter: Scherf spricht Klartext – Krise der Großen Koalition in Bremen. In: Bremer Nachrichten / Weser-Kurier, 21.1.2005

Beucker, Pascal / Frank Überall: Endstation Rücktritt – Warum deutsche Politiker einpacken. Berlin 2006

Beyer, Markus: Wolken über dem Regierungschef. In: Die Welt, 6.11.2002

Brandt, Michael: SPD auf der Suche nach neuer Position. In: Weser-Kurier, 2.9.2004

Bremische Bürgerschaft (Landtag):
14. Wahlperiode, 3. Sitzung am 6.9.1995
15. Wahlperiode, 2. Sitzung am 20.7.1999
16. Wahlperiode, 34. Sitzung am 23.2.2005

Dietrich, Stefan: Bremer Mischung. In: Frankfurter Allgemeine Zeitung, 24.5.2003

Ehe in Agonie. In: Der Spiegel. Die Chaos-Wahl. Wahlsonderheft 2005

Freie Hansestadt Bremen. Regierungserklärung 2003–2007. Abgegeben vom Präsidenten des Senats, 9.7.2003

Freie Hansestadt Bremen. Regierungserklärung vom 23.2.2005: Zehn Jahre Große Koalition – Eine Zwischenbilanz der Bremischen Sanierungspolitik. Mitteilung des Senats vom 22.2.2005

Friedebold, Fritz: Macht ist mein Lebensthema. In: Frankfurter Allgemeine Sonntagszeitung, 9.10.2005

Genscher, Hans-Dietrich: Erinnerungen. Berlin 1995

Gerling, Wigbert: Ich habe überhaupt nicht resigniert. Interview mit Henning Scherf. In: Weser-Kurier, 29.9.2005

Gieffers, Susanne: SPD-Basis kippt Koalitionsvertrag. In: die tageszeitung, 25.6.2003

Dies.: Henning Scherf auf der Flucht. In: die tageszeitung, 7.2.2004

Groth, Peter: Ein Mensch zwischen Macht und Moral. In: Weser-Kurier, Sonntagsreportage, 12.11.2005

Gundel, Elke: Garant der Eintracht Bremen. In: Weser-Kurier, 31.10.2003

Hellwig, Silke: Ich will mich nicht einfach aus dem Rathaus verdrücken. In: Kurier am Sonntag, 2.4.2000

Dies.: Mutlose Genossen. In: Kurier am Sonntag, 5.11.2000

Dies.: Regieren wie ein Ehepaar. In: Die Zeit, 21.7.2005

Holl, Thomas: Verhinderter Schwenk. In: Frankfurter Allgemeine Zeitung, 15.10.2004

Janssen, Gerold: Hier weiht de Wind – Hände weg vom Hollerland. Erinnerungen eines Bremer Rebellen (1923–2006). Bremen 2007

Mumm. Eine Dokumentation der gemeinsamen Personalversammlung am 28. Juni 2005 in der Stadthalle Bremen. Hrsg. vom Gesamtpersonalrat für das Land und die Stadtgemeinde, Bremen 2005

Müller, Kay: Der Herbst des Patriarchen. In: die tageszeitung, 28.7.2005

Ders.: Beschimpft, bedroht und ausgepfiffen. In: die tageszeitung, 29.6.2005

Reinecke, Stefan: Otto Schily – Vom RAF-Anwalt zum Innenminister. Biografie. Hamburg 2003

Scherf, Henning: Bordtagebuch, Atlantik-Überquerung. 12.4.-3.5.1994 (unveröffentl. Ms, Privatbesitz Henning Scherf)

Ders.: Bordtagebuch, Tromsö, Spitzbergen, Packeisgrenze, 6.-25.8.2004 (unveröffentl. Ms, Privatbesitz Henning Scherf)

Siegel, Christian: Das Ganze noch einmal. Bremen in der Krise: Die Große Koalition als Modell für Deutschland? Radio Bremen, 2. Programm, 15.11.1999

Schröder, Gerhard: Entscheidungen. Mein Leben in der Politik. Hamburg 2006

Stengel, Eckard: Minister für menschliche Beziehungen. In: Der Tagesspiegel, 26.2.2004

Wiegand, Ralf: Ein selbstbewusster Ausstieg. In: Süddeutsche Zeitung, 30.9.2005

Wolschner, Klaus: Zustände wie im Königreich Scherf. In: die tageszeitung, 4.10.2004

Zundel, Rolf: Der schwere Abschied – Vom Leiden der Politiker nach dem Entzug von Macht, Öffentlichkeit, Apparat und Wirkungsmöglichkeiten. In: Die Zeit, 7.4.1989

**Leben unter einem Dach – Luise, Henning und die Bremer Freunde**

Brandt, Lars: Andenken. München, Wien 2006

Deutschland Radio Kultur. Mitschnitt der Sendung Hören Sagen. Gespräch mit Luise Scherf. 1.2.2005

Hellwege, Ute: Luise Scherf – First Lady mit viel Herz und Geist. In: Weser-Kurier, 23.9.1995

Jardine, Anja: Altern – Was ist, was kommt. In: Brand Eins, 10.3.2003

Kruse, Katrin: Zum Henker mit der Einsamkeit. In: Frankfurter Allgemeine Sonntagszeitung, 4.7.2004

Kuenheim, Haug von: Wie man in Deutschland alt wird. In: Die Zeit, 18.3.2004

Nayhauß, Dirk von: Ich will Orgel spielen lernen. Interview mit Henning Scherf. In: Cicero – Magazin für politische Kultur, November 2005

Scherf, Luise: Arbeit einer spanischen AI-Gruppe für politische Gefangene in der Deutschen Demokratischen Republik. In: Das Recht, ein Mensch zu sein. Amnesty International, Hrsg. von G. Klemt-Kozinowski / H. Koch / L. Scherf / H. Wunderlich. Baden-Baden 1988

Dies.: Wut und Hoffnung – Die Musik der Nicaraguense. In: Ingrid Seibert / Harald Imberger (Hrsg.): Nicaragua – Menschen – Landschaften. Berlin 1989

Scherf, Luise, u.a.: Andorra ist überall – Lesebuch Vorurteile. Baden-Baden 1990

SPIEGEL-Special: Jung im Kopf. Die Chancen einer alternden Gesellschaft. August 2006

Wegener, Heiko: Menschenrechte sind ein Parkett für jedermann. Gespräch mit Luise Scherf. In: Weser-Kurier, 10.1.1986

# Abbildungsnachweis

In einzelnen Fällen konnten die Bildquellen nicht ermittelt werden.
Wir bitten gegebenenfalls um Nachricht an den Verlag.

Wonge Bergmann, Frankfurt a. M.: 240
Jupp Darchinger, Bonn: 146
El Gordo, Düsseldorf: 155 o.
Eduard N. Fiegel, St. Augustin: 226 o., 229 o.
Walter Gerbracht, Bremen: 150 u.
Hans-Henning Hasselberg, Bremen: 154 o.
Henryk Kleinzeller, Danzig: 231
Barbara Klemm, Frankfurt a. M.: 148 u.
Landesinstitut für Schule/Zentrum für Medien, Bremen: 154 u., 156 o./u.,
      157 o./u., 228, 230 o./u., 231 o.
Herbert Loseke, Bremen: 232 u.
O. Fischer-Orloff: 158 u.
Martin Rospek, Bremen: 153 o.
Rosemarie Rospek, Bremen: 147 u., 150 o., 151 o./u.,
Walter Schumann, Bremen: 145
Ute Karen Seggelke, Hamburg: 225
Volker-Joachim Stern, Bremen: 227 u.
Jochen Stoss, Bremen: 147 o., 153 u., 159, 160, 226 u.
Karl-Heinz Suchefort, Bremen : 80
Tristan Vankann, Bremen: 238 u., 239
Verlagsarchiv Edition Temmen: 233 o./u.

# Personenregister

## A

Adam-Schwaetzer, Irmgard 307
Adenauer, Konrad 28, 48, 163, 286
Aílton, Gonçalves da Silva 212
Albers, Detlev 272, 283, 343
Albertz, Heinrich 179
Albrecht, Ernst 192
Allemann, Fritz René 49
Allende, Salvador 180
Allofs, Klaus 211
Althaus, Dieter 288
Apel, Hans 93, 115, 122–124, 126–128, 130 f., 287
Arendt, Hannah 54
Arndt, Adolf 272

## B

Bahr, Egon 49, 125
Barschel, Uwe 287
Barth, Karl 12, 36, 53
Bastian, Gerd 257
Beck, Kurt 285
Beck, Marie-Luise 274
Behrens, Elena 343
Belli, Gioconda 320
Benckert, Michael 132
Benner, Gerd 55, 343
Bernbacher, Christine 185
Bernbacher, Klaus 252

Bernstorf, Martin 163
Bettermann, Erik 43, 212, 273 f., 291, 343
Bettermann, Karl August 56 f.
Beucker, Pascal 307
Biedenkopf, Kurt 289
Bismarck, Klaus von 50
Blinda, Werner 343
Bock und Polach, Erich von 103
Bode, Friedrich 123
Bode, Sabine 18
Böhmcker, Heinrich 27
Böhrnsen, Jens 259, 284, 292, 300, 305, 307, 335
Boljahn, Richard 93, 100 f.
Böll, Heinrich 36, 179
Bonhoeffer, Dietrich 12, 36
Boomgaarden, Christiane 344
Boomgaarden, Georg 344
Börner, Holger 168
Bosse, Heinrich 56
Brando, Marlon 33
Brandt, Willy 29, 48, 86, 93, 107, 114 f., 122, 139 f., 161, 165, 169, 188, 192, 269, 287 f., 340
Brückner, Herbert 94, *147*, 193, 201
Bsirske, Frank 301, 304–306
Buber, Martin 90
Bultmann, Rudolf 53
Burt, Richard 185

## C

Cáceres, Gonzalo  180 f., 344
Cáceres, Javier  181
Cardenal, Ernesto  *155*, 317
Carstens, Karl  12, 121–123, 126 f., 130 f., 171–173, 176
Casdorff, Claus Hinrich  169
Castro, Mercedes de  *227*, 329, 344
Christiansen, Sabine  81
Clement, Wolfgang  301
Coppick, Hans  116

## D

Dammeyer, Manfred  110
Dannemann, Günter  217
Dean, James  33
Dehnkamp, Willy  97, 101
Diepgen, Eberhard  224
Dinné, Olaf  101 f., 144
Dinse, Jürgen  281
Dolls, Margot  343
Dostojewski, Fjodor  24
Dregger, Alfred  191
Drescher, Georg  137
Dröscher, Wilhelm  36
Dross, Dieter  56
Dutschke, Rudi  98, 144
Duve, Freimut  206, *227*, 344

## E

Ebert, Friedrich  177
Ehler, Helge  137, 170
Eichel, Hans  292, 302
Eichhorn, Alfred  266
Eichmann, Adolf  27
Eisenberg, Joachim  343
Elmshäuser, Konrad  343

Engholm, Björn  192, 248
Eppler, Erhard  92, 105, 113, 116, 162–165, 206, 260, 344
Euler, Hans-Helmut  256, 258

## F

Fahrun, Joachim  275
Fink, Christina  343
Fischer, Herbert-Werner  40
Fischer, O.W.  313
Fontane, Theodor  36
Frank, Anne  310
Franke, Horst-Werner  198, 245 f.
Franke, Walter  111, 118, 174
Fredersdorf, Hermann  166
Frei, Eduardo  180
Frick, Wilhelm  26
Fricke, Heinz  209, 212, 344
Friese, Werner  40
Frisch, Max  115
Fröhlich, Helmut  129, 137
Fücks, Ralf  186, 249, 255

## G

Gandhi, Mahatma  12, 28 f., 36
Gausepohl, Rainer  265, 343
Gehlen, Reinhard  313
Genscher, Hans-Dietrich  164, 268, 276, 306
Gerster, Florian  290
Gertz, Holger  208
Gester, Martin  183
Giordano, Ralph  27
Globke, Hans  313
Goldberg, Ehepaar  26
Gottschalk, Thomas  63
Graewe, Hans  343
Graewe, Karl  51, 55

Greiffenhagen, Gustav 25, 38 f., 44 f., 47, 105
Greiffenhagen, Martin 38, 51
Greinacher, Norbert 179
Grobecker, Claus 94, 109, 193
Gruhl, Herbert 144
Gründler, Gerhard 115
Grunenberg, Horst 109
Grunenberg, Nina 123, 132
Gysi, Gregor 340

**H**

Habermas, Jürgen 7, 17, 321
Halbscheffel, Manfred 169, 261, 343
Haley, Bill 33
Hammeter, Viola 344
Hansen, Karl-Heinz 116
Hattig, Josef 248, 282
Hauff, Volker 247
Heine, Heinrich 24
Heinemann, Gustav 12, 29, 36, 48, 55, 83 f., 105, 123, *148*, 163, 288
Heinemann, Hermann 54
Hellwig, Silke 283
Hettling, Ludwig 252
Heyen, Wolfgang 91
Hinners, Willi 305
Hirsch, Burkhard 270
Hitler, Adolf 26
Hoeneß, Uli 208
Hoffmann, Reinhard 273
Holtgrefe, Heinz 197
Holz, Klaus 343
Hoppensack, Hans-Christoph 106, 117, *148*, 244, 286, 332, 335, 344
Hübotter, Klaus 311, *327*, 331, 344
Huonker, Gunter 218, 344

**I**

Immer, Theodor 126 f.
Ismaël, Valérien 212

**J**

Jackson, Michael 278
Jäger, Claus 249 f., 252
Jansen, Günter 117
Janssen, Gerold 266
Jantzen, Karl-Heinz 117, 215
Janz, Ilse 274
Jardine, Anja 332
Johnson, Lyndon B. 98
Jünger, Ernst 52 f.
Junker, Heinrich 161 f.

**K**

Kafka, Franz 24
Kahrs, Bringfriede 195
Kaisen, Wilhelm 85–87, 93, 97, 100, 122, 286 f.
Kaiser 102
Kanther, Manfred 271
Kastendiek, Jörg 292
Kelly, Petra 179, 257
Kennedy, John F. 279
Kerstein, Ursel 343
Keusen, Hellmut 34, 56–58, 60
Kiesinger, Kurt-Georg 313
Kießler, Kerstin 63, 344
Kimmerle, Heinz 60
Klasnic, Ivan 212
Klein, Günter 138
Klemperer, Viktor 26
Klischies, Waldemar 12, 102–104, 344
Klose, Miroslav 211
Klüver, Reymer 106

Koch, Diether 39, 343
Koeppen, Wolfgang 11, 81
Kogel, Jörg-Dieter 206, 343
Kohl, Helmut 10, 118, 178, 186, 284, 286, 289, 344
Köhne, Helgard 188
Koschnick, Hans 18, 85, 92, 95–100, 103 f., 111, 114 f., 119, 125, 131 f., 137, 140, 143 f., *145*, 166, 171, 174, 176, 178, 189, 195, 202, 207 f., 220, 249, 284, 287, 307, 336, 343
Kotzbauer, Hans 343
Kotzbauer, Roswitha 55, 343
Kracke, Heinrich 54
Kraus, Karl 44
Krause-Plagemann, Christine 175, 343
Kreisky, Bruno 169
Kröning, Elke 91, 252, 280, 343
Kröning, Volker 200, 248, 274, 343
Kudella, Peter 180
Kühn, Heinz 288
Kunick, Konrad 90, 95, 110 f., 119, 132, 143, 189, 202, 274
Künzel, Alexander 222, 344
Kutzop, Michael 209

**L**

Lafontaine, Oskar 10, 119, 163–165, 177, 192, 196, 203, 272, 274 f., 288, 293, 300, 340
Lahmann, Jürgen 215
Lambsdorff, Otto Graf 276
Landsiedel, Veronika 343
Lattmann, Dieter 116, 165
Leicht, Robert 91, 138
Leinemann, Jürgen 11, 49, 223, 289, 343

Lemke, Willi 208–210, 212, 241, 246, 300, 305, 307, 335, 343
Lenz, Gertrud 343
Lenz, Werner 252, 261
Linnert, Karoline 292
Löbert, Franz 103
Lohmann, Margret 343
Lohmann, Wilhelm 101
Lösche, Peter 110

**M**

Mandela, Nelson 12, 30, 36, *226*
Mann, Thomas 24, 52
Marx, Karl 90
Matthöfer, Hans 181
Mäurer, Ulrich 273
Meier, Traute, geb. Scherf 19, 22 f., 37, 344
Meinecke, Friedrich 48
Meinicke, Rolf 116
Merkel, Angela 282, 284
Metz, Reinhard 110, 176, 261, 344
Mevissen, Annemarie 99 f., 133
Mevissen, Edmund 304
Meyer, Bernd 94
Micoud, Johan 212
Milbradt, Georg 218
Mischnick, Wolfgang 269
Mitscherlich, Alexander 27
Mitscherlich, Margarete 27
Mitterand, François 169
Möller, Hans 59
Moltke, Familie von 52
Müller, Albrecht 52, 343
Müller, Hans-Dieter 125, 132, 143, 195
Müller, Hartmut *226*, 344
Müller, Kerstin 270

Müller, Manfred 213
Müntefering, Franz 301

# N

Neuhaus, Ingo 305
Neumann, Bernd 10, 31, 134, 137,
        *147*, 173–175, 178, 182 f., 185 f.,
        200, 215 f., 246 f., 249, 254, 264,
        274, 282–284, 290–292, 305,
        335, 338 f., 343
Neumeyer, Mike 322
Neusel, Hans 127
Niemetz, Alexander 275
Niemöller, Martin 49
Nietzsche, Friedrich 44
Nölle, Ulrich 243, 247, 264
Nolte, Heinz 143, 176
Nujoma, Samuel *226*

# O

Oberländer, Theodor 313
Öcalan, Abdullah 32
Ohnesorg, Benno 98
Ortega, Daniel 183
Ossietzky, Carl von 44

# P

Palma, Anibal 181
Palme, Olof 169
Palmer, Hartmut 343
Perschau, Hartmut 216, 282, 290 f.,
        344
Peters, Jürgen 301
Picht-Axenfeldt, Edith 315
Piepenstock, Wolfgang 52, 343
Pierwoß, Claus *159*, 209
Podolski, Lukas 211

Ponce Cabrera, Ingrid 344
Posser, Diether 105
Prantl, Heribert 82
Presley, Elvis 33
Prokop, Fritz 53

# R

Radziwill, Franz 15
Rath, Ernst Eduard vom 26
Rau, Johannes 83 f., 105, 192, 284,
        288
Reagan, Ronald 184
Rebers, Friedrich 252 f.
Regener, Sven 210
Reinecke, Stefan 273
Reißwitz, Baronin von 52
Remarque, Erich-Maria 53
Rilke, Rainer Maria 24
Rosenblum, Heinrich 26
Rosenboom, Wiard 38–40
Rospek, Walfried 128
Rühe, Volker 141

# S

Sammet, Gerald 343
Schaaf, Thomas 209, 211, 213, 344
Scharping, Rudolf 288
Schäuble, Wolfgang 184, 277
Scheel, Walter 96
Schelsky, Helmut 17
Scherf, Caroline 59, 61, *69*, 77, 119,
        211, 314, 322 f., 331, 344
Scherf, Christian 61, 119, *151*, 314,
        322 f., 325, 331, 344
Scherf, Franziska 19, 25
Scherf, Harald 19–22, 47, 60
Scherf, Heinrich 25 f., 36, 38 f., 42,
        134

Scherf, Julia 61, *77*, 119, *151*, 179, 314, 322 f., *331*, *333*, 344
Scherf, Michael 21, 29, 39, 119 f., 344
Scherf, Renate 19, 22
Schily, Otto *154*, 270, 272, 274, 276, 289
Schirrmacher, Frank 325
Schlabbrendorf, Familie von 53
Schleufe, Natalie 343
Schloesser, Klaus 344
Schmid, Carlo 48, 93
Schmidt, Helmut 12, 17, 93, 109, 114–116, 122 f., 125, 144, 161–164, 167 f., 177, 265, 288, 344
Schmidt, Loki 13, 169, 265
Scholz, Rupert 270
Schönherr, Dietmar 326
Schopenhauer, Arthur 44
Schottes, Christoph 344
Schreiber, Elmar 344
Schrenk, Uta von 325
Schröder, Gerhard 52, 144, 177, 192, 196, 211, 249, 276, 278, 281, 288, 300
Schröder, Gerhard (CDU) 48
Schröder, Maria 40
Schubert, Franz 53
Schubert, Karin *158*
Schultze von Lasaulx, Hermann 58 f.
Schürmann, Klaus 344
Schütz, Roger 60
Schuylenburg, Gaby 194, 343
Schweitzer, Albert 46
Siebenmorgen, Peter 43
Siegel, Christian 106, 282, 343
Siegert, Wolf 46
Sieling, Carsten 300, 343
Simonis, Heide *251*, 287
Sinasohn, Leopold 26

Sölle, Dorothee 179
Sondergeld, Klaus 210, 223, 344
Sontheimer, Kurt 52
Späth, Lothar 190
Spitta, Theodor 9, 270, 277
Spöri, Dieter 192
Stamm, Christoph 343
Stengel, Eckart 343
Stirner, Max 44
Stoiber, Edmund 175, 277, 285 f.
Stolpe, Manfred 290
Strauß, Franz Josef 12, 28, 122, 170–172, 190 f.
Strom, Theo 60
Strothmann, Dietrich 190
Struckmeyer, Hartwig 344
Stücklen, Richard 174

## T

Teiser, Michael 274
Temmen, Horst 344
Tersteegen, Gerhard 126
Teufel, Erwin 287
Thadden, Familie von 52
Thape, Moritz 93, *145*, 174, 188, 219 f., 344
Thimme, Hans 52
Thomas, Martin 247
Tilgner, Daniel 344
Tillich, Paul 52, 90, 102
Tödt, Hans-Joachim 48
Tödt, Heinz-Eduard 35
Töpperwien, Rolf *233*
Tresckow, Familie von 53
Tucholsky, Kurt 44

## U

Überall, Frank 307
Uhl, Ernst 126

## V

Vargas Llosa, Mario 337
Vetter, Heinz-Oskar 187
Vogel, Bernhard 13, 64, 170, 288, 306 f., 344
Vogel, Hans-Jochen 83, 93, 140, 276
Vogt, Lothar 56
Voigt, Karsten D. 117
Völler, Rudi 209
Vollmer, Antje 31
Voscherau, Henning 248
Votava, Mirko *156*
Vring, Thomas von der 112, 197, 262, 343

## W

Waigel, Theo 216
Wallraf, Günter 13, 344
Waltemathe, Ernst 109
Walter, Franz 83, 96, 107, 161, 177
Weber, Christian 217, 299, 308
Weber, Max 62
Wedemeier, Klaus 12, 18, 85, 89, 91, 93–95, 110 f., 113, 119, 140, *152 f.*, 188–192, 194 f., 214, 245–247, 249 f., 252, 256, 307, 343
Wehner, Herbert 48, 165, 168, 190, 287 f.
Weidemann, Heinz 39
Weinsheimer, Lilo 86, 104, 175
Weiß, Erwin 127
Weizsäcker, Richard von 13, *154*, 170, 344

Wels, Otto 54
Wendisch, Patrick 344
Wenz, Dieter 168
Werner, Horst 286
Wieczorek-Zeul, Heidemarie 117, 203, 206, 344
Wiegand, Ralf 209
Wieland, Dietrich 187
Wiese, Karl 55
Willers, Peter 144
Wilm, Ernst 50
Winkler, Heinrich August 29
Wischer, Tine 253, 259
Wischnewski, Hans-Jürgen 17, 140, 162, 181
Wolffsohn, Michael 31
Wolschner, Klaus 277, 299
Woltersdorf, Wilhelm 46

## Z

Ziegler, Gerhard 163
Zubrytzki, Christina 343
Zundel, Rolf 123, 286
Zwienicki, Selma 26

# Der Autor

**Volker Mauersberger,** geb. 1939 in Weimar, studierte Sozialwissenschaften in Münster und Göttingen, wo er mit einer Arbeit über den politischen Konservatismus in der Weimarer Republik promoviert wurde. Nach Redaktionsjahren beim Westdeutschen Rundfunk ging er 1977 als ARD-Hörfunk-Korrespondent nach Madrid, von wo er u.a. für die Wochenzeitung »Die Zeit« berichtete. Nach dreijähriger Tätigkeit als Chefredakteur bei Radio Bremen kehrte er 1986 als ARD-Korrespondent nach Spanien zurück. Von 1992 bis 2004 war Volker Mauerberger politischer Korrespondent aus Bonn und Berlin für den Hörfunk und die Zeitung »Die Woche«.

**Veröffentlichungen:** Rudolf Pechel und die Deutsche Rundschau (Bremen 1972); Wie links dürfen Jusos sein? (Hamburg 1974); Spanien – Wandel nach Europa (Aarau 1991), Hitler in Weimar (Berlin 1999), Carola Stern – Ein deutsches Leben (Fernsehfilm, WDR, 3 Sat, Arte)